Normativité et pratiques juridictionnelles : la mise en œuvre des droits de l'Homme en R.D. Congo.

Liber amicorum Bâtonnier Thomas LWANGO KASHANVU

Tome 1

Sous la direction de
Pacifique Muhindo Magadju et Moise Cifende Kaciko

Normativité et pratiques juridictionnelles : la mise en œuvre des droits de l'Homme en R.D. Congo.

Liber amicorum Bâtonnier Thomas LWANGO KASHANVU

Tome 1

L'Harmattan

5-7, rue de l'École-polytechnique, 75005 Paris

http://www.harmattan.fr

ISBN : 978-2-14-029871-4
EAN : 9782140298714

Avant-propos

Ce *Liber amicorum* en hommage au Bâtonnier Thomas LWANGO est singulier à plus d'un titre. Comme tout ouvrage de son genre, il est centré sur la personne du dédicataire, sa pensée et son action et constitue un témoignage d'amitié et de reconnaissance de ses qualités tant humaines que professionnelles rendu par des personnes - amis, anciens étudiants, collègues et confrères - dont la vie et la carrière ont croisé les siennes. De plus, au travers de cette publication, la Faculté de Droit de l'Université Catholique de Bukavu entend rendre hommage à l'un de ses pionniers qui lui a consacré, comme en sacrifice agréable, le reste de sa vie professionnelle. Par ailleurs, l'ouvrage est structuré autour d'une thématique scientifique fédératrice ayant permis aux divers contributeurs, d'horizons épistémologiques variés, de questionner la normativité des droits de l'homme et d'analyser sous ce prisme les pratiques juridictionnelles pertinentes faisant ainsi la part belle à la pensée juridique ainsi qu'à la méthode du dédicataire.

Le Bâtonnier Lwango est un juriste de renom et un avocat hors pair, hautement apprécié par la communauté juridique et judiciaire congolaise, comme en témoigne le nombre et la qualité des textes présentés dans cet ouvrage collectif en son honneur. Sa connaissance encyclopédique du Droit, de l'histoire, de la philosophie, de l'économie et des sciences émerveille ceux qui le côtoient. Il est parmi les rares juristes à pouvoir enseigner avec aisance des disciplines aussi diversifiées comme le Droit international public, le Droit administratif, la Procédure civile. Son génie s'est avéré particulièrement salutaire après la guerre de 1996, où en six mois, il a pris en charge nombreux enseignements pour « sauver l'année ». Ses notes restent d'actualité à ces jours.

Le tribut intellectuel que lui doivent les juristes formés à la Faculté de Droit de l'Université Catholique de Bukavu est indéniable. L'attention que le dédicataire porte à l'homme, à la nature et à la technique juridique, qu'elle relève de l'acte d'autorité, des plaidoiries d'un avocat ou de la rédaction d'une décision judiciaire joue pour beaucoup dans la réputation de perspicacité et d'humanisme dont sont honorés dans la société, en règle générale, les juristes issus de notre Faculté. Le Bâtonnier Thomas Lwango a marqué d'une empreinte indélébile la Faculté et plusieurs générations de juristes qui resplendissent au-delà des lacs et des montagnes du Kivu et de la Région des Grands Lacs (*Super lacus ac montes splendens*).

L'hommage que nous lui offrons à travers ce livre ne suffit pas pour exalter la grandeur du patriarche. Il s'agit simplement d'une marque de reconnaissance de ceux qui ont puisé à cette fontaine intarissable. Compte tenu de la carrière du récipiendaire, plusieurs volumes auraient probablement été recommandés. Nous avons donc délibérément opté pour un ouvrage de petite dimension, permettant en deux tomes de conserver une certaine intimité.

Nous n'avons pas sollicité toutes les amies et tous les amis du Bâtonnier Thomas Lwango, mais seulement un nombre très limité d'entre eux, auxquels nous avons demandé de mettre leur clavier au service de ce *Liber Amicorum*. Nous leurs avons demandé d'écrire sur la normativité et pratiques juridictionnelles : la mise en œuvre des droits de l'homme en République démocratique du Congo, un sujet transversal qui reflète la carrière du Bâtonnier Thomas Lwango et permettant de mettre en relief une période, une pensée, une étape de la vie professionnelle de celui-ci.

L'ouvrage divisé en deux tomes, est structuré autour de six grandes thématiques. Les quatre premières thématiques en constituent le premier. Il s'agit de: les droits de l'homme à l'intersection de la justice pénale, de la justice pour mineurs et de la politique criminelle en République démocratique du Congo ; les secteurs minier, foncier et économiques à l'épreuve des droits l'homme et de la souverainement permanente de l'Etat congolais sur ses ressources naturelles ; la filiation adoptive internationale et droits connexes ; et le vin nouveau dans les vielles outres : à propos de la justiciabilité des droits économiques et sociaux et du Droit OHADA devant le juge judicaire congolais.

Les deux dernières thématiques constituent le second tome, à savoir : la Cour constitutionnelle congolaise : dernier rempart pour la protection des droits d'homme ; et l'accès des victimes à la Cour africaine des droits de l'homme et des peuples : l'ingénierie jurisprudentielle.

La formule des « *Liber Amicorum* » selon laquelle chaque auteur a l'entière liberté de choix du sujet de sa contribution a abouti à ce que certains articles dans cet ouvrage portent sur des questions proches. Toutes les contributions témoignent de l'importance de l'œuvre du Bâtonnier Thomas LWANGO.

Nous aimerions avoir un remerciement tout particulier et empreint de gratitude à l'égard à ces vingt-trois auteurs qui ont accepté de mettre leur plume en l'honneur du Bâtonnier Thomas LWANGO.

Nous voudrions aussi remercier l'Ordre National des Avocats de la République démocratique du Congo et le Barreau du Sud-Kivu pour leur apport dans la réalisation de ce « *Liber Amicorum* ».

Pacifique Muhindo Magadju — Moise Cifende Kaciko

Liste des contributeurs

AMANI CIRIMWAMI Ezéchiel

Doctorant à la Vrije Universiteit Brussel et à Université Catholique de Louvain (cotutelle). Ancien Substitut du Procureur de la République, il est actuellement Juge permanent au Tribunal de commerce de Bukavu.

BALINGENE KAHOMBO

Professeur à la Faculté de Droit de l'Université de Goma. Conseiller juridique à la Cour constitutionnelle

BATUMIKE MIHIGO Ithiel

Assistant à l'Université de Kaziba et chercheur au CEGEC-UCB

CIFENDE KACIKO Moise

Professeur de droit international public à la Faculté de Droit de l'Université Catholique de Bukavu et à la Faculté de Droit de l'Université Officielle de Bukavu

FURAHA MWAGALWA Thomas

Professeur à la Faculté de Droit de l'Université Catholique de Bukavu et à la Faculté de Droit de l'Université Officielle de Bukavu.

KAKULE KINOMBE Charles

Docteur en Criminologie de l'Université Catholique de Louvain, Professeur Associé à la Faculté de Droit de l'Université Catholique de Bukavu et Chercheur au CERDHO et au CEGEC

KALAMBAY LUMPUNGU Gaston

Professeur Emérite à la Faculté de Droit de l'Université de Kinshasa et ancien Professeur visiteur à la Faculté de Droit de l'Université Catholique de Bukavu

KAZADI MPIANA Joseph

Professeur à l'Université de Lubumbashi et Professeur à l'Université officielle de Bukavu

KIENGE-KIENGE INTUDI Raoul

Professeur à la Faculté de Droit de l'Université de Kinshasa, Directeur de l'Ecole de criminologie de l'Université de Kinshasa.

LWANGO MIRINDI Patient

Professeur à la Faculté de Droit de l'Université Catholique de Bukavu et à la Faculté de Droit de l'Université Officielle de Bukavu. Avocat près la Cour d'appel du Sud-Kivu

MAHESHE MUSOLE Trésor

Professeur à la Faculté de Droit de l'Université Catholique de Bukavu et Avocat près la Cour d'appel du Sud-Kivu.

MITEO NGOMBO Yannick

Assistant à la Faculté de Droit de l'Université de Kinshasa et Avocat au barreau près la Cour d'Appel de Kinshasa/ Gombe.

MOLIMA Christelle

Docteure en Droit de l'Université de Genève, titulaire d'un Master en droit international public de l'Université Catholique de Bukavu, et de deux masters complémentaires, un master en droits de l'enfant de l'université Lumière Lyon 2 à Lyon (France), et un master en Histoire des droits de l'homme de l'Université Pierre-Mendès France de Grenoble (France). Christelle Molima est actuellement chercheure invitée à la Faculté de droit de l'Université Washington and Lee (Etats-Unis).

MUHINDO MAGADJU Pacifique

Professeur à la faculté de Droit de l'Université Catholique de Bukavu et à la Faculté de Droit de l'Université de Goma, Président du Tribunal de paix, membre élu du Conseil supérieur de la Magistrature.

MUSHAGALUSA RWABASHI Jean Paul

Doctorant à la Faculté de Droit et de criminologie de la Vrije Universiteit Brussel, Chef des travaux à la Faculté de Droit de l'Université Catholique de Bukavu, Avocat près la Cour d'appel du Sud-Kivu.

NALUKOMA IRENGE Bertin

Chef des travaux à la Faculté de Droit de l'Université Catholique de Bukavu, Avocat près la Cour d'appel du Sud-Kivu.

NAMEGABE RUGARABURA Paul-Robain

Professeur de Droit public et Sciences politiques à l'Université catholique de Bukavu et à l'Université du Cinquantenaire de Lwiro

NYABIRUNGU mwene SONGA

Professeur Emérite et Doyen honoraire de la Faculté de droit de l'Université de Kinshasa, ancien Professeur visiteur à l'Université Catholique de Bukavu, Avocat près la Cour de cassation et le Conseil d'Etat

NYALUMA MULAGANO Arnold

Professeur à l'Université Catholique de Bukavu et à l'Institut Supérieur des Techniques Médicales (ISTM- Bukavu). Chercheur au CERDHO-UCB. Collaborateur scientifique au Centre Montesquieu de l'action publique de l'UCL. Avocat au Barreau du Sud-Kivu, à la Cour Africaine des Droits de l'Homme et des peuples et à la Cour pénale internationale

SHAMAVU MURHIMBO Emmanuel

Chef des travaux à l'Université officielle de Bukavu et chargé des Cours à l'Université Catholique de Bukavu, Premier Président de la Cour d'appel

SEGIHOBE BIGIRA Jean-Paul

Professeur à la Faculté de Droit de l'Université de Kinshasa et à la Faculté de Droit de l'Université Catholique de Bukavu.

VUMILIA NAKABANDA Nathalie

Professeure à la Faculté de Droit de l'Université Catholique de Bukavu, et à l'Institut supérieur de développement rural (ISDR)/Bukavu. Avocate près la Cour d'appel du Sud-Kivu

WETSH'OKONDA KOSO Marcel

Docteur en Droit public de l'Université de Kinshasa et Avocat au barreau près la Cour d'Appel de Kinshasa/ Gombe.

Thomas Lwango : Mentor en politique, Ténor au Barreau, Moniteur exceptionnel : éléments biographiques

Une enfance prémonitoire

Le Bâtonnier Thomas LWANGO KASHAMVU BUJIRIRI est né le 2 mars 1937 à Mwanda – Katana, Chefferie et Territoire de Kabare, Province du Sud-Kivu en République démocratique du Congo. Six mois plus tard, son père Lwango Laurent (ancien séminariste de Mugeri, demeuré fidèle aux De Virus– De Bello Gallico et autres Tite-Live, ainsi qu'au rite latin de la messe, notamment au chant grégorien, mais entrecoupé de cantiques en Français et autres chants religieux en Swahili et en Mashi), enseignant de profession (chargé aussi du catéchisme catholique) est affecté à Bunyakiri où le jeune Thomas et ses deux grands frères séjourneront pendant six ans. Avec son épouse Emérentienne et ses enfants, Papa Lwango Laurent s'investit dans la création de la Chapelle - école de Butembo – Batayo (chez le Mwami Musikami), puis celle de Bunyakiri - Centre (non loin des nouveaux chantiers miniers). Ces deux chapelles – écoles forment l'actuelle paroisse (catholique) de Bunyakiri. L'enfant Lwango Thomas d'alors déclare avoir gardé de Batayo des réminiscences enfantines ineffaçables.

La famille retournera ensuite à Mwanda-Katana où le père du dédicataire venait d'être réaffecté pour continuer ses missions d'enseignement et de, par intermittence, créer des chapelles-écoles, comme à Ngarha, à Luhihi, à Lugendo, à Ihusi etc.

La famille séjournera ensuite à Mirhi-Rwabika, lorsque le père avait pris un emploi à l'INEAC – MULUNGU. Le chef de cette famille, servira à Kabare lorsque l'administration territoriale le recrutera pour seconder le nouveau « mwami » choisi par les pouvoirs publics d'alors. Il sera rappelé à l'enseignement, lorsque les Missionnaires eurent besoin de ses services à la nouvelle Paroisse de Murhesa, alors que déjà son fils Thomas Lwango avait connu des séparations pour des raisons d'études.

Un as à l'école

Le Bâtonnier Lwango Thomas a effectué ses études maternelles et primaires à Mwanda-Katana, pour finir la sixième année primaire à Mugeri. Il a suivi les humanités Gréco-latines au Petit Séminaire de Mungombe qu'il achèvera à Mugeri-Katana. Il s'envolera pour Léopoldville afin d'effectuer un Baccalauréat en Philo-et-Lettres, Groupe Philologie Africaine, (1959-1960) à l'Université Lovanium et une Licence en Droit, terminée à fin-juin 1963 dans la même université.

Son mémoire porte sur « Le Contentieux de l'indemnité vis-à-vis de l'Etat congolais jusqu'en 1963 » avec en toile de fond la critique de la technique du Conseil d'Etat belge pour éluder le contrôle des actes des autorités congolaises, notamment dans l'Affaire Birere. Sa vie, ses écrits et ses enseignements restent marqués par ce chef d'œuvre. Nombreux de ses disciples s'en inspireront.

Un mentor au cœur l'Etat congolais

Le Bâtonnier Lwango figure parmi les architectes des institutions publiques de la République démocratique du Congo postcoloniale.

D'août 1963 à juillet 1965, il est Conseiller juridique de l'Assemblée provinciale du Kivu Central.

Devant des élus qui découvrent la fonction parlementaire, il jouera un rôle de guide dans l'élaboration du budget de la province et des projets d'édits accordant des concessions minières.

De juillet 1965 à décembre 1966 il assume successivement les fonctions de ministre provincial des Finances, de l'Enseignement, du Développement rural communautaire, etc.

D'octobre 1967 à février 1972, il joue un rôle de véritable locomotive dans le gouvernement national.

Il occupe successivement les charges de Vice-Ministre des Finances chargé spécifiquement du Budget et du Portefeuille ; Vice-Ministre des Affaires Etrangères, chargé spécialement du Commerce extérieur ; Ministre de la Justice (en remplacement de Etienne Tshisekedi) ; Ministre de l'Economie, Industrie et Tourisme ; Ministre du Commerce extérieur ; Ministre du Commerce (intérieur et extérieur réunifiés) ; Ministre des Affaires foncières, Urbanisme et Habitat.

De là, sera « cédé » au Conseil législatif (parlement), pour accompagner le président Bo-Boliko à élaborer des décisions dans les domaines de l'économie du Pays. Il contribuera à la production d'une multitude de textes parmi lesquels : le guide gestion du Portefeuille de l'Etat (période de mise en œuvre de la décision nationalisant l'Union Minière du Haut-Katanga (UMHK) et ses filiales; Elaboration (janvier à février 1969) et Mise en application (1969 à 1971) du Code des investissements de 1969 ; Loi de Finances 1968 ; Statut du projet de Site industriel de Maluku et de la Zone Franche de Moanda ; Lois sur le commerce (notamment les modes de calcul du prix de vente des produits) et sur l'assurance ; sur la qualité de marchandises telles que les tôles galvanisées ; la teneur minimum des écorces de quinquina à l'exportation ; Règlements sur le commerce du ciment et surtout celui du sucre (où le gouvernement, pour booster la Sucki, a décidé un « zonage » et un système de taxation en faveur des sucreries de Kiliba et du Bas-Congo) ; lois foncières de décembre 1971 et de juillet 1973, pour, notamment libérer les terres de l'emprise étrangère et, en même temps, garantir et protéger la propriété foncière aux Nationaux ; Elaboration d'un dossier de projets d'investissements pour la partie « Provinces Martyres » ...

L'empreinte du Bâtonnier Lwango reste indélébile sur l'historique « Loi foncière », promulguée en juillet 1973, après 18 mois de travail avec le concours des « aviseurs » inattendus mais assidus, tels que les Weregemere, Kalonji – Ditunga Albert, Bakajika, (historique père de la loi, timide, porteuse de la première tentative de « nationalisation » des terres et mines ...).

En 1969, le Ministre Lwango Thomas procède à l'installation de la Cour d'appel de Kisangani (ressort pratiquement fermé depuis la rébellion, et les mutineries des mercenaires). La même année, il dirige la préparation de l'installation de la Cour suprême de Justice avec les conseils remarquables de Messieurs Marcel Lihau et Léon Lobitsch (Kengo wa Dondo).

Dans sa carrière politique, le Bâtonnier Lwango a joué un rôle de premier plan dans la conduite des missions et négociations diplomatiques. Ainsi plusieurs voyages officiels, en 1971, en Afrique, en France, au Japon et même aux USA, comme membre d'une délégation accompagnant le Président Mobutu.

Mais en 1975, le Bâtonnier Lwango est accusé, aux côtés de généraux et civils : on lui impute ce que l'on a baptisé de l'appellation de « *Coup Monté et Manqué* ». Il sera jugé de ce chef et condamné à 5 ans de prison. Détenu pendant 3 ans au secret, et enfermé dans la prison militaire, il en sortira seulement en juillet 1978, grâce aux interventions de nombreux chefs d'Etat africains, dont spécialement le Président Bongo. Depuis lors, il se méfie du jeu politique et ne s'occupa que d'agriculture, de plaidoirie et d'enseignements.

Un ténor du Barreau

Maître Lwango Thomas prête serment le 20 août 1966 comme avocat au Barreau, section de Bukavu, qui sera, par la suite, rattaché à la jeune Cour d'appel de Kisangani. Aucun stage n'ayant été prévu par la loi coloniale, le jeune avocat se forgea une place aux côtés des anciens : Michaux, Jottrand et Damesin, les seuls qui œuvraient encore à Bukavu. Il prendra aussi connaissance de dossiers que Maîtres Jamar, Heynen, Shaerff de Vits avaient abandonnés quand les événements des années 1960 avaient ruiné la justice. Véritable ténor, il forge son destin et fait inscrire son nom en lettre d'or au Barreau de Kisangani-Kivu.

Deux ans plus tard, il joue un rôle de pionnier dans l'installation du Barreau du Kivu. Membre du Conseil de l'Ordre de 1983 à 1988 ; Bâtonnier de 1983 à 1989.

Il est l'auteur du Règlement intérieur du Barreau du Kivu (encore en vigueur au Sud-Kivu) et d'une compilation des règles légales et réglementaires de la

Profession d'avocat pour le Barreau du Kivu. Cette documentation était un instrument très utile ; eu égard au caractère rudimentaire des textes hérités du système colonial.

De 1978 à 1987 il exerce au Barreau de Kinshasa, car le régime ne lui laisse qu'une liberté apparente ; il se sait interdit de retour au Kivu. Revenu à Bukavu en 1982, il exerce au Conseil de l'ordre les activités effectives, où, entre autres plaisirs, il concourt à l'admission de nouveaux stagiaires et à l'accroissement du Barreau grâce aux premiers avocats formés à l'Université catholique de Bukavu.

Le Bâtonnier Lwango Thomas est le premier avocat du Kivu qui fut inscrit au Barreau près la Cour suprême de justice le 28 mars 1987. Avec le Bâtonnier BANZA (Dieu ait son âme !), ils élaborent les textes à la naissance du Corps nouveau, notamment le Règlement d'Ordre intérieur Cadre des Barreaux du Congo (toujours en vigueur) et le système des frais et honoraires. Il participe à la mise en place du Conseil national de l'Ordre où il exercera les fonctions de Vice – Doyen national du Barreau du Congo ; en charge, spécialement des dossiers disciplinaires.

Un véritable maître dans l'enseignement au Kivu

Dans le contexte postcolonial, le Bâtonnier Lwango Thomas est présent et actif dans les initiatives tendant à améliorer l'éducation au Kivu. C'est le cas de la naissance d'une école d'infirmières à Walungu en 1966 (la Mwamikazi Mwa-Nnaluganda et le Régent Abraham Lwanwa tenaient tant à voir cette école pour répondre aux nécessités imposées par la Rébellion Muleliste) et de l'installation de l'Ecole pédagogique protestante à Bukavu aujourd'hui Institut-Bwindi.

Le Bâtonnier Lwango a joué un rôle à la création par le Diocèse sous la plume de S.E. Mgr Mulindwa Mutabesha (Dieu ait son âme) de l'Institut Social Africain devenue Institut Supérieur d'Etudes Sociales, nationalisé en 1972 et rebaptisé Institut Supérieur du Développement Rural. Le modèle est aujourd'hui reproduit sur l'ensemble de la République.

Le Bâtonnier Lwango Thomas est impliqué dans l'ouverture de la Pré-universitaire de Bukavu-Karhale en octobre 1966, avec Monseigneur Gilon, Recteur de l'Université Lovanium à la demande de la population du Kivu et de son gouvernement provincial.

Il est également actif à la création par le Diocèse de Bukavu en 1968 de l'Ecole Normale Moyenne, (E.N.M.), avec son Ecole d'Application Pédagogique (EDAP), nationalisée par l'Etat zaïrois en 1972 et érigée en Institut Supérieur Pédagogique, ISP-Bukavu (modèle du genre en RDC).

A l'Université Catholique de Bukavu, la figure du Chargé des cours Lwango Thomas incarne plusieurs dimensions : père fondateur, donateur, formateur …

Avec le Professeur Abbé Mulago, le Professeur Monseigneur Ruhamanyi, le Professeur Docteur Lurhuma, le Docteur Kabanda, monsieur Kititwa et autres, ils sont à l'origine du processus qui aboutit au Décret de Monseigneur Mulindwa Mutabesha portant création de l'Université Catholique de Bukavu, l'une de meilleures universités congolaises et parmi les mieux réputées en Afrique et dans le monde.

Pour assurer la pérennité de son œuvre, Lwango Thomas a offert une partie de son patrimoine à l'Université, il a soutenu et continu à soutenir de nombreux étudiants nécessiteux. Le Chargé des cours Lwango Thomas a enseigné également à l'ULPGL-Goma (1998 à 2012) ; à l'actuelle UNIGOM (2010-2012) ; au CIDEP-Bukavu (1990 et 1991) et à l'I.S.C. – Bukavu.

Il enseigne à l'Université catholique de Bukavu depuis 1995 et à l'Institut Supérieur des Techniques Médicales STM-Bukavu depuis 2015.

Père, grand père et arrière-grand-père d'une famille biologique et scientifique nombreuse, le Bâtonnier Lwango est un monument juridique vivant, un repère et un modèle pour tout juriste ambitieux.

Ses recherches professionnelles - non encore publiées, mais ayant permis de souvent soutenir les plaidoiries et autres rédactions professionnelles ; ses enseignements y faisaient souvent allusions, et permettaient d'échapper autant au dogmatisme ancien qu'au culte positivisme pur et dur cher à Kelsen. Son ancien cours d'Introduction générale à l'étude du Droit tentait d'orienter ses auditeurs vers l'idée que le Droit, dans son élaboration et dans ses applications, devrait, autant que possible, tenir compte de faits sociaux nouveaux. C'est pour cette raison que ses cinq leçons sur l'Ethique et la Déontologie des professions juridiques opinent que le praticien doit s'écarter des chemins battus et plaider des solutions vraiment interprétatives et, par exemple, montrant que les jugements devraient comporter une certaine dose de prévisions.

Le Bâtonnier n'est pas que juriste. Il tient de son père des traces d'amour de l'art ou des arts. Selon lui, le Droit est frère de l'art, quand même il ne porterait pas tout bonnement dans la pratique des créations artistiques, le juriste LWANGO – père, ne manque pas l'occasion d'écouter et de regarder. Par exemple, il continue, tout octogénaire, à jeter un petit regard quelque peu furtif sur les Ronsard (Là, Mignonne, voyez comme, en une matinée, la Rose se trouve flétrie !), François Villon (Qui, pour sa part, coupable, demande aux Frères humains de bien réfléchir : Car si pitié de nous, pauvres, avez, Dieu en aura plutôt de vous merci. Et ce poète pénitent de se demander « Où sont les neiges d'antan », comme nous, ces temps, sommes à rêver du sort d'un peuple qui voit ses anciennes illusions gaspillées et pillées) ; ou Du Bellay, sans compter un Homère dont le [...] montre que le pillage des pays d'autrui n'est pas une invention de nos temps seulement ; ou encore [...] les multiples martyrs décapités, pour les punir de leur innocence que les criminels n'aiment pas voir en face. Oui ; le concitoyen Lwango a vu une prétendue révolution peser sur lui d'un grand poids [...] Qui oublie, aujourd'hui, que tout vrai juriste est pétri dans une pâte de musique et de peinture, voire d'une ancienne prédisposition aux mathématiques ; depuis lors enterrée ? L'enseignant n'a eu cesse de montrer discrètement que le chant bien ordonné, exécuté à la Messe, est sublime et « sublimant ».

Enfin, certains n'ont cessé de demander à l'enseignant plaideur Lwango, pourquoi il n'aime pas qu'on lui parle politique et que, surtout, on insinue qu'il y serait encore utile. Il explique toujours, d'une part, qu'il y a découvert un « lieu de perdition » et espère que le fait – son fait – de s'en tenir à respectueuse distance, peut inspirer plus d'un et, en tous les cas, sa longue retraite peut éclairer les jeunes qui suivent. Car, dit-il souvent, « Si l'herbe fraiche est mal traitée, que penser de celle qui est sèche et n'est plus qu'un fourrage ? Ou encore, comme le penseur français aujourd'hui oublié : « Les grands nous font assez de bien, quand ils ne nous font pas de mal ! ». Et il n'y a guère, on apprenait aux enfants à chanter à qui mieux-mieux : « Ne regardez pas le renard qui passe ; regardez seulement quand il est passé ». Le Bâtonnier Lwango, livre, par ces bribes de culture, sa vision du monde, l'os à moelle. Vision tout à fait éloignée des générations contemporaines selon lesquelles, « le juriste quand il n'est pas à la Barre, il est au Bar ». Oui, l'art, le loisir sain alimente la lucidité des juristes accomplis. Les générations présentes et futures retiendront de lui trois valeurs cardinales : la compétence, la noblesse et l'humanisme.

Consacrés à la « normativité et pratiques juridictionnelles : la mise en œuvre des droits de l'homme en République démocratique du Congo », ces Mélanges rencontrent un ardent désir du dédicataire – comme de millions de congolais - de « s'expliquer et s'enchaîner les éléments du procès dont il a souffert et qu'il n'aura jamais oublié ».

Pacifique Muhindo Magadju — Moise Cifende Kaciko

Introduction

La passion du droit, du prétoire et des auditoires est le triptyque résumant le fabuleux destin du Bâtonnier Thomas Lwango, Chargé de Cours à la Faculté de droit de l'Université Catholique de Bukavu[1], Avocat près la Cour de cassation et le Conseil d'Etat, auquel sa Faculté, ses collèges, ses anciens étudiants et ses amis rendent, suivant la tradition universitaire, un vibrant hommage au travers de ce *Liber amicorum et discipulorum*. C'est au soir de sa longue et brillante carrière politique, diplomatique et judiciaire que cet homme d'Etat et ténor du barreau congolais issu de la Faculté de Droit de Lovanium, s'est retranché dans son Kivu natal, se consacrant quasi exclusivement à l'essor de la jeune faculté de droit de l'Université Catholique de Bukavu (UCB ou Université) dont il est par ailleurs l'un des inspirateurs aux côtés des fondateurs que sont les Magnifiques Mgr Aloys Mulindwa Mutabesha, Grand Chancelier, et Professeur Abbé Vincent Mulago Mushiwasomire, premier Recteur de cette Université.

En effet, c'est au cours de l'année universitaire 1993-1994, trois ans après l'érection de l'UCB, que démarre, au sein de celle-ci, la Faculté de Droit, dans un contexte politique ardu marqué par la dictature du régime Mobutu, la corruption, l'effondrement du système éducatif universitaire public, les injustices à tous les échelons de l'exercice des pouvoirs publics, les conflits armés et les violations graves des droits de l'homme et du droit international humanitaire non seulement en République démocratique du Congo (RDC) mais aussi dans la Région des Grands lacs. Ce contexte politique hostile sévissant au moment de sa création et auquel, aux vœux de ses fondateurs, elle est appelée à remédier, marquera, au fer rouge, la jeune Faculté aussi bien dans la définition de son identité que dans l'accomplissement de ses missions de recherche, d'enseignement et de service à la société.

Si les Professeurs titulaires au sein de la jeune Faculté - triés sur le volet sur base de leur notoriété scientifique en sciences juridiques et leur intégrité morale - provenaient essentiellement des universités congolaises et étrangères[2],

---

[1] L'Université Catholique de Bukavu (UCB) a été créée par le Décret du 21 novembre 1989 de Son Excellence Mgr Aloys Mulindwa Mutabesha, Archevêque de Bukavu, conformément au Code de droit canonique, en ses canons 807 à 814, et à la Constitution Apostolique *Ex corde Ecclesiae* du 15 août 1990 relative aux universités catholiques et aux instituts supérieurs. Elle a effectivement ouvert ses portes le 15 novembre 1990 avec trois facultés à savoir Agronomie, Economie et Médecine. Elle fut agréée par Arrêté ministériel n° ESURS/CABMIN/A5/175/95 du 07 décembre 1995. L'agrément définitif a été obtenu par Décret du Président de la République n°06/016 du 12 juin 2006.

[2] On rappellera l'apport inestimable de l'Université de Kinshasa, de l'Université du Burundi et surtout de l'Université Catholique de Louvain.

la structure administrative de celle-ci et la charge de l'Encadrement pédagogique des étudiants reposaient entre les mains doctes du Chargé de cours Thomas Lwango qui, aux côtés du Doyen, Professeur Séverin Mugangu, s'en acquittait avec un soin minutieux de bénédiction, dans un esprit de service exemplaire…

A l'Université comme en religion

Le Bâtonnier Thomas Lwango est rentré à l'Université comme on entre dans un ordre religieux ; avec conviction, détermination et détachement. Il a renoncé à toute compétition politique, à une époque où son expérience lui en offrait d'incontestables atouts, pour se consacrer à la construction d'une jeune Faculté de droit, voire à la formation des jeunes juristes appelés à devenir, aux vœux des pères fondateurs, des dispensateurs de la justice ou des bâtisseurs d'une société juste et fraternelle. Bien plus, le Bâtonnier a troqué le confort de son célèbre et prospère cabinet d'avocat aux murs austères d'une Faculté naissante, portant encore des stigmates des balles perdues d'une guerre à peine finissante. Son cabinet restait aux mains de jeunes avocats associés que le Maître continuait à encadrer, avec passion et talent, au rythme d'un agenda fort serré, absorbé par les charges de l'encadrement pédagogique des étudiants à la Faculté.

Les acquis de l'expérience au service de l'encadrement pédagogique personnalisé

Charriant derrière lui plusieurs décennies d'expérience professionnelle d'homme d'Etat, initiateurs de plusieurs réformes législatives qui font encore parler de lui, Ministre à plusieurs reprises, gestionnaire des entreprises du portefeuille de l'Etat - et d'avocat près la Cour suprême de justice, le dédicataire, premier Encadreur pédagogique au sein de notre Faculté y a imprimé ses marques, devenant le précurseur de la méthode pédagogique nouvelle, aujourd'hui à la mode, axée sur l'étudiant acteur clé de sa propre formation. Il a su capitaliser les acquis de son expérience qu'il a mis, avec passion et talent, au service des étudiants.

En effet, lorsque, suite au contexte de guerre et de l'insécurité, les professeurs provenant d'autres cieux différaient leurs dates d'arrivée, cet obstacle était transformé en opportunité par l'Encadreur pédagogique Thomas Lwango qui amenait, sous son regard vigilant, les étudiants à se consacrer à des travaux individuels et/ou en groupe ainsi qu'aux stages d'immersion dans les milieux professionnels. Ainsi, les étudiants qui n'avaient pas cours, devaient consacrer ce temps gagné non seulement à la recherche personnelle en bibliothèque, aux travaux pratiques, à la discussion et analyse en groupe sur les thèmes proposés par le Maitre, mais aussi à la participation aux procès devant les cours et tribunaux, aux stages de professionnalisation dans les services et entreprises publics et privés ainsi que dans les offices des magistrats et cabinets d'avocats qui n'hésitaient pas, à la faveur de la notoriété du dédicataire, d'ouvrir leurs portes aux jeunes étudiants de la Faculté.

Le cabinet du dédicataire était devenu un laboratoire juridique, voire un prolongement de la Faculté. Des jeunes étudiants y étaient continuellement initiés par le Maître à l'analyse des dossiers ou à la rédaction des actes de procédure aux côtés des avocats stagiaires qui rivalisaient d'ardeur à suivre les analyses juridiques toujours percutantes et originales du Bâtonnier.

Il est vrai que le nombre réduit des étudiants par auditoire et la sélection de ceux-ci parmi les meilleurs finalistes des humanités rendaient facile l'approche personnalisée de l'encadrement pédagogique dont ils bénéficiaient au sein de cette Faculté réputée élitiste.

Le gardien de l'identité de la Faculté de Droit de l'UCB

En accord avec le contexte politique et social de sa création, les pères fondateurs assignaient à la Faculté trois fonctions[3] dont le Bâtonnier Lwango était, de fait, constitué dépositaire. C'est à lui que s'adressait Mgr Munzihirwa lorsqu'il disait : « Maître, quel juriste veux-tu former ? »[4].

Primo, la fonction d'analyse et de découverte. Face aux injustices multiformes, au déficit de gouvernance et aux conflits auxquels la société congolaise fait face, la Faculté est alors appelée à les analyser selon les méthodes scientifiques éprouvées afin de comprendre ou démontrer les mécanismes et les causes profondes de ces phénomènes et les perspectives pour l'édification d'un Etat de droit où règne la justice et la paix.

Secundo, la fonction de transmission des connaissances juridiques dans une approche humaniste, interdisciplinaire et interactive. Les jeunes doivent être amenés à maitriser non seulement la lettre mais aussi l'esprit et le fondement des diverses branches du droit interne congolais - dans une approche de droit comparé ou d'ouverture à d'autres cultures juridiques et à d'autres disciplines - et du droit international. Si la Faculté demeure attachée à l'école de l'exégèse et y initie soigneusement ses étudiants[5], elle éveille également l'esprit de ceux-ci à

---

[3] Voyez Séverin MUGANGU, « Université, Droits de l'homme et promotion de la paix : odyssée d'une recherche qualitative », *in L'Université catholique africaine, Réflexions et engagements*, FIUC, éd. Adriane Alzate Echeverri, 2003, pp.69-71 ; Mgr MUNZIHIRWA Mwene NGABO, *UCB quel homme veux-tu former ?* Mgr MUNZIHIRWA Mwene NGABO, UCB, *Oshenye ezi wagala.*

[4] Mzee MUNZIHIRWA Christophe, L'Université Catholique de Bukavu. Que veux-tu ?, 1995, p.2.

[5] Voy. Philippe REMY, « Le rôle de l'exégèse dans l'enseignement du droit du XIXème siècle », in *Annales d'histoire des Facultés de droit et de la science juridique*, pp. 91-105.

l'analyse constante des nécessités politiques, économiques, sociales et culturelles. Enfin les étudiants sont éduqués au respect de certaines valeurs fondamentales tel l'amour de la vérité et de la Patrie, la recherche de la justice et le sens de l'intérêt général. Dans cet effort intellectuel constant pour promouvoir dans le chef de nos étudiants une culture juridique supérieure et globale, ceux-ci, pour citer la Déclaration *Gravissimum Educationis,* sont formés de telle sorte qu'ils deviennent des hommes éminents par l'instruction, prêts à assumer les plus lourdes tâches dans la société, et témoin de la foi dans le monde[6].

Le projet pédagogique de la Faculté est ainsi axé sur l'excellence, l'autonomie et le service. Les jeunes, élite de demain, sont formés pour servir, avec une option préférentielle pour les plus faibles ; *sciat ut serviat*[7] ; qu'ils sachent pour qu'ils servent. Il s'agit de servir la Communauté, la Patrie, l'Afrique ou le monde assoiffés de justice. On comprend qu'il s'agit là de former un nouveau type de juriste pour qui Droit et Justice se coordonnent et se soutiennent mutuellement.

Aussi cet axiome se trouve-t-il au cœur du projet pédagogique de la Faculté : la dignité et les droits de la personne humaine sont au sommet de la hiérarchie des valeurs et constituent le fondement et la fin ultime de l'acte de légiférer, de gouverner, d'administrer et de juger. Donc, le juriste que veut former l'UCB - les propos sont de feu Mgr Munzihirwa, Grands Chancelier de notre Université - n'est plus cet idéologue qui justifie et légitime la dictature et le système injuste mais un bâtisseur d'une société juste et fraternelle fondée sur la primauté du droit, au service de l'humain. Ceci dit, ce juriste, demeure l'exégète inventif, méticuleux et suspicieux…

Tertio, la fonction prospective et de vigie. La Faculté est appelée à contribuer à la définition et à l'effectivité des politiques publiques novatrices et à explorer des perspectives des cadres juridiques cohérents et justes prompte à impulser la transformation structurelle, la croissance économique inclusive et durable voire le développement humain. Ce faisant, elle doit penser l'inédit et par la simulation des modèles, prévoir la logique des possibles. Tout en faisant la prospective, la Faculté est appelée à jouer un rôle de vigie et donc alerter et anticiper sur les injustices et sur les évolutions conflictuelles. Il s'agit donc d'une Faculté engagée. Mais, cet engagement est du bon côté, c'est-à-dire du côté de la vérité, de la justice, de la promotion et la défense de la dignité humaine, de l'environnement, de la démocratie et de la bonne gouvernance, bref de l'Etat de droit. Dans cet engagement citoyen, la Faculté demeure très jalouse de son indépendance et des libertés académiques en refusant de s'inféoder au prêt-à-penser des autres, à l'unanimisme qui nivelle et à l'argument d'autorité bien

---

[6] Voy, PIE XII, allocution aux maîtres et étudiants des universités catholiques de France, 21, sept 1950, cité par VATICAN II, *Les seize documents conciliaires*, 2ième édition, Fides, Montréal & Paris, 1967, p. 543.

[7] Devise de la FIUC (Fédération internationale des universités catholiques)

qu'elle entretienne d'excellentes relations de collaboration avec les pouvoirs publics et avec l'Eglise dont elle est l'émanation.

Il se comprend sans peine que les premières recherches menées à la Faculté portassent sur les droits de l'homme. Et que le premier Programme de troisième cycle qu'elle initia, en collaboration avec la Faculté de Droit de la Vrije Universiteit Brussel (VUB) et le soutien du VLIR, soit le Master en droits de l'homme et en droit international humanitaire.

Le défenseur de l'efficacité du droit dans la société

Juriste polyglotte, sa passion pour le droit judicaire ou le droit des procès n'a jamais été démenti. Ses Cours de prédilection à la Faculté l'illustrent éloquemment : la Plaidoirie des avocats, la Rédaction des jugements et la Déontologie de professions juridiques. Juriste classique trempé dans la dogmatique juridique, c'est-à-dire saisissant la société et son fonctionnement à partir des textes de lois lesquels structurent le comportement de l'acteur social, il s'est vite ouvert à la sociologie du droit sous l'impulsion du Doyen Mugangu qui, à la suite de Max Weber, soutient que l'acteur social est dans un rapport actif vis-à-vis de la norme. Le Bâtonnier LWANGO n'a pour autant pas sacrifié l'exégèse juridique ni sombré dans le « syndrome du réverbère ». A la lecture de ses écrits on est frappé d'emblée par son attachement à l'exégèse juridique, par son ouverture aux méthodes sociologique et historique du droit.

Le dédicataire demeure un fervent défenseur de l'efficacité du droit. Mais pour lui, l'efficacité du droit dans la société repose sur trois piliers : la qualité intrinsèque de la norme de droit, la qualité de l'organe de contrôle et la qualité du juge. En d'autres termes, l'efficacité de la norme est tributaire de cette triple qualité.

La qualité intrinsèque de la norme implique que celle-ci répond non seulement aux besoins sociaux réels de ses destinataires, mais aussi qu'elle est en harmonie avec l'impératif catégorique d'humanité et le principe fondamental d'égalité et de non-discrimination. La qualité de l'organe de jugement appelé à statuer sur un cas d'espèce par une décision obligatoire revêtue de l'autorité de la chose jugée ou, au moins, de la chose décidée, implique non seulement la disponibilité dudit organe, son impartialité et son indépendance mais aussi son accessibilité. Enfin, la qualité du juge dépend de son intégrité et de son potentiel d'innovation ou sa capacité à faire jurisprudence, c'est-à-dire, sa capacité à être non pas ce « mécanicien » amorphe du droit appliquant mécaniquement les règles disponibles mais plutôt ce dispensateur de justice appelé à restaurer la personne (physique ou morale) affectée par la violation dans ses droits et dans sa dignité tout en se souciant de la resocialisation de l'auteur de la violation. Cela est vrai pour les procès de droit pénal comme pour les contentieux du droit privé, de droit économique, de droit public interne comme ceux de droit international…

Ainsi, en rendant hommage au Bâtonnier Lwango, la Faculté et les contributeurs entendent en même temps rendre hommage à une conception du droit dans la société à laquelle le dédicataire est resté fidèle tout au long de sa longue et fructueuse carrière politique, judicaire et scientifique : la dignité et les droits de l'homme demeurent le fondement et la fin ultime de l'acte de légiférer, de gouverner, d'administrer et de juger.

La problématique des droits de l'homme en RDC : normativité et pratiques juridictionnelles

Sur le plan normatif, les droits de l'homme s'imposent comme un dogme en RDC non seulement parce que le pays a ratifié la plupart des instruments internationaux, onusiens et africains, des droits de l'homme mais aussi parce que la Constitution congolaise, « avant-gardiste » en la matière, confère à ceux-ci un statut particulier.

La Constitution du 18 février 2016 est l'une des plus exhaustives en matière des droits de l'homme. En effet, elle consacre les trois générations des droits de l'homme à savoir : les droits civils et politiques (articles 11 à 37) ; les droits économiques, sociaux et culturels (articles 34 à 49) ; et les droits collectifs (articles 50 à 61). Elle confère à toute personne le droit de recours en inconstitutionnalité, par voie d'action ou d'exception, contre toute loi (y compris tout acte ayant force de loi) et tout règlement en contradiction avec les droits qu'elle garantit (article 162). De plus, la Constitution est délibérément moniste avec primauté du droit international (article 215). Il s'en suit que les instruments internationaux relatifs aux droits de l'homme ratifiés par la RDC ont une autorité supérieure à celle des lois et produisent un effet direct. Les instruments internationaux des droits l'homme sont aussi d'applicabilité directe par les Cours et tribunaux congolais et autres services publics de l'Etat chaque fois que les dispositions pertinentes sont claires, précises et inconditionnelles. De même, la violation des droits de l'homme garantis par la Constitution ou par les instruments internationaux susmentionnés, notamment le droit à un procès équitable ou les garanties procédurales, est un moyen de cassation. L'exception tirée de la violation des droits de l'homme (droit à un procès équitable par exemple) étant une exception d'ordre public devant être soulevée d'office par le juge ou par les parties à tout état de la procédure, même pour la première fois en cassation.

Bref, en principe, les droits de l'homme constituent le référentiel fondamental pour les pouvoirs législatif, exécutif et judiciaire en RDC. C'est la normativité des droits de l'homme. La législation congolaise et les pratiques exécutives et juridictionnelles intègrent-elles ce référentiel fondamental ? L'observation empirique de la situation des de l'homme en RDC, qu'il s'agisse des droits civils et politiques ou des droits économiques, sociaux et culturels ou même des droits dits collectifs, à savoir droit à la paix, à la sécurité et droit à un environnement sain, incline à émettre des doutes. Des chercheurs, juristes d'horizons doctrinales variés, questionnant diverses législations et les pratiques administratives et juridictionnelles, apportent un éclairage nouveau sur la question posée ci-dessus. La jurisprudence des juridictions congolaises, de l'ordre judiciaire comme de l'ordre administratif et de la Cour constitutionnelle, ainsi que celle de la Commission et de la Cour africaines des droits de l'homme et des peuples ont servi de point d'encrage.

Première partie

Les droits de l'homme à l'intersection de la justice pénale, de la justice pour mineurs et de la politique criminelle en R.D. Congo

S'il est des branches du droit où les droits de l'homme ont le plus bouleversé les logiques juridiques classiques, c'est, entre autres, celle du droit pénal ou, si l'on veut, de la justice pénale. Dans son ardeur à définir les comportements nuisibles à la société et à déterminer les différentes réponses à ces comportements de la part de la société, la justice pénale s'est heurtée au courant nouveau des droits de l'homme, lequel a conduit à une « profonde humanisation du droit pénal ». En effet, historiquement, les droits de l'homme ont principalement servi de « bouclier » contre les excès potentiels du droit pénal, en limitant son intervention à un triple point de vue : normatif, en excluant ou en restreignant toute forme d'incrimination portant atteinte aux droits de l'homme ; sanctionnateur, en interdisant toute forme de peine inhumaine et dégradante incompatible avec le respect fondamental de la dignité humaine ; procédural, enfin, en exigeant un ensemble de garanties liées au droit de l'accusé à un procès équitable.

La pratique des juridictions congolaises rend compte de ce phénomène. Ainsi, bien que le droit à la preuve contraire n'ait pas d'existence autonome en droit congolais, les travaux du professeur Pacifique Magadju ont montré qu'il constitue l'une des composantes du droit de la défense. L'auteur reconnaît toutefois que l'effectivité de cette droite demeure aléatoire au regard du contexte de conflits et de crise sévissant en RDC et de la modicité des moyens matériels et humains mis à la disposition de l'appareil judicaire. Il demeure néanmoins que le droit de l'inculpé ou du prévenu à un procès équitable demeure le baromètre de l'indépendance de la justice.

En outre, au départ de l'analyse de la pratique des juridictions militaires congolaises, le professeur Thomas Furaha fait le constat de l'application irrégulière du Statut de la Cour pénale internationale par lesdites juridictions. L'auteur relève en outre les problèmes juridiques que cette pratique suscite dont celui de la conformité de ladite pratique au droit international et celui de la réparation en faveur des condamnés à la suite d'une application irrégulière du Statut de la Cour. S'il est vrai que dans le souci d'une bonne administration de la justice et dans l'intérêt de la loi, la procédure de cassation devant la Cour de cassation ou la procédure de révision devant la Haute Cour Militaire, ouvertes au Ministère public, sont de nature à obtenir la révision ou la cassation des décisions entachées, la question de l'efficacité de cette voie de recours qui n'est pas à la portée, mieux à l'initiative, du justiciable reste posée.

Par ailleurs, la réponse pénale aux violences sexuelles en RDC telle que codifiée par les lois de 2006 sur les violences sexuelles est également marquée par le phénomène des droits de l'homme qui l'a inspiré et demeure caractérisée par certaines difficultés d'ordre juridique. La contribution du professeur Raphael Nyabirungu en relève les difficultés juridiques et suggère des pistes de solution pour y remédier.

Quant au problème de la gestion de la violence des jeunes en milieu urbain, le professeur Raoul Kiengekienge fournit les clés d'une politique criminelle participative et de la sécurité des droits des jeunes comme stratégie efficace pour y faire face.

Cela dit, la situation des mineurs impliqués dans les conflits armés ou affectés par ces derniers est des plus complexes. Le modèle *child-friendly* développé depuis la sphère internationale vers des contextes post-conflit similaires à la RDC a montré ses limites. Déconstruisant cette approche au départ d'une brillante analyse de la pratique des juridictions pour enfants des provinces du Nord-Kivu et du Sud-Kivu, Dr Christelle Molima relève : « se cacher derrière la vision de l'enfant soldat victime sans faute empêche le déploiement du génie des juridictions tant internationales que locales dans la protection des droits des enfants victimisés par les enfants soldats au sein de leurs juridictions [… et] empêche d'améliorer la vie des enfants dans de tels contextes et de travailler à une pleine réalisation de leurs droits à travers des politiques qui se renouvellent ». D'où la nécessité d'abandonner l'approche classique au profit d'une approche nouvelle de justice juvénile qui se veut pragmatique et intégrateur suivant le modèle développé par les juridictions pour enfants des provinces précitées.

Enfin, analysant sous le prisme des droits de l'homme le phénomène de la double administration dans les prisons congolaises, l'étude remarquable du Professeur Charles Kakule révèle l'utilité et la menace de ce qu'il qualifie joliment de « gouvernement des capitas ». Les capitas, ces « acteurs de l'ombre », à marge de la loi, produisent à la fois l'ordre et le désordre tant ils constituent « une solution à la pénurie du personnel pénitentiaire et contribue largement à la mission de maintien de l'ordre et de la sécurité dans la zone de détention, » mais, et c'est là que le bât blesse, ils sont en même temps acteurs de la violation des droits des personnes privées de liberté par l'infliction des traitements et sanctions inhumaines et dégradantes et par l'exploitation financière de ces dernières. Des telles pratiques sont incompatibles avec les règles minima des Nations unies pour le traitement des détenus. Pour faire face à cette situation, l'auteur défend néanmoins le maintien transitoirement de l'institution informelle sous réserve pour les pouvoirs publics de l'encadrer de manière à en limiter les effets pernicieux sur les droits des détenus, en attendant que l'Etat soit en bonne fortune pour assurer le recrutement et la formation de nouveaux personnels de surveillance.

Le droit des accusés à la preuve contraire et exercice des droits de la défense : regard sur la pratique des juridictions pénales congolaises

Par Pacifique MUHINDO MAGADJU*

Introduction

La question de l'administration de la preuve pénale est essentielle dans le processus d'application de la norme dans un contexte de juridictionnalisation des droits de l'homme[1] au sein duquel le système pénal prend une place croissante.

La preuve a pour objet d'établir les faits, mais également le droit. En effet, le jugement est décidé sur un double fondement : le fondement normatif qui est la règle juridique invoquée, et le fondement factuel constitué des faits prouvés à l'appui des prétentions juridiques alléguées. Ce double fondement se retrouve directement dans la décision juridictionnelle puisque celle-ci est principalement composée de motifs de faits et de motifs de droit. Or, en principe, la preuve des faits incombe aux parties, tandis que le droit est l'apanage du juge qui l'applique et ne le crée pas.

Dans ce cas, l'objet de la preuve pénale vise à établir les éléments constitutifs de l'infraction, l'imputabilité matérielle et morale, et l'absence de cause de justification[2]. Il s'agit de l'ensemble de règles applicables à la constatation des infractions, que cette constatation soit relative aux faits ou à la personnalité de l'accusé[3].

Au-delà du droit pénal, la question de la preuve est au cœur de tout procès : « le mécanisme du procès appelle nécessairement celui de la preuve et

---

* Professeur à la faculté de droit de l'Université Catholique de Bukavu et à la faculté de droit de l'Université de Goma.

[1] L'article 150 al. 1er de la Constitution de la République démocratique du Congo fait du juge le garant des droits fondamentaux et des libertés des citoyens. Voy. Constitution de la République démocratique du Congo du 18 février 2006 modifiée par la loi n° 11/002 du 20 janvier 2011 portant révision de certains articles de la Constitution de la République démocratique du Congo du 18 février 2006 (ci-après Constitution du 18 février 2006), in *Journal Officiel de la République démocratique du Congo* (ci-après JORDC), numéro spécial, Kinshasa, 5 février 2011.

[2] Cass., 14 décembre 2001, Rev. dr. pén., 2001, p. 532.

[3] J. PRADEL, *Droit pénal comparé*, 4ème éd., Paris, Dalloz, 2016, p.269.

le juge ne peut statuer sans avoir analysé, même sommairement, les éléments de preuve qui lui sont présentés »[4].

Il apparait aussitôt que la preuve est l'une des pièces capitales de la procédure puisque si elle n'est pas rapportée, l'acquittement s'impose. Il s'agit d'une question extrêmement délicate car le législateur et le juge doivent respecter et concilier un nombre important d'intérêts : l'aspiration légitime de la victime d'une infraction qui souhaite être entendue dans sa volonté de voir punir le coupable et obtenir réparation, l'intérêt général de la société qui veut la juste et prompte répression des infractions, et l'intérêt des accusés qui exige une complète garantie des droits de la défense. Ces derniers requièrent que l'accusé puisse, à l'étai de ses moyens, non seulement discuter les preuves produites par le Ministère public, mais aussi apporter des éléments contraires à ses allégations à travers l'administration d'une preuve contraire.

La notion de preuve contraire n'est pas inconnue du Droit congolais. Cependant, c'est en droit civil que l'expression « preuve contraire » est la plus présente. Elle est utilisée pour exprimer la manière de lutter contre une présomption allégeant le fardeau probatoire d'un plaideur. Ainsi, en droit civil des personnes, lorsqu'il s'agit du régime de la séparation des biens, la preuve contraire se fait par tout moyen propre à établir que les biens n'appartiennent pas au conjoint que la loi désigne[5] ; lorsqu'il est question de la recherche de la paternité, l'article 600 du Code de la famille indique que la preuve contraire pourra se faire par tous moyens[6]. Il en est de même de la révocation du testament, car la destruction, le biffage ou la surcharge avec paraphe du testament sont présumés, sauf preuve contraire, être l'œuvre du testateur[7]. En droit des obligations, la remise volontaire d'une obligation, de la minute ou de l'expédition du titre fait présumer la remise de la dette ou le payement, sans préjudice de la preuve contraire[8], etc.

En revanche, le Code de procédure pénale ne contient aucune disposition relative à la preuve contraire. Cependant, cette notion n'est pas étrangère à la procédure pénale congolaise. En effet, le prévenu doit apporter la preuve contraire lorsqu'il conteste la teneur de certains procès-verbaux auxquels la loi attache une valeur probante particulière[9]. C'est le cas du procès-verbal des

---

[4] Fr. TERRÉ, *Introduction générale au droit,* 7ième éd., Paris, Dalloz, 2006, p. 460.

[5] Art.507 al.3 Loi n° 87-010 du 1er aout 1987 portant Code de la famille telle modifiée et complétée par la Loi n° 16/008 du 15 juillet 2016, *in JORDC*, numéro spécial, Kinshasa, 12 août 2016.

[6] *Idem*, art.600 al.3.

[7] *Idem*, art.775 al.2.

[8] Art.175 du Décret du 30 juillet 1888 portant des contrats ou des obligations conventionnelles, *in Bulletin Officiel*, 1888, p. 109.

[9] A. RUBBENS, *Le droit judiciaire congolais, tome III, l'instruction criminelle et procédure pénale*, Bruxelles, Kinshasa, 1965, n° 153.

fonctionnaires et agents chargés spécialement de surveiller de falsification des denrées alimentaires.

Les évolutions actuelles[10] du droit en matière de preuve invitent à réexaminer les pratiques des professionnels du procès pénal devant les tribunaux congolais au regard des libertés publiques. Au-delà de la philosophie traditionnelle du droit pénal attachée au concept de la culpabilité comme fondement de la responsabilité pénale[11], peut-on envisager que l'instruction à l'audience se prête à une véritable discussion des éléments de preuve bien éloignée de la logique inquisitoriale et que l'accusé apporte la preuve contraire aux allégations de l'accusation.

Il ne s'agit pas ici de traiter de la théorie de la preuve, mais plutôt de s'interroger sur la consécration légale d'un droit à la preuve contraire comme modalité d'exercice efficace des droits de la défense et sur la pratique des tribunaux congolais dans ce domaine. Ainsi, si le droit de la preuve est gouverné par le principe selon lequel la preuve incombe à l'accusation, lorsqu'un accusé estime contester la matérialité des faits, leur imputabilité et les preuves à charge, le fardeau de la preuve change de camp et dans ce contexte, il s'agira de la preuve contraire (I), la pratique des tribunaux congolais étant examinée à l'aune de ces deux principes (II).

I. Le droit à la preuve contraire

Le droit de la preuve s'attache à définir l'ensemble des règles permettant de persuader de l'exactitude d'une allégation, de la réalité d'un fait ou au contraire de leur caractère inexact ou faux[12]. Appliqué à la matière pénale, le droit de la preuve recouvre l'ensemble des règles juridiques organisant la recherche, l'administration et l'appréciation des preuves qui pourront convaincre de la culpabilité ou de l'innocence d'une personne soupçonnée d'avoir commis une infraction pénale[13].

Le Code de procédure pénale ne contient aucune théorie générale sur la preuve, ni des dispositions spécifiques réglementant la preuve pénale, hormis les cas relatifs aux violences sexuelles pour lesquelles un principe dérogatoire est

---

[10] Voy. G. GIUDICELLI-DELAGE, « Les transformations de l'administration de la preuve pénale. Perspectives comparées : Allemagne, Belgique, Canada, Espagne, Etats-Unis, France, Italie, Portugal, Royaume-Uni », *in* Archives de politique criminelle, 2004/1, (n° 26), pp. 139-188.

[11] Fr. KUTY, *Principes généraux du Droit pénal belge, tome III : l'auteur de l'infraction pénale,* Bruxelles, Larcier, 2012, p.50.

[12] R. MERLE et A. VITU, *Traité de droit criminel*, tome II, *Procédure pénale* ; 5ième éd., Paris, Cujas, 2001, n° 120.

[13] J. BARBÉRIS, *Le droit de la preuve pénale face à l'évolution technique et scientifique* ; Thèse, Aix-Marseille 3, 2000, p. 9.

posé[14]. Cependant, cette notion n'est pas étrangère au droit judiciaire congolais, car il s'agit d'un principe général de droit[15].

En effet, en Droit congolais, comme dans la quasi-totalité des systèmes juridiques[16], le principe est connu : la preuve des faits infractionnels et leur imputation à l'accusé incombe à l'accusation et dans une certaine mesure, à la victime qui s'est constituée partie civile pour demander réparation des préjudices que lui auraient causé les faits à la base des poursuites exercées contre le délinquant[17].

C'est une application du principe constitutionnel de la présomption d'innocence[18]. Celle-ci renverse la charge de la preuve de la culpabilité en la plaçant sur la tête de l'accusateur, en particulier l'organe poursuivant, et exclut toute situation devant pousser une personne à se considérer *a priori* comme coupable.

La présomption d'innocence appliquée aux règles de preuve induit plusieurs conséquences. Elle s'analyse comme une apparente dispense de recherche des preuves au profit de l'accusé. Etant « présumée innocente », ce n'est pas à la personne poursuivie de démontrer son innocence, mais bien au contraire à la partie poursuivante de rapporter les preuves de sa culpabilité.

L'existence d'un droit à la preuve contraire pourrait dès lors s'analyser comme l'aboutissement de la présomption d'innocence, une sorte de point d'équilibre entre les nécessités de la répression et la légitime prévention contre l'erreur judiciaire. La notion de preuve contraire recouvrirait donc à la fois une preuve spécifique contre des arguments précis émis par l'accusation, mais

---

[14] L'article 14 *ter* du Code de procédure pénale dispose que : « A titre dérogatoire, en matière d'infractions relatives aux « violences sexuelles, les règles suivantes s'appliquent pour l'administration de la preuve : 1. Le consentement ne peut en aucun cas être inféré des paroles ou de la conduite d'une victime lorsque la faculté de celle-ci à donner librement un consentement valable a été altérée par l'emploi de la force, de la ruse, de stupéfiant, de la menace ou de la contrainte ou à la faveur d'un environnement coercitif ; 2. Le consentement ne peut en aucun cas être inféré du silence ou du manque de résistance de la victime des violences sexuelles présumées ; 3. La crédibilité, l'honorabilité ou la disponibilité sexuelle d'une victime ou d'un témoin ne peut en aucun cas être inféré de leur comportement sexuel antérieur ; 4. Les preuves relatives au comportement sexuel antérieur d'une victime des violences sexuelles ne peuvent exonérer le prévenu de sa responsabilité pénale ».

[15] Cour Suprême de Justice (ci-après C.S.J.), RP 310/361, 29 juillet 1980, Affaire ALI AJAMAYI et VUZA KAPENDA C/ Ministère public, LUSAKIVANA LUBAKI et KUSITELA KIMOKENDI, in *Bulletin des arrêts de la Cour suprême de justice années 1980 à 1984*, Kinshasa, 2001, pp.70-76.

[16] J. PRADEL, *Op.C it.*, pp.270 et 271.

[17] C.S.J., RP 2233, 9 février 2005, Affaire Société Cimenterie de Lukaya C/ Ministère public et BOLOBANGA BOWEYI, in *Les analyses juridiques* n° 6/2005, pp.57-62.

[18] Art. 17 al.8 de la Constitution du 18 février 2006.

également et plus généralement, tout élément de preuve allant à l'encontre de l'accusation, c'est-à-dire tout élément de preuve de nature à établir l'innocence de l'accusé. Ceci amène à s'interroger sur la consécration d'un droit à la preuve contraire (B), dont l'exercice requiert la réalisation de certains préalables (A).

A. Les préalables à l'exercice du droit à la preuve contraire

Le droit à la preuve contraire impose à la société de tout mettre en œuvre afin de préserver à toute personne mise en cause la possibilité de prouver son innocence ou d'atténuer sa responsabilité[19]. Il s'agira non seulement de permettre à toute personne mise en cause au cours d'un procès pénal, de produire ou d'obtenir une preuve contraire aux arguments apportés par la partie adverse, mais aussi et plus généralement, de permettre à cette personne de produire ou d'obtenir tous éléments de preuve de nature à établir son innocence.

Dès lors, en matière de la preuve, certaines garanties facilitent l'exercice du droit à la preuve contraire et sont préalables à l'exercice dudit droit. Il s'agit de l'égalité des armes (1), et du droit à un conseil (2).

1. Egalité des armes

Le principe de l'égalité des armes constitue, avec le principe du contradictoire, un des fondements majeurs du droit à un procès équitable. Le droit à un procès équitable englobe le droit à une bonne administration de la justice, ce qui suppose l'égalité des armes et des chances[20]. L'égalité des armes et des chances implique qu'une attention particulière soit attachée à l'humain, victime comme accusé.

L'égalité des armes ne concerne pas seulement les parties au procès, mais également toute intervention susceptible d'influencer la décision du juge en faveur de l'une des parties[21], ce qui concerne à la fois les relations entre les parties, mais aussi les relations entre les parties et le ministère public[22] ; ainsi que les relations entre parties et tout intervenant au procès pénal : expert, témoins, civilement responsable, etc.

Le principe de l'égalité des armes est consacré à l'article 14 du Pacte international relatif aux droits civils et politiques qui dispose que : « tous sont

---

[19] C. AMBROISE-CASTÉROT, « Procédure pénale » ; *Rev. pén. dr. pén.* 2005, chr. p.407.

[20] LUZOLO BAMBI LESSA et BAYOA Ba MEYA, *Manuel de procédure pénale*, Kinshasa, Presses universitaires du Congo, 2011, pp.62 et 63.

[21] M. MASCLET de BARBARIN, « Du principe de l'égalité des armes à l'égalité des droits des parties en matière fiscale », in Revue de la Recherche Juridique - Droit prospectif, Presses Universitaires d'Aix Marseille, 2005, pp.1449-1461, p.1449.

[22] *Id.*, p.1451.

égaux devant les tribunaux et les cours de justice »[23]. Il s'agit de la consécration du principe de l'égalité des citoyens devant la loi, énoncé à l'article 26 du même Pacte[24] et à l'article 12 de la Constitution congolaise selon lequel « tous les Congolais sont égaux devant la loi et ont droit à une égale protection des lois »[25].

Le principe de l'égalité des armes implique l'obligation d'offrir à chaque partie une possibilité raisonnable de faire valoir ses arguments dans des conditions qui ne la désavantage pas par rapport à la partie adverse.

Pour le Comité des droits de l'homme, les critères d'appréciation de l'égalité des armes sont fonction des circonstances particulières de l'affaire et de la situation de fait qui est à l'origine de la saisie du Comité[26]. Le Comité ajoute qu'au-delà des armes juridiques, le justiciable devrait disposer, dans la pratique judiciaire concrète de l'Etat concerné, des moyens adéquats pour les utiliser, c'est-à-dire des moyens financiers, de l'aide juridique ainsi que du temps nécessaire pour préparer sa défense[27].

La notion d'équilibre des droits des parties apparaît bien correspondre à ce que doit être le procès équitable : « non pas un emploi d'armes identiques par des combattants placés au milieu d'une enceinte judiciaire, comme l'étaient les gladiateurs au centre de l'arène, mais une exigence constante, tout au long du procès, d'un juste équilibre des droits processuels entre ceux qui ont à assurer leur défense et une attention vigilante à ce que rien, dans le processus judiciaire, ne place injustement une partie dans une situation désavantageuse »[28].

C'est en vertu du principe de l'égalité des armes que l'accusé dispose de la faculté de faire valoir ses droits devant le juge dans des conditions qui ne le placent pas dans une situation désavantageuse par rapport à la partie adverse[29].

Dans cette perspective, un accusé peut faire valoir des arguments, des pièces, ou tout autre moyen lui permettant de contester le bien-fondé ou les moyens de l'accusation. La procédure pénale devient alors équitable et contradictoire, préservant l'équilibre des droits des parties. Il s'agit là d'un

---

[23] Art.14 para.1 Pacte International relatif aux Droits Civils et Politiques (ci-après PIDCP) du 16 décembre 1966, *in JORDC*, numéro spécial, avril 1999.

[24] L'article 26 du PIDCP dispose que « toutes les personnes sont égales devant la loi et ont droit sans discrimination à une égale protection de la loi. A cet égard, la loi doit interdire toute discrimination et garantir à toutes les personnes une protection égale et efficace contre toute discrimination, notamment de race, de couleur, de sexe, de langue, de religion, d'opinion politique et de toute autre opinion, d'origine nationale ou sociale, de fortune, de naissance ou de toute autre situation ».

[25] Art.12 de la Constitution du 18 février 2006.

[26] Comité des droits de l'homme, Frank Robinson c. Jamaïque, Communication No. 223/1987, U.N. Doc. CCPR/C/35/D/223/1987 (1989), para.10.

[27] *Id.*, para.11.

[28] M. MASCLET de BARBARIN, *Op.Cit.,* p.1461.

[29] CEDH, *Werner c/ Autriche*, 24 nov. 1997, para. 67.

préalable à l'effectivité de l'exercice du droit à la preuve contraire. Sans l'égalité des armes, l'accusé ne peut savoir invoquer un quelconque moyen en contestation des arguments du poursuivant, ce qui créerait un déséquilibre entre les droits de l'accusation et ceux de la défense, violant l'équité de la procédure.

2. Le droit à un conseil

Le doit à l'assistance d'un avocat est consacré par les traités des droits de l'homme et la Constitution congolaise. Ainsi, le Pacte international relatif aux droits civils et politiques stipule que toute personne accusée d'une infraction pénale a droit à être présente au procès et à se défendre elle-même ou à avoir l'assistance d'un défenseur de son choix ; si elle n'a pas de défenseur, à être informée de son droit d'en avoir un, et chaque fois que l'intérêt de la justice l'exige, à se voir attribuer d'office un défenseur, sans frais, si elle n'a pas les moyens de le rémunérer[30].

La Constitution congolaise quant à elle dispose que « toute personne a le droit de se défendre elle-même ou de se faire assister d'un défenseur de son choix et ce, à tous les niveaux de la procédure pénale, y compris l'enquête policière et l'instruction pré juridictionnelle. Elle peut se faire assister également devant les services de sécurité »[31]. Le Code de procédure pénale ajoute que la personne accusée d'une infraction pénale et qui fait l'objet des poursuites, doit être assistée dès son arrestation et à tous les stades de la procédure, par un avocat ou un conseil de son choix, ou à défaut, par un avocat ou un conseil commis d'office conformément au droit commun, à moins qu'elle ait renoncé expressément à son droit d'être assistée d'un conseil[32].

La personne poursuivie n'étant pas nécessairement rompue au fonctionnement de la justice, le conseil pourra, outre le soutien psychologique qu'il peut apporter à son client, lui prodiguer des conseils sur la manière de s'exprimer devant les officiers de police judiciaire, le magistrat instructeur ou la juridiction de jugement. De plus, l'avocat après compulsoire et lecture du dossier de l'accusation et à la suite des entretiens avec son client, peut indiquer quels éléments de preuve sont nécessaires à l'étai de ses moyens de défense et quels sont les arguments, présomptions ou éléments de preuve à proposer pour contester ceux de l'accusation ou de la partie civile. Il pourra enfin l'assister pour la relecture et la modification des procès-verbaux, s'assurer de la bonne tenue des interrogatoires et dénoncer tout abus, sans parler de son rôle dans la défense active de l'accusé. La question de la présence de l'avocat au cours d'une instance pénale pose donc nécessairement celle pour tout individu de se défendre efficacement et constitue un préalable à l'exercice du droit à la preuve contraire, et donc des droits de la défense.

---

[30] Art. 14 para.3 litera d) du PIDCP.

[31] Art. 19 al.3 de la Constitution du 18 février 2006.

[32] Art.26 *bis* point 1, litera a) du Code de procédure pénale.

L'égalité des armes et le droit à un Conseil constituent donc des préalables à l'exercice adéquat du droit à la preuve contraire dont le fondement légal appert de certains principes généraux de la procédure pénale.

B. Fondement légal du droit à la preuve contraire

En droit congolais, il n'existe pas de présomption légale de culpabilité. Cependant, dans certains cas, la loi attache au procès-verbal une valeur probante particulière. C'est le cas de procès-verbaux des fonctionnaires et agents chargés spécialement de la surveillance de falsification des denrées alimentaires. Ces procès-verbaux font foi jusqu'à preuve contraire[33]. C'est aussi le cas de procès-verbaux d'infraction en matière douanière qui font foi jusqu'à ce que fausseté en soit prouvée, en tant qu'ils relatent des opérations ou des constatations faites par les verbalisateurs[34].

Dans ces deux cas cependant, il ne s'agit pas d'une présomption légale de culpabilité[35]. C'est seulement, au regard du principe de la liberté de la preuve, une certaine autorité qui est attachée à ces procès-verbaux et dont le contenu peut être contesté en apportant une preuve contraire. Ainsi par exemple, lorsqu'il conteste la teneur de certains procès-verbaux auxquels la loi attache une force probante particulière et lorsqu'il invoque la faute de la victime de l'infraction qui a pour conséquence juridique, essentiellement le partage de la responsabilité civile, la charge de la preuve incombe sans équivoque au prévenu[36].

Dès l'abord, il y a lieu de souligner qu'aucune disposition de droit interne ou d'un traité international liant la République démocratique du Congo ne consacre expressément le droit à la preuve contraire comme prérogative dont doivent bénéficier les personnes appelées dans une instance pénale. Il s'agit plutôt d'un droit compris dans les droits de la défense dont certaines composantes garantissent le libre exercice du droit à la preuve contraire, à savoir le droit à la notification des charges et communication des pièces et le principe du contradictoire.

1. La notification des charges et la communication du dossier

Le droit à la notification des charges est légalement consacré en droit congolais, et constitue une composante importante des droits de la défense.

---

[33] Art.7, al.2 du Décret du 26 juillet 1910 relatif à la Fabrication et au commerce des denrées alimentaires, *in Bulletin Officiel*, 1910, p.657.

[34] Art. 361 al.1 de l'Ordonnance-loi n° 10/002 du 20 aout 2010 portant Code des douanes, *in JORDC*, numéro spécial, Kinshasa, 26 décembre 2010.

[35] Les présomptions de culpabilité sont un mécanisme qui soulage l'accusation du fardeau de la preuve.

[36] A. RUBBENS, *Le droit judiciaire congolais, tome III, l'instruction criminelle et procédure pénale*, Bruxelles, Kinshasa, 1965, n° 153.

En effet, les articles 14 et 9 du Pacte international relatif aux droits civils et politiques disposent respectivement que « tout individu arrêté sera informé, au moment de son arrestation, des raisons de cette arrestation et recevra notification, dans le plus court délai, de toute accusation portée contre lui[37] » ; que « toute personne accusée d'une infraction pénale a droit à être informée, dans le plus court délai, dans une langue qu'elle comprend et de façon détaillée, de la nature et des motifs de l'accusation portée contre elle »[38].

La Constitution congolaise abonde dans le même sens lorsqu'elle dispose que « toute personne arrêtée doit être immédiatement informée des motifs de son arrestation et de toute accusation portée contre elle et ce, dans la langue qu'elle comprend. Elle doit être immédiatement informée de ses droits »[39].

On trouve pareille idée à l'article 26 *bis* du Code de procédure pénale qui dispose que toute personne accusée d'une infraction et faisant l'objet des poursuites bénéficie des droits suivants dont elle est informée avant d'être interrogée : a) être immédiatement informée des motifs de son arrestation et de toute accusation portée contre elle et ce, dans la langue qu'elle comprend ; b) être informée de ses droits[40].

Le droit à la notification des charges est le parfait exemple de ces droits de la défense qui sont intimement liés au droit à la preuve contraire. En ce sens, la Cour suprême de justice a souligné que l'exercice d'une défense active ne se conçoit pas sans la connaissance préalable de la nature et de la cause de l'accusation[41]. Cette notification est nécessaire à la compréhension de la situation par la personne poursuivie et conditionne déjà en bonne partie l'orientation que devra prendre son droit à la preuve contraire.

La connaissance des éléments du dossier, du contexte et des arguments contre lesquels la personne mise en cause devra lutter pour affirmer son innocence, est primordiale. Il constitue le socle sans lequel tout désir d'action au fil de la procédure serait voué à l'échec. Au-delà de la simple notification de l'accusation, c'est une perception globale des informations et des arguments de la partie adverse qui peut permettre la construction d'une défense efficace.

La notification des charges est en lien avec le droit à la communication du dossier répressif, car informé des charges qui pèsent contre lui, l'accusé sait quelles sont les pièces qui sont nécessaires à sa défense et lesquelles il pourra alors produire pour contredire l'argumentation de l'accusation.

---

[37] Art.9 para.2 du PIDCP.

[38] *Id.*, art.14 para.3 litera a).

[39] Art.18 al. 1 et 2 de la Constitution du 18 février 2006.

[40] Art.26 *bis* point 2, literae a) et b) du Code de procédure pénale.

[41] C.S.J., RPA 376, 2 avril 2010, Affaire KAKANDJIKA C/ Ministère public et PALULA MVUAMA, in *Les Analyses juridiques*, n°20 (2010) pp.71-74.

Pendant la phase de jugement, les parties privées, et au premier chef la personne poursuivie, disposent d'un droit à obtenir la communication de la procédure, conformément aux dispositions de droit interne. En effet, l'article 84 de la loi organique portant organisation, fonctionnement et compétences des juridictions de l'ordre judiciaire dispose que : « en matière répressive ou disciplinaire, sans préjudice du droit des parties en cause de prendre connaissance et de recevoir copie du dossier de la poursuite, lorsque le tribunal est saisi du fond de la cause et jusqu'à décision définitive, aucun acte d'instruction ou de procédure ne peut être communiqué et aucune expédition ou copie des actes d'instruction ou de procédure ne peut être délivrée sans autorisation du Procureur général près la Cour d'appel, ou au niveau de la Cour de cassation, du Procureur général près cette Cour »[42].

L'Arrêté d'organisation judiciaire portant Règlement intérieur des Cours, Tribunaux et Parquets abonde dans le même sens lorsqu'il dispose que le Procureur général près la Cour d'appel a seul la garde et la disposition des dossiers répressifs et disciplinaires en cours ou clos. Il apprécie seul l'opportunité de la communication des pièces d'un dossier répressif ou disciplinaire, moyennant paiement des frais déterminés à cet effet[43].

Ainsi, lorsque les parties souhaitent produire un dossier, c'est-à-dire des actes, pièces, registres, documents ou renseignements relatifs à des procédures judiciaires, elles doivent obtenir l'autorisation de lever copie par le Procureur général. Cette autorisation s'étend aussi aux pièces qui sont jointes ultérieurement au même dossier[44]. Ceci permet au prévenu d'en prendre connaissance aux fins de les contredire ou de les contester. Le dossier de l'affaire comprenant essentiellement les pièces de l'information ou de l'instruction, est mis à la disposition des parties, au moins depuis la citation jusqu'au jour de l'audience, ou par son dépôt au greffe où les parties peuvent le consulter et en faire prendre copie.

Il s'agit donc, non pas la communication directe des pièces de la procédure à une des parties au procès, mais la délivrance, à ses frais, le cas échéant par l'intermédiaire de son avocat, de la copie des pièces du dossier soumis à la juridiction devant laquelle elle est appelée à comparaître. Ceci permet à l'accusé de prendre connaissance (et pas seulement de compulser) des pièces du dossier sur lesquelles l'accusation se fonde, de les étudier calmement, et de préparer ses

---

[42] Art.84 de la Loi organique n°13/011-B du 11 avril 2013 portant organisation, fonctionnement et compétences des juridictions de l'ordre judiciaire, *in JORDC*, numéro spécial, Kinshasa, 4 mai 2013.
[43] Art.157 de l'Arrêté d'organisation judiciaire portant Règlement intérieur des Cours, Tribunaux et Parquets.
[44] LUZOLO MAMBI LESSA et BAYONA Ba MEYA, *Op.Cit.*, p.69.

moyens pour en contester le contenu, la loyauté, ou pour en nuancer, ou encore pour produire les moyens et pièces contraires.

Dans la pratique judiciaire congolaise, les conseils et dans certains cas, les parties elles-mêmes, s'adressent au Procureur général du ressort concerné, afin d'obtenir autorisation de lever copie des pièces et procès-verbaux du dossier moyennant paiement de l'équivalent en Francs congolais de 12 dollars américains. Les autorisations de levée copie sont généralement données sans difficulté, hormis les cas des dossiers en cours d'instruction préjuridictionnelle, pour lesquelles la clause « si l'instruction préjuridictionnelle est terminée » est insérée dans la lettre d'autorisation[45]. Toutefois, il a été décidé que l'absence d'autorisation du Procureur général n'est pas sanctionnée de nullité des procès-verbaux obtenus[46].

Ceci nous semble fondamental pour une défense efficace car un dossier pénal peut contenir des photos, des bilans comptables, des expertises techniques, des extraits de comptes bancaires, de transcriptions d'écoutes téléphoniques, toute sorte de pièces[47] dont la personne mise en cause ne peut réellement percevoir le contenu qu'en les lisant. Seul ce contact direct peut permettre à la personne poursuivie d'apporter une plus-value, notamment la préparation des éléments contraires à ceux du dossier communiqué.

2. Le principe du contradictoire

Le principe du contradictoire est marqué par l'affaiblissement du rôle autoritaire et répressif de l'État, au profit d'un procès de défense, plus proche du *due process* du modèle anglo-saxon, au cours duquel les parties privées jouent un rôle essentiel[48]. Il s'agit également d'une montée en puissance des droits actifs de la personne mise en cause au cours de son procès, du renforcement de son droit à la parole, de ses possibilités d'intervention dans la recherche probatoire ou de critique de l'action de l'accusation, de la partie civile ou même du juge[49]. Il associe la personne mise en cause à la marche de la procédure et plus précisément au débat sur la preuve.

---

[45] Il s'agit de la pratique instituée par les Procureurs généraux dans le cadre de la politique criminelle des parquets congolais afin de veiller au caractère inquisitorial de la phase d'information et d'instruction préjuridictionnelle, mais également assurer une bonne instruction des dossiers répressifs.

[46] C.S.J., RC 239, 3 juin 1981, Affaire N.Z C/B, in Revue Juridique du Zaïre, 1984, p.55.

[47] J. DANET, *Défendre : pour une défense pénale critique*, 2ième éd., Paris, Dalloz, 2004, p.103.

[48] Ch. LAZERGES, *Introduction à la politique criminelle,* Paris, L'Harmattan, 2000, p.109.

[49] J. PRADEL, « La montée des droits du délinquant au cours de son procès. Essai d'un bilan », in : *Mélanges Jean Larguier,* Grenoble, Presses universitaires de Grenoble, 1993, p.223.

Le principe du contradictoire est un principe général de droit que le juge est tenu, en toutes circonstances, d'observer et de faire observer. Dans un arrêt de principe, la Cour Suprême de Justice a dit pour droit que le juge ne peut retenir dans sa décision que les éléments et les explications qu'il a recueillis contradictoirement[50]. Le principe du contradictoire s'impose donc non seulement entre les parties, mais également entre le juge et les parties.

La procédure contradictoire à caractère accusatoire implique que le prévenu ait la possibilité de se défendre contre ce qui est mis à sa charge. Ce principe a une portée générale et est distinct du caractère contradictoire ou pas du jugement à intervenir[51]. Il s'agit d'avoir la possibilité de contredire et donc de contester toute pièce ou toute argumentation de nature à influencer la décision du juge.

Le principe du contradictoire est une composante essentielle des droits de la défense et constitue une des modalités d'exercice du droit à la preuve contraire, car il n'existe pas de principe général du droit de la procédure contradictoire qui serait distinct du principe général du droit des droits de la défense[52]. Ainsi, viole les droits de la défense et doit être cassée, toute décision motivant en ordre principal sa condamnation sur base d'un rapport confidentiel qui n'a pas fait l'objet de débats publics et contradictoires et n'a été soumis à l'appréciation des parties en cause[53].

L'incidence du droit de contradiction sur le droit à la preuve contraire est évidente. Il constitue avant tout une garantie d'information sur la preuve et permet par la suite de garantir une discussion sur cette preuve. La discussion sur la preuve envisagée sous couvert du contradictoire pourrait dès lors s'entendre de la possibilité de discuter et de contester les éléments de preuve fournis par l'accusation et de pouvoir les combattre par tous moyens. Au cours des interrogatoires, confrontations et auditions de témoins menés par le juge, l'accusé et/ou son conseil peut poser des questions ou présenter des observations. Il doit également être mis en mesure de faire valoir ses arguments concernant les pièces à conviction produites au cours des débats.

Dans cette perspective, la possibilité est offerte à la personne poursuivie de rapporter des éléments de preuve contraire à l'accusation. Le principe du contradictoire apparaît clairement comme une des composantes ou une garantie de l'effectivité du droit à la preuve contraire. Loin de la garantie de pouvoir

---

[50] C.S.J., RPA 17, 26 juillet 1972, Affaire ANANGAME Marcel C/ Ministère public, in *Bulletin des arrêts de la Cour suprême de justice 1972*, Kinshasa 1973, pp.144-149. Voir également en ce sens, C.S.J., RP 2233, 9 février 2005, Affaire Société Cimenterie de Lukaya C/ Ministère public et BOBOLANGA BOWEYI, *in Les Analyses juridiques*, n° 6/2005, pp.57-62.

[51] LUZOLO BAMBI LESSA et BAYONA Ba MEYA, *Op.Cit.,* p.64.

[52] Cass. 24 mars 1999, *Pas.*, 1999, n° 24 ; Cass., 21 mai 2003, *Pas*, 2003, n° 310.

[53] C.S.J., RP 2, 7 et 9, 8 octobre 1969, *Op.Cit.*, p.274.

garder le silence, l'accusé doit avoir la possibilité de s'exprimer pour discuter des éléments de la cause, critiquer les éléments à charge et apporter au débat des éléments à décharge.

De tous ces éléments, il appert que si le droit à la preuve contraire n'est pas expressément consacré par le législateur congolais, celui-ci n'utilisant pas explicitement le concept « droit à la preuve contraire », ce dernier n'est pas ignoré du droit congolais. Il s'agit d'une prérogative que l'on tire des dispositions des articles 9, 14 et 26 du Pacte international relatif aux droits civils et politiques, 18, 19 et 20 de la Constitution, 84 de la Loi organique portant organisation, fonctionnement et compétence des juridictions de l'ordre judiciaire, 26 *bis* du Code de procédure pénale, 57 de l'arrêté d'organisation judiciaire portant Règlement intérieur des Cours, Tribunaux et Parquets, comme composante essentielle des droits de la défense.

L'exercice des droits de la défense ne présenterait aucun intérêt notamment sans possibilité pour l'accusé de discuter des arguments et preuves de l'accusation ou de la partie civile et d'apporter des contre preuves et d'articuler des contre arguments. Or, la jurisprudence des tribunaux pénaux *ad hoc*[54], comme celle de la Cour pénale internationale,[55] ou encore la jurisprudence des organes de contrôle des droits de l'homme comme la Commission africaine des droits de l'homme[56] et de la Cour européenne des droits de l'homme[57], ou encore celle de la Cour de cassation de la République démocratique du Congo,[58] sanctionnent les violations des droits de la défense. Dès lors, les tribunaux congolais devraient assurer l'exercice du droit à la preuve contraire, sans lequel l'exercice des droits de la défense serait incomplet.

---

[54] TPIY, Aff. Le Procureur C/ Deadic et al., 25 septembre 1996, IT-96-21-T. Décision tendant à obtenir les documents dans la langue de l'accusé ; TPIY, Affaire Le Procureur C/ Erdemovic, 29 mai 1996, IT-96-22-I. A propos de la désignation d'un avocat commis d'office qui ne parlait ni l'anglais ni le français, il lui était difficile d'assurer la défense de l'accusé.

[55] CPI, Affaire Le Procureur c. Thomas Lubanga Dyilo, *op.cit.*, para. 36-39.

[56] Commission Africaine des droits de l'homme et des peuples, Communication n° 393/10, Institute for Human Rights and Development in Africa et autres C. République Démocratique du Congo, juin 2016.

[57] CEDH 08 février 1996, Aff. *Murray* c/Royaume-Uni, req. n°18731/91 ; JCP 1997, I, 4000, obs. F. Sudre ; CEDH 23 novembre 1993, Aff. *Poitrimol* c/France, Série A, n°277-A; Rev. sc. crim. 1994, obs. R. Koering-Joulin, pp. 362-363.

[58] C.S.J., RR 02/CR, 27 avril 1995, Affaire Benjamin et consorts C/ Ba., in Revue analytique de la jurisprudence du Congo, volume VI, Fascicule unique, 2001, V ; C.S.J., RPA 10 du 23 juin1972, Affaire Bahizi C/ Ministère public, *Bulletin des arrêts de la Cour suprême de justice 1973,* Kinshasa 1974, p. 110; C.S.J., RPA 150, 1er juin 1989, Aff. Ministère public et Lukula C/ Mbombo et consorts, *Bulletin des arrêts de la Cour suprême de justice* 1990, p. 8.

II. Le droit à la preuve contraire et la pratique des tribunaux pénaux congolais

Le concept de droit à la preuve contraire intègre l'équilibre nécessaire entre les valeurs fondamentales de protection de la société et du justiciable. Il est révélateur des évolutions de la société[59], la traduction des critères subjectifs qui sont jugés acceptables à un moment donné afin de parvenir à la vérité judiciaire[60].

En Droit congolais, le droit à la preuve contraire est affirmé à travers les droits de la défense. Cependant, en raison notamment de la pauvreté de la grande majorité des accusés, du fait que nombre d'entre eux sont jugés loin de leur milieu, de la défaillance de l'office du Ministère public et du Greffe dans la diligence des actes de procédure, la prérogative reconnue à tout accusé d'apporter la preuve contraire aux allégations portées contre lui se trouve entamée, engendrant un grand déséquilibre entre l'accusation et la défense. Il ne s'agit pas ici de parcourir toutes les violations du droit à la preuve contraire, mais tout simplement d'illustrer, à travers certaines pratiques prétoriennes à savoir les atteintes au droit de citer des témoins à décharge (C) ; le droit au conseil (B) ; les audiences foraines et les affaires des violences sexuelles (D), ou encore l'insuffisance des juges (A), les difficultés d'appréhension du droit à la preuve contraire, entamant l'exercice et la jouissance des droits de la défense par les accusés.

A. De l'insuffisance des juges

Le nombre des juges en République démocratique du Congo est, pour la majorité des ressorts,[61] insignifiant.[62] A titre d'exemple, le Tribunal de Grande Instance (ci-après TGI) d'Uvira qui couvre une superficie de 44891 Kilomètres carrés et dans lequel se trouve deux tribunaux de paix, n'a que quatre juges, et celui de Bunia six juges ; celui de Tshikapa, chef-lieu de la Province du Kassaï, deux juges. Le tribunal de paix de Shabunda n'a que deux juges ; celui de Walikale, un seul ; celui de Mambasa, deux ; celui de Tshikapa, deux ; celui de Kamituga, deux, alors qu'en matière pénale le tribunal de paix siège au nombre

---

[59] Br. LEMESLE, « Présentation », in Br. LEMESLE (dir.) *La preuve en justice de l'Antiquité à nos jours*, Rennes, Presses universitaires de Rennes, 2003, pp. 10 et 11.

[60] E. JOUANNET, « La preuve comme reflet des évolutions majeures de la société internationale », in H. RUIZ-FABRI et J. M. SOREL (dir.), *La preuve devant les juridictions internationales*, Paris, Edition A. Pedone, 2007, p. 239.

[61] A l'exception des juridictions de Kinshasa, celles Lubumbashi et, dans une moindre mesure, celles de Matadi, dans lesquelles il y a un nombre conséquent des juges ; dans les autres Cours et Tribunaux du pays, il y a un nombre insuffisant, voire dans certains cas, très insuffisant des juges.

[62] République Démocratique du Congo, Ministère de la Justice et droits humains, *Rapport général des Etats généraux de la justice en République Démocratique du Congo,* Kinshasa, du 27 avril au 02 mai 2015, Kinshasa, Ministère de la justice, 2015, p. 17.

de trois juges[63]. Le tribunal de paix de Goma dont le ressort est la ville de Goma avec plus ou moins 1.500.000 habitants, ne compte que quatre juges, celui de Bukavu qui couvre toute la ville de Bukavu, ne compte que cinq juges.

De plus, à l'exception du juge de commerce qui est de plus en plus spécialisé en Droit congolais en raison de l'application du Droit OHADA[64], les autres juges ne sont pas spécialisés dans tel ou tel autre domaine[65]. Cela entraîne que le même juge statue en matière pénale, en matière civile, en contentieux du travail, en contentieux administratif, voire en contentieux commercial ou du droit des affaires là où les tribunaux de commerce ne sont pas encore installés.

Dans les affaires pénales, l'insuffisance des juges entraîne des violations systématiques du droit à la preuve contraire et donc des droits de la défense. En effet, le nombre d'affaires appelées à l'extrait du rôle du jour d'audience est largement élevé pour chaque Chambre. En moyenne, les juges appellent par jour vingt affaires au rôle.[66] La conséquence est que le Règlement du rôle prend à lui seul la moitié de temps, les causes sont appelées et renvoyées systématiquement et les juges ne retiennent pour instruction et/ou plaidoiries qu'entre trois et six causes.

Pour les affaires retenues, les juges instruisent sommairement et non de manière très approfondie aux fins d'établir tous les éléments de faits et de droit à même d'éclairer leur religion, passant outre certains devoirs d'instruction, l'affaire ayant été renvoyée plusieurs fois[67]. Il n'est même pas rare de constater que, dans certaines causes, l'instruction n'est portée que sur une page[68].

Dans ce cas, les juges ne donnent pas suffisamment de temps à l'accusé pour discuter ou contester la fiabilité et/ou la loyauté des moyens et preuves de l'accusation, ou de produire les éléments contraires à ces preuves et moyens. A cet effet, ils invitent l'Office du Procureur, l'accusé, la partie civile et la partie civilement responsable s'il y en a, à plaider sur dispositif, c'est-à-dire par la simple lecture du dispositif de leurs conclusions ou notes de plaidoiries. Ceci entraîne l'évitement de la procédure et place l'accusé dans la difficulté de

[63] Art.10 de la Loi organique n° 13/11-B du 11 avril 2013.

[64] OHADA est l'Organisation pour l'Harmonisation en Afrique du Droit des Affaires.

[65] Deux autres Tribunaux spécialisés fonctionnent en RD Congo. Le Tribunal du travail et le Tribunal des enfants en conflit avec la loi, mais leurs juges ne sont pas spécialisés dans ces deux derniers cas. De plus, le tribunal de travail ne fonctionne, à ce jour, que dans les seules villes de Lubumbashi, Kinshasa, Kisangani et Goma.

[66] Au tribunal de Grande Instance de Bukavu, chaque chambre qui connaît des dossiers des accusés qui sont en état de détention provisoire, appelle au minimum 25 dossiers au rôle de chaque audience. Il en est de même au Tribunal de Grande Instance de Goma. Au Tribunal de Grande Instance de Kinshasa Matete, la moyenne est d'une dizaine de causes.

[67] A titre d'exemple, voir les affaires sous RP. 14079 ; RP 14338 ; RP 14298 ; RP 15062 ; RP 15810 rendues par le Tribunal de Grande Instance (ci-après TGI) de Bukavu.

[68] A titre d'exemple, voir TGI de Bukavu, RP.15.569 ; RP14.320; RP.15.007.

présenter les contre-arguments à ceux de l'accusation, celle-ci ayant tout simplement lu le dispositif de ses réquisitions.

Les pouvoirs publics semblent avoir fait le choix d'une économie des moyens au détriment de la procédure et des droits, ce qui a aussi un effet sur le droit d'être assisté d'un Conseil de son choix.

B. L'assistance d'un Conseil et d'un interprète

Le droit d'être assisté d'un Conseil de son choix est constitutionnellement garanti. En effet, toute personne a le droit de se défendre elle-même ou de se faire assister d'un défenseur de son choix et ce, à tous les niveaux de la procédure pénale, y compris l'enquête policière et l'instruction préjuridictionnelle[69]. La même prérogative est consacrée à l'article 14 para. 3, litera f) du Pacte international relatif aux droits civils et politiques.

Pour les personnes indigentes, le législateur a institué le principe de l'assistance judiciaire gratuite. En effet, l'article 26 *bis* du Code de procédure pénale stipule que la personne accusée d'une infraction pénale et qui fait l'objet des poursuites, doit être assistée dès son arrestation et à tous les stades de la procédure, par un avocat ou un conseil de son choix, ou à défaut, par un avocat ou un conseil commis d'office conformément au droit commun[70]. De plus, le Conseil de l'ordre organise un bureau de consultations gratuites en faveur des indigents[71].

Dans la pratique cependant, le conseil de l'ordre ne désigne que rarement les avocats pour assister gratuitement les accusés indigents[72] et même ceux qui sont désignés à cet effet adoptent une attitude passive et n'assurent pas une défense active de « leurs clients ».

Or, en RD Congo, la majorité des accusés sont des personnes modestes, incapables de se payer les services d'un Avocat. Ils passent alors plusieurs mois sans que leurs causes ne soient instruites, et sans être jugées. Afin de permettre aux procédures d'avancer, les juges, se fondant sur l'article 73 du Code de

---

[69] Art. 19 al. 4 et 5 de la Constitution du 18 février 2018.

[70] Art.26 *bis* point 1, litera a) du Code de procédure pénale

[71] Art. 43 de l'Ordonnance-Loi n° 79-028 du 28 septembre 1979 portant organisation du barreau, du corps des défenseurs judiciaires et du corps des mandataires de l'État, *in Journal officiel du Zaïre*, 1er octobre 1979.

[72] A titre d'illustration, pour l'année 2018, le Conseil de l'ordre du Barreau du Sud-Kivu n'a désigné que quatre avocats pour assister gratuitement les indigents au TGI de Bukavu ; alors que, selon les statistiques du TGI Bukavu, plus de 1.120 personnes y ont été jugées ou étaient en cours de jugement sur la même année. Le Conseil de l'ordre du Barreau du Nord-Kivu a, au cours de la même période, désigné 13 avocats pour une assistance *pro deo* à Goma.

procédure pénale, commettent d'office des défenseurs judiciaires,[73] pour assister *pro deo* les prévenus. Ces défenseurs judiciaires ainsi désignés, ne consacrent pas assez de temps et de moyen à la défense des accusés, ne discutent que superficiellement les moyens et les preuves de l'accusation et certains abandonnent les dossiers dans lesquels ils ont été commis d'office à cause de la démotivation. Ils ne prennent généralement pas d'initiative pour une défense active des accusés, notamment en développant des moyens contraires à ceux de l'accusation ou de la partie civile et sont en réalité plus passifs. Certains d'entre eux ne consultent leurs clients que dans la salle d'audience ; d'autres ne compulsent pas le dossier et ne prennent « connaissance » des faits, pièces et procédure qu'en pleine audience. Dans ce contexte, l'assistance d'un conseil désigné d'office devient comme une sorte de coquille vide, ce qui affecte l'exercice et la jouissance du droit à la preuve contraire par les accusés.

Aussi, les parquets généraux arrêtent des inculpés dans différents territoires de leur ressort et les acheminent à leur siège ordinaire[74]. Après instruction pré juridictionnelle, ils envoient le plus souvent les dossiers en fixation devant le tribunal compétent se trouvant à leur siège ordinaire. Cependant, les accusés venant des territoires ruraux ne parlent pas souvent le français qui est la langue officielle en RD Congo et ne parlent et /ou n'entendent que difficilement la langue nationale[75] parlée localement.

Appelés à comparaître dans la langue de leur choix, ces accusés choisissent leur dialecte,[76] langue que ne comprennent nécessairement pas les juges, les procureurs,[77] ou encore les greffiers chargés d'acter les déclarations des parties.

---

[73] Les défenseurs judiciaires sont des auxiliaires de justice ayant fait au moins trois ans d'université en droit et qui n'exercent leur ministère que devant les tribunaux de grande instance auprès desquels ils ont été inscrits ainsi que devant tous les tribunaux de paix faisant partie du ressort desdits tribunaux. Toutefois, lorsque les circonstances le permettront, le Président de la République pourra, sur proposition du Procureur Général de la République, mettre fin à l'existence du corps des défenseurs judiciaires. Voir articles 125, 126 et suivants de l'Ordonnance-Loi n° 79-028 du 28 septembre 1979.

[74] Pour l'année 2019, le Registre pénal du greffe du Tribunal de Grande Instance de Bukavu renseigne que jusqu'au 30 juillet 2019, 41 dossiers envoyées en fixation par le Parquet général du Sud-Kivu étaient en cours, d'autres avaient déjà été prononcés. Le registre pénal du Tribunal de Paix de Bukavu indique que 19 dossiers fixés par le Parquet général étaient en cours pour la même période. Pour la même année, le Registre pénal du greffe du Tribunal de Grande Instance de Goma renseigne que jusqu'en novembre 2019, 53 dossiers avaient été envoyés en fixation par le Parquet général du Nord-Kivu. Tous ces cas concernent les accusés venus des territoires ruraux.

[75] La RDC est un pays à quatre langues nationales, à savoir : le Kiswahili, le Lingala, le Tshiluba et le Kikongo.

[76] La RDC compte plus de 250 dialectes.

[77] En RDC, les juges et procureurs sont souvent affectés dans les provinces autres que celles de leur origine.

Dans ce cas, le tribunal sursoit à l'instruction jusqu'à ce qu'il trouve un traducteur et/ou un interprète. Or, en RD Congo, il n'existe pas de liste ou tableau d'interprètes ou traducteurs assermentés auxquels le juge peut recourir. Dans ces conditions, les accusés ne peuvent efficacement développer des moyens pour contester ou contredire les moyens et déclarations de l'accusation qu'ils ne comprennent d'ailleurs pas correctement.

Aussi, l'accusé reçoit le jugement écrit en français, une langue qu'il ne comprend et ne parle pas nécessairement. Or, c'est après lecture du jugement qu'il peut apprécier s'il y a lieu ou non d'interjeter appel. Certes, la charge principale de préparation des arguments en appel repose sur le Conseil. Cependant, le jugement est un document essentiel dans toute procédure judicaire, qui d'ailleurs n'a aucun sens si l'accusé n'est pas en mesure d'en comprendre l'aboutissement, ce qui est forcément le cas s'il ne peut le comprendre.

Les questions linguistiques revêtent une importance particulière dans les procès pénaux en RD Congo, pays à quatre langues nationales et dont la langue de travail est le français, mais où les juges et magistrats affectés dans telle ou telle autre province ne parlent, ni ne comprennent pas nécessairement bien la langue nationale parlée localement. Dans ce cas, l'exercice effectif du droit à preuve contraire se trouve entamé par les difficultés linguistiques.

C. Le droit de citer les témoins à décharge

En droit congolais, les témoins sont appelés par le Ministère public ou les parties, ce dernier mot incluant l'accusé et la partie civile.

Les parquets généraux fixent les dossiers venus de l'intérieur des provinces devant les tribunaux de grande instance ou les tribunaux de paix du siège ordinaire desdits parquets, qui sont les chefs-lieux des provinces[78]. Or, les faits se sont passés dans les localités éloignées des chefs-lieux des provinces où ils sont jugés, voire loin des villages et des familles des accusés et des victimes. Les accusés sollicitent alors du tribunal l'audition des témoins à décharge dont ils déposent la liste au greffe ou en pleine audience, cela étant acté dans le plumitif d'audience. Conformément à l'article 56 du Code de procédure pénale, le greffier de la juridiction compétente pourvoit à la citation des personnes que la partie lésée ou le prévenu désire faire citer. À cet effet, ceux-ci lui fournissent tous les éléments nécessaires à la citation[79].

Il revient donc aux greffiers de diligenter la procédure aux fins de citation des témoins dont ils ont reçu la liste. Les greffiers qui actuellement sont,

---

[78] Chaque Parquet général a son siège ordinaire au siège ordinaire de la Cour d'appel près laquelle il est rattaché et ce siège est le Chef-lieu de la province.
[79] Art.56 du Code de procédure pénale.

pour la plupart, des « nouvelles unités »[80], exigent des accusés de leurs payer ce qu'ils qualifient des « frais de transport », à défaut de quoi les exploits ne sont pas instrumentés. Les accusés qui sont, pour la majorité, issus des familles modestes, sont dépourvus des moyens financiers pour diligenter la procédure. Les affaires sont alors remises plusieurs fois aux audiences utiles, espérant l'audition des témoins[81]. Comme cela n'est toujours pas fait, le tribunal passe outre ce devoir et statue uniquement sur base des éléments de l'accusation[82].

Les juges, quoiqu'ayant le pouvoir discrétionnaire de décider s'il y a ou non, lieu d'auditionner un témoin, ne peuvent le faire sans motif valable, notamment le fait qu'ils soient éclairés à suffisance de fait et de droit. Ils ne devraient cependant pas passer outre l'audition d'un témoin cité par l'accusé. En effet, sauf impossibilité dont il leur appartient de préciser les causes, les juges doivent ordonner, lorsqu'ils en sont requis, l'audition contradictoire des témoins, sauf risque des représailles ou d'intimidation sur lesquels les juges doivent s'expliquer[83].

Le refus est donc possible, mais doit être soigneusement motivé : témoins introuvables, dont l'audition n'est pas nécessaire ou risquant des graves représailles[84]. Le fait pour les greffiers de faillir aux devoirs de leur ministère en n'instrumentant pas les exploits, n'est pas un motif valable de passer outre l'audition des témoins cités par la défense, car il s'agit là du droit des accusés à présenter une preuve contraire aux allégations de l'accusation.

Or, la Cour Suprême de Justice a décidé que les déclarations d'un témoin entendu à titre de renseignement ainsi que les dénégations du prévenu, peuvent fragiliser les aveux actés dans un Procès-verbal de l'Officier du Ministère public, en sorte que la Cour peut dire l'infraction non établie pour doute[85]. La pratique des parquets généraux et le dysfonctionnement des offices des greffes entraînent donc la violation du droit pour les accusés de produire des preuves contraires à l'accusation, entamant par-là leurs droits de la défense.

---

[80] Le concept « nouvelle unité » est utilisé actuellement en RD Congo pour désigner les agents de l'Etat qui n'ont pas de numéros matricules de la fonction publique, et/ou qui sont matriculés mais non mécanisés et payés.

[81] A titre d'exemple, pour le TGI Bukavu, voir les causes sous RP 13739 ; RP13849 ; RP14226 ; RP 14690 ; pour le TGI Uvira, les causes sous RP1701 ; RP 506 ; pour le TGI Kananga, les causes sous RP 002/RTC/CD joint au RP 015 ; RP 893, etc.

[82] Voir pour le TGI Bukavu : RP 15417 ; RP 15774 ; pour le TGI Goma: RP 14197 ; RP 14 621 ; RP 16 151, etc.

[83] Crim. 12 janvier 1989, D. 1989, Somm.174.

[84] C.S.J., RP 246, Affaire KABATA BALOJI C/ Ministère public et MUKEBA TSHILOMBOLA, in *Bulletin des arrêts de la Cour suprême de justice 1978*, Kinshasa 1979, pp.75-79.

[85] C.S.J., RPA 393, 18 février 2011, Affaire Ministère public C/ Magistrat KABASELE TSHAWU, *in Les analyses juridiques*, n° 21 (2011), pp.55-63.

D. Audiences foraines pour les crimes des violences sexuelles et les infractions internationales graves : déséquilibre entre l'accusation et la défense

Pour raison d'exemplarité ou de proximité, les juges peuvent tenir les audiences en dehors de leur siège ordinaire mais dans leur ressort. En effet, la loi organique portant organisation, fonctionnement et compétences des juridictions de l'ordre judiciaire dispose que : « s'ils estiment nécessaire pour la bonne administration de la justice ; les cours et tribunaux peuvent siéger dans toutes les localités de leur ressort ».[86]

Aussi, ajoute le Règlement intérieur des Cours, Tribunaux et Parquets, les Présidents de la Cour d'appel et du Tribunal de Grande Instance peuvent fixer des audiences foraines qui se tiendront en dehors du siège ordinaire du ressort si l'administration d'une bonne justice l'exige.[87] En application de ces dispositions légales, les cours et tribunaux, civils et militaires organisent des audiences foraines dans leurs ressorts respectifs[88].

Les violences sexuelles constituent la pire forme d'atteinte à l'intégrité physique et morale, ainsi qu'à la liberté sexuelle des victimes. A l'instar des crimes internationaux graves (crimes de guerre, crimes contre l'humanité et génocide), ils heurtent la conscience collective de l'humanité. Il est donc indispensable de lutter efficacement contre l'impunité desdites infractions. Pour cela, des audiences foraines sont organisées par les juridictions civiles et militaires généralement dans les lieux de la commission des infractions.

Au cours de ces audiences foraines, les victimes participent généralement aux procédures. En République démocratique du Congo, les victimes participent aux procédures en exposant leurs vues et préoccupations afin de contribuer utilement

---

[86] Art. 45 de la loi organique n°13/011-B portant organisation, fonctionnement et compétences des juridictions de l'ordre judiciaire du 11 avril 2013.

[87] Article 11 de l'Arrêté de l'organisation judiciaire n°299/79 portant règlement intérieur des cours, tribunaux et parquets du 20 août 1979.

[88] Voy. Affaire Balumisa jugée par la Cour militaire du Sud-Kivu en audience foraine à Kalehe à plus de (Affaire Balumisa, Cour militaire du Sud Kivu, Auditeur militaire supérieur et parties civiles c. BALUMISA MANASSE alias dix mille, ELIA MUNGEMBE Egide et consorts, RP 033, RMP 1280/MTL/09, arrêt du 9 mars 2011) ; l'Affaire Bavy Getty a été jugée par la Cour militaire de la Province orientale à Bunia à plus de 300 km de son siège ordinaire (Affaire Bavy Getty, CM de la Province orientale, Auditeur militaire supérieur et parties civiles c. MULESA MULOBO alias Bozizé et consorts, RPA 003/2007, Arrêt du 28 juillet 2007). Voir aussi, République Démocratique du Congo, Ministère de la justice et droits humains, Programme des Nations unies pour le développement, *Monitoring judiciaire 2010-2011, Rapport sur les données relatives à la réponse judiciaire relative aux cas des violences sexuelles à l'Est de le République démocratique du Congo*, Kinshasa, PNUD & Ministère de la Justice, 2012.

à la manifestation de la vérité[89]. Elles participent aux procédures, au titre de partie civile[90] en se joignant aux poursuites déclenchées par le parquet. Elles peuvent même déclencher les poursuites par le mécanisme de la citation directe[91]. La participation des victimes semble logique et normale pour toute personne ayant la culture pénale des pays du système romano-germanique et répond à un besoin ou plutôt à une exigence humaniste.

Cependant, les Tribunaux congolais n'ont pas de ressources propres qui permettent l'organisation d'audiences foraines[92]. Celles-ci sont alors entièrement prise en charge et généralement organisées à l'initiative des Organisations Non Gouvernementales (ci-après ONG) comme American Bar Association, Avocats Sans Frontières, la Fondation Panzi, ou encore RCN Justice & Démocratie. A titre illustratif, l'audience foraine dans l'affaire Bedi Mobuli alias colonel 106 fut prise en charge par l'ONG Avocats sans frontière dans le cadre du Programme d'Appui au Renforcement de la Justice à l'Est de la RD Congo (PARJ-E « Uhaki Safi »)[93], l'affaire Minova fut prise en charge par la cellule d'appui aux poursuites de la Mission de l'Organisation des Nations Unies pour la Stabilisation du Congo, l'affaire Songo-Mboyo fut prise en charge par la Mission de l'Organisation des Nations Unies pour le Congo[94], l'affaire Baraka fut prise en charge par le Programme des Nations unies pour le développement (ci-après PNUD)[95], l'affaire Mupokwe fut prise en charge par American Bar Association, etc. De 2018 à 2020, le Tribunal de Grande Instance de Bukavu a eu à organiser

---

[89] P. MUHINDO MAGADJU & D. INMAN, "Prosecuting international crimes in the Democratic Republic of the Congo: Using victim participation as a tool to enhance the rule of Law and to tackle impunity", *in African Human Rights Law Journal,* 18 (2018), pp.293-318, p.306.

[90] Article 69 du Code de procédure pénale.

[91] Article 54 al. 1er du Code de procédure pénale qui stipule que la juridiction de jugement est saisie par la citation donnée au prévenu et éventuellement à la personne civilement responsable, à la requête de l'officier du ministère public ou de la partie lésée.

[92] M. WETSH'OKONDA KOSO, *République Démocratique du Congo. La justice militaire et le respect des droits de l'homme, l'urgence du parachèvement de la réforme*, Johannesburg, Open society Initiative for Southern Africa, 2009, p.5.

[93] Avocats sans frontière, Uhaki Safi, lettre d'information n° 12 du 27 juillet 2014.

[94] Nations unies, Haut-commissariat des Nations unies aux droits de l'homme, *Rapport du Projet Mapping concernant les violations les plus graves des droits de l'homme et du droit international humanitaire commises entre mars 1993 et juin 2003 sur le territoire de la République démocratique du Congo*, Genève, août 2010, para.177, disponible sur http://www.ohchr.org/EN/countries/AfricaRegion/Pages/CDIndex.aspx, para.862.

[95] République Démocratique du Congo, Ministère de la Justice et droits humains, Programme des Nations unies pour le développement, *Monitoring judiciaire 2010-2011, Rapport sur les données relatives à la réponse judiciaire relative aux cas des violences sexuelles à l'Est de le République démocratique du Congo*, Kinshasa, PNUD & Ministère de la Justice, 2012, p.58.

trois audiences foraines dans la ville de Bukavu pour juger des faits des violences sexuelles, avec l'appui matériel et financier de la Fondation Panzi[96].

De 2010 à 2018, la Fondation Panzi a entrepris et appuyé la tenue de l'organisation de 19 audiences foraines pour juger les faits des violences sexuelles, notamment par la Cour d'appel du Sud-Kivu, la Cour militaire du Sud-Kivu, le TGI Bukavu, le TGI Kavumu, le TGI Kamituga, le Tribunal militaire de garnison de Bukavu, audiences au cours desquelles 423 personnes ont été jugées, dont 372 ont été condamnées et 51 acquittées[97].

Les ONG ne disposent pas elles-mêmes des ressources nécessaires pour couvrir les audiences pendant plusieurs jours. Elles prennent en charge les aspects logistiques et paient des primes qualifiées de « per diem » aux juges et officiers du Ministère public audienciers.

Les juridictions congolaises sont dès lors obligées de s'adapter aux exigences des ONG qui prennent en charge lesdites audiences et qui limitent le timing pour juger ces affaires pourtant complexes. Dans ces conditions, le Tribunal ne peut présenter des garanties d'indépendance et d'impartialité, une « obligation de résultat (de condamnation) » pesant sur lui.

L'appui de ces ONG apporte un avantage à l'accusation en déséquilibrant complètement cette procédure dans laquelle l'équité du procès repose essentiellement sur l'égalité des armes et l'équilibre entre l'accusation et la défense. Or, les droits de la défense requièrent un équilibre parfait entre l'accusation et la défense, sans lequel la procédure ne peut être équitable.

En ce qui concerne particulièrement le droit à la preuve contraire, son exercice en est ainsi affecté. Ainsi, au sujet par exemple du droit de citer des témoins à décharges, on peut lire du Rapport conjoint du Ministère de la Justice et du Programme des Nations Unies pour le Développement que : « les audiences foraines se tiennent dans des contraintes de temps très strictes puisque leur durée est déterminée par des contraintes budgétaires fixées à l'avance. Cela signifie que tout report d'audience, par exemple le report de l'audition d'un témoin clé de la défense qui n'est pas présent, aura pour conséquence de retarder l'ensemble de l'affaire et par conséquent la prise de décision de la chambre dans les temps voulus ». Par ailleurs, ajoute le même rapport, « il n'est laissé que très peu de temps à la chambre pour délibérer sur le sort des prévenus, la délibération intervenant souvent la veille du départ pour un nombre important de dossiers »[98].

---

[96] Les audiences foraines organisées par le TGI Bukavu en 2017 avec le financement de la Fondation Panzi ont eu lieu du 16 au 18 octobre 2017 ; celles de 2018 à 2019 ont duré 12 jours pour 73 dossiers, et celles de 2020, 12 jours.

[97] Voir Fondation Panzi, Statistiques des dossiers des Chambres foraines de la période 2010-2018, inédit.

[98] République démocratique du Congo, Ministère de la justice et droits humains, *Op.Cit.*, p.59.

Aussi, concernant le droit de se faire assister d'un conseil, les ONG qui financent l'organisation des audiences foraines pour juger les infractions des violences sexuelles et des crimes internationaux graves, prennent également en charge les victimes qui sont assistées d'avocats expérimentés, payés par ces ONG ; alors que les prévenus eux sont, soit non assistés, soit assistés des défenseurs judiciaires commis d'office par le tribunal, novices et dont pour certains, il s'agit de leurs premières affaires.

De plus, la sensibilité supposée ou réelle de l'opinion publique dans les affaires des violences sexuelles, amplifiée par la pression médiatique, à tout ce qui pourrait être pris pour une carence de la répression, dans une logique de rétribution et d'expiation, a pu et peut encore, conduire, dans la pratique des professionnels judiciaires à rechercher à tout prix un coupable au moyen de preuves imparfaites. Par exemple, l'expertise médicale financée par les ONG n'est pas menée contradictoirement dans la majorité de cas et le juge s'y fondent pour prononcer des condamnations[99], malgré le caractère laconique de ses conclusions dans certains cas. Les accusés qui ne savent pas lire n'en comprennent pas les termes et les défenseurs judiciaires commis d'office ne s'y attardent pas, n'en discutent pas les termes ou les conclusions. De plus, le juge pénal qui est actif, ne prend pas d'initiative afin de permettre à l'accusé de comprendre clairement les clauses de l'expertise.

Pourtant, tout moyen de suspicion soulevé par une partie au sujet de la sincérité et de l'objectivité d'une expertise constitue un reproche qui s'impose à titre de principe général de droit, découlant du droit de la défense, au sujet duquel le juge est tenu de répondre. En ce sens, il a été jugé que doit être cassée, la décision qui omet de rencontrer un motif de reproche qui a été soulevé par une partie devant lui[100]. Il s'agit de la compatibilité des exigences d'efficience et de culpabilité pénale avec la préservation des libertés publiques et la prise en compte des droits de l'homme.

Conclusion

La Constitution et les lois de la République démocratique du Congo, ainsi que les traités internationaux des droits de l'homme dûment ratifiés par ce pays consacrent nombre des garanties procédurales nécessaires à la jouissance et à l'exercice de leurs droits par les accusés. L'affirmation d'un droit à la preuve contraire témoigne d'une évolution procédurale qui s'inscrit dans le courant des

---

[99] Voy., les affaires sous RP 15. 760 ; RP 15.837 ; RP 16.072 ; RP 16. 297 rendus par le TGI Bukavu.

[100] C.S.J., RP 161, 18 mars 1975, Affaire Slavator Chianese C/ Ministère public et Jacques Cordon, in *Bulletin des arrêts de la Cour suprême de justice année 1975*, Kinshasa, 1976, pp.90-97.

droits de l'homme, accroissant le caractère actif des parties privées et singulièrement de l'accusé par son implication dans l'exercice de sa défense.

Si le rôle du poursuivant est clair, en ce qu'il lui incombe de prouver la culpabilité et la matérialité des faits pénaux et leur imputabilité à l'accusé, ce dernier ne peut totalement rester neutre. Il doit participer activement à sa défense. Il s'agit du droit à la preuve contraire pour l'accusé qui fait partie des droits de la défense dont il est une composante importante et une des manifestations caractéristiques, alors que naguère la preuve évoquait un droit, voire un devoir pour le poursuivant. Il y a donc une répartition du fardeau de la preuve.

Le droit à la preuve contraire n'a pas d'existence autonome en Droit congolais, mais s'inscrit dans les droits de la défense tels que cela découle des dispositions des articles 18, 19, 20 et 21 de la Constitution ; 84 de la loi organique portant organisation, fonctionnement et compétence des juridictions de l'ordre judiciaire ; 26 *bis*, 56, 57, 73, 74, et 77 du Code de procédure pénale ; et 157 de l'arrêté d'organisation judiciaire portant Règlement intérieur des Cours, Tribunaux et Parquets. Il se manifeste à travers le principe du contradictoire, le droit de citer des témoins, la notification des charges, le droit d'être assisté d'un conseil, etc.

Toutefois, la justice pénale congolaise soumet l'effectivité du droit à la preuve contraire à une rude épreuve, car elle connaît plusieurs difficultés notamment l'insuffisance des juges, le déséquilibre entre l'accusation et la défense, le dysfonctionnement des offices des parquets, des tribunaux et greffes, un déséquilibre entre l'accusation et la défense dans les affaires des violences sexuelles et les crimes internationaux graves, des problèmes dans la mise en œuvre du droit d'être assisté d'un Conseil et les difficultés de citer des témoins à décharge, entraînant les violations des droits de la défense et une mauvaise qualité des décisions judiciaires.

Les différents conflits qui ont sévi en RD Congo et qui, dans une certaine mesure, s'y sévissent encore, ont affaibli son administration et détruit les services publics, affectant substantiellement le service public de la justice, avec des conséquences comme la destruction de l'appareil judiciaire, la montée parallèle et la métamorphose de la criminalité de masse et l'impunité quasi généralisée.

Cependant, il nous semble notamment que l'insuffisance des moyens alloués au secteur de justice et l'absence de volonté politique de mise en œuvre des réformes proposées par les Etats généraux de la justice organisée en 2015 par le Ministère de la Justice, et différents autres rapports sur la réforme de la justice, enfreignent la jouissance et l'exercice du droit à la preuve contraire, et plus globalement des droits de la défense. Pourtant, les personnes qui ont le privilège d'assumer les fonctions de Président de la République et de cadre supérieur du pouvoir exécutif peuvent exercer une influence substantielle sur le système de justice pénale et ont l'obligation d'utiliser cette influence pour améliorer l'équité et l'efficacité du système de justice pénale à toutes les étapes.[101] Dès lors, l'effectivité du droit à la preuve contraire et donc des droits de la défense continuera à être un leurre sans volonté politique de réforme du secteur judiciaire. Il nous semble donc que les pouvoirs publics devraient fournir plus d'efforts afin de concourir à l'effectivité de ces droits constitutionnellement garantis, cela étant d'ailleurs leur obligation constitutionnelle, et concourir ainsi à l'émergence d'un véritable Etat de droit.

Le Bâtonnier Thomas LWANGO a toujours plaidé pour l'administration de la preuve contraire, et lutté pour amélioration du système judiciaire congolais. Récemment, devant le TGI Bukavu sous RPA 126 du 7 novembre 2018, alors qu'il occupait pour l'accusé, il a développé des moyens d'appel tendant à démontrer la violation par le juge de la première instance, des droits de son client à produire la preuve contraire aux accusations qui étaient portées contre lui. Fort heureusement, ces motifs étaient fondés et après évocation et à la suite de l'administration de la preuve contraire par lui, le juge d'appel a constaté la violation des droits de la défense de son client par le premier juge, a annulé la décision entreprise et son client fut acquitté.

[101] Barack OBAMA, "The president's role in advancing criminal justice reform", *in Harvard Law Review*, volume 130, Issue Number 3, January 2017, pp. 811-866, p. 812.

L'application irrégulière du Statut de la Cour pénale internationale par les juridictions militaires congolaises. Quid du droit des condamnés à réparation ?

Par Thomas FURAHA MWAGALWA*

Introduction

Le droit pénal est, quant au fond, essentiellement bâti sur le principe de la légalité des délits et des peines. En vertu de ce principe, *« nul ne peut être poursuivi, arrêté, détenu ou condamné qu'en vertu de la loi et dans les formes qu'elle prescrit. Nul ne peut être poursuivi pour une action ou une omission qui ne constitue pas une infraction au moment où elle est commise et au moment des poursuites. Nul ne peut être condamné pour une action ou une omission qui ne constitue pas une infraction à la fois au moment où elle est commise et au moment de la condamnation »*[1]

[1]Le principe a en République Démocratique du Congo, comme dans beaucoup d'autres États, valeur de norme constitutionnelle. Il est confirmé tant par des traités internationaux relatifs aux droits de la personne[2] liant la République Démocratique du Congo que par la législation nationale[3].

Par ailleurs, les relations entre traités internationaux et lois nationales sont régies par le monisme avec primauté des traités internationaux. Consacrée par la Constitution dite de Luluabourg[4], la primauté des traités internationaux

* Professeur à la Faculté de Droit de l'Université Catholique de Bukavu et à la Faculté de Droit de l'Université Officielle de Bukavu.

[1] Article 17 de la Constitution de la République démocratique du Congo du 18 février 2006 telle que modifiée par la Loi n°11/002 du 20 janvier 2011 portant révision de certains articles de la Constitution de la RDC (Textes coordonnés), in *Journal Officiel de la République Démocratique du Congo (ci-après JORDC)*, 52ème année, numéro spécial, 5 février 2011 (ci-après Constitution du 18 février 2006).

[2] Article 15 du Pacte international relatif aux droits civils et politiques ; article 7, par.2 de la Charte africaine des droits de l'homme et des peuples, *in JORDC*, numéro spécial, 5 décembre 2002.

[3] Article 1er, Décret du 30 janvier 1940 portant Code pénal, in *Bulletin Officiel*, 1940, p.193.

[4] Article 9 de la Constitution de la République Démocratique du Congo du 1er août 1964, in *Moniteur Congolais*, numéro spécial, 1er août 1964.

régulièrement ratifiés sur les lois nationales est reprise par toutes les constitutions ultérieures[5].

Enfin, la Constitution de 2006 consacre l'applicabilité directe des traités internationaux régulièrement ratifiés en les retenant expressément parmi les règles applicables par les cours et tribunaux[6]. La mention des traités internationaux au nombre des sources du droit applicable par le juge congolais était d'importance capitale dans la mesure où elle a permis de mettre fin aux divergences opposant jusque-là les praticiens congolais du droit. En effet, alors que certains juges s'abstenaient d'appliquer les dispositions conventionnelles liant la RDC au motif qu'aucune disposition constitutionnelle ne les y habilitait, d'autres les appliquaient en fondant leur position sur le principe du monisme avec primauté des traités internationaux[7].

C'est donc sur ces bases que le juge congolais a, à plusieurs occasions, fait application des règles du Statut de la Cour pénale internationale dans les affaires relatives aux crimes internationaux portées devant lui[8]. Cette pratique, séduisante en apparence, semble néanmoins contraire au principe de la légalité des délits et des peines, le Statut de la Cour pénale internationale n'étant pas directement applicable (I). On peut dès lors s'interroger sur les conséquences juridiques pour les personnes condamnées sur la base exclusive du Statut de la Cour pénale internationale. Il nous semble que celles-ci ne sauraient tirer un droit quelconque de cette irrégularité, les faits mis à leur charge ayant été établis et étant, au moment de leur commission, répréhensibles en vertu du droit pénal congolais. Si elles ne peuvent plus être réformées au second degré, l'intérêt de la loi exigerait que le Ministère public initie une procédure soit de cassation soit de révision devant les juridictions compétentes (II).

---

[5] Lire article 68 al.5 de la Constitution du 24 juin 1967, in *Moniteur congolais*, numéro 14 du 15 juillet 1967 ; article 112 de l'Acte constitutionnel de la transition du 9 avril 1994, in *Journal officiel de la République du Zaïre*, numéro spécial, avril 1994 ; article 216 de la Constitution de la transition du 05 avril 2003, in *JORDC,* 44ème année, numéro spécial, Kinshasa, 5 avril 2003 et article 215 de la Constitution du 18 février 2006.

[6] Article 153, al.4 de la Constitution du 18 février 2006.

[7] Pour une vue de différentes positions, l'on se réfèrera au Rapport de l'Atelier sur « Les juridictions congolaises et l'application des traités internationaux relatifs aux droits de l'homme », du 25 au 27 novembre 2004 organisé à Kinshasa par le Bureau du Haut-Commissaire des Nations unies aux droits de l'homme à l'intention des magistrats congolais ; Vincent de Paul LUNDA BULULU, « Les juridictions congolaises et l'application des conventions internationales des droits de l'homme », in *Droit du pouvoir, pouvoir du droit, Mélanges offerts à Jean Salmon*, Bruxelles, Bruylant, 2007, pp. 983-1004, spécialement à la page 985.

[8] Il convient de préciser, pour le cas spécifique du Statut de Rome, que dans certaines affaires, le juge militaire se fonde sur la primauté du Statut de la Cour pénale internationale alors que dans d'autres, surtout après février 2006, il se réfère soit aux deux dispositions consacrant respectivement la primauté (article 215) et l'applicabilité directe (article 153, al.4) soit seulement à cette dernière disposition.

I. L'inapplicabilité du Statut de la Cour pénale par les juridictions nationales

Des juridictions militaires congolaises ont poursuivi et condamné plusieurs personnes sur la base exclusive du Statut de Rome (A). Pourtant, comme règles de droit international pénal, les dispositions de ce Statut ne sont pas directement applicables (B). Il s'agirait là d'une exception au principe de l'applicabilité directe des traités internationaux par les juridictions nationales.

A. Des poursuites initiées sur la base exclusive du Statut de la Cour pénale internationale

Les conflits armés qui se déroulent en République démocratique du Congo ont été caractérisés par des violations graves et massives des droits de la personne[9]. La plupart de ces violations sont considérées comme constitutives de crimes de droit international, à savoir des crimes de guerre, des crimes contre l'humanité, voire de génocide[10]. Au nombre de cas soumis aux juridictions militaires congolaises, certains ont été jugés sur la base exclusive des dispositions du Statut de la Cour pénale internationale[11]. Ce sont ces cas qui intéressent la présente réflexion[12]. L'analyse qui suit tente de donner une brève illustration en

---

[9] Lire *Rapport du Projet Mapping concernant les violations les plus graves des droits de l'homme et du droit international humanitaire commises entre mars 1993 et juin 2003 sur le territoire de la République démocratique du Congo,* août 2010, disponible en ligne sur https://www.ohchr.org/documents/countries/cd/drc_mapping_report_final_fr.pdf ; divers rapports des Organisations, internationales et non gouvernementales.

[10] *Ibid.,* pp. 267-286.

[11] L'Organisation non gouvernementale Avocats sans frontières s'est occupée à documenter les différentes affaires depuis l'année 2006. Elle a publié des rapports sous forme de « recueils de jurisprudence ». Ainsi, *L'application du Statut de Rome de la Cour pénale internationale par les juridictions de la République Démocratique du Congo*, Étude de jurisprudence, mars 2009 ;

[12] Il convient de souligner qu'il y a eu quelques affaires portant sur des faits susceptibles de constituer des crimes de guerre et jugées sur la base du Statut de Rome qui avaient pourtant été tranchées en se fondant sur des dispositions du Code pénal militaire congolais. Ainsi par exemple, l'affaire Biyoyo. Ce dernier a été jugé par le Tribunal Militaire de Garnison (ci-après TMG) de Bukavu pour enlèvement d'enfants alors qu'en réalité il s'agissait d'un enrôlement d'enfants soldats (RP 096/2006 et RP 101/2006, jugement du 17 mars 2006). Pour la même juridiction, l'enrôlement des enfants à Shabunda par Bwansolu Mizaba et Kyamusugulwa Mubangua été qualifié de « violation de consigne » et réprimé conformément au Code pénal militaire congolais (TMG de Bukavu, RP 024/2008, arrêt du 7 avril 2008). Lire Thomas Furaha MWAGALWA, *L'interdiction de la participation aux hostilités, la démobilisation et la réinsertion des enfants soldats en République Démocratique du Congo*, Paris, Publibook, 2017, pp. 359-363.

retenant seulement quelques affaires (1). Elle se clôture par une brève appréciation (2).

1. Aperçu de quelques affaires

a. Condamnation pour crimes contre l'humanité dans l'affaire dite « Kazungu » par le Tribunal Militaire de Garnison de Bukavu : RP 275/09 et 521/10, jugement du 16 août 2011

L'affaire opposait l'Auditeur militaire, Ministère public et environ quatre cents personnes, parties civiles, à Maniraguha Jean Bosco alias Kazungu et Sibomana Kabanda alias Tuzargwana, deux combattants des Forces démocratiques pour la libération du Rwanda (FDLR) sur des faits commis en territoire de Kalehe, à plus de 70 kilomètres au nord de la Ville de Bukavu.

i. Résumé des faits

Les rebelles rwandais des Forces démocratiques pour la libération du Rwanda sont actifs en République Démocratique du Congo depuis la chute du régime rwandais de Juvénal HABYARIMANA, en 1994. Ils sont accusés de graves violations des droits de la personne dans les Provinces du Nord et du Sud-Kivu.

Les faits se déroulent entre 2005 et 2008, période au cours de laquelle des meurtres, viols, incendies, pillages et d'enlèvements des personnes civiles sont perpétrés par des FDLR dans plusieurs localités du territoire de Kalehe. C'est entre autres pour ces faits que sont accusés Maniraguwa et Sibomana. Les deux prévenus étaient chacun à la tête de plusieurs dizaines de combattants.

ii. Du droit applicable

Après avoir déterminé ses compétences, le Tribunal procède à l'analyse du droit applicable. Alors qu'il avait défini les incriminations en invoquant les articles 165 à 168 du Code pénal militaire congolais et 7 du Statut de la Cour pénale internationale, le Tribunal décide de n'appliquer enfin de compte que les seules dispositions du Statut. Voici le raisonnement du juge :

« D'entrée de jeu, la juridiction de céans était amenée à déterminer le droit applicable. Pour cela, le juge militaire s'est particulièrement fondé, mutatis mutandis, sur l'argumentaire combien circonspect de la Cour Militaire du Sud-Kivu dans l'affaire Auditeur Militaire Supérieur Contre KIBIBI- l'arrêt RP 043- ainsi conçu : En effet, le Tribunal note qu'il a été saisi par l'Auditeur militaire de garnison de Bukavu par la décision de renvoi reprenant les préventions de la compétence aussi bien de la Cour Pénale Internationale que des juridictions militaires nationales à savoir : les crimes contre l'humanité prévus et punis par les articles 7 et 77 du Statut de Rome et 165 à 168 du Code pénal militaire ainsi que la détention illicite d'armes et munitions de guerre prévue et punie par l'article 203 du Code pénal militaire.

Par ailleurs, la RDC a ratifié le traité de Rome de la Cour pénale internationale par le décret-loi n° 003/2002 du 30 mars 2002. Or, la Constitution de la RDC en ses articles 215 et 153 al 4 dispose ce qui suit : "Les traités et accords internationaux régulièrement conclus ont, dès leur publication, une autorité supérieure à celle des lois, sous réserve pour chaque traité ou accord, de son application par l'autre partie" ; "Les Cours et Tribunaux civils et militaires appliquent les traités internationaux dûment ratifiés, les lois, les actes réglementaires pour autant qu'ils soient conformes aux lois ainsi que la coutume pour autant que celle-ci ne soit pas contraire à l'ordre public ou aux bonnes mœurs".

Au regard des textes sus indiqués, le Tribunal appliquera le Statut de Rome de la Cour Pénale Internationale qui, depuis sa ratification, fait partie de l'ordonnancement juridique nationale, d'autant plus que cet instrument juridique est plus explicite quant à la définition des concepts, plus favorable aux prévenus en ce qu'il ne prévoit pas la peine de mort et mieux adapté en ce qu'il prévoit des mécanismes clairs de protection des droits des victimes »[13].

Ce raisonnement se retrouve dans la plupart des affaires portant sur des crimes internationaux tranchées par des juridictions militaires depuis la fameuse affaire dite de Songo Mboyo, jugée par le Tribunal militaire de garnison de Mbandaka en avril 2006[14].

On ne peut dès lors s'étonner que dans son dispositif le Tribunal ne fonde sa décision, en ce qui concerne les crimes contre l'humanité, que sur les articles 7, 25, 69, 77 et 78 du Statut de la Cour pénale internationale[15]. En effet, si le Tribunal mentionne l'article 203 du Code pénal militaire, c'est pour fonder la condamnation des prévenus pour détention des armes et munitions de guerre.

b. Qualification de crimes de guerre et condamnation de Kakado Bernaba Yonga Tshopema par le Tribunal militaire de garnison de Bunia, jugement du 9 août 2010

Le 9 août 2010, le Tribunal militaire de garnisons de Bunia rendait un jugement dans l'affaire opposant le Ministère public et parties civiles à Monsieur Kakado Bernaraba Yonga Tshopema[16], fondateur du Front de Résistance Patriotique en Ituri, FRPI). Kakado avait été arrêté en 2007 pour des faits criminels mis à charge, à savoir des exactions contre des populations civiles (a). Il a été reconnu coupable, en tant que supérieur hiérarchique, des crimes de

---

[13] TMG de Bukavu, Affaire Kazungu, RP 275/09 et 521/10, jugement du 16 août 2011, Jugement, 33ème et 34ème feuillets. Les soulignés sont les nôtres.

[14] TMG Mbandaka, Affaire Songo Mboyo, RP No. 084/2005, Jugement du 14 avril 2006.

[15] TMG de Bukavu, Affaire Kazungu, *Op.Cit.*, 53ème feuillet.

[16] TMG de Bunia, Affaire Kakado Baranaba Yonga Tshopena, RP No. 071/09 et RP No. 009/010 074/010, jugement du 9 juillet 2010.

guerre en vertu des dispositions du Statut de Rome de la Cour pénale internationale (b).

i. Les faits de la cause

Entre 2000 et 2006, Kakado a été à la tête d'une milice ethnique (les Ngiti) active en Ituri. Au cours de ses opérations, la milice a été accusée d'avoir commis beaucoup de violations des droits de la personne. Le résumé des faits mentionne notamment des attaques contre les populations civiles d'Irumu en septembre 2002 ; des attaques contre des écoles – l'école primaire de Musezo – ; des attaques contre des hôpitaux (l'Hôpital de Nyakunde par exemple) ; ainsi que des pillages.

ii. Condamnation de Kakado pour crimes de guerre en vertu de l'article 8 du Statut de la Cour pénale internationale

Le Tribunal de garnison commence par apprécier sa compétence matérielle et personnelle dans le cas qui lui est soumis. Il se déclare personnellement compétent même si Kakado n'est membre ni des forces armées ni de la police nationale congolaise. En effet, fait remarquer le tribunal, *« les juridictions militaires sont en outre compétentes à l'endroit de ceux qui, sans être militaires, commettent des infractions au moyen d'arme de guerre »*. En outre, le tribunal s'estime matériellement compétent car, en vertu de l'article 161 du Code pénal militaire congolais, *« en cas d'indivisibilité ou de connexité d'infractions avec des crimes de génocide, des crimes de guerre ou des crimes contre l'humanité, les juridictions militaires sont seules compétentes »*.

L'analyse du droit applicable aux faits susceptibles de constituer des crimes de guerre que fait le Tribunal de garnison de Bunia est intéressante. S'inscrivant dans la pratique, il fonde l'applicabilité du Statut de Rome sur la ratification par la RDC, État moniste, de cet instrument, le 30 mars 2002 :

« Attendu que la République Démocratique du Congo, par le Décret-loi N° 003/2002 du 30 mars 2002 a ratifié le Statut de Rome portant création de la Cour Pénale Internationale, l'intégrant de ce fait dans l'arsenal des textes juridiques applicables par les Cours et Tribunaux congolais, tel que l'ont déjà fait le Tribunal de céans sous RP N° 018/2006 et RP N° 101/2006, ainsi que le Tribunal militaire de garnison de Mbandaka sous RP N° 086/2005 ». Le Tribunal estime même que *« c'est à bon droit que les poursuites soient engagées par l'OMP pour des actes criminels commis par les combattants Ngiti du FRPI et qui constituent les faits de la présente cause tels qu'exposés dans les lignes ci-haut, sous l'incrimination des crimes de guerre prévus et punis par l'article 8 paragraphe 2 alinéa c) i, et alinéa c) i, iv, v, vi du Statut de Rome »*.

Après avoir analysé les différents éléments constitutifs des crimes de guerre ainsi que le contexte spécifique, à savoir l'existence d'un conflit armé international ou non, le Tribunal a procédé à l'analyse du régime de responsabilité approprié au cas d'espèce, à savoir la responsabilité du supérieur hiérarchique.

Le dispositif montre encore mieux que le prévenu Kakado a été condamné pour crimes de guerre sur la seule base des dispositions du Statut de la Cour pénale internationale, spécialement les articles 1, 5, 8, 25, 27 et 77[17]. Si le tribunal mentionne d'autres dispositions, en particulier celles du Code pénal militaire congolais, c'est en lien avec les autres infractions mises à charge de Kakado, notamment la constitution d'un mouvement insurrectionnel.

c. *Qualification de crime de guerre dans l'affaire Pantove par le Tribunal Militaire de Garnison de Bukavu, Jugement du 2 octobre 2011*[18]

Les faits de cette cause (a) ont été qualifiés de crime de guerre et réprimés en vertu du Statut de la Cour pénale internationale (b).

i. *Les faits de la cause*

En septembre 2009, des militaires des Forces armées de la RDC (FARDC) opérant dans le cadre des opérations « Amani Leo » s'affrontent aux éléments des Forces démocratiques pour la libération du Rwanda (FDLR) dans la localité de Ninja, en territoire de Kabare. Ces militaires des FARDC appartiennent à la 3ème Compagnie du 2ème Bataillon de la 312 Brigade basés dans cette localité et placés sous le commandement du Commandant Pantove Merike et de l'Adjudant Bose Nibambwe. En poursuivant ces éléments des FDLR, retranchés dans le village de Mupinda, les unités des forces régulières reçurent de leur Commandant, Pantove, l'ordre de tirer sans distinction car, pour ce dernier, toutes les personnes non combattantes étaient censées avoir fui le village et l'avoir abandonné aux FDLR. Les opérations de ratissage consécutives à cette conquête firent néanmoins découvrir le cadavre d'une dame, n'appartenant pas aux rangs des FDLR et cinq civils grièvement blessés. Saisie de ces faits, la hiérarchie militaire ordonna l'arrestation de Pantove Merike et de Bose Nibambwe pour qu'ils répondent des crimes perpétrés à Mupinda, notamment le meurtre de la dame.

Le 02 octobre 2012, après plusieurs audiences, le Tribunal militaire de garnison de Bukavu rendit son verdict. Il retenait à charge des deux prévenus le crime de guerre par meurtre. Ils furent de ce fait condamnés à deux ans de servitude pénale principale.

---

[17] TMG de Bunia, Affaire Kakado Baranaba, RP No. 071/09 et RP No. 009/010 074/010, *Op.Cit.*, voir dispositif.

[18] TMG de Bukavu, Affaire Pantove, R.P 372, jugement du 02 octobre 2011.

ii. Condamnation pour crime de guerre sur la base des dispositions du Statut de Rome

Alors que le Tribunal avait discuté de l'application des articles 173 à 175 du Code pénal militaire relatifs aux crimes de guerre, il finit par abandonner cette piste en faveur des règles du Statut de la Cour pénale internationale. L'argument du Tribunal en faveur du Statut de Rome se fonde, d'un côté, sur « la supériorité » de cet instrument de droit international sur les textes législatifs d'origine interne. Il se base, de l'autre côté, sur le silence du législateur congolais en ce qui concerne les peines applicables aux crimes de guerre[19].

À la majorité des voix, le Tribunal militaire de garnisons reconnut les deux prévenus coupables de crimes de guerre par meurtre en vertu du Statut de la Cour pénale internationale. Ils les condamnèrent à deux ans de servitude pénale principale.

d. Crimes de guerre dans l'affaire Mupoke[20]

i. Les faits de la cause

Les faits se déroulent le 17 janvier 2010. Informés de la présence, chaque dimanche après-midi, des FDLR dans le marché de Mupoke en territoire de Walungu, Collectivité de Ninja, les Officiers des FARDC de l'opération Amani Leo décide de les attaquer dans ce marché et en ces heures d'après-midi. L'opération est montée et confiée aux Lieutenants Kasereka Donat, Kabala, Ndahisaba et Monga Mukangabantu. L'attaque sera lancée dimanche 17 janvier 2010.

Alors que le marché inonde de gens, habitants de Mupoke et des environs, l'assaut est lancé. Les balles crépitent et ne peuvent distinguer les FDLR des populations civiles. Il s'en suivit mort d'hommes, pertes et destructions des biens. Des faits des viols ont été signalés. Les quatre commandants de l'opération ont été accusés d'avoir violé quatre femmes durant toute la nuit du 17 au 18 janvier 2010. Saisi de ces faits initialement qualifiés de crimes contre l'humanité, le Tribunal militaire de garnison de Bukavu, siégeant à Walungu, les requalifia de crimes de guerre en vertu du Statut de la Cour pénale internationale.

ii. Motivation du Tribunal en faveur des crimes de guerre en vertu de l'article 8 du Statut de la Cour pénale internationale

Dans sa décision du 15 octobre 2012, le Tribunal militaire de garnison de Bukavu développe un raisonnement similaire à ceux des autres juridictions militaires saisies des faits analogues. En effet, après avoir indiqué les dispositions du Code pénal militaire qui auraient dû s'appliquer, le juge opte pour le Statut de

[19] TMG de Bukavu, Affaire Pantove, R.P 372, *Op.Cit.*, p.27.
[20] TMG de Bukavu, R.P.708/12, jugement du 15 octobre 2012.

Rome pour les deux raisons : il s'agit d'un traité international supérieur aux lois nationales et le Code pénal militaire ne prévoit pas de sanctions en cas de crimes de guerre. En effet, fait observer le Tribunal, *« la RDC a ratifié le traité de Rome de la Cour pénale internationale et fait observer que les articles 173, 174 et 175 du Code pénal militaire congolais qui définissent le crime de guerre, ne fixent pas la peine y rattachée.* [...] *Par ailleurs, la Constitution de la République Démocratique du Congo en ses articles 215 et 153 al 4 dispose ce qui suit : "Les traités et accords internationaux régulièrement conclus ont, dès leur publication, une autorité supérieure à celle des lois, sous réserve pour chaque traité ou accord, de son application par l'autre partie" ; "Les cours et Tribunaux civils et militaires appliquent les traités internationaux dûment ratifiés, les lois, les actes réglementaires pour autant qu'ils soient conformes aux lois ainsi que la coutume pour autant que celle-ci ne soit pas contraire à l'ordre public ou aux bonnes mœurs" ».*

Par conséquent, conclut le juge, *« au regard des textes sus-indiqués et de l'insuffisance du Code pénal militaire singulièrement dans ses articles ci-avant cités, le Tribunal appliquera le Statut de Rome de la Cour pénale internationale car, depuis sa ratification [, il] fait partie intégrante de l'ordonnancement juridique national encore que cet instrument juridique est plus explicite quant à la définition des concepts et mieux adapté en ce qu'il prévoit des mécanismes clairs de protections des droits des victimes »*[21].

Seul le prévenu Kabala, pour lequel la procédure a été contradictoire a été condamné à une peine de vingt ans de servitude pénale pour crimes de guerre par meurtre, par viol et par pillages. Les trois autres prévenus, en fuite, ont été condamnés à perpétuité pour les mêmes faits.

2. Appréciation globale

Que dire du raisonnement développé par le juge militaire dans les différentes affaires ? Le moins est que le juge semble embarrassé. On constate qu'il part de dispositions pertinentes du Code pénal militaire mais finit par opter pour l'application du Statut de Rome. Son choix d'appliquer les dispositions du Statut de la Cour pénale internationale est généralement justifié d'abord par les lacunes du Code pénal militaire qui, notamment, ne fixe pas de peines[22]. L'argument du juge congolais en faveur des dispositions du Statut de Rome se fonde ensuite sur leur caractère « plus favorable aux prévenus » en ce qu'il exclut la peine de mort et aux victimes car le Statut prévoit des mécanismes de leur protection[23].

---

[21] TMG de Bukavu, R.P.708/12, *Op.Cit.*, p.13.

[22] TMG Bukavu, Jugement du 15 octobre 2012 (Affaire Mupoke), Jugement du 2 octobre 2011 (Affaire Pantove), Jugement du 16 août 2011 (Affaire Kazungu).

[23] TMG Bukavu, Jugement du 16 août 2011 (Affaire Kazungu) qui se réfère à l'argumentation soutenue par la Cour militaire du Sud-Kivu dans l'Affaire Kibibi, arrêt du 21 février 2011.

D'autres juges enfin, en appui ou non à l'un ou à l'autre argument ci-dessus, se contentent d'affirmer l'intégration du Statut à l'ordre juridique congolais de par la ratification et la supériorité de ses règles sur les lois nationales, en l'occurrence le Code pénal militaire[24].

Comme on le voit, ces arguments sont fondés sur des principes généraux, à savoir le monisme juridique avec primauté des traités internationaux sur les lois nationales congolaises et l'application immédiate des traités par les cours et tribunaux congolais. Sans toute autre considération, le raisonnement du juge reste à ce stade justifiable.

Néanmoins, aucune juridiction n'a discuté du caractère spécifique des règles de droit international pénal pour ainsi déterminer si elles tombaient ou non sous le régime général des traités internationaux en droit positif congolais. Telle est, nous semble-t-il, la faiblesse de l'argumentation des juges militaires congolais dans la réponse pénale qu'ils ont entendu donner aux violations graves et massives des droits de la personne. En effet, comme on va le voir ci-dessous, les règles de droit international pénal ne tombent en principe pas sous ce régime.

B. Les dispositions du Statut de la Cour pénale internationale ne sont pas applicables par les juridictions nationales des États parties

Le raisonnement du juge militaire congolais est presque toujours le même. Les lacunes et, des fois les confusions, entretenues par le Code pénal militaire sur les crimes de droit international le poussent à trouver issue dans le Statut, texte suffisamment clair et complet. Il est conforté dans cette démarche par la brèche qu'a expressément ouverte le Constituant de 2006[25] et par la supériorité des traités internationaux sur les lois internes[26].

Personne ne remet en cause ce principe de l'applicabilité directe des normes conventionnelles directement applicables, surtout lorsque la Constitution de 2006 le consacre clairement à son article 153, alinéa 4. Mais le droit, ce n'est pas que des principes, c'est aussi des exceptions, surtout lorsqu'il s'agit des normes pénales ! Exceptionnellement, le Statut de Rome, règle de droit international pénal, n'est pas applicable par les juridictions internes et ce, en vertu du principe de la légalité des délits et des peines (1). En outre, le Statut a pour but de régir

[24] TMG Bunia, Jugement du 9 août 2010 (Affaire Kakado) ; voir aussi TMG Mbandaka, jugement du 12 avril 2006 (Affaire de Mutins de Mbandaka); etc.

[25] Article 153, al. 4 : « Les cours et tribunaux civils et militaires, appliquent les traités internationaux dûment ratifiés […] »

[26] Article 215 : « Les traités et accords internationaux régulièrement conclus ont, dès leur publication, une autorité supérieure à celle des lois, sous réserve pour chaque traité ou accord, de son application par l'autre partie ».

l'organisation, les compétences et le fonctionnement de la seule Cour pénale internationale (2).

1. Le principe de légalité s'oppose à l'application du Statut de la Cour pénale internationale par les juridictions internes

Le principe de la légalité des délits et des peines, mieux connu sous l'adage *« nullum crimen, nulla poena sine lege »*, est consacré par le *Pacte international relatif aux droits civils et politiques*[27] de 1966 auquel la RDC a adhéré sans réserve en novembre 1976. En droit congolais, ce principe a rang de norme constitutionnelle en raison de son incorporation, outre dans le Code pénal[28], dans la plupart des textes constitutionnels, notamment ceux adoptés après 1990[29].

Selon ce principe, un comportement ne peut être considéré comme infractionnel qu'en vertu d'une disposition légale et aucune peine ne peut être prononcée si elle n'est pas prévue par un texte de loi[30]. Chaque individu doit donc savoir, à l'avance, si tel comportement qu'il entend adopter ou tel acte qu'il pose est conforme ou non à la loi pénale et pouvoir envisager les conséquences éventuelles qu'entraînerait son comportement[31].

---

[27] Article 15, § 1 : *« Nul ne sera condamné pour des actions ou omissions qui ne constituaient pas un acte délictueux d'après le droit national ou international au moment où elles ont été commises. De même, il ne sera infligé aucune peine plus forte que celle qui était applicable au moment où l'infraction a été commise. Si, postérieurement à cette infraction, la loi prévoit l'application d'une peine plus légère, le délinquant doit en bénéficier ».*

[28] Art. 1 et 1 *bis* du Décret du 30 janvier 1940 portant Code pénal congolais tel que modifié et complété par la loi n°15/022 du 31 décembre 2015, *in JORDC*, n° Spécial, Kinshasa, 29 février 2016.

[29] L'article 17 de la Constitution du 18 février 2006 dispose que « « Nul ne peut être poursuivi, arrêté, détenu ou condamné qu'en vertu de la loi et dans les formes qu'elle prescrit. Nul ne peut être poursuivi pour une action ou une omission qui ne constitue pas une infraction au moment où elle est commise et au moment des poursuites. Nul ne peut être condamné pour une action ou une omission qui ne constitue pas une infraction à la fois au moment où elle est commise et au moment de la condamnation » ; article 19 de la Constitution de la transition de 2003; article 13 de l'Acte constitutionnel de la transition de 1994.

[30] Voy. D. SCALIA, « Quelques réflexions sur les critères inhérents à la mise en place de normes-sanctions et la répression des crimes de guerre », *Revue internationale de la Croix-Rouge*, juin 2008, n° 870, en ligne : http://www.icrc.org/fre/assets/files/other/irrc-870-scalia-web-fra-final.pdf, pp. 2ss ; Y. CARTUYVELS, « Les droits de l'homme, frein ou amplificateur de criminalisation ? », in H. DUMONT, Fr. OST, S. VAN DROOGHENBROECK (dir.), *La responsabilité, face cachée des droits de l'homme*, Bruxelles, Bruylant, 2005, pp. 397-399.

[31] Voy. Tribunal spécial pour le Liban, *Décision préjudicielle sur le droit applicable : terrorisme, complot, homicide, commission, concours de qualifications*, Chambre d'Appel, Affaire n° STL-11-01/I, le 16 février 2011, § 132.

Ainsi qu'on le verra ci-dessous, il est généralement admis qu'en vertu de ce principe, une personne ne peut être jugée et condamnée sur la base des règles de droit international pénal – conventionnel ou coutumier – tant que celles-ci n'ont pas été transposées dans l'ordre juridique interne. Curieusement, cette question des spécificités des règles de droit international pénal, en l'occurrence du Statut de la Cour pénale internationale, n'avait jamais été discutée en droit interne congolais (a). Par contre, elle est clairement prévue par certaines législations étrangères (b).

a. La question des particularités du droit international pénal n'avait jamais été posée !

L'article 153, al. 4 de la Constitution de 2006 qui mentionne les traités internationaux au nombre de sources applicables par le juge interne considère les traités dans leur globalité. Par ailleurs, certains auteurs considèrent que les juges congolais doivent appliquer les dispositions conventionnelles sans se soucier de distinguer selon que ces dernières portent sur les droits de la personne ou sur la responsabilité pénale individuelle. Il en est de même des règles de droit international coutumier : LUNDA BULULU et Joseph KAZADI MPIANA qui affirment leur applicabilité par le juge congolais ne distinguent pas selon que les règles coutumières relèvent du droit international pénal ou des autres branches du droit international[32].

Nous l'avons dit, aucune juridiction congolaise ne s'est, à notre connaissance, penchée sur les particularités des règles de droit international pénal. Le législateur *lato sensu* s'y est-il lui-même intéressé ? Nous ne le pensons pas. Car autrement, non seulement l'article 153, alinéa 4 de la Constitution y ferait

---

[32] On peut constater, dans les deux numéros spéciaux d'avril 1999 et décembre 2002 du *Journal officiel de la République Démocratique du Congo* consacrés aux instruments relatifs aux droits de l'homme ratifiés par l'Etat congolais, que les instruments de droit international pénal sont considérés au même titre que les autres traités relatifs aux droits de la personne. La Convention sur le génocide est ainsi publiée dans le numéro spécial d'avril 1999 alors que le Statut de Rome l'est dans celui de décembre 2002 (pp. 169-244). Nous avons cité Vincent de Paul LUNDA BULULU, « Les juridictions congolaises et l'application des conventions internationales relatives aux droits de l'homme », in *Droit du pouvoir et pouvoir du droit, Mélanges offerts à Jean Salmon*, Bruxelles, Bruylant, 2007 ; voir aussi KATWALA KABA KASHALA, « Processus d'adaptation du droit congolais aux normes internationales relatives aux droits de l'homme » in Rapport général de l'Atelier sur les juridictions congolaises et l'application des traités internationaux relatifs aux droits de l'homme du 25 au 27 novembre 2004, organisé par le Bureau du Haut-Commissariat des Nations Unies aux droits de l'homme, Kinshasa, 2004 ; J. KAZADI MPIANA, *La position du droit international dans l'ordre juridique congolais et l'application de ses normes*, Paris, Ed. Publibook, 2013.

allusion ou alors il se presserait à adopter une loi de mise en œuvre du Statut de Rome. Ce qui n'a finalement été fait qu'en fin 2015.

Plus, en adoptant le nouveau code judiciaire, en avril 2013 qui prévoit que les Cours d'appel siègent *« à cinq membres pour les infractions prévues au Statut de Rome de la Cour pénale internationale »*[33], le législateur semble se montrer en accord avec cette pratique des juridictions militaires sachant bien que, en ces temps, aucun texte de loi n'incorpore ou ne met correctement en œuvre ce Statut en droit interne congolais.

b. Regard sur quelques législations étrangères et la pratique des États

La position du droit congolais – législation, jurisprudence, doctrine – contraste avec le traitement réservé aux règles du droit international pénal dans d'autres États qui pourtant, tout comme la République Démocratique du Congo, consacrent la primauté du traité international sur les lois internes. Nous nous référerons particulièrement à la situation observée en Allemagne et aux Pays-Bas, deux États de tradition moniste avec primauté du traité international[34].

En Allemagne, *« il est généralement admis en doctrine et dans la pratique que l'art. 25 de la Constitution place le droit international au-dessus de la loi interne [...] »*[35]. Il semble, qu'en outre, *« cette norme indique [...] que le droit interne doit être interprété à la lumière du droit international »*[36]. Ceci est particulièrement vrai pour les règles de droit international pénal si l'on tient compte du fait que *« [...] dans l'analyse des éléments constitutifs du génocide, la jurisprudence la plus récente a expressément indiqué qu'il convenait de se référer à la notion de génocide telle que développée en droit international, notamment dans le contexte de l'article 2 de la Convention sur le génocide et de l'article 6 du Statut de Rome »*[37]. Pourtant, l'exigence de légalité limite la portée de la primauté des règles conventionnelles en droit pénal allemand : *« Il est admis que l'article 25 de la Constitution n'autorise [...] en aucun cas l'imputation d'une responsabilité pénale individuelle fondée sur le droit international, qui ne peut être appliqué directement à un individu ; ainsi le droit*

---

[33] Article 22 de la Loi organique n° 13/011-B du 11 avril 2013 portant organisation, fonctionnement et compétences des juridictions de l'ordre judiciaire, *JORDC*, n° spécial, 4 mai 2013.

[34] Voir Sh. DETRICK, *A Commentary on the United Nations Convention on the Rights of the Child*, The Hague/Boston/London, Martinus Nijhoff Publishers, 1999, pp. 27-28.

[35] Voy. R. ROTH et Y. JEANNERET, « Droit allemand », in A. CASSESE et M. DELMAS-MARTY, *Juridictions nationales et crimes internationaux*, Paris, PUF, 2002, p. 10.

[36] *Ibid.*

[37] *Ibid.*

international ne peut pas créer de nouvelles incriminations ou élargir le champ d'application d'une incrimination existante dans le droit pénal interne »[38].

Par conséquent, *« les infractions de droit pénal international ne peuvent fonder une condamnation en droit allemand, si elles ne sont pas transposées par la loi interne »*[39].

Plus indicative est la situation aux Pays-Bas où l'on distingue l'applicabilité des traités en général de l'applicabilité des règles de droit international pénal. À ce sujet, Jann K. Kleffner précise que *« certains paramètres singuliers entrent en considération lors de l'application du droit pénal international par les tribunaux néerlandais. Afin de permettre aux tribunaux d'avoir compétence pour poursuivre les personnes accusées de crimes internationaux, il est en général nécessaire de promulguer une loi dans l'ordre interne – exception faite des crimes déjà couverts par le droit pénal national »*[40].

Ici, poursuit l'auteur, *« l'on ne considère en général pas, d'après le droit constitutionnel, que les obligations internationales aux termes desquelles certaines conduites doivent être passibles de poursuites et de sanctions sont d'application directe dans l'ordre interne »*[41].

Des controverses ont existé dans d'autres États sur cette question, mais la nécessité d'adopter des lois internes de transposition a souvent été affirmée. Ainsi, contrairement au point de vue soutenu par le gouvernement belge selon lequel *« les principes inclus dans la Convention [contre le génocide] peuvent être considérés comme faisant déjà partie du système juridique belge »,* Marie-Anne Swartenbroekx fait remarquer qu'une loi est malgré tout nécessaire, entre autres, *« pour appeler les choses par leur nom, [...], pour assortir des peines aux crimes prévus [...et] pour jouer de manière plus visible un rôle d'avertissement et de prévention »*[42]. Comme le disent certains auteurs, *« [...] à l'heure actuelle, il n'existe pas de corps cohérent de règles et de principes de droit des gens qui serait utilisable dans l'application nationale du droit international pénal »*[43].

---

[38] R. ROTH et Y. JEANNERET, *Op.Cit.*, pp. 10-11.

[39] *Id.*, p. 11.

[40] J. K. KLEFFNER, « Droit néerlandais », dans A. CASSESE et M. DELMAS-MARTY, *Juridictions nationales et crimes internationaux*, Paris, PUF, 2002, p.221 ; voir aussi en ce qui concerne l'applicabilité des dispositions conventionnelles par les cours et tribunaux néerlandais, Sh. DETRICK, *Op.Cit.*, 1999, p. 28.

[41] *Ibid.*

[42] M.-A., SWARTENBROEKX, « Moyens et limites du droit belge », in A. DESTEXHE et M. FORET (dir.), *De Nuremberg à La Haye et Arusha,* Bruxelles, Bruylant, 1997, p. 124 ; voir aussi D. VANDERMEERSCH, « Droit belge », in A. CASSESE et M. DELMAS-MARTY, *Juridictions nationales et crimes internationaux*, Paris, PUF, 2002, p. 82.

[43] R. ROTH et Y. JEANNERET, *op.cit.*, p. 13, note 4. Dans le même sens, les développements de Salvatore ZAPPALA, « Droit italien », » in A. CASSESE et M.

On pourrait dès lors conclure que l'application des règles conventionnelles de droit international pénal par les juridictions internes est soumise à une approche plutôt dualiste même dans les États de tradition moniste[44]. Les juridictions doivent appliquer les dispositions de la loi interne par lesquelles les règles internationales ont été transposées bien que celles-ci demeurent utiles dans l'interprétation de la loi interne correspondante. Il s'agit là d'un principe général ainsi que l'a bien affirmé la Chambre d'Appel du Tribunal spécial pour le Liban dans sa décision du 16 février 2011 : *« en matière pénale, le droit international ne peut se substituer à la législation nationale. En d'autres termes, les autorités nationales ne peuvent se fonder uniquement sur l'incrimination d'un acte par le droit international pour réprimer ledit acte »*[45].

La pratique législative observée en République Démocratique du Congo conforterait plutôt, sans le dire, ce point de vue. Ainsi par exemple, le crime de génocide a été défini par des dispositions du Code de justice militaire de 1972 et repris dans le Code pénal militaire de 2002 alors que la RDC était partie à la Convention sur le génocide ; l'enrôlement et l'utilisation des enfants soldats sont incriminés dans la *Loi sur la protection de l'enfant*[46] nonobstant la ratification du Statut de la CPI par la RDC ; après son adhésion en 1996 à la Convention des Nations Unies contre la torture et autres peines ou traitements cruels, inhumains et dégradants de 1984, la République Démocratique du Congo s'est dotée en 2011 d'une loi portant pénalisation de la torture[47]. Elle a enfin adopté des lois dites de mise en œuvre du Statut de Cour pénale internationale, le 31 décembre 2015. Celles-ci prévoient notamment les modalités de coopération avec la Cour pénale internationale et incorporent les crimes définis par le Statut de Rome en droit interne. Partant, la position du droit positif congolais parait plutôt très ambigüe.

DELMAS-MARTY, *Juridictions nationales et crimes internationaux,* Paris, PUF, 2002, pp. 211-212.

[44] Voir J. K. KLEFFNER, « Droit néerlandais », dans A. CASSESE et M. DELMAS-MARTY, *Juridictions nationales et crimes internationaux*, Paris, PUF, 2002, p. 222 ; dans son ouvrage sur *La position du droit international dans l'ordre juridique congolais et l'application de ses normes*, Joseph Kazadi Mpiana part de l'hypothèse que la pratique des cours et tribunaux congolais attestent plutôt d'une tendance dualiste dans l'application ou la réticence à appliquer les dispositions du droit international, pp. 17-18.

[45] Tribunal spécial pour le Liban, *Décision préjudicielle sur le droit applicable : terrorisme, complot, homicide, commission, concours de qualifications*, Chambre d'Appel, Affaire n° STL-11-01/I, le 16 février 2011, § 133.

[46] Articles 71 et 187, al.2 de la Loi n° 09/001 du 10 janvier 2009, *in JORDC*, 50ème année, numéro spécial, 25 mai 2009.

[47] Loi n° 11/008 du 09 juillet 2011 portant Criminalisation de la torture, *in JORDC*, numéro 14, Kinshasa, 15 juillet 2011

Comme on a pu le constater, les développements qui précèdent considèrent le droit international pénal dans son ensemble. Le principe vaudrait donc autant à l'égard des dispositions conventionnelles que des règles coutumières.

2. Le Statut de Rome a pour but de régir l'organisation, les compétences et le fonctionnement de la seule Cour pénale internationale

Les juridictions sont régies par des lois qui les créent, les organisent et déterminent leurs compétences et leur mode de fonctionnement. Ce sont les codes de procédure, les lois d'organisation et des compétences, les statuts des juridictions pénales *ad hoc*, etc. Le Statut de Rome a été élaboré et adopté par les États parties pour, précisément, créer la Cour, l'organiser, déterminer ses compétences et son mode de fonctionnement.

Le préambule du Statut de la Cour pénale internationale est intéressant à au moins deux égards. Il affirme, d'une part, que la Cour est complémentaire des juridictions nationales dans la répression des crimes relevant de sa compétence. C'est le principe de complémentarité[48]. Il précise, d'autre part, que la répression des crimes les plus graves *« doit être effectivement assurée par des mesures prises dans le cadre national et par le renforcement de la coopération internationale »*. Si donc le Statut de Rome oblige les États parties à réprimer les crimes relevant de sa compétence, leurs juridictions doivent s'acquitter de cette mission au moyen des « mesures prises dans le cadre national et par le renforcement de la coopération internationale ».

Voilà ce qui justifie l'obligation pour les États parties d'adopter des lois de mise en œuvre du Statut.

---

[48] Énoncé au dixième alinéa du préambule et à l'article 1er du Statut de Rome, le principe de complémentarité trouve tout son sens à l'article 17, (1) du Statut bien que cette dernière disposition ne mentionne plus le terme *« complémentarité »*. L'article 1er est ainsi libellé : « Il est créé une Cour pénale internationale ("la Cour") en tant qu'institution permanente, qui peut exercer sa compétence à l'égard des personnes pour les crimes les plus graves ayant une portée internationale, au sens du présent Statut. Elle est complémentaire des juridictions criminelles nationales. Sa compétence et son fonctionnement sont régis par les dispositions du présent Statut ». Quant à l'article17, § 1, il dispose : *« Eu égard au dixième alinéa du préambule et à l'article premier, une affaire est jugée irrecevable par la Cour lorsque [a)] l'affaire fait l'objet d'une enquête ou de poursuites de la part d'un État ayant compétence en l'espèce, à moins que cet État n'ait pas la volonté ou soit dans l'incapacité de mener véritablement à bien l'enquête ou les poursuites; [...] l'affaire a fait l'objet d'une enquête de la part d'un État ayant compétence en l'espèce et que cet État a décidé de ne pas poursuivre la personne concernée, à moins que cette décision ne soit l'effet du manque de volonté ou de l'incapacité de l'État de mener véritablement à bien des poursuites; [...] la personne concernée a déjà été jugée pour le comportement faisant l'objet de la plainte [...] ; [...] l'affaire n'est pas suffisamment grave pour que la Cour y donne suite »*.

Le Statut ne prévoit nulle part son application par les juridictions nationales. Cela se comprend aisément, cet instrument étant destiné à régir l'organisation et le fonctionnement de la Cour. Et dans la pratique, aucune juridiction nationale n'a directement appliqué ses dispositions, excepté le cas de la République Démocratique du Congo. Ceci apparaît plutôt comme un cas très isolé et en marge de la pratique des autres États[49], voire de la législation congolaise elle-même qui a finalement adopté des lois de mise en œuvre du Statut de Rome en décembre 2015[50]. Le préambule de la Loi modifiant et complétant le Décret du 30 janvier 1940 portant Code pénal rappelle les obligations de l'État dont celle de « procéder à l'harmonisation de son droit pénal avec les dispositions dudit Statut »[51]. Rappelons qu'en RDC, plusieurs lois avaient déjà incorporé des crimes de droit international humanitaire[52].

II. De l'indemnisation des personnes condamnées ou de la révision des décisions rendues en dernier degré ?

Comme dit ci-dessus, l'application exclusive des dispositions du Statut de la Cour pénale internationale par le juge congolais dans les affaires précitées, et sans doute dans plusieurs autres, constituerait une erreur judiciaire. L'erreur porterait ici sur le droit applicable. L'erreur serait-elle aussi grave et manifeste pour fonder un droit des personnes condamnées à réparation consistant essentiellement en une indemnisation ? Ou, au contraire, considérant le caractère criminel au regard du droit interne congolais des faits mis à charge des personnes

---

[49] Plusieurs États ont intégré dans leur droit national les incriminations du droit international humanitaire. Ils le font soit par l'insertion de nouvelles dispositions dans leurs codes pénaux, soit par l'adoption de lois particulières, dites lois de mise en œuvre. Citons, entre autres, la loi française n° 2010-930 du 9 août 2010 portant adaptation du droit pénal à l'institution de la Cour pénale internationale et la loi n° 052-2009/AN de mise en œuvre du Statut de la Cour pénale internationale adoptée par le Burkina Faso le 3 décembre 2009.De telles lois existent dans plusieurs États tels la République de Maurice, la Suisse, les Comores, le Panama, le Kenya, le Sénégal, le Canada, la Belgique, etc. Voir Thomas F. MWAGALWA, *L'interdiction de la participation aux hostilités, la démobilisation et la réinsertion des enfants soldats en République Démocratique du Congo*, Paris, Publibook, 2017, pp. 266ss.

[50] Il s'agit de : Loi n° 15/022 du 31 décembre 2015 modifiant et complétant le Décret du 30 janvier 1940 portant Code pénal ; Loi n° 15/023 du 31 décembre 2015 modifiant la Loi n° 024-2002 du 18 novembre 2002 portant Code pénal militaire, et de la Loi n° 15/024 du 31 décembre 2015 modifiant et complétant le Décret du 06 août 1959 portant Code de procédure pénale, *in JORDC*, numéro spécial, 29 février 2016.

[51] Loi n° 15/022 du 31 décembre 2015 modifiant et complétant le Décret du 30 janvier 1940 portant Code pénal, *in JORDC*, numéro spécial, 29 février 2016.

[52] Ordonnance-loi n°72/060 du 25 septembre 1972 portant Code de justice militaire ; Loi n°024-2002 du 18 novembre 2002 portant Code pénal militaire.

condamnées, une simple révision des décisions rendues en dernier degré ressort suffirait-elle à réparer ladite erreur ?

Il nous semble qu'aucun droit à indemnisation ne saurait résulter de l'application exclusive des dispositions du Statut de Rome dès lors que les faits poursuivis étaient incriminés par le Code pénal militaire congolais (A). La procédure de cassation ou celle de révision permettraient de corriger l'erreur, et ce, dans l'intérêt d'une bonne administration de la justice. Seule la révision des décisions coulées en force de chose jugée permettrait de corriger l'erreur (B).

A. De l'inexistence d'un droit à indemnisation en faveur des personnes condamnées

L'application exclusive du Statut de la Cour pénale internationale par le juge pénal congolais aurait sans doute porté atteinte aux droits des personnes condamnées, en particulier à leur droit à un procès équitable, le principe de la légalité des délits et des peines ayant été violé. La violation du principe de la légalité par le juge, constitutive d'erreur judiciaire, conduirait naturellement à l'obligation de réparer le préjudice subi par les victimes qui, dans ce cas, sont les personnes condamnées. L'obligation de réparer est un principe général de droit civil[53]. Il est, en outre, bien réaffirmé en droit administratif.

C'est la responsabilité administrative de droit commun qui, toutefois, en dépit des concepts utilisés diffère de la responsabilité de droit privé en considération des régimes juridiques applicables[54]. En effet, elle est dite de droit commun simplement parce qu'elle « concerne toutes les activités de l'Administration ayant un caractère administratif »[55]. Rendre la justice en est une, les magistrats ayant pour mission l'administration de la justice.

Partant de ce principe, il apparaît à première vue que les personnes condamnées dans différents cas des crimes internationaux sur la base exclusive du Statut de Rome bénéficieraient d'un droit à réparation. Autrement dit, elles auraient droit contre l'État congolais à indemnisation de l'erreur judiciaire imputable au juge militaire consistant en la mauvaise application de la règle de droit.

Néanmoins, une analyse plus approfondie tend pourtant à révéler l'inexistence d'un tel droit. En effet, les conclusions du juge n'auraient pas été substantiellement différentes si celui-ci avait correctement interprété et appliqué les règles de droit à sa disposition, en particulier les règles de droit interne. Dans les différents cas, les faits étaient constitutifs de crimes de droit international,

---

[53] L'article 258 du Code civil congolais, Livre III, précise que « Tout fait quelconque de l'homme, qui cause dommage à autrui oblige celui par la faute duquel il est arrivé à le réparer ».

[54] Voy. F. VUNDUAWE te PEMAKO, *Traité de droit administratif*, Bruxelles, Larcier, 2007, p. 767.

[55] *Ibid.*

prévus aussi bien par le Code pénal militaire congolais que par le Statut de Rome. Les confusions et les insuffisances du Code pénal militaire auraient dû simplement être surmontées par un recours aux dispositions du Statut de Rome. Il s'agirait alors d'une interprétation du droit pénal interne par le recours aux règles de droit international pénal, liant la République démocratique du Congo. Une telle démarche est tout à fait régulière et cohérente ainsi que cela ressort de la jurisprudence du Tribunal spécial pour le Liban[56].

B. La procédure de cassation ou de révision devant les juridictions compétentes

Quand bien même les personnes condamnées ne bénéficieraient pas d'aucune indemnisation, les faits demeurant punissables en vertu de la législation nationale pertinente, il va de l'intérêt de l'administration de la justice que les erreurs soient corrigées. Deux possibilités semblent se prêter à cette fin : la cassation et la révision.

1. La procédure de cassation des arrêts et jugements rendus en dernier ressort

Une mauvaise interprétation ou une mauvaise application de la règle de droit par les juridictions de second degré peut ouvrir la voie à la procédure de cassation. L'article 116 de la Loi organique n°13/011-B du 11 avril 2013 portant organisation, fonctionnement et compétences des juridictions de l'ordre judiciaire dispose en effet que « [l]a Cour de cassation connaît des pourvois en cassation pour violation des traités internationaux dûment ratifiés, des lois et de la coutume contre les arrêts et jugements rendus en dernier ressort par les juridictions de l'ordre judiciaire en matières civile, commerciale et sociale ». Les arrêts et jugements visés ici sont ceux « rendus en dernier ressort par les Cours et tribunaux civils et militaires de l'ordre judiciaire »[57].

Par violation de la loi ou de la coutume et par extension des traités, on entend entre autres sens, « la fausse application ou la fausse interprétation »[58] d'une règle de droit. Dans le cadre de cette réflexion, les décisions des juridictions militaires analysées auraient fait une fausse application des dispositions du Statut de la Cour pénale internationale.

---

[56] Voy. Tribunal spécial pour le Liban, Affaire n°STL-11-01/I, *Décision préjudicielle sur le droit applicable : terrorisme, complot, homicide, commission, concours de qualification*, Chambre d'appel, 16 février 2011, pp. 90-97.

[57] Art. 95 de la Loi organique n°13/011-B du 11 avril 2013 portant organisation, fonctionnement et compétences des juridictions de l'ordre judiciaire.

[58] *Id.*, art. 96 ; lire aussi E., LUZOLO BAMBI et N.-A., BAYONA BA MEYA (+), *Manuel de procédure pénale*, Kinshasa, PUC, 2011, p. 492.

Cependant, l'exercice de ce recours est subordonné au respect de certains délais. Par ailleurs, un tel recours ne peut intéresser la personne condamnée que lorsqu'à l'issue, elle espère une amélioration de son sort. Ce qui est ici loin d'être le cas car, nous l'avons dit, l'application des règles de droit pénal congolais interprétées à l'aune du Statut de la Cour pénale internationale conduirait aux mêmes conclusions.

Il nous semble néanmoins que le Ministère public pourrait attaquer ces arrêts et jugements[59]. Cette faculté offre d'ailleurs l'intérêt majeur que l'action du Ministère public en pareille circonstance ne serait pas limitée par les délais. En effet, « le Procureur Général de la République peut de sa propre initiative et sans être tenu par un délai quelconque, introduire un pourvoi en cassation »[60]. C'est l'hypothèse du pourvoi en cassation dans l'intérêt de la loi, c'est-à-dire lorsque la décision n'a pas été attaquée « dans l'intérêt des parties dans les délais légaux mais elle contient une violation de la loi »[61]. La décision de la Cour de cassation ne devrait dès lors pas modifier le sort des parties au procès.

À côté de la cassation, la procédure de révision pourrait alternativement être suivie.

2. La révision des décisions devant la Haute Cour militaire

Organisée en droit congolais, la révision permet de manière générale au juge de corriger les erreurs de fait qui seraient découvertes dans des décisions coulées en force de chose jugée[62]. Par contre, l'erreur mise en exergue ici est une erreur de droit et non de fait ne rentrant pas dans les catégories prévues par la Loi congolaise de 2013 portant organisation, fonctionnement et compétences des juridictions de l'ordre judiciaire.

Nous estimons que la révision de ces décisions reste toutefois possible en vertu des compétences spéciales de la Haute Cour militaire. En effet, aux termes des articles 123 et 124 du Code judiciaire militaire congolais[63], cette juridiction connait « des recours en annulation pour violation de la loi formés contre les arrêts et jugements rendus en dernier ressort par les Cours et Tribunaux Militaires [...Elle] connait également des demandes en révision, des prises à partie, des règlements de juges ». Après leur annulation, les décisions attaquées feraient alors objet de la révision sans que les droits et le sort des parties ne soient affectés.

---

[59] Lire E. LUZOLO BAMBI et N.-A., BAYONA BA MEYA, *Op. Cit.*, p. 493.
[60] *Ibid.*
[61] *Id.*, p. 494.
[62] Lire E. LUZOLO BAMBI et N.-A., BAYONA BA MEYA, *Op. Cit.*, pp. 509-510.
[63] Loi n° 023/2002 du 18 novembre 2002 portant Code judiciaire militaire, *in JORDC*, numéro spécial, 20 mars 2003.

Conclusion

Plusieurs personnes ont été déférées et jugées par des juridictions congolaises pour des crimes internationaux relevant de la compétence de la Cour pénale internationale. Dans beaucoup de ces cas, le juge congolais a opté pour l'application des dispositions du Statut de Rome au détriment des dispositions du Code pénal congolais. Les arguments du juge congolais reposaient chaque fois sur la tradition moniste avec primauté du droit international et sur les imprécisions, voire les confusions entretenues par le Code pénal militaire sur la définition des crimes ainsi que les lacunes de ce Code. Le juge a plusieurs fois montré que le Code pénal militaire congolais ne prévoyait pas de peine en cas de crimes de guerre.

Si cette pratique paraissait louable tenant compte du contexte de violations massives récurrentes des droits de l'homme, elle violait gravement l'un des principes fondamentaux du droit pénal, à savoir le principe de la légalité des délits et des peines. Elle méconnaissait par ailleurs les particularités du droit international pénal.

Cette erreur judiciaire ne saurait cependant pas donner lieu à une quelconque indemnisation en faveur des personnes condamnées car l'application régulière des règles pénales pertinentes ne modifierait pas de manière substantielle leur sort. Néanmoins, dans le souci d'une bonne administration de la justice et dans l'intérêt de la loi, le Ministère public disposerait de deux voies pour obtenir la révision des décisions entachées : la procédure de cassation devant la Cour de cassation ou la procédure de révision devant la Haute Cour militaire.

Les lois de 2006 sur les violences sexuelles : difficultés juridiques et quelques pistes de solution »

Par NYABIRUNGU mwene SONGA*

Introduction

La République démocratique du Congo connaît depuis près de trois décennies une série de violences et conflits armés qui ont causé un désastre humain avec le déplacement des populations civiles, les incendies des récoltes et maisons, la mort de centaines de milliers de personnes, le viol de plusieurs milliers des femmes, des filles, voire des hommes[1]. Ces violences ont entraîné la métamorphose de la criminalité avec l'apparition des nouvelles formes de violences sexuelles, le viol, particulièrement, ayant été utilisé par différents belligérants et par les membres des groupes armés comme arme de guerre et moyen de domination[2].

Pour faire face à cette avalanche des crimes sexuels, la RDC a pris une série de mesures législatives. Celles-ci ont commencé par l'élargissement, en 2006, du champ de répression des infractions des violences sexuelles par l'incrimination dans le Code pénal ordinaire des différentes formes de crimes sexuels tels que définis en droit international, suivi, la même année, de l'insertion dans le Code de procédure pénale, des dispositions relatives à l'instruction et au jugement desdites infractions. En 2009, fut adoptée et promulguée la loi n°09/001 du 10 janvier 2009 portant protection de l'enfant qui, dans son titre IV, section 4, protège l'enfant contre les agressions sexuelles. Le 31 décembre 2015, les autorités congolaises ont promulgué la loi n° 15/022 modifiant et complétant le Code pénal ordinaire en vue de la mise en œuvre du Statut de Rome. Par cette

---

* Professeur Emérite et Doyen honoraire de la Faculté de Droit de l'Université de Kinshasa, ancien Professeur visiteur à l'Université Catholique de Bukavu.

[1]B. COUGHLAN et al., « Mortality in the Democratic Republic of Congo : Results from a Nationwide Survey Conducted April-July 2004 », International Rescue Committee, 2004 in LANCET, vol. 367 (2006), pp. 44-51; F. REYNTJENS, *The Great African War, Congo and Regional Geopolitics, 1996-2006*, Cambridge, Cambridge University Press, 2010.

[2] Nations unies, Haut-Commissariat des Nations unies aux droits de l'homme, Mission de l'organisation des Nations unies pour la Stabilisation en République Démocratique du Congo, *Avancées et obstacles dans la lutte contre l'impunité des violences sexuelles en République Démocratique du Congo*, Kinshasa, Genève, avril 2014, para.2 et 7, disponible sur http://www.ohchr.org/Documents/Countries/CD/UNJHROApril2014_fr.pdf ; Sarah K. WARPINSKI, « Protecting Women and girls from Human trafficking in The Democratic Republic of Congo: toward justice for victims of gender-based violence», in Michigan State International Law Review, vol. 21 (2013), pp. 155-204, p.176.

loi, le législateur a intégré dans le Code pénal le viol et autres agressions sexuelles comme des crimes sous-jacents des crimes de guerre et des crimes contre l'humanité.

Cependant, les lois de 2006 sur les violences sexuelles posent quelques problèmes juridiques dans leur application (I), problèmes auxquels des solutions peuvent être envisagées (II).

I. Les problèmes juridiques dans l'application des lois de 2006 sur les violences sexuelles

Dans le domaine des libertés sexuelles, le législateur ne donne totale liberté qu'aux individus majeurs et consentants et sous réserve que leur comportement n'enchaine ni scandale, ni trouble à l'ordre public.

Aussi, le législateur protège les individus trop jeunes contre eux-mêmes, ne tenant pas compte du consentement donné sans en mesurer la portée. De plus, la loi pénale ne saurait accepter l'exploitation ou la provocation des conduites immorales pour en tirer un profit personnel ou un gout pervers de curiosité malsaine.

C'est en partant de ce fait et de la métamorphose de la criminalité sexuelle due notamment aux violences et conflits armés qu'a connu la RD Congo, avec l'apparition des nouvelles formes de criminalités qui, jadis, n'étaient pas incriminées en Droit congolais, que le législateur a, depuis 2006, érigé en infractions des nouvelles formes d'agression sexuelle. En effet, avant la loi n° 06/018 du 20 juillet 2006 modifiant et complétant le Décret du 30 janvier 1940 portant Code pénal congolais, la législation congolaise ne consacrait que trois formes d'agression sexuelle : le viol, l'attentat à la pudeur et l'outrage public aux bonnes mœurs. Par la loi n° 06/018 du 20 juillet 2006, il a intégré dans le Code pénal des nouvelles incriminations, passant ainsi à de trois à seize préventions de violences sexuelles.

Ceci traduit la volonté du législateur de prévenir et de réprimer sévèrement les infractions se rapportant aux violences sexuelles et d'assurer une prise en charge systématique des victimes de ces infractions[3], notamment par des règles particulières de procédure.

Cependant, l'application de ces dispositions pose des difficultés d'ordre juridique. Elles concernent aussi bien les incriminations (A), la procédure (B) que les sanctions (C).

---

[3] Exposé des motifs de la loi n° 06/019 du 20 juillet 2006 modifiant et complétant le Décret du 06 août 1959 portant Code de Procédure Pénale Congolais, *in JORDC*, n° 15, 1er aout 2006.

A. Les problèmes relatifs aux incriminations

Certaines incriminations relatives aux violences sexuelles, dans leur formulation, posent problème au regard des principes pénaux et plus particulièrement des critères des normes pénales. Il s'agit de l'attentat à la pudeur, du viol, du mariage forcé, de l'excitation des mineurs à la débauche, du souteneur et de la prostitution forcée.

1. De l'attentat à la pudeur

Aux termes de l'article 167 du Code pénal, « tout acte contraire aux mœurs exercé intentionnellement et directement sur une personne sans le consentement valable de celle-ci constitue un attentat à la pudeur. Tout attentat à la pudeur commis sans violences, ruse, ou menaces sur la personne ou à l'aide de la personne d'un enfant âgé de moins de dix-huit ans sera puni d'une servitude pénale de six mois à cinq ans. L'âge de l'enfant pourra être déterminé par examen médical, à défaut d'état civil ».

Cependant, les dispositions sur l'attentat à la pudeur ne comportent pas la définition de celui-ci à *l'état simple.* C'est à partir de la définition d'une infraction à l'état simple qu'on peut alors déterminer les circonstances aggravantes de la peine initiale, telles que l'âge de la victime ou le recours à la violence, à la ruse ou aux menaces.

Ainsi, l'âge de la victime de moins de 18 ans ou de moins de 10 ans pouvait aggraver graduellement l'infraction d'attentat à la pudeur, avec comme conséquence l'aggravation graduelle de la peine.

On remarquera aussi qu'à l'état actuel des dispositions du Code pénal, l'attentat à la pudeur sans violences sur un enfant de moins de 18 ans et l'attentat à la pudeur avec violences sur n'importe quelle personne, donc y compris sur un enfant, sont punis de la même peine : 6 mois à 5 ans.

Enfin, on trouve à l'intérieur des dispositions du Code pénal consacrées au viol (Titre VI, Section II, §2), plus précisément le dernier alinéa de l'article 170, les articles 171 et 171*bis*, des dispositions relatives à l'attentat à la pudeur, aggravé par la mort de la victime, au lieu qu'une telle incrimination figure au paragraphe premier qui est spécifique à l'attentat à la pudeur. On peut alors se poser la question de savoir, face à la définition très large du viol, telle qu'elle figure au Code pénal, quelle serait la nature de cet attentat à la pudeur qui entraînerait la mort de la victime.

De même, à l'intérieur des mêmes dispositions consacrées au viol, on trouve des circonstances aggravantes communes à l'attentat à la pudeur et au viol et qui ont comme conséquence de porter au double le minimum des peines prévues par les articles 167, al. 2, 168 al. 2 du Code pénal. Pourtant, l'attentat à la pudeur n'est pas le viol, et les deux incriminations sont consacrées dans des paragraphes différents.

Tout cela concourt à créer un imbroglio juridique auquel il faudra mettre fin, car une mauvaise technique dans l'élaboration de la loi n'est pas de nature à en assurer une bonne application.

2. Le viol

En ce qui concerne l'incrimination de viol, deux difficultés se présentent et constituent un obstacle à la bonne application des lois sur les violences sexuelles. Il s'agit de la définition même du viol et de la détermination du seuil d'âge pour le viol réputé.

Au sujet de la définition du viol, l'article 170 du Code pénal dispose que : aura commis un viol, soit à l'aide de violences ou menaces graves ou par contrainte à l'encontre d'une personne, directement ou par l'intermédiaire d'un tiers, soit par surprise, par pression psychologique, soit à l'occasion d'un environnement coercitif, soit en abusant d'une personne qui, par le fait d'une maladie, par l'altération de ses facultés ou par toute autre cause accidentelle aurait perdu l'usage de ses sens ou en aurait été privée par quelques artifices :

1. tout homme, quel que soit son âge, qui aura introduit son organe sexuel, même superficiellement dans celui d'une femme ou toute femme, quel que soit son âge, qui aura obligé un homme à introduire même superficiellement son organe sexuel dans le sien ;

2. tout homme qui aura pénétré, même superficiellement l'anus, la bouche *ou tout autre orifice du corps* d'une femme ou d'un homme par un organe sexuel, par *toute autre partie du corps* ou par un objet quelconque ;

3. toute personne qui aura introduit, même superficiellement, toute autre partie du corps ou un objet quelconque dans le vagin ;

4. toute personne qui aura obligé un homme ou une femme à pénétrer, même superficiellement son anus, sa bouche ou *tout orifice de son corps* par un organe sexuel, *pour toute autre partie du corps* ou par un objet quelconque.

Si le fait d'avoir élargi le champ des victimes et des auteurs de l'incrimination, ainsi que les modalités de perpétration de celle-ci, ne soulève aucune difficulté, certains aspects de cette définition très large, posent tout de même problème. En effet, aux points 2 et 4 de cette définition, le législateur considère que le viol peut être caractérisé lorsque tout homme aura pénétré, même superficiellement… *tout autre orifice du corps* en plus de l'anus, de la bouche ou de l'oreille d'une femme ou d'un homme par un organe sexuel, *par toute autre partie du corps ou par un objet quelconque*[4].

---

[4] Les soulignés sont les nôtres.

Cependant, le législateur ne définit pas ce qu'il faut entendre par « tout autre orifice du corps ». Il ne précise pas non plus le caractère dudit orifice, s'il doit s'agir d'un orifice à caractère sexuel ou non. Ainsi par exemple, le nez est un orifice et le fait d'introduire un doigt dans le nez d'une personne, au regard de cet élément, serait considéré comme un viol. De plus, comment distinguer certains actes impudiques, caractéristiques d'attentat à la pudeur, d'avec le viol tel que défini.

Il s'agit là d'une imprécision et d'une ambiguïté contraire aux critères des normes pénales et donc au principe de la légalité. Le principe de la légalité a toujours été, en Droit congolais, un principe à norme constitutionnelle en raison de son incorporation dans toutes les Constitutions congolaises post indépendance[5]. En effet, au plan matériel, le principe de la légalité implique que la loi pénale revête une certaine qualité pour être connue, comprise et que le citoyen puisse régler sa conduite en conséquence[6].

Le droit pénal en tant que droit normatif, devrait être pourvu des lois précises parce qu'il pose des incriminations et les sanctions qui doivent remplir un certain nombre d'exigences au regard du principe de la légalité criminelle, à savoir être claires, précises, accessibles et intelligibles[7]. La loi pénale doit donc présenter un certain nombre de qualités. De ce fait, en raison du fait que ce sont les libertés et droits des citoyens qui sont directement concernés, toutes les lois pénales doivent être précises, accessibles, prévisibles et claires. Cette exigence s'impose non seulement en Droit pénal de fond pour éviter l'arbitraire, mais aussi en procédure pénale afin d'éviter toute rigueur non nécessaire lors de la recherche des auteurs d'infractions[8].

En ce qui est du seuil d'âge pour le viol réputé commis à l'aide des violences, la loi fixe l'âge à 18 ans. En effet, le dernier alinéa de l'article 170 du Code pénal dispose que « est réputé viol à l'aide de violences, le seul fait du « rapprochement charnel de sexes commis sur les personnes « désignées à l'article 167, alinéa 2 ».

---

[5] Voir art.22 al.2 de la Constitution de la République démocratique du Congo du 1er août 1964, *in Moniteur Congolais*, numéro spécial, 1er août 1964 ; art.8 de la Constitution de la République démocratique du Congo du 24 juin 1967, *in Moniteur Congolais*, numéro 14 du 15 juillet 1967 ; art.13 al.2 de l'Acte constitutionnel de la transition du 09 avril 1994, *in JOZ,* 35ème année, numéro spécial, Kinshasa, avril 1994.

[6] Cons. Const., 20 janvier 1981, n° 80-127 D.C : J.O 22 janvier 1981, p.308 ; Cass. Crim, 16 janvier 2002, n° 01-81.829, Bull. Crim., 2002, n° 6 ; JurisData n°2002-012801.

[7] C. GINESTET, « Les objectifs en droit pénal », in Bertrand FAURE (dir.), *Les objectifs dans le droit, Thèmes & commentaires, actes*, Paris, Dalloz, Centre d'Etudes Juridiques de la Rochelle, 2010, pp. 179-190, p. 180.

[8] O. BACHELET, « QPC et qualité de la loi pénale », in Les nouveaux problèmes actuels des sciences criminels, XXIII, Dossier la QPC en matière pénale, Presses Universitaires d'Aix-Marseille, Université Aix-Marseille, 2012, pp.19-40, p.19.

En fixant ce seuil à 18 ans au lieu de 16 ans prévus par le texte antérieur, la loi de 2006 a créé une situation très difficile à gérer. En effet, après 16 ans et avant l'âge de 18 ans, il est manifestement et sociologiquement établi que la fille pouvait se marier et avoir des relations sexuelles normales. Maintenant par ce nouveau seuil, la loi congolaise a pour conséquence d'incriminer des comportements pour lesquels le coupable ne comprend pas en quoi il est coupable et la victime ne se considère pas comme victime.

De même, la même loi conduit à des situations insolubles : que faire, qui condamner, qui est auteur ou victime lorsque deux mineurs de même sexe ou de sexe opposé, c'est-à-dire deux personnes âgées de moins de 18 ans, ont eu des rapports sexuels. Or, la jurisprudence congolaise considère que légalement aucun mineur ne peut consentir à un acte sexuel[9].

1. Excitation des mineurs à la débauche aggravée

L'article 172 du Code pénal dispose que « Quiconque aura attenté aux mœurs en excitant, facilitant ou favorisant pour satisfaire les passions d'autrui, la débauche ou la corruption des personnes de l'un ou l'autre sexe, âgées de moins de dix-huit ans, sera puni d'une servitude pénale de trois mois à cinq ans et d'une amende de cinquante milles à cents mille Francs congolais constants ».

Tel que l'arsenal répressif apparaît, deux cas semblent n'avoir pas été résolus :

- Il s'agit d'abord du fait que l'excitation des mineurs à la débauche des personnes âgées de moins de 18 ans soit l'œuvre du père, de la mère ou du tuteur. Cela devait entraîner une circonstance aggravante ayant comme conséquence d'aggraver la peine principale en augmentant soit le minimum, soit le maximum. Par exemple, une peine de 10 à 20 ans serait satisfactoire. Ainsi, la peine complémentaire de déchéance de l'autorité ne resterait pas suspendue dans le vide comme c'est le cas maintenant de l'article 174 du Code pénal ;

- Il s'agit ensuite d'aggraver l'infraction prévue à l'article 173 : si le fait ayant déjà été commis envers un enfant âgé de moins de 10 ans accomplis est l'œuvre du père, de la mère ou du tuteur, cette qualité de l'auteur devrait avoir la conséquence d'aggraver d'abord la peine principale prévue par l'article 173 du Code pénal avant de la compléter obligatoirement par la déchéance de l'autorité parentale ou tutélaire conformément à l'article 319 du Code de la famille.

---

[9] Tribunal de Grande Instance (ci-après TGI) Kinshasa Kalamu, RP.308, Affaire Ministère public c. EVOLOKO Antoine LAY-LAY Joker, jugement du 29 janvier 2008.

2. *Prostitution forcée*

Aux termes de l'article 174 C du Code pénal, « Quiconque aura amené une ou plusieurs personnes à accomplir un acte ou plusieurs actes de nature sexuelle, par la force, par la menace de la force ou de la coercition ou encore en profitant de l'incapacité desdites personnes à donner librement leur consentement en vue d'obtenir un avantage pécuniaire ou autre, sera puni de trois moins à cinq ans de servitude pénale ».

Cette disposition pose problème dans la mesure où sa lecture attentive pourrait faire tomber ce comportement sous la qualification de viol ou de corréité de viol, selon que la personne a accompli elle-même l'acte ou plusieurs actes sexuels, ou aura amené d'autres personnes à accomplir un ou plusieurs de ces actes. Nous ne pensons pas – et nous ne percevons rien dans ce sens – que le législateur ait voulu atténuer la peine prévue pour le viol (servitude pénale à 20 ans et une amende) pour la ramener à une autre de 3 mois à 5 ans, peine même inférieure à celle prévue pour le harcèlement sexuel.

En effet, dans les deux cas (prostitution forcée et viol), en plus de la minorité, les circonstances portant atteinte à la liberté sexuelle sont quasi identiques : contrainte, coercition, abus d'une personne, environnement coercitif, etc.

Enfin, matériellement et tel que défini à l'article 174 c) du Code pénal, la prostitution forcée constitue une corréité du viol.

Dès lors, nous considérons que l'article 174 c) constitue une « disposition malheureuse » et qui aurait été heureuse si elle aggravait le viol par l'effet répétitif de l'acte ou le nombre des victimes et des participants.

3. *Le mariage forcé*

Le Code pénal dispose à son article 174 F que « sans préjudice de l'article 336 du Code de la famille, sera punie d'une peine d'un à douze ans de servitude pénale et d'une amende ne pouvant être inférieur à cent mille Francs congolais constants, toute personne qui, exerçant l'autorité parentale ou tutélaire sur une personne mineure ou majeure, l'aura donnée en mariage, ou en vue de celui-ci, ou l'aura contrainte à se marier ».

La rédaction de cette disposition *in fine* en rend la compréhension très malaisée. D'abord par l'expression « donner en mariage ». Le Code pénal ne l'ayant pas définie, nous ne pouvons que recourir au sens usuel. Voici ce qu'en dit le Dictionnaire Larousse : « Donner en mariage : Marier sa fille ».[10] Ni plus ni moins. Ainsi donc, le législateur congolais, non seulement aurait incriminé le fait de marier sa fille, mais aussi punirait ce fait d'une servitude pénale de 1 à 12

---

10 *Le Petit Larousse illustré*, 2000, V° marier.

ans. Cette disposition nous semble absurde et ne devrait donc pas recevoir application.

Aussi, l'alinéa 1er de l'article 174 F) se termine comme suit : « l'aura donnée en mariage, ou en vue de celui-ci, ou l'aura contrainte à se marier ». Ces balbutiements de fin de texte n'ajoutent qu'à la confusion et sont un argument supplémentaire pour la révision de cet article.

4. La transmission délibérée des infections sexuellement transmissibles incurables

Aux termes de l'article 174 I du Code pénal, « sera puni d'une peine de servitude pénale à perpétuité et d'une amende de deux cents mille Francs congolais constants, quiconque aura délibérément contaminé une personne d'une infection sexuellement transmissible incurable ».

La première difficulté posée par cette disposition est son harmonisation avec les autres dispositions particulières du Droit congolais. En effet, la loi n° 08/011 du 14 Juillet 2008[11] portant protection des personnes vivant avec le VIH/SIDA et les personnes affectées, incriminait à l'article 45, la transmission délibérée du VIH/SIDA. Cependant, cette loi fut modifiée par celle n° 18/01 du 09 juillet 2018 modifiant et complétant la loi n° 08/011 du 14 juillet 2008 portant protection des droits des personnes vivant avec le VIH/SIDA et des personnes affectées et qui abrogea l'article 45. Or, la loi portant protection des personnes vivant avec le VIH/SIDA et les personnes affectées, est une loi spéciale, par rapport au Code pénal qui est une loi générale. Pourtant, à ces jours et à notre connaissance, seul le VIH/SIDA est considéré comme maladie sexuellement transmissible incurable.

D'ailleurs, les juridictions congolaises considèrent ces faits comme n'étant plus infractionnels. A cet effet, le Tribunal de Grande Instance de Bukavu avance : « le tribunal souligne cependant que les faits constitutifs de transmission délibérée du VIH/SIDA n'ont plus de caractère infractionnel, car l'article 45 qui incriminait ces faits, a été abrogé par l'article 2 de la loi n° 18/012 du 9 juillet 2018 modifiant et complétant celle n° 08/011 du 14 juillet 2008 portant protection des personnes vivant avec le VIH/SIDA et des personnes affectées »[12].

---

[11] Loi n° 08/011 du 14 juillet 2008 portant protection des droits des personnes vivant avec le VIH/SIDA et des personnes affectées, modifiée et complétée par la loi n°18/01 du 09 juillet 2018 modifiant et complétant la loi n°08/011 du 14 juillet 2008 portant protection des droits des personnes vivant avec le VIH/SIDA et des personnes affectées, *in JORDC*, numéro spécial, juillet 2018.

[12] TGI Bukavu, RP 16058, Affaire Ministère public et Partie civile X contre le prévenu Z, jugement du 11 octobre 2018.

De plus, la loi portant protection des personnes vivants avec le VIH/SIDA et les personnes affectées, outre le fait qu'elle soit une loi spéciale, est une loi postérieure à la loi n° 06/018 du 20 juillet 2006 qui a modifié et complété le Code pénal congolais, dite loi sur les violences sexuelles. Il se pose donc un problème d'harmonisation pénale entre ces deux lois.

La deuxième difficulté est relative à la preuve. Comment établir qu'une contamination d'une maladie sexuellement transmissible incurable a eu lieu quand l'incubation peut durer même plus de dix ans ? Comment établir qu'on est victime plutôt que donneur ? Comment identifier l'auteur quand on a connu plusieurs partenaires, parfois le même jour ?

Outre les incriminations, certaines sanctions consacrées par le législateur ne sont moins de nature à soulever quelques difficultés.

B. Les difficultés tirées des sanctions

Certaines sanctions consacrées par les lois de 2006 sur les violences sexuelles soulèvent des questionnements.

D'abord, en ce qui est des peines consacrées par le législateur pour le viol, en plus de l'emprisonnement, une nouvelle peine apparaît : une amende « ne pouvant pas être inférieure à 100.000 Francs constants ».

Il s'agit là d'une façon curieuse de déterminer la peine. En effet, fixer le minimum sans fixer le maximum est de nature à conduire au prononcé d'une peine qui serait à la fois légale et arbitraire. Légale parce que prévue par loi, arbitraire car ne contenant pas de limite supérieure de nature à guider le juge dans son appréciation souveraine. Sans perdre de vue qu'une peine arbitraire est toujours une peine excessive.

Certes, il existe la limitation prévue au Code pénal, à article 20 qui dispose que : « en cas de concours matériel, la somme des peines d'amende ne peut dépasser le double du maximum de la peine la plus forte prévue par la loi ni être supérieure à 20.000 Francs congolais ». Mais qui sait encore ce que vaut ce montant en Francs congolais anciens, par rapport aux Francs congolais en cours, fussent-ils constants. De plus, les dispositions de l'article 20 concernent l'hypothèse de concours d'infractions, donnant lieu au concours de peines.

Pour l'esclavage sexuel, l'auteur encourt une peine de 5 à 20 ans de servitude pénale et une amende de 200.000 Francs congolais constants. Il s'agit ici encore d'une disposition mal pensée et qui crée un déséquilibre dans le système de sanctions prévues par le Code pénal en matière des violences sexuelles. En effet, tel qu'il est défini, l'esclavage sexuel est d'une gravité particulière et ne devrait pas être punie de la même servitude pénale que le viol.

D'abord, il importe de comprendre la gravité du crime. Plus qu'une atteinte à la dignité humaine, l'esclavage sexuel en constitue la suppression pure et simple, le coupable déniant l'humanité même de la victime, qu'il ravale à l'état d'objet.

Ensuite, l'esclavage sexuel implique le viol à répétition, les relations sexuelles étant multiples et toujours imposées et cela de manière continue et sur une longue durée. L'incrimination de l'esclavage sexuel aurait dû être l'occasion de faire éclater le maximum de 20 ans de servitude pénale qui est la règle posée à l'article 20 du Code pénal.

Enfin, au sujet de la sanction de la grossesse forcée, l'auteur d'une grossesse forcée encourt une peine de servitude pénale de 10 à 20 ans.

Ce crime est grave car il comporte au préalable des relations sexuelles non consenties, c'est-à-dire le viol. Et celui-ci implique une multitude des femmes et une durée qui fait de la grossesse forcée une infraction continue. Dès lors, il n'est pas cohérent que le maximum de la peine se limite, comme pour le viol, à 20 ans. Il aurait fallu envisager une servitude pénale à temps qui varierait entre 25 et 30 ans, ou alors une servitude pénale à perpétuité.

Ces quelques problèmes relatifs aux peines, peuvent aussi avoir des conséquences sur la procédure.

C. Les problèmes relatifs à la procédure

Le législateur congolais a, par la loi n° 06/019 du 20 juillet 2006[13], intégré le Code de procédure pénale, des dispositions relatives au jugement des infractions des violences sexuelles afin de renforcer la répression des infractions aux violences sexuelles, comme par exemple le principe du défaut de qualité officielle dans le jugement de ces infractions, ou encore les mesures de protection des victimes. Nonobstant ces avancées, certaines difficultés tirées de l'assimilation du jugement des infractions des violences sexuelles à la procédure de flagrance, ainsi que des normes dérogatoires dans l'administration de la preuve, se posent.

1. Une procédure assimilée à celle de jugement des infractions intentionnelles flagrantes

Le législateur institue un délai de 4 mois pour juger les infractions relatives aux violences sexuelles. En effet, aux termes de l'article 7 *bis* du Code de procédure pénale, inséré par la loi n° 06/018 du 20 juillet 2006 modifiant et complétant le Code de procédure pénale, « sans préjudice des dispositions légales relatives à la procédure de flagrance, l'enquête préliminaire en matière de violence sexuelle se fait dans un délai d'un mois maximum à partir de la

[13] Loi n° 06/019 du 20 juillet 2006 modifiant et complétant le Décret du 06 août 1959 portant Code de procédure pénale Congolais, *in JORDC*, n° 15, 1er aout 2006.

saisine de l'autorité judiciaire. L'instruction et le prononcé du jugement se font dans un délai de trois mois maximum à partir de la saisine de l'autorité judiciaire.

L'Officier de police judiciaire saisi d'une infraction relative aux violences sexuelles en avise dans les 24 heures l'Officier du Ministère Public dont il relève ».

La célérité de la procédure dans la répression du viol est une singularité de la loi du 20 juillet 2006 modifiant et complétant le Code de procédure pénale congolais afin de pouvoir obtenir une répression de l'auteur d'une infraction de violence sexuelle et de rétablir la victime dans ses droits dans un délai le plus court possible soit tout au plus 4 mois pour l'enquête et le prononcé du jugement.

Le législateur classe ainsi, ou mieux, assimile ainsi les infractions relatives aux violences sexuelles, aux infractions intentionnelles flagrantes. Dans l'exposé des motifs de la loi de 2006, le législateur déclare que les infractions de violences sexuelles revêtent le caractère d'infraction flagrante[14], ce qui devrait conduire à une durée de procédure d'un mois. Or, dans le texte lui-même, la loi crée une double instruction préjuridictionnelle, l'enquête préliminaire pouvant durer un mois, et le procès lui-même trois mois, ce qui fait au total quatre mois.

La procédure de flagrance est une procédure accélérée, presqu'expéditive, par laquelle le juge instruit sommairement la cause et le jugement est rendu sur simple dispositif immédiatement après la clôture des débats sur le banc[15].

La procédure de flagrance, qui par essence est une procédure expéditive, est en contradiction avec l'objectif de la recherche des éléments caractéristiques des infractions de violences sexuelles. Elle entame le respect des droits de la défense qui posent la règle selon laquelle toute « personne accusée dispose du temps et des facilités nécessaires à la préparation de sa défense »[16].

En ce sens, la Cour suprême de justice a décidé que « viole les droits de la défense, la décision du juge prise sans avoir accordé au prévenu le temps normalement indispensable à la préparation de sa défense et à l'équilibre des moyens du Ministère public »[17]. Elle a aussi donné une interprétation restrictive

[14] Voir dernier paragraphe de l'exposé de motif de la loi loi n° 06/019 du 20 juillet 2006 modifiant et complétant le Décret du 06 août 1959 portant Code de procédure pénale congolais.
[15] E. J. LUZOLO MAMBI LESSA et N. A. BAYONA Ba MEYA, *Manuel de procédure pénale*, Kinshasa, Presses Universitaires du Congo, 2011, pp.575 à 580.
[16] Art. 14 para.3, litera b) du Pacte international relatif aux droits civils et politiques, *in JORDC,* numéro spécial, avril 1999.
[17] C.S.J., RPA 159, Affaire Ministère public c. TATU NZOLE, Arrêt du 7 février 1985, *in Bulletin des arrêts de la Cour suprême de justice,* 1985, p.44.

de la procédure de flagrance en l'écartant en ce qui concerne les faits pour lesquels les auteurs risquent une peine plus lourde[18].

Tel est le cas des infractions des violences sexuelles qui, pour la majorité, sont punissables de 20 ans d'emprisonnement. Le recours à cette procédure conduit inexorablement à une instruction bâclée avec pour conséquence la banalisation des infractions des violences sexuelles.

2. Les règles dérogatoires d'administration de la preuve

Le législateur congolais consacre des règles dérogatoires relatives à l'administration de la preuve lorsqu'il s'agit des infractions des violences sexuelles. En effet, l'article 14 *ter* du Code de procédure pénale dispose que « à titre dérogatoire, en matière d'infractions relatives aux violences sexuelles, les règles suivantes s'appliquent pour l'administration de la preuve : 1. le consentement ne peut en aucun cas être inféré des paroles ou de la conduite d'une victime lorsque la faculté de celle-ci à donner librement un consentement valable a été altérée par l'emploi de la force, de la ruse, de stupéfiant, de la menace ou de la contrainte ou à la faveur d'un environnement coercitif ;

2. le consentement ne peut en aucun cas être inféré du silence ou du manque de résistance de la victime des violences sexuelles présumées ; 3. la crédibilité, l'honorabilité ou la disponibilité sexuelle d'une victime ou d'un témoin ne peut en aucun cas être inféré de leur comportement sexuel antérieur ; 4. les preuves relatives au comportement sexuel antérieur d'une victime des violences sexuelles ne peuvent exonérer le prévenu de sa responsabilité pénale »[19].

Il découle de cette disposition que le consentement de la victime ne peut en aucun cas être inféré ou tiré des conséquences du fait, d'un évènement donné de la parole ou la conduite d'une victime lorsque la faculté de celle-ci à donner librement un consentement valable a été altérée par l'emploi de la force, de la ruse, le stupéfiant, la menace ou de la contrainte ou de la faveur d'un environnement coercitif. Ceci ne soulève aucune objection particulière car un acte de violence sexuelle obtenu dans ces conditions ne peut être libre, ni consentant. D'ailleurs, l'article 170 du Code pénal en fait un des éléments constitutifs de l'infraction de viol et qui caractérisent l'absence de consentement.

Cependant, à côté de ces éléments, le législateur a ajouté d'autres dérogations tirées de la crédibilité, l'honorabilité ou la disponibilité sexuelle des victimes qui ne peuvent être inféré de leur comportement sexuel antérieur. Ceci veut dire que les déclarations des victimes en matière de violence sexuelles revêtent d'une foi aisée même lorsque leur comportement avant la commission de l'infraction de violences sexuelles n'est pas exemplaire.

---

[18] C.S.J., RPA 34/ CR, Affaire Ministère public c. BAVELA VUADI, Arrêt du 23 janvier 1996, *in Revue Juridique du Zaïre*, 1996, pp.33-34.
[19] Art. 14 *ter* du Code de procédure pénale.

Cet article comporte des dispositions contradictoires. En effet, à l'alinéa premier, le législateur cite les circonstances qui peuvent vicier le consentement, lesquelles sont aussi reprises à l'article 170 du Code pénal et à l'article 170 de la loi portant protection de l'enfant, et qui, une fois l'une d'elles est établie, constituent la preuve de l'absence de consentement. Si une telle circonstance n'est pas établie, peut-on recourir à l'alinéa deuxième de l'article 14 *ter* du Code de procédure pénale ? Le législateur ne l'indique pas et dans la mesure où la question n'est pas tranchée, il faudrait que la Cour de cassation éclaire les juridictions inférieures par un arrêt de principe sur la question. En attendant, le juge se trouve devant une difficulté qui n'est pas sans impact sur son travail et qui appelle quelques pistes de solutions.

II. Pour une harmonisation de la législation relative aux violences sexuelles

La paix et le développement durables sont impossibles en RDC si les femmes continuent à être soumises à des traitements inhumains et dégradants, à être victimes des viols et d'autres violences sexuelles.

Il faut à tous les habitants de la RDC un « niveau minimum de sécurité humaine », et cela doit être accompagné par un système judiciaire disposant de toutes ses capacités pour assurer la justice à ce nombre incalculable des femmes et des enfants victimes de la barbarie humaine. Or, autant les hommes et les femmes aspirent à la sécurité et à la paix, autant la justice leur manque pour y parvenir. Tant qu'il n'y aura pas de justice, il n'y aura pas de paix et tant qu'il n'y aura pas de paix, il n'y aura pas de développement durable.

Cependant, la justice pénale requiert des normes de fond et de procédure qui sont claires, accessibles, prévisibles et précises pour permettre au juge de sanctionner les infractions des violences sexuelles, constitutives des violations des droits de l'homme, sans qu'il ne viole lui-même les droits des accusés. C'est pour cela et au regard de toutes les difficultés juridiques sus-soulignées, il y a lieu de procéder à la modification des dispositions concernées.

Ainsi, pour l'attentat à la pudeur, l'article 167 devrait être reformulé comme suit : « L'attentat à la pudeur commis sur des personnes de l'un ou de l'autre sexe sera puni de 6 mois à 2 ans de servitude pénale ;

L'attentat à la pudeur commis avec violences, ruse, ou menaces sur la personne ou à l'aide de la personne d'un enfant âgé de moins de dix-huit ans, la peine est une servitude pénale de 2 à cinq ans d'emprisonnement. L'âge de l'enfant pourra être déterminé par examen médical, à défaut d'état civil ;

Si l'attentat à la pudeur a été commis sans violences, ruse, ou menaces sur la personne ou à l'aide de la personne d'un enfant âgé de moins de dix-huit ans, la peine est une servitude pénale de six mois à cinq ans. L'âge de l'enfant pourra être déterminé par examen médical, à défaut d'état civil ».

Il faudrait aussi ramener toutes les circonstances aggravantes de l'attentat à la pudeur énumérées au dernier alinéa de l'article 170, des articles 171 et 171 *bis*, dans les dispositions relatives à l'attentat à la pudeur.

Pour le viol, il serait adéquat que le législateur supprime aux points 2 et 4 de l'article 170 du Code pénal, les concepts « tout autre orifice du corps », « toute autre partie du corps », pour se conformer aux critères des normes pénales.

En ce qui concerne l'excitation des mineurs à la débauche, il est nécessaire que l'on ajoute à l'article 172 du Code pénal, l'alinéa deuxième libellé comme suit : « si les faits incriminés à l'alinéa précédent sont l'œuvre du père, de la mère ou du tuteur, les peines sont portées de 5 à 10 ans d'emprisonnement et une amende de deux cents milles à trois cents mille Francs congolais constants. Le juge prononcera en outre la déchéance de l'autorité parentale ».

De même, en ce qui est du mariage forcé, il faudra revisiter l'article 174 f) et lui donner une rédaction qui rende parfaitement compte la *ratio legis* de la loi, qui est certainement de punir toute personne qui, ayant une autorité parentale ou tutélaire sur une personne mineure ou majeure, l'aura contrainte au mariage. Ainsi, l'article 174 f) devrait être modifié en supprimant *in fine* de la disposition, l'expression « l'aura donnée en mariage, ou en vue de celui-ci » et ne retenir que l'expression « l'aura contrainte à se marier ».

Enfin le législateur devrait harmoniser l'article 174 i) du Code pénal relatif à la transmission délibérée des infections sexuellement transmissibles incurables avec les dispositions de la loi n° 08/011 du 14 juillet 2008 portant protection des personnes vivant avec le VIH/SIDA et les personnes affectées.

Pour les dispositions relatives à la procédure, deux modifications importantes devraient être apportées par le législateur. D'abord, l'assimilation du jugement des infractions de violences sexuelles à la procédure de flagrance devrait être élaguée de l'article 7 *bis* du Code de procédure pénale, tel qu'inséré par la loi n° 06/018 du 20 juillet 2006.

Ensuite, le législateur devrait définir les concepts « crédibilité », « honorabilité », « disponibilité sexuelle » pour en donner un sens qui n'est pas en contradiction avec les circonstances qui vicient le consentement aux termes des articles 170 du Code pénal et 170 de la loi portant protection de l'enfant.

En ce qui est des peines, le tableau ci-après reprend les propositions des pénalités pour les infractions concernées.

Attentat à la pudeur

Attentat à la pudeur simple	6 mois à 5 ans de servitude pénale
Attentat à la pudeur sur la personne ou à l'aide de la personne âgée de moins de 18 ans	2 à 5 ans de servitude pénale
Attentat à la pudeur avec violences sur toute personne	2 à 10 ans de servitude pénale
Attentat à la pudeur avec violences sur la personne ou à l'aide de la personne âgée de moins de 18 ans	5 à 10 ans de servitude pénale
Attentat à la pudeur avec violences sur la personne ou à l'aide de la personne âgée de moins de 10 ans	5 à 15 ans de servitude pénale
Attentat à la pudeur avec mort de la victime	Servitude pénale à perpétuité
Attentat à la pudeur avec circonstances aggravantes énumérées à l'article 171 bis du CP	Minimums des peines prévues par les articles 167, al. 2, 168 et 170, al. 2 portés au double

Excitation des mineurs à la débauche

Excitation des mineurs à la débauche de moins de 18 ans (infraction à l'état simple : (article 172 du Code pénal)	3 mois à 5 ans de servitude pénale et une amende de 50.000 à 100.000 Fc constants
Excitation des mineurs à la débauche aggravée par la qualité de la victime : moins de 10 ans	10 à 20 ans de servitude pénale et une amende de 100.000 à 200.000 Fc constants
Excitation des mineurs de moins de 18 ans à la débauche aggravée par la qualité de l'auteur (père, mère ou tuteur)	15 à 20 ans de servitude pénale et une amende de 100.000 à 250.000 Fc constants
Excitation des mineurs de moins de 10 ans à la débauche aggravée par la qualité de l'auteur (père, mère ou tuteur)	15 à 30 ans de servitude pénale et une amende de 150.000 à 300.000 Fc constants

Par ailleurs, pour les peines d'amende, le législateur devrait déterminer le minimum et le maximum du montant de l'amende.

Organiser une justice *child-friendly* en contexte post-conflit : le cas des enfants victimisés par les enfants soldats

Par Christelle MOLIMA*

Introduction

Le 4 février 2021, Dominic Ongwen, Commandant de la Brigade Sinia du groupe armé nord ougandais, Armée de résistance du Seigneur, a été reconnu coupable de 61 chefs d'accusations par la Cour pénale internationale (CPI), en ce compris des crimes commis contre des enfants, entre 2002 et 2005[1]. Le procès de ce chef de guerre, ancien enfant soldat enlevé de force à l'âge de douze ans, a ravivé dans la doctrine juridique le débat sur la poursuite pénale de ces criminels controversés que sont les enfants soldats. Mais plus subtilement, il interpelle sur la constante invisibilisation dont font l'objet les enfants victimisés par les enfants soldats dans le droit et la pratique internationaux malgré le développement d'un courant important de juristes plaidant pour leur reconnaissance explicite[2].

Au cours des conflits armés, les enfants[3] sont comptés par milliers parmi les victimes de crimes commis. Pour répondre à cette situation, les mécanismes judiciaires créés depuis la fin du vingtième siècle s'attèlent à faire la part belle à ces crimes et à sanctionner leurs auteurs. L'immense travail du Tribunal Spécial pour la Sierra Leone (TSSL) et de la CPI est suffisamment évocateur de ce dessein. Des mécanismes extra-judiciaires se sont également développés pour assurer la réparation de tels crimes. Peuvent être cités à cet effet les programmes de réinsertion des enfants soldats et les fonds d'aide aux victimes[4]. L'objectif de ces différents mécanismes est l'accès facilité de tous les enfants à la justice et sur le long terme le développement d'une justice *child-friendly*. Une justice est

---

* Christelle MOLIMA MWATA est docteure en droit de l'Université de Genève et chercheure invitée à la Faculté de droit de l'Université Washington and Lee

[1]The Prosecutor v. Dominic Ongwen, ICC-02/04-01/15, sur https://www.icc-cpi.int/uganda/ongwen consulté le 10 décembre 2021.

[2] Voy. M. DRUMBL, *Reimagining child soldiers in international Law and policy*, Oxford, Oxford university press, 2012; K. FISHER, *Transitional justice for child soldiers: accountability and social reconstruction in post-conflict contexts*, New York, Palgrave Macmillan, 2013; L. STEINL, *Child soldiers as agents of war and peace: A restorative transitional justice approach to accountability for crimes under international law*, The Hague, Springer, vol. 14, 2017.

[3] L'enfant est défini conformément à l'article 2 de la Charte africaine des droits et du bien-être de l'enfant de 1990 comme tout individu âgé de moins de dix-huit ans.

[4] Voy. B.V. NYLUND, *Child soldiers and transitional justice. Protecting the children involved in armed conflict*, Antwerp, Intersentia, 2016, p. 137-144.

considérée *child-friendly* lorsqu'elle est appropriée pour l'âge de l'enfant, adaptée à ses besoins spécifiques tels que définis dans la convention relative aux droits des enfants (CDE), et lorsqu'il en comprend la procédure depuis le début jusqu'à la fin. Mais plus encore, c'est une justice qui facilite et promeut son accès à tous les enfants sans exception et ce dans le respect de leurs droits, qu'ils soient victimes, auteurs ou témoins[5]. Si tel est l'objectif de ces mécanismes, force est de constater que ceux-ci peinent encore à s'adapter à toutes les catégories d'enfants victimes de crimes commis au cours des conflits armés. C'est le cas des enfants non labélisés « enfant soldat » qui rencontrent des difficultés à tirer profit de cette justice qui se veut pourtant *child-friendly*.

Un état des lieux du droit international indique que ces différents mécanismes privilégient la situation des enfants soldats au détriment des autres catégories d'enfants victimes. Les mécanismes judiciaires créés se concentrent principalement sur le crime d'enrôlement des enfants, les autres crimes ne bénéficient pas du même degré d'investissement. L'exemple par excellence reste celui de la CPI[6]. Du côté des mécanismes extra-judiciaires, les fonds au profit des enfants victimes prennent du temps pour se constituer, alors que les programmes de réinsertion des enfants soldats voient toujours le jour en contexte post-conflit et sont toujours rapidement financés[7]. Ces différents éléments suggèrent que les enfants soldats sont construits dans le droit et la pratique internationaux comme des individus dont la victimisation doit prioritairement être prise en compte et la réponse appropriée rapidement identifiée. Les enfants non-labélisés enfant soldat ne sont pas envisagés de la sorte, ce qui les prédispose à une exclusion certaine par devant ces mécanismes.

L'exemple qui le met en évidence est celui des enfants victimes de crimes commis par les enfants soldats (repris dans ce texte sous l'expression « les enfants victimisés par les enfants soldats »). En présence de la catégorie « enfant soldat », les mécanismes judiciaires et extra-judiciaires créés dans la sphère internationale envisagent l'enfant soldat en tant que victime exclusive et travaillent à n'adapter les dispositifs existants qu'à sa situation, privant de la sorte les enfants victimes de crimes commis par celui-ci d'un espace d'expression de

---

[5] Conseil de l'Europe, *Lignes directrices du comité des ministres du Conseil de l'Europe sur une justice adaptée aux enfants*, Bruxelles, Édition du Conseil de l'Europe, 2010, p. 2.

[6] Voy. C. APTEL, "Prosecutorial discretion at the ICC and victims' right to remedy: Narrowing the impunity gap", *Journal of International Criminal Justice*, Vol. 10, Issue 5, 2012, p. 1357-1375; W.A. SCHABAS, "Prosecutorial Discretion and Gravity", in C. STAHN et G. SLUITER (eds.), *The Emerging Practice of the International Criminal Court*, Boston, Martinus Nijhoff publishers, 2009, p. 230, 234, 240.

[7] Voy. F. CAPONE, *Reparations for child victims of armed conflict: State of the field and current challenges*, Antwerp, Intersentia, 2017.

leur propre victimisation[8]. Par conséquent, sont mis en œuvre des mécanismes *child-friendly* propices à des approches discriminatoires dans l'accès à la justice des enfants victimes de crimes commis au cours des conflits armés. Cela dit, le recours à une construction alternative de l'enfant soldat est susceptible de limiter de telles approches.

Une telle perspective est suggérée par la posture des tribunaux pour enfants des provinces du Nord-Kivu et du Sud-Kivu en République démocratique du Congo (RDC). Celle-ci montre qu'il est possible, à partir d'une approche discursive différente, d'assurer la coexistence des espaces d'expression des diverses victimisations des enfants enregistrés au cours des conflits armés et de mettre en place par ce biais des modèles de justice *child-friendly* peu discriminatoires en contexte post-conflit.

Avant de s'appesantir sur cette pratique et les enseignements qui peuvent en être tirés, cet article discutera comment la catégorie « enfant soldat », et la construction qui en découle dans la pratique internationale, influence la création de mécanismes judiciaires et extra-judiciaires discriminatoires à l'endroit des enfants victimisés par les enfants soldats. L'objectif est, à partir de cette catégorie d'enfant victime, de proposer une analyse critique des incongruences que peut engendrer la quête internationale d'une justice *child-friendly* en contexte post-conflit et des possibles voies de leur réduction que peut fournir l'espace local. Ce faisant, ce travail entend contribuer au débat international sur la poursuite pénale des enfants soldats ravivé par le procès Ongwen en y insufflant de pistes nouvelles de réflexion suggérées par des constructions localisées de l'enfant soldat. Pour y parvenir, recours a été fait au cadre théorique des « droits vivants, justice sociale, et traductions ».

I. Le cadre théorique des ''droits vivants, justice sociale et traductions''

Développé par Karl Hanson et Olga Nieuwenhuys[9], ce cadre théorique permet, en analysant la norme depuis son espace d'édiction jusqu'à celui de son application, de comprendre comment elle prend vie, quelles sont les différentes compréhensions qui émanent de celle-ci au cours de ce voyage et quel est l'impact de ces derniers sur la manière dont elle est interprétée et appliquée dans un espace social donné.

La notion de « droits vivants » exprime l'idée que le droit, dès son édiction, est susceptible de prendre vie de différentes manières, parfois

[8] Voy. C. MOLIMA, *La question de la responsabilité pénale des enfants soldats dans le contexte de leur réinsertion socio-communautaire. Etude de cas dans l'Est de la République démocratique du Congo*, in press.
[9] K. HANSON et O. NIEUWENHUYS (eds.), *Reconceptualizing children's rights in international development: living rights, social justice, translations*, Cambridge, Cambridge university press, 2013, p. 13-16.

contradictoires, dans un contexte social donné. Cette notion permet aux chercheurs désireux de découvrir ces différentes manifestations du droit d'explorer, au-delà des formulations contenues dans les lois et interprétées par la doctrine juridique, comment les normes des droits de l'enfant d'origine internationale sont interprétées dans l'imaginaire des différents acteurs qui les mobilisent. Par ailleurs, cette notion permet de mettre en évidence les contradictions entre l'approche internationale et l'approche locale qui peuvent être observées au cours de l'évocation de la norme. Mais encore, la notion de droits vivants permet aux chercheurs de faire ressortir le caractère dynamique et instable de l'expression des droits de l'enfant, et d'identifier les enjeux changeants qui guident le choix en faveur d'une interprétation ou d'une autre[10].

La notion de « justice sociale » renvoi à l'idée que le chercheur doit explorer les contradictions et interactions auxquelles peuvent donner lieu au sein d'un champ disciplinaire les différentes compréhensions des droits de l'enfant et mettre en exergue les différents conflits d'intérêts et les injustices qui peuvent en résulter. Pour finir, la notion de « traductions » renvoie à l'idée qu'il peut s'observer, entre le stade de l'édiction de la norme et celui de son application dans un espace donné, une multitude d'interprétations et de compréhensions à la fois depuis l'espace international vers l'espace local, mais aussi depuis l'espace local vers l'espace international[11]. Et donc, dans la mesure où il existe une multi-vocalité d'acteurs intervenant autant dans le processus de formation de la norme qu'au cours de sa mise en œuvre, il peut s'observer une multitude de manières de traduire l'idée des droits humains dans un espace donné. Et au cours de ce voyage, ces traductions peuvent s'exporter d'un espace donné à un autre, cohabiter avec d'autres, les supplanter, ou alors se fusionner de manière à en engendrer de nouvelles[12].

Ce cadre théorique est une double invitation. En premier, il suggère de dépasser la simple interprétation de la norme par la doctrine pour se lancer dans

---

[10]K HANSON et C. MOLIMA, "Getting Tambo out of limbo: exploring alternative legal frameworks that are more sensitive to the agency of children and young people in armed conflict", in M.A. DRUMBL & J.C. BARRETT (eds.), *Research Handbook on child soldiers*, Northampton, Edward Elgar Publishing, 2019, p. 113.

[11] K. HANSON et O. NIEUWENHUYS, "A child-centered approach to children's rights Law. Living rights and translations", in J. TODRES et S. M. KING (eds.), *The Oxford Handbook of Children's Rights Law*, Oxford, Oxford University Press, 2020, p. 101-118.

[12] S. SHEPLER, "Sierra Leone, child soldiers and global flows of child protection expertise", *The Upper Guinea Coast in global perspective*, vol. 12, 2016, p. 242-245; S.E. MERRY, "Transnational human rights and local activism: Mapping the middle", *American anthropologist*, vol. 108, n° 1, 2006, p. 39-42; T. DESTROOPER, "Introduction. On travel, Translation, and transformation", in T. DESTROOPER et S.E. MERRY, *Human rights transformation in practice*, Philadelphia, University of Pennsylvania press, 2018, p. 9-15; S. ZWINGEL, "How do norms travel? Theorizing international women's rights in transnational perspective", *International Studies Quarterly*, vol. 56, n° 1, 2012, p. 117-118.

l'exercice de déceler les différentes idées des droits humains qui se dégagent de celle-ci et leur impact sur son évocation par différents acteurs. En second, il propose de s'intéresser à la norme prise en tant qu'émanation d'une multitude d'acteurs et à ses diverses évocations dans un espace social ou un champ disciplinaire précis. Les réflexions menées dans les lignes qui suivent sont parties de cette invitation. Elles ont suivi les normes internationales relatives aux enfants soldats depuis leur lieu d'édiction jusqu'à leur application par différents acteurs, pour déceler les idées des droits humains auxquelles elles donnent lieu, ainsi que les approches discriminatoires dans l'accès à la justice des enfants en période post-conflit qu'elles engendrent. Le premier point de cette conversation est ainsi la construction de l'enfant soldat auteur de crimes dans le droit et la pratique internationaux.

II. La construction de l'enfant soldat en droit international et ses effets sur l'accès à la justice d'autres catégories d'enfants victimes

> « Les enfants qui ont été recrutés, en violation du droit international applicable, par des forces armées ou des groupes armés et sont accusés d'avoir commis des crimes en temps de conflit armé doivent être considérés *en premier lieu* comme des victimes de violations du droit international [...][13]» (c'est nous qui soulignons).

En ces termes, le Conseil de Sécurité des Nations Unies (CSNU) a, il y a peu, mis des mots sur le traitement dont font et doivent faire l'objet l'enfant soldat auteur de crimes dans le droit et la pratique internationaux : celui de victime. Depuis que cet organe onusien s'est saisi de la question des enfants soldats en 1999, il s'était toujours abstenu d'explicitement les construire de la sorte[14]. Cependant, l'attention qu'il y a accordée et les mécanismes préconisés pour y mettre fin ne laissaient que peu de doutes sur ses intentions. Après avoir érigé le recrutement des enfants en une violation grave des droits de l'enfant en période de conflit armé, le CSNU a considéré, dans sa résolution 1379 de 2001, que les Etats qui s'illustrent dans cette violation doivent être inscrits sur la liste des parties qui recrutent ou utilisent des enfants. Pour en être retiré et ne plus être considéré comme une partie qui viole les droits des enfants en période de conflit armé, le CSNU a indiqué dans la résolution 1460 de 2003 que les parties au conflit armé doivent élaborer avec l'aide des organes attitrés des Nations unies un plan de libération des enfants de leurs charges militaires illégales.

Le moyen retenu par le CSNU pour ce faire est le recours aux programmes de démobilisation et de réinsertion des enfants soldats, dont l'objectif est

[13] Résolution 2427 du Conseil de sécurité des Nations unies, 9 juillet 2018, p.6.

[14] T. W. CHIKUHWA, "The evolution of the United Nations' protection agenda for children", in S. GATES et S. REICH (eds.), *Child soldiers in the age of fractured states*, Pittsburg, University of Pittsburg press, 2010, p. 44.

dorénavant de mettre fin à la violation grave des droits de l'enfant consistant dans leur enrôlement par les groupes armés en violation du droit international[15]. En insistant constamment dans ses résolutions sur le recours aux programmes de démobilisation comme moyen d'endiguer la question des enfants soldats, le CSNU insinuait que les enfants soldats devaient être toujours traités comme des victimes. La résolution de 2018 est juste venue consacrer une vision déjà bien exprimée.

Le CSNU n'est toutefois pas à l'origine d'une telle compréhension de l'enfant soldat auteur de crimes dans la sphère internationale. Celle-ci a été promue et véhiculée par les acteurs humanitaires regroupés au sein de la coalition pour mettre fin à l'utilisation des enfants soldats. Cette coalition, créée en 1998 pour conduire la campagne mondiale en faveur du relèvement à dix-huit ans de l'âge minimum du recrutement dans le protocole facultatif à la convention relative aux droits de l'enfant sur les enfants et les conflits armés, a adopté une approche discursive favorable à une telle définition[16].

Pour ce regroupement, non seulement les enfants soldats qui participent aux conflits armés expérimentent des souffrances incommensurables, mais en plus une telle réalité est contraire aux hauts standards de protection de l'enfant approuvés par les Etats et contenus dans la CDE. De ce fait, tous les enfants soldats doivent sans exception être définis comme des victimes d'une violation du droit international. Cette coalition a ainsi proposé une définition unique de l'enfant soldat, celle de *victime exclusive et sans faute*[17], que s'est petit à petit approprié le CSNU. Celui-ci s'est chargé ensuite, en tant que principal pôle de production de la norme en matière de prise en charge des enfants soldats[18], de la diffuser par le biais de ses différentes résolutions au sein d'autres pôles de création des normes en la matière.

Les résolutions du CSNU ont par exemple impacté la jurisprudence du Comité des droits de l'enfant. Dans son observation générale n° 24 de 2019 sur les droits de l'enfant dans le système de justice pour enfants, ce comité souligne, en référence à la résolution 2427 CSNU, que les enfants soldats enrôlés en violation du droit international et accusés d'avoir commis des crimes doivent être

---

[15] IDDRS, Cross-cutting issues, Children and DDR, 2006, p. 1 sur http://www.unddr.org/uploads/documents/IDDRS%205.30%20Children%20and%20DDR.pdf consulté le 8 décembre 2021.

[16] J. BECKER, *Campaigning for justice. Human rights advocacy in practice*, Stanford, Stanford university press, 2013, p. 11-31; *Idem*, *Campaigning for children, Strategies for advancing children's rights*, Stanford, Stanford university press, 2017, p. 111-132.

[17] M. DRUMBL, *op.cit.*, p. 115.

[18] S.K. THOMPSON, "Children and Armed Conflict", in J. GENSER et B.S. UGARTE (eds.), *The United Nations Security Council in the Age of Human Rights*, Cambridge, Cambridge University press, 2014, p. 98–120; K. LEE-KOO, "'The Intolerable Impact of Armed Conflict on Children': The United Nations Security Council and the protection of children in armed conflict", *Global responsibility to protect*, vol. 10, 2018, pp. 57-74.

traités en premier lieu comme des victimes de violations du droit international. Dans cet optique, il invite les Etats à privilégier des mécanismes non-judiciaires axés sur la réinsertion de l'enfant.

Le CSNU a également influencé l'ensemble des instruments élaborés par les organisations non gouvernementales, en particulier les Principes de Paris de 2007[19]. Document désormais incontournable dans la prise en charge des enfants soldats, les Principes de Paris disposent en leur point 3.6 que les enfants soldats soupçonnés d'avoir commis des crimes doivent principalement être traités comme des victimes d'atteintes au droit international. Et pour répondre à ces crimes, le recours aux mécanismes de justice restauratrice est préconisé. Les recherches anthropologiques renseignent cela dit qu'au cours de l'application de ces Principes sur le terrain, seule la vision de l'enfant soldat victime exclusive et sans faute est promue par les acteurs humanitaires[20]. Une telle construction de l'enfant soldat est également présente au sein des mécanismes judiciaires et extra-judiciaires créés jusqu'alors, ce qui a permis son exportation dans la *Hard Law*. Tout est parti du TSSL. Dès les premières discussions sur la création de ce tribunal, le CSNU a montré sa préférence pour la vision de victime exclusive et sans faute de l'enfant soldat, bien qu'en définitive elle ait approuvé la proposition du Secrétaire général des Nations unies Koffi Annan d'abaisser l'âge minimum des poursuites pénales devant cette juridiction à quinze ans[21].

Le premier Procureur de ce tribunal, Sieur David Crane, a toutefois réinscrit la philosophie de cette juridiction dans celle du CSNU, considérant dès sa prise de fonction que même si les enfants ont commis des crimes, ce sont les adultes qui les y ont tous forcés les responsables à juger[22]. Leurs cas ont alors tous été transférés devant la commission vérité et réconciliation qui, à l'instar d'autres contextes post-conflit, s'est alignée sur la vision du CSNU, rangeant les enfants

---

[19]Les Principes directeurs relatifs aux enfants associés aux forces armées ou aux groupes armés (ci-haut les Principes de Paris) sont un ensemble de principes élaborés et adoptés par les organisations non-gouvernementales en 2007 sous la présidence du Fonds des Nations unies pour l'enfance, dont objectif est l'uniformisation des pratiques en matière de démobilisation et de réinsertion des enfants soldats à travers le monde et la promotion des normes internationales relatives à la protection des enfants enrôlés en violation du droit international.

[20]Voy. G. AKELLO, "Child agency and resistance to discourses within the Paris Principles in rehabilitation and reintegration processes of former child soldiers in northern Uganda", in M.A. DRUMBL et J.C. BARRETT (eds.), *op.cit.*, p. 437-440.

[21] D. M. AMANN, "Calling Children to Account: The Proposal for a Juvenile Chamber in the Special Court for Sierra Leone", *Pepperdine Law Review*, vol. 29, n° 1, 2001, p. 173-180; I. COHN, "The protection of children and the quest for truth and justice in Sierra Leone", *Journal of international Affairs*, 2001, p. 1-34.

[22] D.M. CRANE, "Prosecuting Children in Times of Conflict: The West African Experience", *Human Rights Brief*, vol. 15, n° 3, 2008, p. 1-7.

soldats dans la catégorie de victimes[23]. Le droit et la pratique internationaux sont ainsi épistémologiquement marqués par la vision du CSNU, et par l'élévation de l'enfant soldat au-dessus des autres catégories d'enfants victimes, bien que la CDE laisse aux Etats la possibilité d'envisager cet acteur autrement[24].

Cette stratification des victimisations et des réponses à y apporter forme l'architecture des mécanismes judiciaires et extra-judiciaires créés dans la sphère internationale. De ce fait, lorsqu'ils sont envisagés à partir du cas de « l'enfant soldat », ces mécanismes donnent lieu à des approches discriminatoires dans l'organisation de l'accès à la justice de l'enfant affecté par les conflits armés. En effet, comme l'accent se trouve prioritairement porté sur l'enfant soldat et ses souffrances, la sanction des adultes occupe une place prépondérante dans les procédures, ce qui amène ces mécanismes à se concentrer uniquement sur les adultes qui ont commis des crimes contre les enfants en les enrôlant. Cette perspective unidirectionnelle s'y limite pour l'instant, elle ne s'étend pas encore aux crimes commis par les enfants soldats sous le commandement des adultes.

La poursuite du supérieur hiérarchique pour des crimes commis par les enfants soldats n'est ainsi par exemple pas encore explorée devant la CPI, ce qui lui a valu des critiques acerbes dans la doctrine[25]. Une telle approche ne signifie pas que la souffrance des enfants victimisés par les enfants soldats est ignorée. Elle montre plutôt qu'elle est occultée par la démarche actuelle, celle de vouloir à tout prix sanctionner les adultes pour les souffrances causées aux enfants soldats. Elle est également occultée par la construction de l'enfant soldat en tant que victime sans faute, construction qui implique que les enfants victimisés par les enfants soldats doivent excuser les actes de leurs bourreaux au motif que ce n'était pas leur faute[26]. Ces procédures unidirectionnelles sont devenues des occasions manquées d'initier des réflexions profondes sur le meilleur moyen d'organiser l'accès à la justice de cette catégorie de victimes[27]. Par conséquent, celle-ci se retrouve à naviguer à travers des dispositifs lacunaires, difficiles d'accès et inadaptés à sa victimisation particulière[28].

Ces différents développements montrent que nous sommes pour le moment face à une justice internationale qui travaille à être *child-friendly* pour l'enfant

[23]Voy. S. PARMAR *et alii* (eds.), *Children and transitional justice. Truth-telling, accountability and reconciliation*, Cambridge, UNICEF, 2010.

[24]T. LIEFAARD, "Child soldiers: towards a rights-based imagery", in C. BRANTS *et alii* (eds.), *Transitional justice. Images and memories*, Farnham, Ashgate, 2016, p. 173-174.

[25] M.A. MANIRABONA et J.-A. WEMMERS, "Specific reparation for specific victimization: a case for suitable reparation strategies for war crimes victims in the DRC", *Int'l Crim. L. Rev.*, vol. 977, n°13, 2013, p. 1003-1004.

[26] G. AKELLO, *Op. Cit.*, p. 437-440.

[27] C. APTEL, "Unpunished crimes: The Special Court for Sierra Leone and children", in C. C. JALLOH (ed.), *The Sierra Leone special court and its legacy: The impact for Africa and international criminal law*, Cambridge, Cambridge university press, 2013, p. 349.

[28] C. MOLIMA, *op.cit.*

soldat mais pas pour l'enfant que celui-ci a victimisé. Comment alors sortir de cet engrenage de discriminations qui semble intrinsèquement lié à la nature des mécanismes imaginés dans la sphère internationale ? Les tribunaux pour enfants des provinces du Nord-Kivu et du Sud-Kivu proposent, à travers leurs pratiques, des pistes alternatives.

III. La pratique des juridictions pour enfants des Provinces du Nord-Kivu et du Sud-Kivu

Les juridictions pour enfants sont effectives en RDC depuis 2011[29] et elles ont été mises en place dans les provinces sous examen au cours de la même période. Elles sont assujetties, dans la conduite des procédures judiciaires, à l'idée des droits de l'enfant contenues dans la loi portant protection de l'enfant de 2009 (LPE). Pour diverses raisons qui ne seront pas détaillées ici, les juridictions des provinces sous examen connaissent pour l'heure de très peu de cas d'enfants soldats impliqués dans la commission d'infractions dans leurs aires de compétence[30].

La construction locale des savoirs dans cette matière est par conséquent encore à ses débuts. Cela dit, il émane déjà du travail de ces juridictions une praxis qui propose des pistes de réflexions sur la manière de refréner les discriminations qu'engendre la mise en œuvre actuelle de la justice *child-friendly* sur la scène internationale. Pour la présenter, ce point développe sur la posture épistémologique de la LPE, son appropriation par les juges pour enfants et la vision de l'enfant soldat qui s'ensuit, les outils mobilisés par les juges confrontés aux enfants soldats auteurs de faits infractionnels et ceux qui sont mis à leur disposition par la LPE.

La LPE envisage l'enfant auteur de faits infractionnels en des termes similaires à l'approche protectionnelle en justice juvénile. Pour cette dernière, l'enfant qui s'illustre dans la commission d'infractions n'est pas un délinquant, il est un être socialement vulnérable à aider et une victime des violences de la société à soigner. Sa délinquance est en ce sens définie en tant que pathologie sociale qui doit être soignée[31]. Comme son environnement est à l'origine de sa déviation, c'est elle qui doit être responsabilisée pour toutes les conséquences dommageables des actes criminels qu'il pose. C'est ainsi que pour cette approche, l'enfant ne doit pas engager sa responsabilité pénale même lorsqu'il est avéré qu'il est bel et bien l'auteur du fait infractionnel. Aucune peine ne doit

---

[29] Décret n° 11/01 du 05 janvier 2011 fixant les sièges ordinaires et ressorts des tribunaux pour enfants, article 1.

[30] Au cours de mes recherches au sein des tribunaux pour enfants de Goma, Béni, Bukavu et des tribunaux de paix des territoires de Masisi et Rutshuru, réalisée de février à mars 2018, 17 dossiers relatifs à des enfants soldats auteurs de faits infractionnels ont été recensés.

[31] Y. CARTUYVELS *et alii*, « La justice des mineurs en Belgique au prisme des sanctions », *Déviance et société*, vol. 33, n° 3, 2009, p. 272.

par ailleurs être prononcée. Seules des mesures éducatives peuvent être décidées par le juge[32], ce afin d'assurer sa réhabilitation et sa réinsertion socio-communautaire. En outre, étant donné sa minorité, celui-ci devrait être pris en charge par des institutions judiciaires spécialisées. Cette approche est ainsi centrée sur l'enfant et sur le besoin de le soigner de la pathologie sociale dont il souffre, aucune place n'est accordée à sa victime.

Tout comme l'approche protectionnelle, la LPE considère que l'enfant ne peut pas engager, en raison de sa minorité, sa responsabilité pénale. Selon l'article 95 de cette loi, l'âge minimum pour qu'un enfant réponde pénalement de ses actes et qu'une peine soit prononcée, est dix-huit ans. En dessous, l'enfant bénéficie de la présomption irréfragable d'irresponsabilité pénale[33]. A cet effet, il n'est pas considéré par la LPE comme pouvant commettre une infraction, seulement un *manquement qualifié d'infraction par la loi pénale* (article 2.9 de la LPE)[34].

Par ailleurs, celui-ci n'est pas défini comme un délinquant, mais plutôt comme un *enfant en conflit avec la loi* (article 2.9 de la LPE). Pour cependant éviter que les actes infractionnels des enfants ne demeurent impunis, la LPE a introduit un seuil de justiciabilité[35]. Ce seuil implique que, bien que l'enfant soit d'office irresponsable pénalement en raison de sa minorité et qu'aucune peine ne puisse être prononcée à son endroit, certains de ses actes devraient tout de même faire l'objet d'un contrôle judiciaire par le juge pour enfants dans le respect des conditions posées par la LPE[36]. Ces conditions sont d'ordre objective (l'âge) et subjective (le niveau de discernement) (articles 94-96 de la LPE). Lorsque l'enfant est âgé de quatorze ans, celui-ci est réputé détenir le discernement nécessaire pour comprendre la portée de ses actes et être réprimandé par le juge pour enfants lorsque les faits sont établis (article 2.9 de la LPE). Si tel est le cas, le juge prend une ou plusieurs mesures à visée éducative détaillées à l'article 113

---

[32] Voy. U. GATTI, « Les progrès et leurs effets pervers dans l'application de la justice des mineurs : une perspective comparative », *Criminologie*, vol. 26, n°2, 1993, p. 114 ; L. WALGRAVE et E. ZINSSTAG, « Justice des mineurs et justice restaurative », *Les Cahiers Dynamiques*, vol.1, 2014, p. 32-40.

[33] De l'avis de l'auteur Kienge-Kienge, que je partage, une erreur se serait glissée dans le libellé de l'article 95 de la LPE. La présomption irréfragable d'irresponsabilité pénale concerne les enfants âgés de moins de dix-huit ans, pas uniquement ceux âgés de moins de quatorze ans pour qui le législateur consacre plutôt, selon l'article 96, la présomption irréfragable d'absence de discernement. R. KIENGE-KIENGE, *Droit de la protection de l'enfant, Notes de cours*, Kinshasa, Université de Kinshasa, 2019, p. 122.

[34] Cette formule est proche de celle contenue dans la loi belge de 1912 sur la criminalité juvénile, bâtie sur l'approche protectionnelle, qui parlait de « fait qualifiés d'infractions ». Voy. Y. CARTUYVELS *et alii*, *Op. Cit.*, p. 272.

[35] La justiciabilité est comprise ici comme la capacité des tribunaux à juger certains faits même s'il ne s'agit que de prononcer des mesures de garde et d'éducation plutôt que des peines. Entretien Professeur Raoul Kienge-Kienge Intudi, 5 février 2020.

[36] Entretien Professeur Raoul Kienge-Kienge Intudi, 5 février 2020.

de la LPE pour favoriser la réhabilitation de l'enfant, sa bonne moralité et lui permettre de pouvoir réintégrer la société.

Dans les cas où l'enfant accusé d'avoir commis des faits infractionnels est âgé de moins de quatorze ans, il est présumé, selon l'article 96 de la LPE, manquer de discernement de sorte que son acte ne peut pas faire l'objet d'un contrôle judiciaire. Celui-ci doit être relaxé par le juge pour enfants. Et tout comme l'approche protectionnelle en justice juvénile, la LPE se concentre sur l'enfant et sur le besoin de soigner la pathologie dont il souffre, elle n'envisage pas de le punir ou de réparer le tort causé à la victime. Elle y procède à travers l'organisation du régime de protection judiciaire qui vise, comme son nom l'indique, la protection de l'enfant auteur de manquement à travers le prononcé de mesures éducatives. Cette loi organise tout de même le recours à un mécanisme de justice restauratrice, ouvrant ainsi l'opportunité de prendre en considération la victime : la médiation (articles 132-142 de la LPE). C'est le juge pour enfants qui décide de déférer une affaire vers le comité de médiation pour peu que l'infraction reprochée à l'enfant soit punie par le code pénal ordinaire d'une peine inférieure à dix ans de servitude pénale. Dans le cas contraire, lui seul pourra connaître de l'affaire (article 138 de la LPE).

L'approche protectionnelle est un excellent espace d'expression de la vision de l'enfant soldat auteur de crime contenue dans la pratique internationale.

Ces deux perspectives ont en effet une compréhension similaire de l'enfant auteur d'infraction. Ce dernier est une victime de la société qui n'a rien fait de mal, les faits dont il est l'auteur doivent être imputés aux adultes qui l'ont forcé à infliger de la souffrance autour de lui. Ces deux perspectives ont également en commun le traitement de l'enfant auteur de crimes. Celui-ci doit être soigné et protégé par le biais de la rééducation et de la réhabilitation, aucune place n'est accordée à la victime de l'enfant. Dans un contexte post-conflit où l'approche de la justice juvénile est de type protectionnel, il serait attendu que les mécanismes judiciaires et extra-judiciaires mis en œuvre demeurent dans le schéma international. C'est à première vue le cas en RDC où les poursuites pénales sont dirigées contre des chefs de guerre adultes et portent essentiellement sur l'enrôlement des enfants[37]. Leur extension aux crimes commis par les enfants soldats n'est perceptible ni dans la pratique de ces juridictions ni dans le discours des acteurs impliqués dans ces procès.

---

[37]Marcel Habarugira, leader du groupe armé Nyatura, poursuivi devant le tribunal militaire de Goma, a été reconnu coupable de crimes de guerre dont l'utilisation des enfants soldats en février 2019. Ntabo Ntaberi Sheka, chef de la milice Nduma Defence of Congo (NDC) est poursuivi depuis novembre 2018 pour des crimes de guerre consistant dans le recrutement des enfants commis dans la région du Nord-Kivu, en ce compris les viols de masse. Son procès se poursuit. Voy. Rapport mondial Human Rights Watch, 2020 sur https://www.hrw.org/fr/world-report/2020/country-chapters/337417#4c2143 consulté le 5 novembre 2021.

Par ailleurs, les enfants soldats sont définis par les acteurs impliqués dans leur prise en charge dans les mêmes termes que dans la sphère internationale[38]. Comme au niveau international, les enfants victimisés par les enfants soldats en RDC naviguent entre des mécanismes judiciaires et extra-judiciaires peu adaptés à leur situation spécifique. Les risques de discriminations dans leur accès à la justice sont ainsi également de mise. Les juridictions pour enfants des provinces du Nord-Kivu et du Sud-Kivu développent, malgré le choix épistémologique de la LPE, choix propice à la reproduction de mécanismes *child-friendly* discriminatoires, une pratique qui pourrait les limiter.

Cette pratique s'est construite autour de l'intime conviction des juges de ces juridictions, qui est que l'enfant soldat est à la fois un sujet qui a subi de la violence et qui en a infligé autour de lui, à moins que preuve qu'il n'a commis aucun manquement ne soit apportée. De cette intime conviction naît une pratique judiciaire qui s'intéresse non seulement à la situation de l'enfant soldat, mais également à celle des enfants que celui-ci a victimisé. Lorsqu'un enfant est accusé d'avoir commis un manquement à la loi pénale, la LPE requiert du juge pour enfant qu'il charge l'assistant social de la collecte des informations sur l'enfant (article 109 de la LPE). Si l'objectif de ces enquêtes est d'obtenir des éléments sur le comportement de l'enfant en conflit avec la loi, la pratique montre que les juges pour enfants de ces provinces, lorsqu'ils sont confrontés à un enfant soldat, utilisent cette voie pour obtenir des informations sur l'histoire personnelle de l'enfant tout au long de son association avec les groupes armés.

Ces informations leur permettent de comprendre les conditions de son recrutement, sa vie dans le groupe armé et son degré d'exposition à la violence[39]. Sur base de ces informations, les juges peuvent non seulement déterminer le régime juridique applicable à l'enfant soldat (protection judiciaire, protection sociale, protection pénale), mais également prendre, lorsque le régime de protection judiciaire est d'application, des mesures provisoires qui rempliront une double fonction : aider l'enfant à surmonter le traumatisme subi dans le groupe armé et faciliter sa réintégration sociale une fois la procédure close. La mesure provisoire régulièrement prise par ces juges, s'il est attesté qu'il s'agit d'un enfant soldat, est le placement dans un centre de prise en charge spécialisé, les centres de transit et d'orientation (CTO) gérés par les organisations humanitaires[40]. Dans le cas où les enquêtes sociales fournissent des éléments démontrant que les enfants soldats ont commis des faits infractionnels, ces derniers doivent faire l'objet d'un contrôle judiciaire par le juge pour autant qu'il est compétent. Dans ce cas, il a été observé dans une deuxième étape que les juges de ces juridictions mettent en place une procédure non-prévue par la LPE pour connaître des faits commis par l'enfant soldat, une procédure que je qualifie

[38] Entretiens avec les juges pour enfants Goma, Béni, Bukavu, févier-mars 2018.

[39] *Ibid.*

[40] Voy. Tribunal de paix de Masisi, n° RECL.093, 12 avril 2017, p. 5.

de mixte pour une raison. Celle-ci est une juxtaposition de l'approche protectionnelle contenue dans la LPE et de l'approche restauratrice. L'approche restauratrice est construite autour des repères suivants.

La procédure est centrée sur la victime. En effet, ce sont le préjudice et les modalités de sa réparation qui guident les acteurs impliqués dans le processus. Dans ce cas de figure, l'enfant auteur n'est pas un individu à punir mais plutôt à responsabiliser[41]. Et la sanction joue le rôle de réparation du préjudice subi et du redressement de la moralité de l'auteur. En dehors du comité de médiation, cette approche n'est pas organisée en RDC.

Ces juges pour enfants l'incorporent tout de même à la procédure qu'ils mettent en place de trois manières. Tout d'abord par la manière dont ils définissent les enfants soldats. Ces juges ne traitent pas les enfants soldats soupçonnés d'avoir commis des crimes comme des victimes qui n'ont rien fait de mal mais plutôt, en fonction des preuves produites, comme des individus à responsabiliser en même temps qu'ils sont pris en charge dans les CTO. L'option de « responsabiliser » l'enfant est une perspective épistémologique propre à la justice restauratrice. Dans les faits, pendant que l'enfant bénéficie de soins psycho-sociologiques dans le CTO, celui-ci doit faire des va-et-vient entre le centre et le tribunal pour enfants où l'instruction de l'affaire suit son cours[42]. Ensuite, par la place que les juges donnent aux individus victimisés par les enfants soldats dans leurs discours. Ces derniers, au cours des entretiens, insistaient sur le fait que « les enfants doivent réparer le tort causé aux victimes », « les victimes des enfants soldats doivent être prises en compte »[43]. Il s'agit d'une posture discursive que l'on ne retrouve que dans l'approche restauratrice, pas dans l'approche protectionnelle.

Enfin, le fait que les juges sont disposés à accompagner les enfants dans la réparation du préjudice subi lors du processus de réinsertion socio-communautaire. Bien que la LPE ne prévoit pas une telle possibilité, ces juges sont prêts à accompagner à la suite du prononcé de la mesure et lorsque les moyens logistiques le permettent, les enfants dans le processus de réinsertion, pour s'assurer qu'au cours de celui-ci, l'enfant s'acquitte de la réparation du préjudice selon les termes convenus avec la victime et que ses droits sont préservés tout au long. Pour bien préparer cette étape, ces juges choisissent toujours comme mesure éducative le placement de l'enfant dans un CTO, ou son

---

[41] M. K. DHAMI, "Offer and acceptance of apology in victim-offender mediation", *Critical Criminology*, vol. 20, n°1, 2012, p. 46; L. SHERMAN *et alii*, "Effects of face to-face restorative justice on victims of crime in four randomized controlled trials", *Journal of Experimental Criminology*, vol.1, n° 3, 2005, p. 367–395.
[42] Entretien avec les juges pour enfants tribunaux de Goma, Béni, Bukavu, février-mars 2018.
[43] *Ibid.*

maintien lorsque cela constituait déjà la mesure provisoire[44]. Ils ne placent pas les enfants, comme le suggère la LPE, dans les établissements de garde et d'éducation de l'État. Ce placement permet de maintenir les enfants au sein des programmes de démobilisation afin 1) d'y poursuivre les soins socio-psychologiques et la préparation à la réinsertion sociale, et 2) d'entamer la préparation du processus de réparation du préjudice subi[45].

Afin d'assurer l'efficience de cette procédure mixte, les juges sont favorables au recours à des procédés légaux pour mettre en place une forme de justice adaptée à ces deux catégories d'enfants victimes et éviter ainsi toute tension ou stratification de leurs victimisations : la saisine d'office du juge pour enfants prévue par la LPE et la requalification des faits. La LPE en son article 102 alinéa 7 donne la possibilité aux juges pour enfants de se saisir d'office lorsqu'ils apprennent que des enfants ont commis des faits infractionnels. Il s'agit d'un outil qui peut être d'une importance non-négligeable dans un pays comme la RDC où le paysage juridique est complexe. En effet, le contexte congolais est caractérisé par deux éléments qui peuvent rendre difficile, voire impossible l'accès à la justice des enfants victimisés par les enfants soldats. Nous avons en premier les lois d'amnistie. Les lois d'amnistie ont pour caractéristique principale l'effacement du caractère infractionnel des infractions[46]. Ce qui implique qu'en leur présence, les différentes infractions commises durant la période couverte sont supposées n'avoir jamais existé. Sont exclus toutefois selon une jurisprudence internationale de plus en plus constante les crimes qui portent atteinte aux droits fondamentaux de la personne humaine, en ce compris mais pas seulement les crimes internationaux et les violations graves des droits de l'homme et du droit international humanitaire[47].

Depuis leur édiction en 2003, les lois d'amnistie congolaises restent dans cette constante. Les infractions exclues de l'amnistie sont d'une manière générale celles qui portent atteinte à la dignité humaine, celles qualifiées de droit commun ont perdu tout caractère infractionnel et sont supposées n'avoir jamais été commises[48]. En contexte de guerre, cela dit, certaines infractions de droit

---

[44] Voy. Tribunal pour enfants de Bukavu, n° RECL 1204, 13 septembre 2018, p. 3.

[45] Entretien avec les juges pour enfants Goma, Béni, Bukavu, février-mars 2018.

[46] P. D'ARGENT, « Réconciliation, impunité, amnistie : quel droit pour quels mots ? », *La Revue nouvelle*, vol. 117, 2003, p.31.

[47] Voy. M. C. KATHIA, « Droits de l'Homme. Le renforcement des obligations positives de nature pénale dans la jurisprudence interaméricaine : l'exemple des graves violations des droits de l'Homme commises pendant les dictatures des pays du Cône Sud », *Revue de science criminelle et de droit pénal comparé*, vol. 3, n° 3, 2012, p.
705-725.

[48] Voy. Décret-loi n° 03-001 du 15 avril 2003 portant amnistie pour faits de guerre, infractions politiques et d'opinion ; loi n° 09/003 du 7 mai 2009 portant amnistie pour faits de guerres et insurrectionnels commis dans les provinces du Nord-Kivu et du Sud-Kivu ; loi n° 014/006 du 11 février 2014 portant amnistie pour faits insurrectionnels, faits de guerre et infractions politiques.

commun peuvent se transformer en infractions rentrant dans la catégorie exclue de cette nomenclature. C'est le cas du viol. Commis en période de conflit armé, il peut être hissé soit au rang de crime de guerre, soit de crime contre l'humanité ou soit de crime de génocide. Lorsque les conditions pour que ces crimes soient constitués ne sont pas remplis, ceux-ci peuvent être élevés au rang de violation grave des droits humains ou de violation grave des droits de l'enfant. En tout cas, il ne pourra plus être envisagé en tant qu'infraction de droit commun et tomber dans l'oubli en présence de l'amnistie.

Un paysage aussi technique que celui qu'engendre la présence des lois d'amnistie nécessite que les enfants victimisés par les enfants soldats ou leurs proches soient suffisamment outillés pour être capables de naviguer entre les différents dispositifs judiciaires et extra-judiciaires existants et éviter d'être déboutés de leur action. Ce qui n'est pas le cas selon des études menées dans la province du Nord-Kivu[49]. Cette possibilité offerte par la LPE se présente ainsi comme une opportunité de contourner cet obstacle. En effet, dans l'hypothèse où les enfants victimisés par les enfants soldats et leurs représentants légaux sont ignorants des subtilités de l'environnement juridique congolais, ils peuvent se rapprocher du juge pour enfants et le rendre attentif à leur situation. Ce sera alors lui, au regard de sa connaissance de cet univers juridique complexe, qui se saisira d'office et connaîtra des crimes exclus de l'amnistie commis par l'enfant soldat. Il y a une forte probabilité que ces juges, en se saisissant d'office, réduisent les risques d'exclusion des enfants victimisés par les enfants soldats au cours des procédures, surtout s'ils demeurent dans leur posture épistémologique. Cette probabilité est d'autant plus grande que ces juges ont la possibilité de recourir à un autre procédé traditionnel : la requalification des faits.

En plus des lois d'amnistie, le paysage juridique congolais est complexifié par la question de la compétence des juridictions pour les crimes internationaux commis sur son territoire en période de conflits armés. Jusqu'en 2013, les crimes internationaux relevaient de la compétence matérielle exclusive des juridictions militaires qui sont incompétentes à l'endroit des individus âgés de moins de dix-huit ans[50]. A partir de 2013, ces crimes sont tombés sous la compétence des cours d'appel[51]. Cette modification législative n'a cependant pas résolu l'équation puisque ces crimes demeuraient de la compétence matérielle exclusive des juridictions militaires[52]. En effet, malgré cette ouverture, ces crimes n'ont pas intégré le code pénal ordinaire, et donc n'ont pas doté les juridictions ordinaires

[49] J.C. KIYALA, "Challenges of reintegrating self-demobilised child soldiers in North Kivu Province: Prospects for accountability and reconciliation via Restorative Justice Peacemaking Circles", *Human Rights Review*, vol. 16, n° 2, 2015, p. 115-120.

[50] Article 114 de la loi n° 024/2002 du 18 novembre 2002 portant code judiciaire militaire.

[51] Article 91 de la loi n°13/011-B du 11 avril 2013 portant organisation, fonctionnement et compétences des juridictions de l'ordre judiciaire

[52] Article 207 du Code judiciaire militaire.

de la compétence matérielle pour les connaître. En 2015, cette difficulté a été levée lorsque les crimes internationaux y ont fait leur entrée[53].

Cependant, cette incorporation n'a pas complètement mis un terme à la compétence matérielle exclusive des juridictions militaires[54]. En effet, la primauté de ces dernières demeure lorsque les crimes internationaux ont été commis dans les circonstances suivantes énumérées à l'article 115 du code judiciaire militaire : en période de guerre, dans les zones opérationnelles, sous l'état de siège ou l'état d'urgence. Dans ces cas, les crimes relèvent à nouveau de la compétence matérielle exclusive des juridictions militaires. Très souvent, les enfants soldats commettent des infractions dans les circonstances décrites par cet article. Le risque qu'aucune juridiction ne soit compétente pour connaitre de ces crimes, et donc qu'aucune suite ne soit donnée aux enfants victimisés par les enfants soldats, est alors grand. Pour y pallier, les juges de ces tribunaux sont disposés à requalifier les possibles *crimes internationaux* commis par les enfants en *violations graves des droits humains* ou *violations graves de droit humanitaire* exclus de l'amnistie qui, elles, ne sont pas de la compétence exclusive des juridictions militaires. Ce d'autant plus que comme les affaires impliquant des adultes et des enfants doivent, conformément à l'article 112 de la LPE, nécessairement être disjointes, les éléments constitutifs de certains de ces crimes internationaux pourraient ne plus être remplis dans le chef des enfants soldats[55]. Dans un tel contexte, requalifier les faits se présente être un outil qui pourrait également limiter les discriminations dans l'accès à la justice des enfants victimisés par les enfants soldats et sortir de cette catégorie de victimes de l'ombre dans laquelle la figure de l'enfant soldat les a plongés.

Ces éléments montrent que dès les premiers contacts, ces juges pour enfants accordent une place de choix à la souffrance et au traumatisme auxquels l'enfant soldat a été exposé durant sa vie dans le groupe armé. C'est pour cette raison que l'on note le prononcé de la même mesure provisoire : le placement de l'enfant dans un CTO. Cela dit, sur base de leur intime conviction, ces juges ne définissent pas l'enfant soldat en tant que victime exclusive comme c'est le cas dans la posture internationale, ni ne présument une absence irréfragable de discernement en son chef. Dans un jugement rendu par le tribunal pour enfants de Bukavu, par exemple, le juge a considéré que l'enrôlement forcé dans le groupe armé *Nyatura* ne présupposait pas une disparition totale de la capacité de jugement de l'enfant qui a pris ultérieurement part à une attaque au moyen d'une machette. Bien au contraire, son acte attestait que ce dernier agissait avec

---

[53]Articles 221, 222, et 223 de la loi n° 15/022 du 31 décembre 2015 modifiant et complétant le Décret du 30 janvier 1940 portant Code pénal.

[54] P. MUHINDO MAGADJU et S. SMIS, « Réflexions sur la législation congolaise de mise en œuvre du Statut de Rome de la Cour pénale internationale », *Revue de droit pénal et de criminologie*, vol. 98, n°1, 2018, p.29-30.

[55] Entretiens avec les juges pour enfants Bukavu, Béni, Goma, février-mars 2018.

conscience de prendre librement part à l'entreprise criminelle[56]. Pour ces juges, l'enfant soldat est certainement une personne dont la souffrance doit toujours être prise en compte. Mais une telle posture ne doit pas conduire à la conclusion que tout enfant soldat est un individu forcé à commettre ces forfaitures. Son statut d'acteur fluide, à la fois auteur et victime, doit lui être restitué afin d'agrandir ses chances de réintégration et de réhabilitation.

Par ailleurs, elle ne doit pas déconsidérer la situation des enfants victimes des enfants soldats[57]. Une telle perception de l'enfant soldat ne peut en appeler qu'à la mise sur pied d'une procédure quelque peu différente de celle prévue par la LPE. Cela dit, la procédure mise en œuvre par ces juridictions ne s'éloigne pas tellement du prescrit de la LPE puisque l'approche protectionnelle qui y est présente demeure le contenant de la procédure observée et l'approche restauratrice est le contenu épistémologique. L'approche protectionnelle capture le statut de l'enfant qui a besoin d'être soigné du traumatisme vécu, tandis que l'approche restauratrice capture le statut de l'enfant auteur qui doit être responsabilisé et qui doit réparer le préjudice subi, ceci afin de faciliter sa réhabilitation. Il n'y a pas de stratification entre ces deux statuts comme c'est le cas dans la pratique internationale, ils sont considérés comme les deux faces d'une pièce et déployés en même temps dès l'instant que les preuves démontrent que l'enfant soldat âgé de quatorze ans a posé des actes criminels qui ont fait des victimes.

Cette approche mixte propose ainsi une posture discursive qui s'éloigne de la vision internationale et en même temps, se rapproche davantage de la justice *child-friendly* telle qu'envisagée aujourd'hui. En effet, en ne définissant pas l'enfant soldat comme une victime exclusive et sans faute, il s'observe au sein de ces juridictions un travail d'adaptation constant de la justice à la situation particulière de tous les enfants, qu'ils soient auteurs ou victimes. Et tous les procédés légaux existants en droit peuvent être mis à contribution pour ce faire. La démarche de ces juridictions est pragmatique, elle n'est pas idéale ou fixée dans une seule vision de l'enfant. Le savoir élaboré par ces juridictions propose par la même occasion une autre grille de lecture de ce qu'il faut comprendre par justice *child-friendly* en période post-conflit. Il ne s'agit pas, en présence de la catégorie enfant soldat, d'une justice qui se concentre sur les adultes recruteurs. Il s'agit plutôt d'une justice dynamique qui n'hésite pas à solliciter d'autres postures épistémologiques pour répondre efficacement à chaque type de victimisation dans le respect des droits des enfants, que celle-ci soit le fait des enfants ou des adultes.

---

[56]Tribunal pour enfants de Bukavu, n° RECL 1204, 13 septembre 2018, p. 2.
[57] Entretien avec les juges pour enfants Goma, Béni, Bukavu, février-mars 2018.

Conclusion

A la différence du modèle *child-friendly* préconisé et diffusé depuis la sphère internationale vers des contextes post-conflit similaires à la RDC, la pratique développée par les juridictions pour enfants des provinces du Nord-Kivu et du Sud-Kivu est une démarche vers la création de modèles de justice *child-friendly* beaucoup plus intégrateurs des victimisations dont sont à l'origine les enfants. Cette démarche est rendue possible par la construction alternative de l'enfant soldat adoptée par ces juridictions et intégrée à l'entier de la procédure et par la sollicitation d'autres approches épistémologiques pour conduire ces procédures. Cette construction alternative de l'enfant soldat représente un fort potentiel. En effet, elle peut permettre une plus grande créativité dans la manière des juges (et du droit international) d'investir les victimisations expérimentées par les enfants au cours des conflits armés et surtout dans la manière d'assurer le respect des droits des enfants en période post-conflit.

Se cacher derrière la vision de l'enfant soldat victime sans faute empêche le déploiement du génie des juridictions tant internationales que locales dans la protection des droits des enfants victimisés par les enfants soldats au sein de leurs juridictions. En ce sens, elle empêche d'améliorer la vie des enfants dans de tels contextes et de travailler à une pleine réalisation de leurs droits à travers des politiques qui se renouvellent. De ce fait, cette vision devrait être tout simplement abandonnée au profit d'une approche similaire à celle développée par les juridictions pour enfants des provinces du Nord-Kivu et du Sud-Kivu qui privilégie une approche pluridimensionnelle. Le travail de ces juridictions représente également un potentiel important pour limiter les discriminations occasionnées par la quête d'une justice *child-friendly* en contexte post-conflit. En effet, il propose du matériel pour réfléchir à la manière d'adapter la justice aux enfants victimisés par les enfants soldats sans porter préjudice au droit à la protection de ces derniers. En plus de cela, il offre une perspective nouvelle aux débats sur la poursuite pénale des enfants soldats ravivé par le procès Dominic Ongwen puisqu'elle propose d'y associer les juridictions locales et leurs approches épistémologiques pour développer des recherches plus poussées sur les moyens de mieux accompagner les enfants soldats dans leur retour à la vie civile. Pour finir, elle propose une autre définition de ce que devrait être une justice *child-friendly* en contexte post-conflit à partir d'un autre point de départ qui est plus pragmatique et intégrateur des éléments suivants : l'approche de justice juvénile, les lois de protection de l'enfant, les mécanismes de justice juvénile existants et l'idée de l'enfant soldat présent dans les espaces locaux.

De l'existence d'une double administration dans les prisons congolaises : *Un avantage problématique*

Par Charles KAKULE KINOMBE*

Introduction

Le système carcéral congolais est confronté à plusieurs problèmes, parmi lesquels il faut compter, non seulement les mauvaises conditions de détention, telles que le manque de nourriture, de soins médicaux, de literie, de logement, etc.[1], mais aussi les évasions massives recensées dans plusieurs établissements, l'absence de séparation des différentes catégories des détenus[2], la surpopulation carcérale, l'insuffisance du personnel pénitentiaire, la vétusté des infrastructures pénitentiaires[3], le manque de formation des agents pénitentiaires[4], l'absence de statistiques pénitentiaires, l'obsolescence des textes régissant les établissements pénitentiaires[5] et l'absence d'une politique de réinsertion des détenus. Ces problèmes entravent le fonctionnement des établissements pénitentiaires[6].

En entrant dans la zone de détention des établissements pénitentiaires, l'on remarque la présence de deux administrations[7] : une administration officielle composée des surveillants, des policiers et/ou des militaires et une administration des détenus eux-mêmes appelés « capitas »[8]. Ces derniers sont des détenus qui «

* Docteur en Criminologie de l'Université Catholique de Louvain, Professeur à la faculté de droit de l'Université Catholique de Bukavu et Chercheur au CERDHO et au CEGEC.

[1] Ministère de la Justice et Droits humains, *Rapport général des états généraux de la justice en République démocratique du Congo*, Kinshasa, 2015, p.54.

[2] La seule exception est la prison de Luzumu au Kongo central qui a été récemment réhabilitée grâce au financement de l'Union européenne.

[3] La plupart des établissements pénitentiaires furent construits à l'époque coloniale. Aujourd'hui, ils sont en état de délabrement avancé. Certains d'entre eux ne sont plus opérationnels.

[4] L'école nationale de l'administration pénitentiaire congolaise a cessé de fonctionner depuis 1989.

[5] L'ordonnance n° 344 – texte principal régissant les prisons congolaises – est entrée en vigueur le 17 septembre 1965. Plus de 50 ans après son entrée en vigueur, l'évolution des textes protecteurs des droits de l'homme d'une part, et les mutations qu'a connu le pays de l'autre, justifient sans doute la nécessité de la modifier, de l'étoffer et de l'adapter aux normes internationales relatives aux conditions de détention, d'autant plus que ces textes internationaux qui protègent les détenus ont été ratifiés après l'ordonnance précitée.

[6] Ch. KAKULE KINOMBE, *La surveillance partagée et capitalisée : ethnographie d'une prison en RD Congo*, Thèse en Criminologie, Ecole de Criminologie, Université Catholique de Louvain, 2019, p.1.

[7] M. MORELLE et F. LE MARCIS, « Que nous apprennent les prisons africaines? », *Mouvements*, vol.4, n° 88, 2016, pp. 43.

[8] Voy., M. IMANI MAPOLI, *D'un tribunal pour enfants à une prison sans adulte. Ethnographie d'un quartier spécial pour mineurs en RD Congo,* Thèse de doctorat, Ecole

brillent par leur ancienneté et par leur influence ou leur domination sur les autres détenus »[9]. Ils tirent leur force de la confiance que le « personnel officiel » leur accorde. Ils exercent de fait un pouvoir réel sur la plupart des aspects de la vie carcérale, qu'il s'agisse de l'affectation en cellule, de la gestion des activités socio-culturelles, que de la surveillance et de la quasi-intégralité du pouvoir disciplinaire.

L'existence du personnel détenu à côté du personnel officiel remet en cause la structure « personnel-reclus » de Goffman[10]. Celle-ci devient complexe : personnel officiel - personnel détenu - détenu. Le personnel détenu est une catégorie *sui generis* comme le souligne bien N'Kulu Ngoy[11] car il est distinct non seulement du personnel officiel (avec lequel il a en commun la mission de surveillance de la population détenue), mais aussi du reste de la population carcérale (avec laquelle il partage toutefois le même statut formel de prisonnier).

Contrairement aux prescriptions légales qui interdisent de confier un pouvoir disciplinaire aux détenus[12], le personnel détenu est doté d'un pouvoir disciplinaire autonome sur leurs codétenus. Cependant, dans certains cas (en cas des manquements disciplinaires graves commis par les détenus, par exemple), il partage ce pouvoir avec le personnel officiel.

Il convient de souligner que le rôle joué par les *capitas* est plus large que celui joué par le « comité consultatif de détenus » ou « comité de détenus »[13] dans les prisons occidentales. En effet, outre la fonction de surveillance, le personnel

---

des sciences criminologiques, ULB, 2017 ; H. N'Kulu Ngoy, *Les stratégies d'adaptation des détenus et du personnel pénitentiaire : le cas de la prison centrale de la Kasapa*, Thèse de doctorat en Criminologie, Université Libre de Bruxelles, École des sciences criminologiques Léon Cornil, 2015.

[9] N.R. BOUNOUNGOU, *La réforme du système pénitentiaire camerounais : entre héritage colonial et traditions culturelles*, Thèse de doctorat, Université de Grenoble, 2012, p.319.

[10] E. GOFFMAN, *Asiles. Études sur la condition sociale des malades mentaux*, Editions de Minuit, Paris, 1968.

[11] H. N'KULU NGOY, *Op. Cit.*, p.308.

[12] Les règles minima des Nations Unies sur le traitement des détenus (règles Nelson Mandela) disposent qu'« aucun détenu ne pourra occuper dans la prison un emploi qui lui confère des pouvoirs disciplinaires » (article 40 alinéa 1er). En outre, l'arrêté d'organisation judiciaire n° 87-025 du 31 mars 1987 portant création des comités de gestion des établissements pénitentiaires en son article 6, alinéa 2 charge le Directeur adjoint de la discipline au sein de l'établissement pénitentiaire. L'article 9, alinéa 2 de ce même texte renchérit : « Les sanctions disciplinaires sont infligées aux détenus par le comité de gestion et ce conformément à la législation en vigueur ».

[13] N. BISHOP, « La participation des personnes détenues à l'organisation de la vie en détention », *Champ pénal/Penal field*, Vol. III, 2006, p.2 ; J. CHARBIT, *Entre subversion et gouvernementalité, le droit d'expression collective des personnes détenues en France (1944-2014),* Thèse de doctorat en sociologie, Université Lille 1, 2016, p.11.

détenu a un véritable pouvoir disciplinaire sur les codétenus, ce qui n'est pas le cas pour le comité consultatif des détenus.

Le comité consultatif des détenus est une simple structure dépourvue du pouvoir disciplinaire qui permet aux détenus occidentaux d'exprimer leurs points de vue sur un ensemble large et divers des questions concernant leur vie collective en prison. Il s'agit ici d'une institutionnalisation du droit d'expression collective des personnes détenues[14].

La raison d'être de ce comité des détenus est de « permettre au personnel de garde de prévenir les éventuelles tensions au sein de la communauté détenue, tensions susceptibles de menacer le maintien de l'ordre en milieu carcéral. Les prisonniers membres de ces comités relayent entre autres les doléances de leurs codétenus des quartiers ou de l'ensemble de la prison auprès du personnel de garde, qui peut ainsi envisager des mesures d'apaisement en amont en ce qui concerne spécialement les différents aspects ayant trait aux conditions matérielles de détention »[15].

Outre le rôle de « *medium* » de communication entre le personnel officiel et les détenus, le personnel détenu exerce un pouvoir disciplinaire exorbitant sur leurs codétenus au point qu'ils peuvent même prononcer des sanctions comme la mise au cachot à l'encontre de leurs codétenus fautifs reconnus coupables de fautes disciplinaires.

Dans les lignes qui vont suivre, nous allons tenter d'expliquer les raisons d'être de la double administration observée dans les prisons congolaises et les conséquences de cette double administration, non seulement sur la situation des détenus, mais aussi sur la gouvernance carcérale. Enfin, nous proposerons quelques pistes de solution.

Avant de développer ces points, il sied de préciser que nous avons choisi une méthodologie de type qualitatif qui nous a permis d'avoir accès à la perspective des acteurs, d'élucider leurs pratiques et de saisir le sens que celles-ci prennent pour eux. Cette méthodologie a pris la forme d'observations directes, d'entretiens[16] et d'analyse des documents. Nous avons mené des entretiens semi-directifs avec les membres du personnel officiel, ceux du personnel détenu et les détenus.

---

[14] J. CHARBIT, *Op.Cit.*, p.3.
[15] H. N'KULU NGOY, *Op.Cit.*, pp.342-343.
[16] L'enquête de terrain fut réalisée entre septembre 2016 et août 2017 dans une prison du Sud-Kivu en République démocratique du Congo.

I. Les raisons de la double administration pénitentiaire en RD Congo

Deux raisons majeures expliquent la présence d'une double administration sécuritaire dans les prisons congolaises. Il s'agit de la surpopulation carcérale (A) et de l'insuffisance du personnel pénitentiaire (B).

A. La surpopulation carcérale

La surpopulation carcérale est un problème récurrent auquel sont confrontés de nombreux établissements pénitentiaires en RD Congo comme dans bien d'autres Etats de la planète[17]. Elle génère des conditions de vie inhumaines pour les détenus en créant une promiscuité entre eux et en facilitant la propagation de maladies en prison. En outre, elle crée un mauvais environnement de travail pour le personnel pénitentiaire[18].

Nous examinons dans un premier temps la définition du concept « surpopulation carcérale » (1). Dans un deuxième temps, nous présenterons les causes du surpeuplement dans les prisons congolaises (2) et dans un troisième temps, nous aborderons la surpopulation carcérale comme cause de la « double » administration (3).

1. Définition de la surpopulation carcérale

La surpopulation carcérale décrit « l'inadéquation, à un instant donné, entre le nombre de détenus et le nombre de places disponibles dans les prisons »[19]. Son évaluation repose sur la notion de « place en prison ».

Le concept de « surpopulation carcérale » comporte un aspect quantitatif, qui renvoie à une relation problématique entre population et capacité pénitentiaire : la population excède la capacité. Il comporte cependant également un aspect qualitatif, puisqu'il porte atteinte à la qualité de vie et à la sécurité des détenus (et des personnels pénitentiaires), à l'espace physique individuel, à la qualité des soins médicaux, de la nourriture, etc.[20]

Le concept de surpopulation carcérale ne doit pas être confondu avec celui d'inflation carcérale. L'inflation carcérale, c'est, « sans référence au nombre de

---

[17] C. KAKULE KINOMBE, « La surpopulation carcérale dans les prisons congolaises : causes, effets et pistes de solution », *KAS African Law Study Library – Librairie Africaine d'Etudes Juridiques* 3, 2016, pp.603-630.

[18] J. BEGHIN, « La prison : Absence de politique(s). Morcellement des connaissances », in P. MARY (dir.), *Le système pénal en Belgique, Bilan critique des connaissances*, Bruylant, Bruxelles, 2002, pp. 211-215.

[19] P. V. TOURNIER, « Les composantes de l'inflation carcérale », in P. MELCHIOR (dir), *Prisons en société*, Les cahiers de la sécurité intérieure, Paris, 1998, pp.39.

[20] P. MARY et T. PAPATHEODOROU (éd), *La surpopulation pénitentiaire en Europe, De la détention avant jugement à la libération conditionnelle*, Actes du 1er séminaire tenu à Corfou du 8 au 12 septembre 1997, Bruylant, Bruxelles, 1999, p.9.

places, constater que l'accroissement du nombre de détenus est sans commune mesure avec l'accroissement du nombre d'habitants » (Tournier, 1998 : 40). Par exemple, la France a connu, entre le 1er janvier 1975 et le 1er janvier 1995, un accroissement de 98 % du nombre de détenus contre 10 % seulement pour le nombre d'habitants[21].

Le concept d'inflation carcérale n'a de sens qu'en référence à un intervalle de temps suffisamment long pour que les évolutions ne soient pas simplement conjoncturelles, à la différence du concept de surpopulation des établissements pénitentiaires qui se réfère, de prime abord, à la situation à une date donnée[22].

Bien évidemment, les deux concepts sont liés : l'inflation accentue le problème de la suroccupation, faute de constructions suffisantes.

La surpopulation carcérale s'apprécie au regard de la capacité d'un établissement pénitentiaire appelée « capacité pénitentiaire ». Or, la notion de « capacité pénitentiaire » entendue comme le nombre de places opérationnelles prévues pour les détenus dans un établissement pénitentiaire est difficile à cerner. Il ne suffit pas de placer un matelas à même le sol pour qu'une cellule individuelle devienne une cellule à deux places.

La RD Congo ne dispose pas d'une définition légale de la capacité pénitentiaire. Les normes des Nations unies auxquelles la RD Congo est membre ne précisent pas, elles aussi les mètres carrés disponibles par personne. Elles se limitent à souligner seulement que les données relatives à la capacité doivent être objectivables[23]. Les critères de calcul de la capacité des établissements pénitentiaires ne sont pas standardisés. En pratique, la capacité d'une prison est basée sur une capacité de fait. Le Conseil de l'Europe souligne que la législation nationale doit fixer des conditions minimales d'hébergement des détenus et que des mécanismes doivent être mis en place pour éviter que la surpopulation hypothèque ces conditions minimales. Il prône le principe « un homme, une cellule »[24].

Nous observons, à l'instar du Conseil de l'Europe, qu' il est évident que la superficie nécessaire à chaque personne détenue pour que les conditions de détention soient acceptables va dépendre du temps que le détenu passe dans cet espace et donc de l'organisation de la vie dans l'établissement, de l'ensemble de

---

[21] P.V. TOURNIER, *Surpopulation des prisons*, disponible sur http://www.criminologie.com/article/surpopulation-des-prisons consulté le 03/08/2019.

[22] P.V. TOURNIER, *Dictionnaire de démographie pénale. Des outils pour arpenter le champ pénal*, Université Paris 1. Panthéon Sorbonne, Centre d'histoire sociale du XXe siècle, 2007, p.92 disponible en ligne http://histoire-sociale1.univ-paris1.fr/cherche/Tournier/ARPENTER-OUVRAGE.pdf consulté le 22 septembre 2019.

[23] Nations unies, *Criminal Justice Assessment Toolkit. Custodial and non-custodial Measures*, New York, 2006, The Prison System, p. 5.

[24] Conseil de l'Europe, Recommandation Rec (2006)2 du comité des ministres aux États membres sur les règles pénitentiaires européennes.

ses équipements (cours de promenade, ateliers, salles pour la formation, équipements sportifs, etc.) et des moyens en personnels des différentes catégories (surveillants, agents de probation, etc.).

Les articles 12 à 17 des « Règles Nelson Mandela » disposent que les détenus doivent disposer d'un espace de vie suffisant, assez aéré et lumineux pour leur permettre de rester en bonne santé.

En RDC, les personnes incarcérées ne disposent pas d'un espace suffisant, ce qui crée un sérieux problème pour leur logement. Les dimensions des dortoirs sont très exiguës. A titre illustratif, à la prison centrale de Matadi, la moyenne de l'espace disponible par détenu dans les cellules est de 0,6 m^2[25]. Il importe donc de s'interroger maintenant sur les causes de cette surpopulation carcérale.

2. Les causes de la surpopulation carcérale

La surpopulation carcérale est la résultante d'une multitude de facteurs[26] (Mary, 2006 :44). Snacken, dans ses études sur le système pénitentiaire belge, en donne trois, à savoir : l'allongement de la durée des détentions préventives, l'allongement des peines (augmentation sensible du nombre de peines supérieures à 5 ans) et la proportion croissante des détenus étrangers[27]. Chantraine ajoute l'abolition de la peine de mort qui a des effets sur le nombre et la durée des longues peines[28].

En ce qui concerne la RDC, la surpopulation carcérale serait due à une diversité de facteurs. Nous en donnerons trois qui nous paraissent plus fondamentaux.

Le recours abusif à la détention préventive

La principale cause de la surpopulation carcérale en RDC est le recours abusif à la détention préventive. Des milliers de détenus peuvent rester des mois, une année ou plus en détention avant d'être mis en liberté ou jugés. Ceci contredit le

---

[25] Avocats Sans Frontière, *Expériences de la détention dans la prison centrale de Matadi*, Bruxelles, 2016, p.8.

[26] P. MARY, « La nouvelle loi pénitentiaire. Retour sur un processus de réforme (1996-2006) », *Courrier Hebdomadaire du CRISP*, 11, 2006, p.44.

[27] S. SNACKEN, *Recherche qualitative sur l'application de la détention préventive et de la liberté sous conditions : rapport final de recherche 1999*, Institut national de criminalistique et de criminologie, Bruxelles, 1999, pp.9-31.

[28] G. CHAINTRAINE, « La sociologie carcérale : approches et débats théoriques en France », *Déviance et société*, Vol. 24, N°3, 2000, p.301.

principe constitutionnel « la liberté est la règle, la détention, l'exception »[29] et viole le droit d'être jugé dans un délai raisonnable[30].

Selon le rapport journalier de la prison centrale de Bukavu d'avril 2016 sur mille quatre cent quarante-huit détenus, huit cent quarante-huit étaient prévenus (soit 58,56%) et six cents condamnés (41, 43 %). Le nombre des prévenus est donc supérieur à celui des condamnés. Les statistiques de cet établissement de l'année 2012 et 2013 font le même constat. En effet, en 2012, la prison centrale de Bukavu comptait 1465 détenus dont 866 prévenus et 599 condamnés. En 2013, le nombre total de la population pénale était 1454 dont 825 prévenus et 629 condamnés. En 2015, les prévenus représentaient 70 % des personnes incarcérées sur toute l'étendue de la république[31].

En RD Congo, le recours à la détention préventive semble être la règle pour les magistrats or, en vertu du droit national[32], cela devrait être l'exception, comme mentionné précédemment.

---

[29] Article 17, alinéa 1er de la Constitution de la République Démocratique du Congo du 18 février 2006 modifiée par la loi n° 11/002 du 20 janvier 2011 portant modification de certains articles de la Constitution de la République Démocratique du Congo du 18 février 2006, in *Journal Officiel de la République démocratique du Congo*, numéro spécial, Kinshasa, 5 février 2011.

[30] *Id.* article 19 alinéa 2 ; Article 7 alinéa 1er de la Charte africaine des droits de l'Homme et des peuples.

[31] Ministère de la Justice et Droits humains, *op.cit.*, p.54.

[32] En vertu de l'article 27 du Décret du 6 août 1959 portant code de procédure pénale, « L'inculpé ne peut être mis en état de détention préventive que s'il existe contre lui des indices sérieux de culpabilité et qu'en outre le fait paraisse constituer une infraction que la loi réprime d'une peine de six mois de servitude pénale au moins. Néanmoins, l'inculpé contre qui il existe des indices sérieux de culpabilité peut être mis en état de détention préventive lorsque le fait paraît constituer une infraction que la loi punit d'une peine inférieure à six mois de servitude pénale, mais supérieure à sept jours, s'il y a lieu de craindre la fuite de l'inculpé, ou si son identité est inconnue ou douteuse ou si, eu égard à des circonstances graves et exceptionnelles, la détention préventive est impérieusement réclamée par l'intérêt de la sécurité publique ».
L'article 28 renchérit : « La détention préventive est une mesure exceptionnelle. Lorsqu'elle est appliquée, les règles ci-après doivent être respectées. Lorsque les conditions de la mise en état de détention préventive sont réunies, l'officier du Ministère public peut, après avoir interrogé l'inculpé, le placer sous mandat d'arrêt provisoire, à charge de le faire conduire devant le juge le plus proche compétent pour statuer sur la détention préventive. Si le juge se trouve dans la même localité que l'officier du ministère public, la comparution devant le juge doit avoir lieu, au plus tard dans les cinq jours de la délivrance du mandat d'arrêt provisoire. Dans le cas contraire, ce délai est augmenté du temps strictement nécessaire pour effectuer le voyage, sauf le cas de force majeure ou celui de retards rendus nécessaires par les devoirs de l'instruction.
À l'expiration de ces délais, l'inculpé peut demander au juge compétent sa mise en liberté ou sa mise en liberté provisoire. Dans les cas prévus à l'article 27, alinéa 2, le mandat d'arrêt provisoire spécifie les circonstances qui le justifient ».

Il convient de souligner aussi que dans certains coins de la RD Congo, il s'observe une carence des magistrats, ce qui les empêche de siéger en matière pénale faute de *quorum*. Cette lacune en personnel affecte fortement l'administration de la justice et occasionne de grands retards dans le traitement des personnes placées en détention préventive dont la durée s'allonge exagérément.

- L'augmentation du nombre des détenus militaires et l'insuffisance du nombre de lieux de détention

Suite aux guerres récurrentes qu'a connues la RDC, un nombre important des militaires condamnés par la justice militaire se retrouvent en prison. Normalement, ces derniers devraient être gardés dans les prisons militaires. Mais, à la suite de l'insuffisance de celles-ci, ces détenus sont gardés dans les mêmes prisons que les civils.

L'article 363 de la loi n° 023/2002 du 18 novembre 2002 portant code judiciaire militaire dispose qu': « il est créé des prisons militaires sur toute l'étendue de la République. Leur organisation et leur fonctionnement sont déterminés par voie réglementaire ». Il est déplorable de noter que la RDC, pays aux conflits armés multiples[33] (Mathe, 2018), ne compte que quelques prisons militaires, notamment la prison de Ndolo située au Centre-ville de Kinshasa, la prison d'Angenga, la prison militaire de Mbandaka dans la province de l'Equateur, etc. La prison de Bulambemba au Bas-Congo n'est pas opérationnelle en raison de la vétusté et du manque d'entretien des bâtiments.

« L'insuffisance des prisons militaires a entraîné le transfert des détenus militaires vers les prisons civiles. Ce qui contribue pour beaucoup à leur surpeuplement. Il n'existe pas toutefois, dans ces prisons civiles, de séparation entre catégories de détenus civils et militaires, ce qui expose les premiers aux pressions des seconds »[34].

Selon les informations officielles du gouvernement congolais, la RDC compte actuellement 120 prisons (civiles et militaires). La plupart de ces établissements sont en état de vétusté et de délabrement avancé et datent de l'époque coloniale. En réalité, seulement 76 sont opérationnelles, comme l'indique le rapport général des états généraux de la justice en République démocratique du Congo[35].

---

[33] G. MATHE, *Sécurité, gouvernance rebelle et formation de l'État au Kivu, République Démocratique du Congo (2004-2013)*, Thèse de doctrorat en Science politique, l'Université de Lausanne, 2018.

[34] MONUC, *Rapport sur la détention dans les prisons et cachots de la RDC*, 2004, p.12 disponible sur https://monusco.unmissions.org/Portals/MONUCFrench/Activites/HumanRights/Rapport_conditions_detention_en_RDC_avril_2004.pdf

[35] Ministère de la Justice et Droits humains, *op.cit.*, p.52.

- Le faible octroi des libérations conditionnelles aux condamnés, des libertés provisoires aux inculpés et la sous-utilisation des condamnations avec sursis

La procédure de libération conditionnelle et celle de liberté provisoire sont sous-utilisées en République démocratique du Congo. Il en est de même du mécanisme de condamnation conditionnelle.

Dans certaines prisons congolaises, on retrouve des détenus qui, normalement, devraient bénéficier du mécanisme de condamnation avec sursis[36]. Ces détenus ont été condamnés à une peine inférieure ou égale à une année et n'ont jamais fait l'objet d'une condamnation même d'un jour dans le passé. Au regard de la loi, ils devraient être condamnés avec sursis. Mais les autorités judiciaires ont décidé de les mettre en prison. Ce qui contribue, dans une certaine mesure, au surpeuplement carcéral.

3. La surpopulation carcérale comme cause de la « double » administration

En raison de la surpopulation carcérale, le personnel de l'administration pénitentiaire congolaise est largement en sous-effectif, ce qui rend difficile la tâche de maintien de l'ordre et de la discipline. A titre illustratif, le 22 septembre 2016, 1448 détenus incarcérés à la prison centrale de Bukavu étaient sous la surveillance de 4 surveillants, 10 militaires et 8 policiers.

Avec la surpopulation carcérale, il est difficile de contrôler des actes ou des mouvements de violence déclenchés à partir de l'intérieur de la prison. Il est même difficile d'identifier et de localiser les provocateurs et de les maîtriser.

Pour compenser l'absence ou l'insuffisance des surveillants qui devraient s'occuper de la sécurité intérieure de la prison, l'administration pénitentiaire congolaise s'appuie sur un groupe de détenus appelé « personnel détenu »[37] ou « système des capitas »[38] et lui confie des tâches dévolues classiquement à l'administration pénitentiaire.

B. L'insuffisance du personnel officiel

Comme nous l'avons souligné précédemment, le nombre d'agents pénitentiaires est très insuffisant dans les prisons congolaises comparativement

---

[36] Le sursis est une mesure de dispense de l'exécution de la peine de servitude pénale que le juge a la faculté d'accorder pour éviter les condamnations aux courtes peines de prison.
[37] F. LE MARCIS, F., "Everyday Prison Governance in Abidjan, Ivory Coast", *Prison Service Journal*, n° 212, 2014, p.14.
[38] Avocats San Frontière, *Marchandisation du détenu en République démocratique du Congo*, Bruxelles, 2015, p.3.

au nombre des détenus. Cette insuffisance pousse l'administration carcérale à recourir au service du personnel détenu.

> *« Le problème majeur de notre prison est l'insuffisance du personnel. Le nombre d'agents dont je dispose est pratiquement insignifiant. Nous avons plus de 1400 détenus. Mais le nombre d'agents n'atteint même pas trente. […] Ce sont capitas qui nous aident surtout à maintenir l'ordre et la discipline à l'intérieur de la prison ».* (Propos d'un agent pénitentiaire).

Suite aux contraintes financières, l'Etat congolais ne recrute pas des nouveaux agents dans l'administration pénitentiaire. Au regard de cette situation, le personnel officiel recourt aux *capitas* et leur confie certaines responsabilités.

II. Les conséquences de l'existence de la double administration sur la situation des détenus et sur la gouvernance de la prison

La double administration a des conséquences sur le détenu et sur la gouvernance de la prison.

A. Les conséquences de la double administration sur la position du détenu

Bien que les détenus soient gérés par les capitas ayant le même statut qu'eux (statut de prisonnier), cela n'améliore pas leur situation. Au contraire, ils sont soumis à une double exploitation : celle du personnel officiel et celle du personnel détenu. En effet, les capitas font payer aux détenus divers frais, communément appelés « droits ya lupango ». Les membres du personnel officiel, de leur côté, font payer aux visiteurs des frais pour la visite des détenus. Par ailleurs, ils développent la pratique « la part du chef » qui consiste à détourner une partie des dons ou de la nourriture destinée aux détenus.

En outre, les capitas infligent des sanctions disciplinaires inhumaines et dégradantes aux détenus (exemple : « ponda péton » qui consiste à prendre les matières fécales par les mains, la flagellation, etc.). Ils sont puissants par rapport aux détenus qui doivent supporter de nombreuses brimades, souvent non dénoncées par peur des représailles plus intenses.

Les capitas ont instauré un système de traitement différentiel des détenus. Ceux qui sont membres du « gouvernement » ou proches des capitas sont bien traités et jouissent de plusieurs privilèges. Ils échappent à la maltraitance et à l'exploitation. Par contre, les détenus sans fonction au sein du « gouvernement » ou qui ne sont pas proches des capitas sont à la merci de ces derniers[39].

---

[39] C. KAKULE KINOMBE, *Op. Cit.*, 2019, p.198.

Les capitas qui devraient bien gérer leurs codétenus étant donné qu'ils partagent ensemble la même souffrance de l'enfermement, les maltraitent et les exploitent. Les détenus souffrent autant que les membres de leurs familles qui supportent le paiement de tous les frais exigés.

À la suite des abus commis par les capitas, la plupart des détenus plaident pour la suppression de leur gouvernement.

> « *Les capitas sont là pour se servir et non servir. Je ne vois pas leur importance. Ils ne nous protègent pas. Au contraire, ils nous maltraitent comme des esclaves. Il faut supprimer ce gouvernement des bandits et des sadiques* » (Propos d'un détenu).

Le gouvernement des capitas constitue une menace pour les détenus ordinaires qui ne disposent d'aucune possibilité de saisir les autorités de la prison afin de dénoncer les abus commis par les capitas.

L'exploitation financière et le traitement inhumain et dégradant dont sont victimes les détenus mettent en exergue la « face insécurisante » de deux niveaux d'administration observés dans les prisons congolaises. Le concept de « face insécurisante »[40] renvoie aux ennuis causés à la population carcérale par les membres du personnel officiel et du personnel détenu à travers certaines pratiques jugées peu dignes de la bienséance ou de la bienveillance généralement attendues d'un agent (de fait comme de droit) de maintien de l'ordre carcéral.

B. Les conséquences de la double administration sur la gouvernance de la prison

La création du gouvernement des capitas (personnel détenu) résulte de l'adaptation de l'administration pénitentiaire congolaise à des problèmes auxquels elle est confrontée, à savoir : l'insuffisance du personnel pénitentiaire et la surpopulation carcérale que nous venons d'examiner ci-haut. Bien qu'il ne soit pas reconnu par les textes juridiques, le gouvernement des capitas est une pratique institutionnalisée dans tous les établissements pénitentiaires du pays. Loin d'être synonyme de dysfonctionnement, le gouvernement des capitas devient un facteur important pour le bon fonctionnement des prisons dans la mesure où il « contribue à la fourniture des services que l'État est incapable d'assurer »[41].

---

[40] R. KIENGE-KIENGE INTUDI, *Le contrôle policier de la délinquance des jeunes à Kinshasa. Une approche ethnographique en criminologie*, Thèse de doctorat, Université Catholique de Louvain, 2005, p.594.

[41] A.N. MALUKISA, « Gouvernance dans l'incertitude et instrumentalisation de la régulation des mototaxis à Kinshasa », *Conjoncture de l'Afrique Centrale*, N° 92, 2018, p. 120.

Les observations et entrevues conduites avec les acteurs de terrain ont permis de constater qu'en matière sécuritaire, l'administration des capitas s'occupe de la sécurité à l'intérieur de la prison et l'administration officielle de la sécurité extérieure. En matière disciplinaire, les cas de manquements graves sont traités par le personnel officiel et les cas de manquements moins graves relèvent de la compétence du personnel détenu. Il y a ainsi un partage de compétences entre les deux administrations.

Malgré cette apparente « double » administration, l'on constate qu'en ce qui concerne la gestion de la zone de détention, c'est le gouvernement des capitas qui est plus effectif au regard du nombre des dossiers disciplinaires qu'il traite et du pouvoir disciplinaire sur les manquements graves qu'il s'attribue lui-même en se prononçant sur des dossiers relevant normalement de la compétence du personnel officiel. Même en matière sécuritaire, le rôle joué par le personnel détenu est très significatif. Celui-ci prend certaines mesures de maintien de l'ordre dans la zone de détention sans consulter préalablement le personnel officiel.

Dans la zone de détention, le rôle de l'administration officielle apparaît comme subsidiaire, ce qui remet en cause le premier constat laissant entendre que l'on se trouve devant une « double administration » dans les prisons congolaises. Nous pensons qu'il s'agit plutôt d'une « administration doublée » : l'administration officielle est dépassée par le gouvernement des capitas. Toutefois, il convient de préciser que c'est l'administration officielle qui s'occupe de la sécurité extérieure de la prison et qui légitime le fonctionnement interne et externe de la prison.

« L'équipe des capitas régente l'ensemble de la vie derrière les murs. Ils organisent les services laissés vacants par l'Etat (accueil des prisonniers, discipline, entretien des locaux, distribution alimentaire, gestion des conflits, etc.) et disposent des prérogatives nécessaires pour ce faire : chaîne de commandement, communication avec l'autorité pénitentiaire, privilèges de déplacement et contrainte physique des autres détenus »[42].

Le gouvernement des capitas exerce plusieurs tâches notamment, le maintien de l'ordre et de la sécurité à l'intérieur de la prison, l'exercice du pouvoir disciplinaire, l'entretien des locaux, la préparation et la distribution de la nourriture, la distribution des courriers, l'information des autorités des cas de maladie survenus en prison.

La mission principale du gouvernement des capitas est de veiller à ce que les détenus ne menacent pas ou ne troublent pas l'ordre et la sécurité à l'intérieur de la prison. Il donne des instructions aux détenus à cet effet et prend des mesures

[42] Avocats Sans Frontière, *Op.Cit.*, p.3.

de sécurité pour maintenir ou rétablir un climat social et humain dans la prison. Il s'occupe de la prévention des émeutes.

III. Quelques pistes de solution

Le gouvernement des capitas rend un service crucial pour le bon fonctionnement des établissements pénitentiaires, celui de maintien de l'ordre et de la discipline à l'intérieur de la prison. Sans lui, tout peut exploser dans la zone de détention. Les détenus peuvent s'autoriser à faire n'importe quoi.

En même temps, les capitas comme les membres du personnel officiel profitent de ce pouvoir énorme qui leur est confié pour faire souffrir les détenus au point que la plupart d'entre eux plaident pour la suppression du gouvernement des capitas.

Vu le nombre insuffisant du personnel officiel, il est tout à fait impossible pour l'instant de supprimer le gouvernement des capitas car le chaos risque de s'instaurer dans la zone de détention. Pour supprimer ce corps, il faut que le gouvernement congolais soit en mesure de le remplacer par un autre corps, celui des surveillants pénitentiaires. Or, à l'heure actuelle, l'Etat n'a ni les moyens ni la volonté de le faire.

En tenant compte de tous ces paramètres, nous pensons que, dans un premier temps, l'administration pénitentiaire devrait chercher comment encadrer ce corps des capitas par des contrôles réguliers en attendant que le gouvernement congolais trouve une solution efficace au problème d'insuffisance du personnel pénitentiaire. Cet encadrement permettrait de limiter tant soit peu la souffrance et l'exploitation des détenus par les capitas.

La solution efficace qu'on appliquerait dans le deuxième temps serait de recruter et de former des agents pénitentiaires qui viendraient remplacer les capitas. Mais, il ne suffit pas de les recruter et de les former, encore faudra-il les payer décemment pour qu'ils accomplissent parfaitement leurs missions. La mise en place de cette mesure entraînerait alors la suppression du gouvernement des capitas. Les nouveaux agents recrutés s'occuperont du maintien de l'ordre et de la sécurité tant à l'intérieur qu'à l'extérieur de la prison. Cela réduirait le nombre d'évasions et renforcerait la sécurisation des prisons.

Il faudra aussi songer à l'amélioration des conditions de vie des détenus car si les détenus se battent pour occuper un poste au sein du gouvernement des capitas, c'est pour trouver de quoi survivre en prison. L'amélioration de leurs conditions de vie pourraient les démotiver à se lancer dans la recherche des postes au sein du gouvernement des capitas.

Conclusion

Au regard de l'insuffisance du personnel pénitentiaire et de la surpopulation carcérale observées dans les prisons congolaises, il est difficile de faire fonctionner les établissements pénitentiaires sans le concours des capitas. Ces « acteurs de l'ombre »[43], bien qu'ils n'apparaissent pas dans les différents textes règlementaires (Ordonnance n° 344 du 17 septembre 1965 portant régime pénitentiaire et Arrêté d'Organisation Judiciaire n°87-025 du 31 mars 1987 portant création des comités de gestion des établissements pénitentiaires) régissant les établissements pénitentiaires, sont des sujets incontournables pour le bon fonctionnement des prisons en RD Congo vu les multiples fonctions qu'ils assument (maintien de l'ordre, de la discipline, préparation et distribution de la nourriture, l'entretien des locaux,...).

Bien que le gouvernement des capitas soit une solution à la pénurie du personnel pénitentiaire et contribue largement à la mission de maintien de l'ordre et de la sécurité dans la zone de détention, il fragilise néanmoins la situation des détenus par l'infliction des sanctions inhumaines et dégradantes et par l'exploitation financière de ces derniers. Il est parfois à la base des émeutes en zone de détention en raison des pratiques discriminatoires qu'il développe à l'égard des détenus. Les capitas produisent donc l'ordre et le désordre.

Pour faire face à cette situation, nous pensons que l'Etat congolais devrait dans un premier temps encadrer le corps des capitas pour limiter tant soit peu la souffrance et l'exploitation des détenus. Cette première piste est en adéquation avec le contexte actuel du pays qui ne dispose pas d'assez de moyens nécessaires pour recruter le nombre suffisant d'agents pénitentiaires. Dans un deuxième temps et lorsque l'Etat sera en bonne fortune, l'on devrait envisager le recrutement et la formation de nouveaux personnels de surveillance.

[43]A. JONKHEERE, « Entre codes et ficelles : les greffiers au cœur de l'instruction », in AUBERT L. (dir.), *La détention préventive : comment sans sortir ?*, Bruylant, coll. Galets Rouges, Bruxelles,2017, pp. 161-180.

La gestion de la violence des jeunes en milieu urbain : Un enjeu d'une politique criminelle participative et de sécurité des droits des jeunes

Par Raoul KIENGE INTUDI*

Introduction

Le sujet relatif à la gestion de la violence des jeunes en milieu urbain est abordé dans cette étude sur fond de deux recherches empiriques réalisées récemment à Kinshasa. La première a porté sur la pauvreté des jeunes et la violence urbaine. Elle a été réalisée dans le cadre du Projet KIN 03 de la Coopération universitaire institutionnelle entre la CUD et l'Université de Kinshasa, intitulé *Sciences sociales et pauvreté*, et les résultats en ont été présentés au cours de l'atelier organisé au mois d'avril 2013[44]. La seconde, qui a porté sur la gestion pénale de la violence urbaine des jeunes, a été réalisée dans le cadre d'un mémoire de DES en droit pénal et criminologie[45]. Ces deux recherches ont pris en compte une forme particulière de la violence urbaine qualifiée de *Kuluna*.

En effet, la violence impliquant les jeunes, particulièrement ceux âgés de moins de 25 ans ou plus, en milieu urbain, est communément qualifiée en RDC de *Kuluna*. Elle semble assumer tous les problèmes que les jeunes posent en milieu urbain, lesquels sont liés à l'émergence et au développement de nouvelles formes de marginalités sociales, qui traduisent une inscription sociale, dans le long terme, des couches entières de la population congolaise dans la précarité socioéconomique.

La violence urbaine est alors exacerbée par les médias en quête du sensationnel et récupérée par certains acteurs politiques en quête de popularité, qui l'abordent tous dans le cadre d'une idéologie sécuritaire axée sur une

---

* Professeur à la faculté de droit de l'Université de Kinshasa, Directeur de l'Ecole de criminologie de l'Université de Kinshasa.

44 R. KIENGE-KIENGE INTUDI, *Problématique du phénomène des Gangs de rue à Kinshasa. Résultats d'une recherche menée auprès des groupes de « Kulunas »*, Conférence donnée le 23 avril 2013 dans la salle Kamel MORJANE de la Faculté des Sciences économiques de l'Université de Kinshasa en clôture de l'Atelier méthodologique d'évaluation des recherches réalisées dans le cadre du Projet KIN 03 de la CUD intitulé « Sciences sociales et pauvreté ».

45 B. BUNGU MUSOY, *Justice pénale et gestion de la violence urbaine des jeunes. Le travail de la police judiciaire,* mémoire de DES, Faculté de Droit de Droit, Université de Kinshasa, 2012.

répression rapide et sur l'éloignement des jeunes impliqués du milieu de production de cette violence. Les modalités de gestion pénale mises en œuvre s'avèrent cependant inefficaces au point que l'on assiste au phénomène de la récidive et, en conséquence, d'une certaine permanence de cette violence.

Quelques caractéristiques empiriques de cette forme de violence, qui permettent d'en éclairer le sens, seront présentées, avant d'évaluer la politique de gestion mise en œuvre unilatéralement par l'État dans le cadre de la justice pénale. Le terme de cette réflexion est de proposer une politique plus participative de gestion de la violence urbaine des jeunes impliquant une pluralité d'acteurs sociaux, qui garantisse en même temps une sécurité des droits sociaux et économiques aux jeunes des quartiers précarisés.

I. Description empirique et compréhensive de la violence des jeunes qualifiée de *Kuluna*

La violence dans laquelle les jeunes se lancent, qualifiée par ailleurs de *Kuluna*, n'est pas une réalité vide de sens. Celui-ci est donné par les jeunes et dépend très largement des réalités de leurs conditions de vie (B) ; ce qui fait de cette violence une interaction particulière (C). L'origine de l'expression *Kuluna* paraît à cet égard éclairant (A).

A. L'origine de l'expression *Kuluna* et ses modalités de production

Il ressort des données recueillies sur le terrain que l'expression *kuluna* est d'origine angolaise. Elle y est utilisée dans les milieux des forces armées et signifie, « soit la posture ou la forme physique que doit avoir un militaire, soit la violence que celui-ci applique » dans ses relations avec les citoyens, lesquelles sont caractérisées souvent par la brutalité[46].

C'est vers les années 1995, avec la vague du refoulement des Congolais de l'Angola, pour la plupart des jeunes en situation irrégulière, qu'on voit naître ce phénomène nouveau à Kinshasa. Tous ces jeunes se sont rendus en Angola, en quête de survie, convoitant les « *Bana Lunda* ». Il s'agit des jeunes kinois qui s'adonnaient à la recherche du diamant dans la région de l'Angola appelée Lunda. Chaque fois qu'ils trouvaient une « graine » de diamant, ils revenaient vite au pays pour vendre et constituer un fonds consistant. Nombreux de ces « *Bana Lunda* » privilégiaient l'aspect extérieur, car ils devaient bien s'habiller, adoptant un style vestimentaire propre, signe de la richesse. Ils réunissaient à l'occasion les amis, en guise de retrouvaille, dans des terrasses ou bars dans certains quartiers populaires et offraient à boire, de fois jusqu'au petit matin. L'image véhiculée était celle des jeunes qui avaient réussi leur vie et avaient trouvé une certaine réponse à la précarité des conditions de vie à Kinshasa. De

---

[46] Propos recueillis d'un Commissaire supérieur de la Police au cours d'un entretien de recherche.

nombreux jeunes kinois et tant d'autres jeunes de centres urbains de la RDC étaient tentés de se rendre en Angola pour gagner leur vie.

Deux réalités peuvent alors être saisies de l'expression *kuluna.* La première est décrite par les *Bana Lunda.* En effet, pendant leur séjour en terre angolaise, on pouvait observer, déclarait un ancien *Mwana Lunda* :

> « *Les jeunes d'origine angolaise, souvent en groupe, parlaient un langage que nous ne saisissions pas. Surtout avec un même look propre à eux. Ils s'adonnaient moins à l'exploitation artisanale du diamant. Ces jeunes n'attendaient que nous, étrangers, Congolais pour la plupart, sortions de la carrière pour qu'ils s'accaparent du diamant* ».

Un autre ancien *Mwana Lunda* déclare :

> « *Ils agissaient sans pitié... Ils pouvaient même vous faire avaler un produit pour vous amener à vomir tout ce que vous avez mangé. Ils appelaient cela le nettoyage ou la purge. De nombreux amis ont perdu leur vie, ils sont morts par ces pratiques inhumaines. Mais que faire, c'est leur pays... Je suis rentré à Kin comme j'étais parti... alors que j'avais pris quelques 'graines' qui pouvaient me rendre riche comme les autres* ».

Pendant ces opérations, les jeunes congolais pouvaient entendre le cri de « *kuluna* ». À ce cri, personne ne pouvait résister et pour sauver sa peau, la solution était de tout abandonner et sauver sa vie.

La deuxième réalité est que les soldats angolais, généralement très costaud, se promenaient en file indienne (colonne[47]) et lorsqu'ils étaient chargés de disperser les vendeurs incontrôlés, ils le faisaient en groupe pour maîtriser toute personne qui pouvait opposer une quelconque résistance. Un jeune expose :

> « *S'ils arrivent (les militaires), la seule chose qui les différencie des jeunes angolais, c'est la tenue. Ils agissent de la même façon. Le mode d'agir de ces militaires, leur posture n'était pas différente de groupes des jeunes qui ravisaient. On pouvait aussi entendre kuluna* »[48].

Etant donné que ces jeunes étaient comptés par milliers, la plupart, sinon tous, en situation irrégulière, « le Gouvernement de la République d'Angola avait décidé d'une part de durcir le contrôle à l'entrée de ses frontières avec la République Démocratique du Congo et d'autre part, de refouler tous les irréguliers »[49].

Les données recueillies sur terrain montrent que lorsque ces jeunes sont arrivés dans la ville de Kinshasa, dans un contexte de pauvreté et d'insécurité de

---

[47] Noter que colonne se traduit en portugais par *kuluna.*
[48] B. BUNGU MUSOY, *Op. Cit.*, p. 49.
[49] Propos recueillis d'un commissaire supérieur de la Police dans un entretien de recherche.

vie, ont trouvé le phénomène Goldberg. À l'image du catcheur américain du même nom, les jeunes se regroupaient dans leurs quartiers, apprenaient des arts martiaux pour devenir invincibles. Pendant ce temps, des jeunes cherchaient à s'identifier à l'un ou l'autre de ces stars catcheurs. C'est de là que sont nées dans plusieurs communes des écuries composées des jeunes. Ils sont appréhendés le long des grandes artères, exhibant leurs muscles. Il ne s'agissait pas pour autant du *kuluna*, quoique la violence à laquelle ils se livraient, fût dirigée aux écuries d'autres quartiers.

La plupart des jeunes rapatriés de l'Angola ont vite intégré les écuries ou les clubs des arts martiaux, chacun dans son milieu de vie. Nombreux d'entre eux ont voulu imiter les groupes des jeunes angolais, qui leur ravisaient souvent leurs « graines » de diamant, car c'est une activité qui rapportait beaucoup d'argent. Et pour que cette activité ne soit pas connue des autres, un jeune déclare : « nous disions '*kuluna !*', personne ne pouvait se rendre compte, les gens ne voyaient que du flou ».

Quant aux modalités de production de cette forme de violence, celle qualifiée de *kuluna* est vécue sous trois principales formes différentes dans la ville de Kinshasa. Il s'agit, d'abord, des affrontements entre deux ceintures ou bandes (écuries) des jeunes, ensuite des attaques contre les passants, appelées dans le langage codé de ces jeunes « *torchon méchant* » et enfin des attaques contre les vendeurs dans les marchés de fortune ou les étalages et dans les cabines téléphoniques, appelées dans ce langage « *poustoura* ». Cet ordre ne correspond nullement à l'ampleur de ces violences telles que vécues, mais il tient plutôt à l'apparition du phénomène. Comment alors comprendre cette violence ? Que pourrait-elle signifier ?

B. Le *kuluna* : une violence qui s'insère dans les conditions d'absence de garantie effective des droits des jeunes

Notons, d'ores et déjà, que le concept de jeune se définit en référence au critère de la force ou de l'endurance, aux responsabilités que les sujets sont appelés à assumer dans un groupe et à l'indépendance dont ils peuvent jouir sur le plan économique. Le jeune se définirait donc en prenant en compte le critère biologique (de l'âge), le critère physique (de la force ou la vigueur), le critère social et économique (des moyens de subsistance). Toutefois, dans le regroupement des jeunes qualifié de « ceinture », l'âge des jeunes varie entre 12 et 30 ans, avec une prédominance des jeunes âgés de 14 à 25 ans.

Les jeunes impliqués dans le *kuluna* présentent des situations familiales très diversifiées et surtout insécurisantes. Un jeune décrit sa situation familiale :

> « *Mon père est mort ... quand j'étais encore petit. Je ne m'en rappelle plus... Ma mère aussi est morte en voyage où elle était partie. Elle était au plateau de Bateké... Elle était tombée gravement malade ; ici, personne ne pouvait lui venir en aide...*

Nous ne faisons rien qui aurait pu nous permettre de sauver maman... Le grand frère est dans son foyer, incapable d'acheter le pain à sa fille qui vivait à tout moment avec nous à la maison [...]. Les grands sont là, des oncles paternels sont là, des tantes maternelles sont là, mais que peuvent-ils faire ? Surtout le vieux (frère aîné), qui n'a rien chez lui, pas de chaises, pas de gobelet... laisse seulement, que peut-il apporter ? ..., il vit le système de délestage[50] ».

Il apparaît clairement, comme cela avait déjà été relevé, que le décès d'un parent entraîne, à coup sûr, la rupture d'un lien sécurisant pour le jeune, et constitue pour lui un problème dont la gestion requiert un plus grand investissement pour le parent survivant[51].

Il convient de préciser que l'ensemble de jeunes sur lesquels a porté la recherche vivent en famille[52] et non dans la rue, soit avec les deux parents, soit avec l'un d'eux, soit encore avec la fratrie en cas de décès des parents, mais du moins dans la résidence familiale. Un officier de police judiciaire déclarait à ce propos lors d'un entretien de recherche :

> « *Les jeunes là sont connus, fichés, nous savons où ils habitent... Si vous posez la question dans le quartier, tout le monde peut vous dire qu'il habite telle avenue, tel numéro. Ce sont des enfants-maison. En temps normal, tu le verras sortir de la maison. C'est un jeune du quartier, il circule tout bonnement. Il n'a peur de rien, car il est chez eux* ».

Mais, la famille des jeunes est souvent disqualifiée par l'État à cause des conditions de pauvreté : « les familles ne font rien, les parents sont irresponsables », déclare un officier de police judiciaire. Néanmoins, la famille des jeunes sert en dernière analyse de filet social comme on peut l'entrevoir dans les propos de ce jeune :

> « *Je rentre toujours à la maison et on me reçoit, bien que ma mère pleure souvent. Mon père ne travaille plus, ça fait très longtemps... Il sort souvent le matin, souvent il évite de rester à la maison. Ça doit le déranger d'entendre les bruits de nos petits...* ».

---

[50] Le système de « délestage » vécu dans certaines familles kinoises, sur le modèle de l'interruption de la fourniture d'électricité dans certains quartiers au profit d'autres quartiers, signifie que dans certaines familles certains enfants mangent durant certains jours de la semaine, d'autres à certains autres jours, de même en est-il des parents. L'accès à la nourriture n'est pas assuré à tous les membres de la famille chaque jour.

[51] R. KINGE-KIENGE INTUDI, *Le contrôle policier de la délinquance des jeunes à Kinshasa. Une approche ethnographique en criminologie*, Louvain-la-Neuve, Kinshasa, Academia-Bruylant, éd. Kazi, 2011, p. 255.

[52] La famille sous entend le toit familial, c'est-à-dire la résidence familiale.

La situation scolaire des jeunes concernés par la recherche est marquée par la déperdition scolaire : tous ont progressivement interrompu leurs études entre la 1re et la 2e année secondaire. L'école n'a pas pu jouer son rôle de structure de socialisation pour l'ensemble des jeunes membres de ceintures. Marqués par d'importantes difficultés sociales et familiales complexes et incontrôlables, ces jeunes ne sont pas toujours dans les conditions d'en suivre les instructions[53]. C'est ainsi que nombre d'entre ces jeunes s'excluent souvent eux-mêmes de l'école, du fait que les parents ne sont pas en mesure de faire face aux exigences scolaires de nature financière. Un des jeunes déclare :

> « *J'étais en train d'étudier, mais il n'y avait pas d'argent. Non, maman seule ne pouvait pas s'en sortir..., avec quel fond, 10 bals (dollars) ? J'ai compris et j'ai arrêté... Je ne peux pas non plus compter sur les autres. Nous sommes là avec un cousin, chez eux aussi c'est dur...* ».

D'autres jeunes, par contre, ont interrompu les études à cause de la violence à l'école. Le règlement scolaire souvent désuet ne s'adapte pas aux nouvelles formes de violences vécues à l'école. Fréquentant des écoles dites de l'État (officielles), en délabrement, avec un personnel enseignant démotivé, les jeunes vivent dans le laxisme et se permettent tout.

Après la rupture du processus de socialisation scolaire, les jeunes tentent de s'orienter vers la vie professionnelle pour suppléer à la défaillance de l'école et de la famille. Dans ce contexte, on observe principalement chez ces jeunes des configurations sociales de la précarité vécue au jour le jour, et ils cherchent à donner du sens à leur vie pour ne pas sombrer dans le chaos. Ils s'engagent alors dans l'instant présent où le quotidien est très précaire, voire totalement incontrôlable et tout peut basculer à chaque instant. Un jeune expose sa situation professionnelle :

> « *Comme je n'étudie plus, maintenant je suis en train de réaliser une « coop », je travaille dans une terrasse. Ça me soutient donc, c'est vraiment un soutien pour moi, ça fait que lorsque j'ai besoin de quelque chose comme un pantalon, donc je prendrais l'argent par la voie normale, j'achète ; j'ai besoin d'une autre chose, j'achète parce que l'argent est obtenu par une voie normale... plutôt que d'acheter le pantalon avec l'argent pour lequel tu n'as pas souffert, pour lequel tu n'as pas transpiré. Si tu ravis à quelqu'un, tu n'achèteras rien avec ça, tu ne fais que boire et fumer du chanvre (kobenda milinga). Là je gagne ça... avec la sueur de mon front... Mais qu'est-ce que cela représente ? Ah, laisse seulement... Regardons seulement comment ça marche...*

[53] B. BUNGU MUSOY, *Op. Cit.*, p. 30.

qu'on te voie seulement que tu travailles et cela fait moins de bruits à la maison, ... C'est ça la vie ? Le pays est mort ! ».

Comme l'a écrit de SUREMAIN au sujet des jeunes colombiens, confrontés aux incertitudes du monde du travail, qui ne leur offre que des débouchés limités, les jeunes « cherchent donc à accéder à l'argent, à sortir coûte que coûte de la pauvreté [...], et trouvent des réponses dans la constellation de groupes, armés ou non, qui sévissent dans les quartiers populaires »[54]. La violence est alors considérée par les jeunes comme une seconde activité, une seconde vie, qui vient répondre à l'exigence de la survie.

On pourrait appliquer au cadre de vie des jeunes impliqués dans la violence urbaine la description faite par certains auteurs comme étant un cadre indexé comme un quartier défavorisé, sensible dont les logements sont concentrés dans un même espace et accompagnés par les stigmates de la « galère » en termes de la « désorganisation », de « l'exclusion » et de la « rage »[55]. C'est un quartier où tous les affrontements, toutes les prédations apparaissent et se réalisent comme pour justifier la nécessité de faire surgir la violence.

La violence urbaine des jeunes, que secrète un tel contexte, n'est donc pas le fruit du hasard, elle s'intègre implicitement au quartier et s'est propagée comme une traînée de poudre, allant de quartier en quartier. Les données recueillies imposent le constat que la violence est le résultat de la dégradation progressive des conditions générales du quartier qui est indexé et isolé comme zone rouge, non urbanisé sans une politique d'habitat. Ainsi, d'une problématique économique et sociale, « on en arrive à un jeu où toutes les stratégies de survie sont sollicitées »[56].

Le regard généralement porté sur le cadre de vie des jeunes ne cerne que la violence qui s'y produit. Chaque regroupement de jeunes qualifié de « ceinture » est concentré et cloisonné sur son territoire, dont il crée une sorte de frontières invisibles ou imaginaires. Ces représentations sont alimentées par la population du quartier, qui se considère comme appartenant au quartier, mais exclue de la société globale faute de reconnaissance par l'autorité publique. Les jeunes, eux, en ont une représentation identique dès lors que leurs histoires de vie se ressemblent, leurs trajectoires se croisent. Ils ont fréquenté la même école, ils vivent dans les mêmes conditions en famille, ils sont dans la même « galère ».

---

[54] M.-D de SUREMAIN, « Crise de la paternité et violences urbaines en Colombie », *in Cahiers du genre,* n° 30, Paris, L'Harmattan, 2001/1, pp. 53-77, p. 22.

[55] J.-M. DELARUE, *Banlieues en difficultés : la relégation*, Paris, Syros/Alternatives, 1991; CASTELLAN *et al.*, « *Les quartiers prioritaires de la politique de la ville* », INSEE Première, 1992, n° 234, cités par M. ZERMANI, « La stigmatisation du quartier : terrain miné ou passerelle vers l'extérieur ? Entretien avec les jeunes », *in Sociétés*, Bruxelles, De Boeck Université, 2006/4, n° 94, pp. 45-54, p. 47.

[56] M. ZERMANI, *Ibid.*

Un tel contexte de précarité et de non reconnaissance ou d'abandon par l'autorité publique traduit une absence de garantie effective de sécurité des droits sociaux et économiques des jeunes en milieu urbain, et sert de bouillon de la violence des jeunes.

C. Le *Kuluna* : une violence produite dans un contexte d'interaction marquée par une injustice sociale

Le concept d'interaction renvoie ici à « un processus interpersonnel fondamental où les sujets en contact modifient temporairement leur comportement les uns vis-à-vis des autres par une stimulation réciproque continue pour la durée du contact, quel que soit la nature du comportement et les modifications qu'il présente »[57]. Donc parler d'interaction, « ce n'est pas seulement parler de comportements qui traduisent cette interaction, c'est en même temps parler des représentations à partir desquelles les différents protagonistes sont psychologiquement 'construits' dans une situation donnée et qui donnent lieu à un comportement »[58].

En effet, les récits des jeunes révèlent parfois un mode de rattachement à l'autre axé sur la défense, en ce que le jeune éprouve un sentiment de danger face à l'autre, qu'il identifie à un agresseur éventuel. Il le voit comme son ennemi, dont la caractéristique essentielle est d'être animé d'intention mauvaise et méchante de vouloir lui nuire et qu'il importe de détruire pour se protéger en adoptant des stratégies, qui peuvent éventuellement paraître excessifs.

Un jeune expose :

> « *Lorsque je vois que je n'ai pas d'argent, je vois qu'aujourd'hui je ne sors pas, toi tu t'habilles bien avec des téléphones, tu passes devant moi... ah ! Moi maintenant je n'ai pas d'argent... qu'est-ce que je vais faire ?!... Il faut que je te « connaisse » !... Hein... premier choix je chercherai à te ravir d'abord le téléphone-là, hein...parce que lorsque je vais te ravir ce téléphone, tu chercheras à me poursuivre, au moment où tu vas me poursuivre mes amis vont te tabasser... après on va 'choquer' (vendre) et on se partage l'argent...* ».

Ce qui a été détruit dans un tel jeune, ce ne sont pas ses besoins fondamentaux, puisque ceux-ci s'exprimeront d'une façon ou d'une autre, mais c'est plutôt sa capacité de satisfaire ses besoins. Lorsque ce jeune s'aperçoit qu'elle ne pourra pas satisfaire ses besoins, il essaiera d'adopter des

---

[57] Ch. DEBUYST, *Essais de criminologie clinique. Entre psychologie et justice pénale,* Textes choisis et présentés par C. ADAM, et F. DIGNEFFE, Bruxelles, Larcier, 2009, p. 139.

[58] Ch. DEBUYST, *et al.*, *Essai sur le tragique et la rationalité pénale,* Bruxelles, De Boeck Université, 2002, p. 140.

comportements compensatoires, tels que se donner des pouvoirs ou se sentir non responsable de ses comportements ou encore il sera indifférent envers la détresse de la victime. Ainsi expose un autre jeune :

> « *Ça arrive ! Il se peut que vous vous tenez sur la rue, un ami vous dit : 'regardes cette fille comme elle passe à cette heure, il me diabolise déjà... moi aussi je fais attention à elle, parce que cet ami aussi a porté son attention sur elle, on la suit directement, on ravit tout ce qu'elle peut avoir et on peut la violer si les pensées changent ... on oublie tout...sans pitié...ça ne choque personne...c'est normal, ça arrive à tout le monde...mais comment tu peux avoir pitié ? Tu dois être quelqu'un d'esprit* ».

La violence des jeunes qualifiée de *kuluna* est comprise comme le résultat d'une interaction entre jeunes ou ceintures. Cette interaction suppose une modification dans les perspectives propres des *Kuluna* ou des ceintures au cours d'un processus forcément lié à la recherche de la sécurité de vie qu'ils veulent atteindre à tout prix. Et si l'on veut rendre compte de *kuluna*, il faut, comme le pensait déjà Merton, réfléchir non pas en termes de mécanisme inhibiteur ou de morale intériorisée, mais s'interroger sur le contexte dans lequel ces jeunes jouent le jeu social. Dans cette optique, on passe à la compréhension du *kuluna* comme insuffisance des ressources ou des capacités d'adaptation de la part des jeunes à la vie en société. La violence qualifiée de *Kuluna* est « pensée comme des tensions dans le système de rôles ou d'exigences contraires »[59] entre lesquels le *Kuluna*, sujet actif, transige ou se jette délibérément à l'action afin d'atteindre ses buts aussi élémentaires soient-ils ou tente de conquérir l'estime de soi.

La violence des jeunes qualifiée de *kuluna* se construit dans une interaction, qui n'est pas prise de manière isolée, mais plutôt dans un contexte donné, celui de la précarité des conditions de vie de ces jeunes et de l'insécurité de vie de leurs familles et du quartier. Cependant, les modalités de gestion de cette violence, exclusivement répressives, paraissent inefficaces.

II. L'inefficacité d'une réponse étatique répressive au phénomène *Kuluna*

Les données empiriques recueillies révèlent entre autres que le discours sur la violence des jeunes qualifiée de *kuluna*, tenu par des représentants des institutions (police, justice, école) ou par des représentants politiques, tend presque toujours à rechercher et à désigner des « coupables », à savoir les jeunes qui ont participé directement aux violences supposées ou vécues, qu'il faudrait à tous prix neutraliser au plus vite, sinon les éloigner de la société. À entendre les innombrables commentaires qu'ils font de *kuluna*, on a l'impression que, pour

---

[59] H. LAGRANGE, *De l'affrontement à l'esquive : violences, délinquances et usages de drogues*, Paris, Syros, 2001, p. 166.

rétablir la paix et la sécurité dans les quartiers secoués ou bousculés, il suffirait simplement de cibler les ceintures qui se sont constituées et d'isoler ceux qui seront appréhendés.

Ce discours, qui privilégie la sécurité publique et tend du reste à occulter la genèse des comportements des jeunes, se nourrit d'une certaine étiologie sommaire de la violence des jeunes qualifiée de *kuluna* qui repose, au fond, sur une dichotomie : il y aurait, d'un côté, un noyau de « violents », d'« irréductibles », de « sauvages », dont on n'ose pas dire qu'ils sont irrécupérables et non rééducables et de l'autre, les jeunes « non violents », qui se « laisseraient entraîner » et qu'il conviendrait donc de protéger contre la contamination des premiers. En effet, ce discours du type institutionnel, tendant à empêcher les jeunes de nuire, est fondé non seulement sur l'ignorance du contexte d'émergence des attitudes et des comportements violents ci-haut explicités, mais aussi sur une certaine forme de dénégation dudit contexte.

Il est important ici de décrire les représentations policières de la violence des jeunes qualifiée de *Kuluna* (A) et, d'autre part, le traitement judiciaire de cette violence urbaine (B).

A. Les représentations policières de la violence des jeunes qualifiée de *Kuluna*

Dans la pratique observée, la population de manière générale, et les victimes particulièrement, se plaignent contre le *kuluna* considéré comme un ensemble d'activités, et contre les *Kuluna, qui sont auteurs desdites activités.* Cependant, l'officier de police judiciaire qui est saisi de la plainte des victimes ou des dénonciateurs considère non pas cet ensemble d'activités qui est qualifié de *kuluna*, mais essaie plutôt de le décomposer pour ne prendre en compte que les comportements spécifiques déjà qualifiés d'infraction par la loi pénale.

Ces activités apparaissent aux yeux de l'officier de police judiciaire comme un ensemble de comportements infractionnels qui l'oblige à faire application de la loi pénale et justifie, par conséquent, son attitude à vouloir qualifier les comportements soit comme une association des malfaiteurs, soit comme des coups et blessures, soit comme une extorsion, soit enfin comme un homicide volontaire.

Le torchon méchant répondrait dès lors à la définition légale de l'infraction d'extorsion en ce qu'elle est « le fait d'obtenir par violence, menace de violence ou contrainte soit une signature, un engagement ou une renonciation, soit la révélation d'un secret, soit la remise de fonds, de valeurs ou d'un bien quelconque ». Ce qui suppose l'emploi d'un moyen répréhensible. La contrainte peut être physique (brutaliser la victime) ou morale. Cela s'apprécie compte tenu de l'âge et de la condition physique et intellectuelle de la personne sur laquelle elle s'exerce, elle s'apprécie donc *in concreto.*

L'officier de police judiciaire qualifie si souvent l'activité des jeunes d'association des malfaiteurs (association formée dans le but d'attenter aux personnes ou aux propriétés). Elle peut être définie comme une entente entre deux ou plusieurs personnes destinée à commettre des infractions.

S'agissant de l'infraction de coups et blessures volontaires, l'officier de police judiciaire assimile tout choc, tout heurt produit par ces jeunes contre le corps d'une personne. La blessure étant une lésion externe ou interne faite au corps humain, quel que soit le moyen employé. Les coups et blessures sont volontaires lors qu'ils sont administrés sciemment, en connaissance de cause. Ce sont des atteintes volontaires à l'intégrité corporelle d'autrui. Ils sont prévus et punis par les articles 43, 46, 47 et 48 du Code pénal, livre II. L'infraction repose nécessairement sur la commission d'un acte volontaire, actif et matériel, ce qui s'oppose à une omission ou une inaction.

L'OPJ incrimine parfois le *kuluna* sous l'étiquette d'homicide involontaire, infraction prévue et punie par les articles 52-53 du Code pénal, livre II. L'homicide involontaire est le fait de donner la mort à une personne sans l'avoir voulu, mais par sa faute. Cette infraction peut se réaliser, soit par imprudence ou ''homicide par imprudence'', soit par coups mortels ou ''homicide prétérintentionnel''.

La pénalisation du *kuluna* par l'officier de police judiciaire est révélateur de sa fidélité à la norme pénale prescrite, quand bien même elle serait en contradiction avec la norme groupale qu'institue la ceinture. L'officier de police judiciaire, comme du reste l'ensemble de la chaîne pénale, tend à réduire l'activité qualifiée de *kuluna* à la seule manifestation de la violence.

L'analyse des données recueillies révèlent que cette fidélité est apparente dans la mesure où l'officier de police judiciaire préfère, le plus souvent, mettre fin au litige qui lui est soumis, par le paiement des amendes transactionnelles. La préférence des amendes transactionnelles sur les autres suites réservées est révélatrice dans la pratique, d'une part, des intérêts propres de l'officier de police judiciaire instructeur, et d'autre part de la familiarisation entre lui et les jeunes *Kuluna*. Les intérêts propres des officiers de police judiciaire sont perceptibles dans certaines déclarations répétées de ses agents, en ces termes : *« Dois-je te manger ? (nakolia yo ?). C'est toi qui va nourrir ma famille ? Qui travaille à l'hôtel mange à l'hôtel »*. Il apparaît que les intérêts sont beaucoup plus matériels, mais aussi corporatifs et professionnels.

L'on s'aperçoit que les intérêts matériels des officiers de police judiciaire sont les mêmes que ceux que partagent d'autres fonctionnaires publics. Les données d'observations montrent que les officiers de police judiciaire dans la ville de Kinshasa, font face à la précarité des conditions de vie, aux conditions de rémunération, qui ne leur sont guère satisfaisantes, aux équipements défectueux.

Et ceci, en plus de la précarité de l'environnement professionnel où ils œuvrent, une insécurité généralisée.

Un commissaire principal de la Police nationale congolaise décrivait son environnement de travail en ces termes :

> « *Mais qu'est-ce que nous gagnons, vous le savez. Le secret professionnel me demande de me taire...Il ne faut pas trop s'en plaindre nous dit-on (hiérarchie) (kolela lela te), ... Mais du moins tout le monde connaît les conditions dans lesquelles nous travaillons, où nous travaillons, tu vois bien ce qu'il y a ici, c'est misérable...* ».

Sur le terrain, les officiers de police judiciaire se prennent en charge pour faire fonctionner le sous commissariat et le garder dans un état minimalement humain.

Lorsque l'on se rapporte sur le plan normatif et que l'on cherche à savoir si ces pratiques sont « autorisées » ou non, le débat se transporte alors sur un autre registre : registre compréhensif de la véritable éthique, qui guide les pratiques policières observées lors d'une interaction concrète où le policier se retrouve engagé comme acteur en prenant en compte toutes les contingences dues à sa condition par rapport à l'environnement ou au contexte dans lequel il évolue.

B. Le traitement judiciaire de la violence des jeunes qualifiée de *Kuluna*

La gestion de la violence des jeunes, qualifiée de *kuluna* dans la chaîne pénale, obéit au principe de la légalité défini à l'article premier du Code pénal congolais, à savoir « Nulle infraction ne peut être punie de peines qui n'étaient pas portées par la loi avant que l'infraction fût commise ». La fidélité des instances pénales à ce principe traduit deux réalités pratiques consistant, d'une part, à décomposer l'activité qualifiée de *kuluna* en des comportements répréhensibles afin de les correspondre à la nomenclature judiciaire existante pour faire appliquer la loi pénale et, d'autre part, à « vomir » du circuit pénal tous les supposés auteurs qui ne répondraient pas aux critères établis par la loi pénale. Ces deux réalités traduisent l'ambigüité que revêt la gestion judiciaire de la violence urbaine des jeunes qualifiée de *kuluna*.

Il est fréquent d'entendre la population s'écrier : « Les policiers et les magistrats sont des complices des jeunes. Ils favorisent la recrudescence de *kuluna*. Ce sont les mêmes jeunes qui sont souvent arrêtés et qui nous reviennent. Ils sont souvent libérés, nous ne savons pas pourquoi ». Dans ce sens, un commissaire principal, officier de police judiciaire, réagissant aux propos de la population lors d'un atelier sur la violence urbaine à Kinshasa déclarait, en pointant du doigt les magistrats :

> « *Ce sont les magistrats qui favorisent le kuluna. Si je dois faire les statistiques des kuluna que nous avons arrêtés au niveau de notre sous commissariat et que nous avons transférés au parquet, sur un total de*

50 cas, 2 cas seulement ont été fixés au tribunal. Et les 48 autres ? Ils ont été libérés, et pourtant ce sont des jeunes qui sont fichés par les agences et tout le monde les reconnait comme tels. Nous faisons notre travail, c'est aux magistrats qu'il faut poser la question sur le sort des jeunes qui leur sont confiés ».

Les données recueillies montrent que l'officier de police judiciaire attentiste, sans moyen d'investigation scientifique, est buté souvent à la difficulté d'établir le lien de causalité. Les jeunes qui sont souvent arrêtés, ne sont pas toujours ceux qui ont participé à la commission de la violence qualifiée de *kuluna*. Lolo, un jeune *kuluna* explique :

> « *Ils arrivent souvent en retard, car après notre activité, il faut disparaitre. Lorsque la police arrive, elle arrête souvent les pots qui n'ont pas été avec nous. Par crainte, ces pots peuvent se mettre à citer les noms de membres de la ceinture, même s'ils n'ont pas été sur champ* ».

Cette difficulté, qui traduit l'insuffisance des ressources et l'inefficacité du travail de l'officier de police judiciaire, est souvent décelée par le magistrat du parquet, qui, examinant les nombreux procès-verbaux des officiers de police judiciaire transférés, concluent, pour la plupart des fois, à l'inexistence des faits infractionnels. Le magistrat KBB, réagissant aux accusations d'un officier de police judiciaire explique :

> « *Les procès-verbaux des officiers de polices judiciaires sont loin de traduire la réalité des faits. Alors qu'il est la première instance, qui entre en possession des faits, il ne nous les rend pas fidèlement, au contraire il nous complique la tâche. Souvent, il n'y a aucun lien entre les faits qu'il déclare. Des fois, les jeunes qui sont traduits devant nous ont pour la plupart moins de 18 ans, dans ce cas nous les transférons devant leur juge naturel. Très souvent aussi, ces jeunes déclinent des identités différentes de celles transcrites dans les PV. D'autres fois encore, nous ne savons pas réellement qualifier les faits tels qu'ils sont relatés par l'officier de police judiciaire, pas de cohérence, trop de confusion et vous ne savez pas à vrai dire ce qu'il voulait présenter comme fait. Devant de telles situations que devons-nous faire, sinon de libérer, car la liberté est le principe et la détention l'exception, ...* ».

L'observation des pratiques de gestion de *kuluna* au niveau du parquet fait aussi apparaître la prévalence des amendes transactionnelles sous couvert de l'imperfection du travail de l'officier de police judiciaire. Le jeune *Kuluna* arrêté se retrouve dès lors libéré par cette instance judiciaire, en raison des intérêts matériels et professionnels des magistrats du parquet.

L'analyse des données montre que les cas de *kuluna,* qui sont fixés au tribunal, ne sont en réalité qu'une réponse à une certaine volonté « politique », comme l'exprimait un des jeunes :

> « *Le major avait promis à quelques amis que vous irez à Makala (prison), avec ou sans jugement. Ces pots ont été effectivement jugés en public. C'est ça la justice ? Même les innocents sont partis. Surtout si son Excellence*[60] *arrive dans un quartier, le major arrête tout le monde, non pas pour les faits précis, même supposés (bazo kanisela yo). On les a jugés et condamnés, le même jour, on les a conduits à Makala (prison). Tout s'est fait avec une grande rapidité, comme si nous qui n'étions pas dans le lot, allions les empêcher* ».

Pourtant, la prison ne sait pas retenir les jeunes *Kuluna* pendant longtemps, comme déclarait le jeune Ntela, « la prison est comme un boa, s'il vous avale, il finit par vous vomir. Il ne peut pas vous garder plus longtemps que l'exige son organisme ». La plupart des jeunes rencontrés ont déjà fait l'objet soit d'une arrestation au niveau de la police judiciaire, soit d'une détention préventive décidée par un magistrat du parquet, soit enfin d'une condamnation par un tribunal.

La violence des jeunes est donc souvent « vomie » par les différentes instances policières. Ce phénomène traduirait aussi bien l'inefficacité de l'action judiciaire que son inadaptation. C'est ainsi que semble s'imposer une politique intégrale de protection des droits sociaux et économiques des jeunes.

III. Pour une réponse sociétale à la violence urbaine insérée dans une politique intégrale de protection des droits sociaux et économiques des jeunes

La violence qualifiée de *kuluna* est gérée sur un modèle uniquement étatique dominé par une idéologie sécuritaire, tendant à éloigner les jeunes de leur milieu de vie par un emprisonnement à exécuter parfois dans une prison autre que celle de Kinshasa.

Mais peu de temps après l'exécution de la peine d'emprisonnement, l'administration pénitentiaire « vomit » les jeunes sous la forme de libération conditionnelle, et ils finissent par regagner leur milieu de vie et reprennent les mêmes conduites pour lesquelles ils avaient été condamnés. L'analyse de cette forme de violence semble dépasser le niveau comportemental individuel pour impliquer une partie du corps social (famille, quartier, État, milieu professionnel…).

[60] Entendez le Ministre de la Justice.

A. Nécessité d'une politique criminelle participative ou intégrée axée sur le renforcement de l'insertion sociale des jeunes plutôt que sur l'exclusion

Le constat de l'inefficacité de la gestion pénale de la violence des jeunes milite pour une politique de gestion plus sociétale, qui traduit un projet global de gestion de cette violence en concertation entre l'Etat (Ministère de l'Intérieur) avec les autres acteurs sociaux aussi bien du monde associatif que du monde économique pour envisager une politique intégrée de sécurisation des populations des quartiers précarisés de la ville, particulièrement les jeunes, notamment par la création d'emplois ou le renforcement de leur sécurité économique, afin de refonder le lien citoyen ou la citoyenneté d'un État de droit. Car cette forme de violence cause une rupture du lien citoyen, par la non-garantie des droits sociaux et économiques de certaines couches de la population.

Christine LAZERGES précise que « proposer une politique criminelle participative, c'est tirer les conséquences de l'impérieuse nécessité de relais autre que la police, serait-elle de proximité, ou que la justice, serait-elle en mesure de répondre à la demande sociale, pour rendre crédible et effectif un projet de politique criminelle, élaboré par le pouvoir exécutif et le pouvoir législatif. Associer le plus grand nombre d'acteurs à la mise en œuvre de la politique criminelle est une nécessité, non pas, parce qu'idéologiquement on opterait pour moins d'Etat, mais pour enrayer le délitement du lien social et réveiller la citoyenneté »[61].

Les ceintures sont des structures « informelles », elles fonctionnent au gré des acteurs et ne sont soumises à aucune norme administrative comme le seraient d'autres structures des jeunes qui sont enregistrées au niveau des instances administratives. Bien que l'on puisse critiquer à un certain moment le contexte de collaboration entre les clubs et les autorités communales voire même provinciales, marqué par l'accaparement des jeunes pour des intérêts politiciens, on ne pourra cependant pas renier l'importance que revêt l'identification de groupes de jeunes si l'on veut envisager leur encadrement.

Un intervenant sur le terrain observait :

> « *La commune ne maîtrise pas les effectifs des organisations des jeunes dans son ressort, celles qui sont enregistrées ce sont des sources de financement pour elle. Vous savez, nous sommes en contact souvent avec des jeunes qui se plaignent de ne pas participer à certaines activités organisées par la commune, simplement parce qu'ils ne sont pas de l'obédience de l'autorité, car ces jeunes ne veulent pas le servir...* ».

---

[61] Ch. LAZERGES, *Introduction à la politique criminelle*, Paris, L'Harmattan, 2000 (quatrième de couverture).

B. Nécessité d'une politique criminelle de sécurité des droits des jeunes

L'enjeu d'une gestion efficace de ces formes de violence urbaine est de taille, car il s'agit de consolider l'État de droit. En effet, dans le contexte de la Constitution du 18 février 2006, qui garantit les droits fondamentaux des citoyens sur la base du principe de non-discrimination, la réponse étatique à la violence urbaine des jeunes ou aux situations qualifiées de délinquance ou de criminalité devra traduire le « garantisme positif » dont parle Alejandro Baratta[62]. Le garantisme positif prône une politique de sécurité des droits des populations précarisées ou vulnérables, notamment les jeunes en difficulté.

Dans cette optique, la politique criminelle de gestion de la violence urbaine des jeunes devra être une politique des droits des jeunes impliqués dans la production de cette violence. Une telle politique de sécurité des droits se dissout dans la politique sociale et économique ayant pour but de renforcer les droits sociaux et économiques des populations vulnérables, dont les jeunes. Ce qui suppose notamment un emploi stable et une rémunération suffisante, deux priorités qui restent au cœur des attentes des acteurs sur le terrain. Dès lors, l'emploi est perçu comme un instrument susceptible d'assurer l'autonomie des familles et par-dessus tout, du jeune. Le jeune Godé en faisait référence dans ces termes :

> « *le papa ne travaille plus, depuis le pillage, il ne fait rien, c'est maman qui se cherche (koluka luka), elle se débrouille, tout le monde se débrouille (article 15), ... il n'y a pas de boulot... s'il y avait du travail, je ne sais pas... mais moi je suis un homme, plein d'énergie (konzo), capable de travailler, mais le travail ne vient pas* ».

Il s'agit donc de mettre en place une vraie politique d'emploi sans laquelle toute action menée serait vaine. Un emploi qui soit stable, comme le souhaite un jeune, Lolo : « Oui, le travail c'est ton père, c'est aussi ta mère (*mosala eza tata pe mama*) », c'est dire qu'il doit répondre à toutes les situations « malheureuses », qui se sont développées dans sa vie et qui contribuent à sa déstabilisation sociale. L'importance des bas revenus d'activité est perceptible dans la montée de la précarité des conditions de vie des salariés, ainsi que déclarait un commissaire de police : « ce que nous gagnons est insuffisant, vous le savez et tout le monde le sait...oui ce n'est pas seulement nous, tout le monde pleure... ». Il n'est pas imaginable que la question salariale soit oubliée.

---

[62] A. BARATTA, « Droits de l'homme et politique criminelle », *Déviance et société*, 1999, vol. 23, n° 3, pp. 248-249.

Deuxième partie

Les secteurs économique, minier et foncier à l'épreuve des droits l'homme et de la souveraineté permanente de l'état congolais sur ses ressources naturelles

Le renouveau des droits de l'homme a également marqué les législations congolaises et les pratiques des acteurs en matières économique, foncière et minière. Les droits de l'homme au sens large[1] sont à la fois source d'inspiration des réformes législatives en la matière et instrument de légitimation, voire même le terreau de contestation, des idéologies qui, sur le terrain, s'affrontent, à savoir, d'une part, l'idéologie capitaliste portée par les acteurs de l'économie mafieuse de guerre, principalement les sociétés transnationales qui, obsédés par l'accumulation de l'argent ou des profits à tout prix, alimentent les conflits, détruisent l'État en vue de tout privatiser, dévastent la nature et les êtres humains et, d'autre part, l'idéologie sociale - humaniste qui tente, quant à elle, de remettre l'homme, la nature, les peuples, l'Etat et les droits fondamentaux de ceux-ci au centre du développement. Le secteur économique congolais, notamment les secteurs miniers et foncier, sont marqués par la confrontation entre ce que le professeur Jean Ziegler appelle d'une part, « les nouveaux maitres du monde » à savoir les « sociétés transnationales, opérateurs du commerce mondial [...] les mercenaires qui les servent au sein de l'OMC, de la Banque mondiale et du FMI et « ceux qui leur résistent », à savoir la « société civile planétaire »[2].

On en trouve une parfaite illustration dans l'analyse du professeur Lwango Mirindi qui tient les droits de l'homme pour un couteau suisse dans la législation économique de la R.D. Congo. Pour cet auteur, les vrais mobiles à la base de la proclamation, souvent implicite et parfois explicite, des droits de l'homme dans la législation économique congolaise ont été quelques fois sincères et fréquemment simulés pour masquer la volonté de prédation des richesses du pays. Le rôle actif des « nouveaux acteurs », à savoir les ONG ou la société civile

[1]A savoir les droits civils et politiques, les droits économiques sociaux et culturels et les droits collectifs que sont le droit à la paix, le droit à la sécurité, le droit à un environnement sain et le droit au développement.

[2] Voy. Jean Ziegler, Les Nouveaux maîtres du monde et ceux qui leur résistent, Paris, Seuil, 2015.

en général, locale et internationale, aussi bien dans l'élaboration que dans le suivi de la mise en œuvre des législations économiques éviterait que les droits de l'homme ne soient plus ce couteau de poche multifonction, au service des gouvernants et des « nouveaux maîtres », pour faire triompher leurs objectifs inavoués.

L'analyse percutante du professeur Balingene a montré à quel point les activités minières au Kivu s'inscrivent dans la logique de la domestication du libéralisme économique mondial en RDC. La privatisation ou le désengagement significatif de l'Etat du secteur minier au profit des privés s'est accompagnée du désordre, source de multiples violations graves et massives des droits de l'homme, spécialement du droit à la paix et à la sécurité, du droit à la santé, du droit à un environnement sain et du droit au développement garantis par la Constitution. L'incapacité de l'Etat à remédier à ces violations et à contrer les effets pervers de la libéralisation sont liés à sa fragilisation ou sa destruction résultante d'une part de son incapacité à assurer le contrôle effectif du territoire et, d'autre part, de la déterritorialisation de ses capacités internes d'action. La conclusion est implacable : la libéralisation du secteur minier au Kivu ne peut être exempte de violations des droits de l'homme quand l'Etat est défaillant à exercer son autorité territoriale. Et quand bien même il en aurait la volonté, son incapacité à contrôler les rapports extraterritoriaux liés aux activités minières est insurmontable, précisément parce que dans le contexte de la libéralisation, des réseaux mafieux liés aux groupes armés locaux instrumentalisés entrent en jeu pour l'empêcher de se relever et s'enrichissent aux dépens du peuple congolais. Dans ce contexte, le respect des droits humains devient largement illusoire… Faut-il capituler ?

Si par la révision du Code minier en mars 2018, l'Etat tente de reconquérir sa souveraineté sur ses ressources minières, faisant ainsi un retour au « libéralisme capitaliste contrôlé », l'étude émet des doutes sur le potentiel de cette révision à résoudre efficacement la nébuleuse question de violations des droits de l'homme liées aux activités minières des personnes privées dans le Kivu, tant la logique libérale est méticuleusement préservée. Bien qu'il soit trop tôt de juger de l'efficacité d'un texte qui n'a pas encore subi l'épreuve du temps, au regard de ce qui précède, il est permis d'affirmer que le Code minier a été revu mais non corrigé… !

L'étude montre que l'avenir réside dans l'application du principe de la souveraineté permanente de la RDC sur ses ressources naturelles. L'hypothèse, déjà tentée, de la suspension des activités minières au Kivu jusqu'au rétablissement de l'ordre et de la sécurité est explorée, ainsi que celle de l'établissement du monopole limité d'exploitation minière au profit de l'Etat (à travers la Banque centrale du Congo et ses agences en Province par exemple) ou de la création d'un procureur spécial en matière minière…

Par ailleurs, en matière foncière la remarquable contribution du professeur Kalambayi, *Au-delà de la loi du 20 juillet 1973, Origine et fondement des droits fonciers en R. D. Congo* établit la différence entre le régime foncier colonial et le régime foncier post colonial et met en lumière, dans une approche historique, la volonté soutenue du Congo indépendant de reconquérir sa souveraineté sur son sol et son sous-sol en vue de son développement économique et le bien-être de son peuple. Hélas, les fruits n'ont pas tenu la promesse des fleurs. Néanmoins, la résistance à la « privatisation » du sol reste manifeste : l'Etat est l'unique propriétaire foncier et donc l'unique pouvoir concédant. La « concession perpétuelle » est néanmoins instaurée en faveur des personnes physiques de nationalité congolaise. La loi du 20 juillet 1973 dans laquelle l'on perçoit aisément les thèses du dédicataire demeure un monument juridique. Certes il demeure des problèmes juridiques à résoudre dont le statut des terres des communautés locales. Et au-delà, la modification du mode cultural avide d'espaces. Sur ce dernier point, le système de paysannat agricole qui a fait ses preuves à l'époque coloniale pourrait encore inspirer... Si le foncier colonial a permis au Congo belge de produire et d'exporter, le foncier actuel peut encore mieux le faire sans « exproprier » l'Etat…

Les thèses souverainistes des professeurs Balingene, dans le secteur minier, et Kalambayi, en matière foncière, sont-elles compatibles avec le besoin d'attirer l'investissement direct étranger, dont l'impact sur la promotion des droits économiques, sociaux et culturels en R. D. Congo est questionné par M. Jean Paul Mushagalusa.

Les activités minières et le respect des droits de l'homme au Kivu

Par BALINGENE KAHOMBO*

INTRODUCTION

Le Kivu est une région de l'Est de la République Démocratique du Congo (RDC), qui inclut le Nord et le Sud Kivu, à l'exclusion notable de la province du Maniema.[1] Il regorge d'importants minerais rares mais nécessaires au développement économique et industriel mondial, dont l'or, le diamant, le lithium et les 3T, à savoir l'étain (dérivé de la cassitérite), le tungstène (dérivé du wolframite) et le tantale (dérivé du colombo-tantalite ou coltan). Au lieu que leur exploitation se fasse en toute légalité et renfloue les caisses de l'Etat, appelé à répondre aux besoins socio-économiques des citoyens, ce qu'on constate c'est la malédiction des ressources naturelles. Cette malédiction se traduit par la prolifération des conflits armés interminables et la mondialisation de la criminalité, y compris le « pillage systématique ».[2] Il y aurait déjà eu des millions de morts, du moins pour toute la RDC.[3] Aussi cette étude part-t-elle du postulat selon lequel dans le Kivu, il existe une tension entre les activités minières et le respect des droits de l'homme. Le pays aurait battu tous les records de violations graves et massives des droits humains depuis la fin de la seconde guerre mondiale à telle enseigne qu'un auteur a ironisé en lui décernant, en 2017, « Le Prix Nobel du génocide ».[4]

---

* Professeur à la Faculté de Droit de l'Université de Goma, Conseiller juridique à la Cour constitutionnelle.

[1] La province du Maniema a été définitivement détachée du Kivu après en avoir fait partie intégrante entre 1933 et 1962, puis entre 1967 et 1988. Voir L. DE SAINT-MOULIN, « Histoire de l'organisation administrative du Zaïre », *Zaïre-Afrique*, n° 224, avril 1988, p.197 ; S. BUCYALIMWE MARARO, « Kinshasa et le Kivu depuis 1987: une histoire ambigüe », *L'Afrique des Grands Lacs - Annuaire 2004–05,* p.161.

[2] L'expression est empruntée du Groupe d'experts des Nations unies sur l'exploitation illégale des ressources naturelles et autres formes de richesses de la RDC. Voir Conseil de sécurité, 'Rapport du Groupe d'experts des Nations unies sur l'exploitation illégale des ressources naturelles et autres formes de richesses de la République démocratique du Congo' (S/2001/357), 12 avril 2001, para.5.

[3] Haut-Commissariat des Nations Unies aux Droits de l'Homme, 'Rapport du Projet Mapping concernant les violations les plus graves des droits de l'homme et du droit international humanitaire commises entre mars 1993 et juin 2003 sur le territoire de la République démocratique du Congo' (août 2010), para.15 <http://www.ohchr.org/Documents/Countries/CD/DRC_MAPPING_REPORT_FINAL_FR.pdf> 15 mars 2019.

[4] P. NDUME PELÉ NZOGU, *Le Prix Nobel du génocide - Cas de la Rd-Congo - Tome 1*, Paris, Éditions Edilivre, 2017.

Toutefois, ce lien entre les activités minières et les violations des droits de l'homme n'est pas un problème nouveau, ni singulier au Kivu. Il fait l'objet de débat depuis fort longtemps au sein de l'Organisation des Nations Unies (ONU).[5] C'est aussi l'axe principal d'analyse du Groupe d'experts des Nations unies sur l'exploitation illégale des ressources naturelles et autres formes de richesses de la RDC,[6] institué le 2 juin 2000.[7] Cet axe d'analyse est poursuivi par le Groupe d'experts des Nations unies sur la RDC qui lui a succédé en 2004 avec pour mandat de surveiller la mise en œuvre de l'embargo sur les armes, imposé par le Conseil de sécurité.[8] A cet égard, la Bolivie a récemment déclaré :« le contrôle et l'exploitation des ressources naturelles, ainsi que l'accès à ces ressources, favorisent le déclenchement, l'intensification et la poursuite des conflits armés, les invasions illégales et les renversements de gouvernement, provoquant des catastrophes humanitaires et ayant des effets à long terme pour la gestion des lendemains de conflit ».[9] Il semble que « plus de 60% des conflits armés internes de ces soixante dernières années ont été liés de près ou de loin aux ressources naturelles ».[10]

L'objet de cette étude est d'expliquer les contours de cette tension et de voir ce que la RDC pourrait faire, à l'interne, pour y mettre fin. Il existerait un véritable paradoxe des droits de l'homme au Kivu, entre la profusion des règles et leur irrespect généralisé. Comment ce paradoxe s'articule-t-il concrètement ?

---

[5] Voir A. WESTING, *Global Resources and International Conflict*, Oxford, Oxford University Press, 1986 ; Commission mondiale de l'environnement, *Notre avenir à tous*, Rapport Brundtland, 1987.

[6] Voir Conseil de sécurité, note 2 ; Conseil de sécurité, 'Rapport du Groupe d'experts des Nations unies sur l'exploitation illégale des ressources naturelles et autres formes de richesses de la République démocratique du Congo' (S/2002/1146), 16 octobre 2002 ; Conseil de sécurité, 'Rapport du Groupe d'experts des Nations unies sur l'exploitation illégale des ressources naturelles et autres formes de richesses de la République démocratique du Congo' (S/2003/1027), 23 octobre 2003.

[7] BALINGENE KAHOMBO, *L'Afrique des grands lacs: la paix recherchée dans l'incohérence de l'action de la communauté internationale*, Saarbrücken, Editions universitaires européennes, 2015, p.173.

[8] S/RES/1493 (2003), 28 juillet 2003, paras.20-22 ; S/RES/1533 (2004), 12 mars 2004, paras.9-10 ; S/RES/1596 (2005), 18 avril 2005, paras.1-2, 4 et 6.

[9] Conseil de Sécurité, 'Annexe à la lettre datée du 9 octobre 2018 adressée au Secrétaire général par le Représentant permanent de l'État plurinational de Bolivie auprès de l'Organisation des Nations Unies –Note de cadrage pour la réunion d'information du Conseil de sécurité sur le thème : « Maintien de la paix et de la sécurité internationales : causes profondes des conflits – le rôle des ressources naturelles », qui se tiendra le 16 octobre 2018' (S/2018/901), para.1 ; Programme des Nations unies pour l'environnement, *Du conflit à la consolidation de la paix :le rôle des ressources naturelles et de l'environnement,* ONU, Nairobi, 2009, pp.5 et 20.

[10] BEN CRAMER, 'L'Afrique des minerais stratégiques : du détournement des richesses à la culture de la guerre', les rapports du GRIP 2018/8, Bruxelles, 2018, p.8.

L'analyse repose sur le « droit congolais des droits de l'homme »,[11] depuis qu'il a été renforcé par la Constitution du 18 février 2006 et le Code minier de 2002 tel que révisé en mars 2018. Pourtant, l'efficacité de ce droit ne semble pas encore être au rendez-vous. En témoigneront quelques exemples provenant notamment de territoires de Kalehe et Shabunda (Sud-Kivu) ainsi que de Walikale et Masisi (Nord-Kivu), qui démontrent tous l'existence d'une jungle où les droits des citoyens, devenus dépendants de l'extraction minière, sont mis à l'épreuve de la conquête des compagnies minières et des groupes mafieux à la solde de gros intérêts économiques nationaux et étrangers. Quels sont, dès lors, les facteurs explicatifs d'une telle situation du point de vue de la sociologie du droit ? L'hypothèse de travail privilégie la privatisation du secteur minier, qui relève du triomphe du libéralisme économique mondial, couplée avec la défaillance du rôle régalien de contrôle de l'Etat. L'argument central est que ces deux facteurs, étant irréconciliables par nature, favorisent l'irrégularité des activités liées « à la recherche, à l'exploitation minière et au traitement et/ou transformation des substances minérales, y compris les travaux de développement, de construction et d'infrastructure »,[12] et à la commercialisation des produits miniers. Partant de ce diagnostic, la conclusion suggère quelques pistes juridiques de normalisation qu'il convient d'explorer en vue de concilier le contrôle des activités minières et le respect des droits humains.

I. Le paradoxe des droits humains

En principe, le secteur minier du Kivu n'est pas un espace de non-droit. Si l'on fait fi des règles du droit international, les activités minières au Kivu sont soumises au respect des droits de l'homme. L'irrespect de ceux-ci constitue donc une délinquance que l'Etat se montre jusque-là incapable d'éradiquer.

A. La profusion des règles plus ou moins robustes

Le tournant décisif est intervenu avec la mise en vigueur de la Constitution de 2006. La volonté d'éliminer toute zone de non-droit est bien réelle puisque la Constitution réaffirme le principe de territorialité absolue, héritée de la Constitution de la transition de 2003, mais avec une légère amélioration dépassant la simple extension « à tous les citoyens »[13] pour inclure « toute personne ». A cet égard, l'article 60 de la Constitution de 2006 dispose : « Le respect des droits de l'homme et des libertés fondamentales consacrés dans la

---

[11] NGONDANKOY NKOY –EA –LOONGYA, *Droit Congolais des Droits de l'Homme*, Bruxelles, Academia/Bruylant, 2004.

[12] Article 1er alinéa 2 de Loi n°18/001 du 09 mars 2018 modifiant et complétant la Loi n° 007/2002 du 11 juillet 2002 portant Code minier.

[13] Constitution de la transition du 4 avril 2003, article 61: « Le respect des droits de l'Homme et des libertés fondamentales consacrés dans la présente Constitution s'impose à tous les citoyens et aux pouvoirs publics ».

Constitution s'impose aux pouvoirs publics et à toute personne ». Dès lors, le débat des internationalistes sur le risque d'inapplicabilité des droits de l'homme liant un Etat aux acteurs non-étatiques et à des zones grises,[14] qui échapperaient à son contrôle effectif, n'a plus d'intérêt pour le constitutionaliste. Toute personne se trouve obligée de respecter ces droits au profit des bénéficiaires (congolais ou tout autre sujet) du seul fait de son lien avec le territoire congolais, soit de par sa nationalité, soit parce qu'elle y réside, soit encore parce qu'elle y mène ses activités, y compris dans le secteur minier. Il convient d'ajouter aux principes constitutionnels les règles, diverses par leurs sources, qui sont destinées à en assurer la mise en œuvre. A cet égard, deux groupes de droits fondamentaux paraissent être les plus significatifs pour cette étude.

1. Le droit à la paix et à la sécurité, le droit à la santé et le droit à un environnement sain

Tous ces droits n'ont pas la même extension. Le droit à la paix et à la sécurité est un droit catégoriel, qui est réservé aux congolais. L'article 52 (1) de la Constitution prescrit que « tous les congolais ont droit à la paix et à la sécurité tant sur le plan national qu'international ». Les étrangers en sont étonnamment exclus. Pourtant, ils ne seraient pas moins couverts par le même droit, collectif par nature, qui est réservé aux peuples par la Charte africaine des droits de l'homme et des peuples (ci-après Charte africaine). Il est désormais admis que le concept « peuple » désigne soit la population d'un Etat, soit un groupe ethnique ou national, soit encore une minorité ou une communauté homogène des personnes partageant la même identité,[15] à condition que les groupes infra-étatiques ne remettent pas en cause la souveraineté et l'intégrité territoriale de l'Etat, le droit à la sécession n'étant pas consacré.[16] Il est clair que pour faire partie de la population d'un Etat et jouir du droit des peuples à la paix et à la sécurité aux termes de l'article 23 de la Charte africaine, le lien de nationalité est immatériel, car il peut s'agir aussi bien des nationaux que des étrangers.

Dans le contexte congolais, il ne saurait y avoir de conflit entre les deux régimes juridiques. D'une part, la Charte africaine lie la RDC qui l'a dûment ratifiée. Par conséquent, elle fait partie des sources formelles du droit positif congolais.[17] D'autre part, la territorialité absolue reste d'application puisque la

---

[14] ANTAL BERKES, 'Les « zones grises » : la protection des droits de l'homme dans les zones hors du contrôle effectif de l'Etat', thèse de doctorat en droit, Université de Paris 1 Panthéon-Sorbonne, 2015, pp.5-10.

[15] R. MURRAY, *The African Commission on Human and Peoples' Rights and International Law*, Oxford, Hart Publishing, 2000, p.105.

[16] *Congrès du Peuple Katangais c. Zaire,* CADHP, Comm.75/92, 8ème Rapport d'activités (1994-1995), paras.3-5 ; *Commission africaine des droits de l'homme et des peuples c. République du Kenya*, Cour africaine des droits de l'homme et des peuples, requête n°006/2012, arrêt du 26 mai 2017, para.199.

[17] A rticles 153 alinéa 4 et 215 de la Constitution du 18 février 2006.

Constitution renvoie à la Charte africaine.[18] De ce fait, on peut raisonnablement considérer que celle-ci contient des règles qui rentrent dans la catégorie des droits de l'homme constitutionnellement consacrés. Cette approche est renforcée par la conventionalité des actes inférieurs (actes législatifs et réglementaires) qui est indirectement exercée dans le cadre du contrôle de constitutionnalité, comme en témoigne l'arrêt du 11 août 2011 relatif à l'*appréciation de la conformité à la Constitution de la Loi portant suppression de la peine des travaux forcés.*[19]

A l'inverse, le droit à la santé et le droit à un environnement sain sont consacrés au profit de toute personne.[20] Le concept « environnement », en particulier, désigne un « ensemble des éléments naturels ou artificiels et des équilibres biologiques et géochimiques auxquels ils participent, ainsi que ces facteurs économiques, sociaux et culturels qui favorisent l'existence, la transformation et le développement du milieu, des organismes vivants et des activités humaines ».[21] L'Etat se voit obligé de veiller à sa protection et « à la santé des populations ».[22]

Dans le secteur minier, tous ces droits peuvent être différemment rendus effectifs. Concernant le droit à la paix et à la sécurité, il existe, d'abord, l'interdiction générale à tout individu ou groupe d'individus de mener des activités subversives ou terroristes contre l'Etat congolais ou, à partir de celui-ci, contre un pays étranger.[23] La subversion devrait être entendue au sens de la Déclaration d'Accra de 1965,[24] telle que consolidée par le Pacte de non-agression et de défense commune de l'Union africaine.[25] Ainsi, toute activité des groupes armés qui exploitent des minerais au Kivu pour financer leurs opérations hostiles

[18] *Ibid.*, préambule, para.6.

[19] Cour suprême de Justice, 19 août 2011, R. CONST.166/TSR, *Requête en appréciation de la conformité à la Constitution de la Loi portant suppression de la peine des travaux forcés*, in E. MUKENDI WAFWANA et al., *Jurisprudence. Cour suprême de justice. Contentieux constitutionnel et législatif*, tome V, Kinshasa, Juricongo, 2011, pp.79-80 ; BALINGENE KAHOMBO, « Mampuya : regards croisés sur le régionalisme africain », *Recht in Afrika – Law in Africa –Droit en Afrique*, vol.19 (2), 2016, p.214.

[20] Articles 47, al. 1, et 53 al. 1, de la Constitution du 18 février 2006.

[21] Loi n°11/009 du 09 juillet 2011 portant principes fondamentaux relatifs à la protection de l'environnement, article 2(16).

[22] Article 53 al. 3 de la Constitution du 18 février 2006.

[23] *Ibid.*, article 52 al. 2.

[24] AHG/Res.27 (II), Déclaration sur le problème de la subversion, Conférence des Chefs d'Etat et de Gouvernement de l'Organisation de l'unité africaine (OUA), 2ème session ordinaire, Accra (Ghana), 21 - 25 octobre 1965.

[25] Pacte de non-agression et de défense commune de l'Union africaine (31 janvier 2005), article 1 (b). Aux termes de cette disposition, par « acte de subversion », on entend « tout acte qui incite, aggrave ou crée une dissension au sein des Etats membres ou entre les Etats membres avec l'intention ou l'objectif de déstabiliser ou de renverser le régime ou l'ordre politique en place, notamment en exacerbant les différends d'ordre racial, religieux, linguistique, ethnique et autres, et ce, en violation avec l'Acte constitutif, la Charte des Nations unies et la Déclaration de Lomé ».

à la RDC ou aux pays voisins est subversive. Ceux qui entrent en relation d'affaire avec eux, qu'ils soient congolais ou étrangers, n'en sont pas moins condamnables, qu'il s'agisse des Etats ou des personnes privées. Ensuite, la sécurité implique la protection des personnes au travail sur le site minier,[26] non seulement contre les atteintes à leur intégrité physique par des violences mais aussi contre des risques d'accident du travail, par exemple contre les éboulements. Le droit à la santé implique la protection contre les risques de contamination par des substances toxiques et des maladies pouvant résulter de l'extraction minière.[27] Quant au droit à l'environnement sain, il implique la réalisation d'une étude d'impact environnemental au préalable de l'octroi de tout droit minier et/ou de carrière et des enquêtes de conformité environnementale par la suite.[28]

Il faut noter l'existence de deux règles opératoires importantes. D'une part, il pèse sur le titulaire du droit minier et/ou de carrière l'obligation de réparer les dommages causés aux personnes, aux biens et à l'environnement par ses activités minières, y compris les cas de maladies et les contaminations.[29] Il s'agit, en partie, de la mise en œuvre législative du principe du pollueur payeur prévu à l'article 54 (2) de la Constitution.[30] Aux termes de l'article 285 quinquies du Code minier révisé, l'action en réparation est, à cet égard, imprescriptible. D'autre part, il y a la pénalisation des droits humains, en ce sens que quiconque se livre à l'exploitation ou à la commercialisation des produits miniers provenant d'un site où « une contravention des lois sur la protection des droits humains, des droits de l'enfant, ou des droits de la femme a fait l'objet d'un constat par procès-verbal d'une autorité compétente » est punie d'une forte amende.[31] Ce formalisme est tout de même déplorable parce que le constat est censé avoir lieu avant ou au moment de la réalisation de l'exploitation ou de la commercialisation illicite. Or, dans le contexte des zones grises, il est fort possible que l'autorité ne soit en mesure de faire son constat que *post facto*. Ce qui ferait manquer à l'infraction un élément légal pour son établissement. Ainsi, la victime n'aurait d'autre choix que de se rabattre sur l'action en réparation du dommage subi.

---

[26] Voir aussi Article 159 de la Loi n°015/2002 du 16 octobre 2002 portant Code de Travail.

[27] Loi n°18/001 du 09 mars 2018 modifiant et complétant la Loi n° 007/2002 du 11 juillet 2002 portant Code minier, article 185 quater (2).

[28] Loi n° 007/2002 du 11 juillet 2002 portant Code minier telle que complétée et modifiée par la Loi n°18/001 du 09 mars 2018, articles 42 et 288 bis.

[29] Loi n°18/001 du 09 mars 2018 modifiant et complétant la Loi n° 007/2002 du 11 juillet 2002 portant Code minier, articles 285 bis, 285 ter et 285 quater (1).

[30] Cet article dispose : « Toute pollution ou destruction résultant d'une activité économique donne lieu à compensation et/ou à réparation ».

[31] Loi n°18/001 du 09 mars 2018 modifiant et complétant la Loi n° 007/2002 du 11 juillet 2002 portant Code minier, article 299 bis.

2. Le droit au développement

Il appartient à la RDC de garantir le « droit au développement »,[32] non seulement en le promouvant mais aussi en le protégeant. Sur le plan conceptuel, c'est un droit collectif des peuples qui n'a pas uniquement une dimension économique. Il est généralement admis que l'approche quantitative, celle de la réalisation du développement par la croissance économique, doit désormais faire ménage avec l'approche sociale, celle du développement par l'amélioration de la qualité de vie des populations, notamment l'accès à l'éducation, à la santé, à l'eau, à l'électricité et à la justice. C'est l'approche du droit au développement humain. Toutefois, la situation sur le terrain est accablante. Dans son rapport de 2016, dont les conclusions restent d'actualité au regard de son rapport de 2018,[33] la Bertelsmann Stiftung souligne : Selon la Banque mondiale, 31 % des Congolais ont accès à des installations sanitaires et 47 % à des sources d'eau (2012); cependant, ces chiffres sont beaucoup plus faibles dans les zones rurales.

La scolarité en milieu rural est soit extrêmement déficiente, soit totalement déficiente. Dans de nombreuses régions du pays en proie à des conflits, l'accès aux infrastructures de santé est inexistant ; s'il y a des établissements de santé, la plupart ne sont pas fournis par le Gouvernement, mais par des organisations privées et/ou humanitaires. Même les grandes villes, comme Bukavu au Sud-Kivu, n'ont pas de brigades d'incendie ni d'ambulances gérées par le Gouvernement. Les grands programmes de reconstruction, y compris les « cinq chantiers » promis à Kabila et le Plan de stabilisation et de reconstruction de la RDC (STAREC), ont donné des résultats très limités.[34]

Bien qu'il soit fondé sur la Constitution, le droit au développement, qui est aussi prévu à l'article 24 de la Charte africaine, peut être lu à la lumière de la jurisprudence régionale africaine pour en saisir une autre dimension, culturelle. La Commission africaine des droits de l'homme et des peuples l'a soulignée dans

---

[32] Constitution du 18 février 2006, article 58 (2).

[33] Bertelsmann Foundation, 'BIT 2018: Congo, DR Country Report', 2018, p.4 <https://www.bti-project.org/en/reports/country-reports/detail/itc/COD/> 26 mars 2019.

[34]Bertelsmann Foundation, 'BIT 2016: Congo, DR Country Report', 2016, p.9 <www.bti-project.org/fileadmin/files/BTI/Downloads/Reports/2016/pdf/BTI_2016_Congo_DR.pdf > 25 mars 2019. Le texte original se lit comme suit: « According to the World Bank, 31% of Congolese have access to sanitation facilities and 47% to water sources (2012); however, these numbers are much lower in rural areas. Schooling in rural areas is either extremely deficient or lacking altogether. In many conflict-ridden parts of the country, access to health infrastructure is nonexistent; if there are health facilities, most are not provided by the government but by private and/or humanitarian organizations. Even large cities, such as Bukavu in South Kivu, have no fire brigades or government-run ambulances. Major reconstruction programs, including Kabila's promised "cinq chantiers" and the Stabilization and Reconstruction Plan for DRC (STAREC), have produced very limited results ».

l'affaire *République Démocratique du Congo c. Burundi, Rwanda et Ouganda.*[35] En l'occurrence, les atteintes aux valeurs culturelles protégées, telles que les rites funéraires des populations, violent ce droit. Cette jurisprudence a été confirmée dans l'affaire dite de *Kilwa.*[36] Bien évidemment, le fait que le droit au développement soit collectif « ne fait pas obstacle à l'exercice de ce droit par les individus »,[37] la dimension collective devant toujours se conjuguer avec l'aspect personnel.

Dans le contexte minier du Kivu, il existe trois principaux mécanismes pouvant aider à rendre effectif le droit au développement ou à le protéger, car « tous les congolais ont le droit de jouir des richesses nationales ».[38] Tout d'abord, il y a la clé de répartition des redevances minières payées à l'Etat. Aux termes de l'article 242 du Code minier révisé, ces redevances doivent être partagées dans le rapport de 50% pour le Gouvernement central, 25% pour la province concernée, 15% pour la ville ou le territoire où cette exploitation a lieu et 10% pour le Fond minier pour les générations futures. Le fond ainsi payé aux entités administratives (ville ou territoires) « sont affectés exclusivement à la réalisation des infrastructures de base d'intérêt communautaire ».[39]

Ensuite, il y a la préservation des droits des « communautés locales affectées par les activités minières ». Cette approche, qui relève de la responsabilité sociétale des entreprises (RSE), n'est pas singulière au secteur minier, mais s'étend aux communautés locales affectées par l'exploitation d'autres types de ressources naturelles dont les forêts.[40] Dans son avis du 15 avril 2019, la Commission nationale des droits de l'homme (CNDH) a indiqué que la RSE implique le devoir des sociétés minières et forestières d'intégrer dans leur

---

[35] *République Démocratique du Congo c. Burundi, Rwanda et Ouganda, CADHP*, Comm. 227/1999, 20ème Rapport d'activités (janvier-juin 2006), para.87.

[36] *Institute for Human Rights and Development in Africa et autres c. République Démocratique du Congo*, CADHP Comm.393/10, 41ème Rapport d'activités (mai – novembre 2016), para.143.

[37] *Ibid.*, para.142.

[38] Constitution du 18 février 2006, article 58 (1).

[39] Loi n° 007/2002 du 11 juillet 2002 portant Code minier telle que complétée et modifiée par la Loi n°18/001 du 09 mars 2018, article 242 (2). L'auteur estime que cette disposition est encore en vigueur pour plusieurs raisons. D'abord, la révision du Code minier en mars 2018 n'a concerné, en réalité, que le premier alinéa de l'article 142 ancien du Code minier. Ensuite, le législateur ne mentionne pas l'alinéa 2 de l'article 142 ancien parmi les dispositions abrogées par la loi de révision du Code minier de mars 2018 (voir article 31(1)). Enfin, cette loi précise explicitement que toutes les autres dispositions du Code minier de 2002 qui lui sont contraires sont abrogées ; or, l'alinéa 2 de l'article 142 ancien n'ayant pas été touché, on saurait non plus conclure qu'il est devenu contraire à ladite loi.

[40] P. PUNGA KUMAKINGA, « La gestion du secteur forestier en République Démocratique du Congo : esquisse du bilan de la réforme de 2002 à partir de l'exemple de la province de l'Equateur », *Librairie africaine d'études juridiques*, vol.15, 2013, pp.11-13.

politique managériale non seulement l'amélioration de la vie et des conditions de travail de leur personnel, mais aussi la promotion du développement des zones dans lesquelles elles opèrent.[41] Par définition, une communauté locale c'est la « population traditionnellement organisée sur la base de la coutume et unie par les liens de la solidarité clanique ou parentale qui fonde sa cohésion interne. Elle est caractérisée, en outre, par son attachement au territoire du projet minier ».[42] Visiblement, il ne peut s'agir que d'une tribu environnante ou d'une partie de celle-ci, même si elle vit sur son territoire en symbiose avec des personnes n'appartenant pas coutumièrement à la communauté.

D'une part, les exploitants miniers sont tenus de réaliser des projets de développement des infrastructures économiques et des services sociaux au profit des communautés locales,[43] comme la construction des écoles, des centres de santé et des hôpitaux ou encore des routes d'intérêt local. Cette obligation devrait être précisée dans le cahier des charges convenu avec la communauté locale concernée et approuvé par le Gouvernement provincial du lieu du projet minier.[44] Toutefois, la dotation consacrée auxdits projets de développement est imposée par le législateur au titulaire du droit minier et/ou de carrière. Aux termes des articles 258bis et 285 octies du Code minier révisé, elle est fixée à 0,3% de son chiffre d'affaires de l'exercice en cours duquel elle est constituée. D'autre part, les communautés locales bénéficient d'une panoplie des droits dont le droit aux réparations en cas de déplacement orchestré par le projet minier, le droit à la réinstallation dans un espace qui permette d'atteindre un niveau de vie supérieur à celui du milieu d'origine, le droit à la participation et à l'information nécessaire à l'ensemble du processus d'indemnisation, de compensation et de réinstallation, et le droit au recours.[45]

Enfin, il y a la pénalisation du pillage des ressources naturelles, c'est-à-dire « tout acte, tout accord, toute convention, tout arrangement ou tout autre fait, qui a pour conséquence de priver la nation, les personnes physiques ou morales de tout ou partie de leurs propres moyens d'existence tirés de leurs ressources ou de leurs richesses naturelles ».[46] Un tel pillage devient une infraction de haute trahison lorsqu'il est commis par une personne investie de l'autorité publique.[47]

---

[41] *Avis No.005/AP/CNDH –RDC/2019 –Avis et Propositions de la Commission Nationale des Droits de l'Homme (CNDH) sur la Responsabilité Sociétale des Entreprises d'Exploitation Forestière et Minière en République Démocratique du Congo*, 15 avril 2019, p.5.

[42] Loi n°18/001 du 09 mars 2018 modifiant et complétant la Loi n° 007/2002 du 11 juillet 2002 portant Code minier, article 1 (9 quinquies).

[43] *Ibid.*, article 285 bis.

[44] *Ibid.*, article 285 septies.

[45] Décret n°038/2003 du 26 mars 2003 portant Règlement minier tel que modifié et complété par le décret n°18/024 du 08 juin 2018, Annexe XVIII, Chapitre II, articles 4-8.

[46] Constitution du 18 février 2006, article 56.

[47] *Ibid.*, article 57.

Le législateur a cependant omis d'intégrer cet aspect de la qualité officielle dans l'infraction prévue par le Code minier et de prévoir une peine plus forte que celle qui est attachée au pillage simple des minerais.[48] Dès lors, cette haute trahison devrait constituer une « circonstance aggravante judiciaire »[49] dudit pillage qui autoriserait le juge à appliquer à l'accusé le maximum de la peine prévue.

B. L'épreuve des faits

La valeur des droits humains ne peut bien s'apprécier qu'à l'aune de leur respect. Pourtant, la Constitution de 2006 est systématiquement méconnue, y compris par les autorités qui ont la charge de la faire observer.[50] Dans le secteur minier, Apoli Bertrand Kameni insiste sur le rôle joué par la révolution technologique dans ce drame.[51] Il démontre qu'à chaque étape de l'expansion de cette révolution, la compétition pour l'accaparement des minerais a toujours été à l'origine des conflits, notamment en RDC. L'une des caractéristiques de cette situation contemporaine c'est la concurrence Asie-Occident[52] et l'appauvrissement parallèle de l'Afrique. Christophe Boltanski, quant à lui, se penche sur les effets dévastateurs de « la guerre des ressources » à partir de l'exploitation de la cassitérite au Kivu.[53] Il rapporte l'esclavage auquel seraient carrément soumises les populations locales, y compris des enfants, forcés de creuser, dans des conditions de travail médiocres, pour le bonheur de l'industrie mondiale, en contrepartie des gains de misère qui ne leur permettent que de « renouveler leur force de travail ».[54]

Cette étude ne prétend pas exhumer toutes les violations des droits humains qui se commettent dans le secteur minier au Kivu, mais, au contraire, d'illustrer la problématique du non-respect de la Constitution ou des règles relatives à sa mise en œuvre à partir de quelques cas choisis arbitrairement. La particularité de ces violations réside dans le fait qu'elles privent l'Etat des moyens dont il a besoin pour offrir les services sociaux de base à la population et réaliser le

---

[48] Voir Loi n°18/001 du 09 mars 2018 modifiant et complétant la Loi n° 007/2002 du 11 juillet 2002 portant Code minier, article 311 ter.

[49] NYABIRUNGU mwene SONGA, *Traité de droit pénal général congolais*, 2ème édition, Kinshasa, Editions Universitaires africaines, 2007, p.399.

[50] P. AKELE ADAU, « Réponses pénales au discours du désordre ou au désordre du discours constitutionnel en République Démocratique du Congo : la Cour constitutionnelle à l'épreuve », *Revue Africaine de la Démocratie et de la Gouvernance*, vol. 1 (1-2), 2014, pp.49-52.

[51] APOLI B. KAMENI, *Minerais stratégiques –Enjeux africains*, Paris, Presses universitaires de France, 2013.

[52] *Ibid.*, p.142.

[53] Ch. BOLTANSKI, *Minerais de sang : Les esclaves du monde moderne*, Paris, Gallimard/Folio actuel, 2014.

[54] L. CHOULI, « Note de lecture. Christophe Boltanski, *Minerais de sang : Les esclaves du monde moderne* (Gallimard/Folio actuel, 2014, 338 p.) », *Recherches internationales*, n° 100, juillet-septembre 2014, p.232.

développement. Elles le désorganisent également du fait de l'implication de groupes armés. Les exemples provenant de territoires de Kalehe et Shabunda (Sud-Kivu) ainsi que de Walikale et Masisi (Nord-Kivu) montrent que ces violations sont liées à l'alimentation de la violence et aux conflits entre exploitants miniers et communautés locales.

1. L'alimentation de la violence

Cette thèse est antérieure à la Constitution de 2006 et bien connue à l'ONU.[55] À cet égard, le rapport de 2001 du Groupe d'experts des Nations unies sur l'exploitation illégale des ressources naturelles et autres formes de richesses de la RDC souligne que « les principaux motifs du conflit en RDC sont devenus l'accès à cinq ressources minérales de première importance –colombo-tantalite, diamant, cuivre, cobalt et or –, ainsi que le contrôle et le commerce de ces minerais ».[56] Il renchérit : « un certain nombre de sociétés ont alimenté le conflit directement, échangeant des armes contre des ressources naturelles. D'autres ont facilité l'accès à des ressources financières qui servent à acheter des armes. Certaines sociétés se consacrant au commerce des ressources minérales (…) ont créé un climat propice à l'illégalité dans le cadre des activités d'extraction minière dans le pays ».[57]

La situation qui a prévalu après la mise en vigueur de la Constitution de 2006 ne s'est pas améliorée. Non seulement le panier des ressources qui font l'objet des convoitises s'est étendu avec un regain d'intérêt pour des minerais rares comme la cassitérite, mais aussi des nouveaux acteurs sont entrés en jeu. On note notamment la démultiplication des groupes armés locaux et étrangers. Leur nombre était estimé à soixante-dix en 2015.[58] Ils contrôleraient près de 50% des mines de l'Est de la RDC.[59] Leur rôle serait de trois ordres : offre de la protection aux exploitants miniers et marchands de tout bord ; pillage et vol des minerais ; exploitation directe et commercialisation.[60]

---

[55] P. ASIIMWE, « Report of the UN Panel of Experts on the Illegal Exploitation of Natural Resources of the Democratic Republic of the Congo », *Journal of Energy & Natural Resources Law*, vol.22 (2), 2004, pp.194-200.
[56] Conseil de sécurité, note 2, para.213.
[57] *Ibid.*, para.215.
[58] JASON K. STEARNS et Ch. VOGEL, 'Cartographie des groupes armés dans l'est du Congo', rapport, Groupe de Recherche sur le Congo –Centre sur la coopération internationale, décembre 2015, p.4.
[59] UNEP–MONUSCO–OSESG, 'Experts' background report on illegal exploitation and trade in natural resources benefitting organized criminal groups and recommendations on MONUSCO's role in fostering stability and peace in eastern DR Congo', rapport, 15 avril 2015, para.120.
[60] *Ibid.*, para.96.

On peut, entre autres, citer l'exploitation de l'or dans la rivière *Ulindi*, sans aucune garantie environnementale pour les populations locales, dans le territoire de Shabunda en 2014.

La société chinoise *Kun Hou Mining* a été accusée d'avoir fourni des armes aux miliciens de Raia Mutomboki, 4.000 dollars américains et des provisions alimentaires, en contrepartie de leur protection à l'occasion de l'exploitation de ce minerai.[61] Cette activité criminelle s'est accompagnée du harcèlement et du rançonnement des orpailleurs artisanaux.[62] L'affaire a défrayé la chronique puisque les interpellations effectuées à Bukavu ont pu démontrer l'existence d'une complicité de certaines autorités locales dans la facilitation de la dissimilation des activités de la société chinoise, y compris la vente de l'or aux exportateurs miniers qui l'acheminaient jusqu'à leur filiale établie à Dubaï (Émirats Arabes Unis).[63]

Il faut noter que le territoire de Shabunda continue d'être marqué par la prolifération des violences sexuelles contre les femmes, les meurtres, l'utilisation d'enfants dans les rangs des groupes armés,[64] l'extorsion des mineurs et le pillage des biens de la population.[65] Le comble du malheur en est que ces crimes sont commis ailleurs dans le Kivu, notamment dans le territoire de Masisi au Nord-Kivu.[66] Les unités des forces armées de la RDC sont aussi impliquées dans cette situation. Elles exploitent elles-mêmes les minerais.[67] Elles extorquent les citoyens, au lieu de les protéger, en rackettant les creuseurs ou en faisant payer des taxes illégales aux négociants selon la valeur des minerais extraits, comme c'est le cas à Kalungu dans le territoire de Kalehe.[68]

En fait, le désordre et la criminalité semblent profiter à tout le monde. Mais les estimations sur le partage de la manne financière générée par les minerais congolais sont effroyables. Les groupes armés gagneraient seulement 1% de la valeur totale des minerais illégalement exploités ou, exceptionnellement, jusqu'à

---

[61] M. ABDOU MUHIMA, « Etat de droit à l'épreuve de minerais des conflits en République démocratique du Congo : cas de l'affaire Argor-Heraeus Sa et la société chinoise Kun Hou Mining », *KAS african Law Study Library*, vol.4, 2017, pp.599.

[62] *Id.*

[63] *Id.*

[64] Conseil de sécurité, 'Rapport à mi-parcours du Groupe d'experts sur la République démocratique du Congo' (S/2018/1133), 31 décembre 2018, paras.72-83.

[65] *Ibid.*, paras.92-93.

[66] *Ibid.* paras.49-55.

[67] Conseil de sécurité, 'Rapport à mi-parcours du Groupe d'experts sur la République démocratique du Congo créé par la résolution 1533 (2004)' (S/2016/1102), 28 décembre 2016, paras.56 et 60-76.

[68] Centre national d'appui au développement et à la participation populaire (CENADEP), 'La fraude et la contrebande minière dans le territoire de Kalehe (Sud-Kivu) : cas de la chaine d'approvisionnement de Numbi/Lumbishi' (CENADEP, antenne de Bukavu), avril 2018, p.12.

10%, le reste des revenus réalisés étant encaissés par un réseau mafieux, composé d'affairistes d'origines diverses, y compris des multinationales minières occidentales et asiatiques, qui approvisionnent le marché mondial.[69] Ces chiffres fournis par l'ONU ont l'avantage de court-circuiter la rhétorique très répandue selon laquelle seuls les groupes armés seraient en train de se battre au Kivu afin de tirer profit de la présence d'immenses ressources naturelles. La complexité de la mafia existante déborde imparablement le territoire congolais. Elle est facilitée par la fraude massive qui s'organise à travers, notamment, les frontières avec le Burundi, le Rwanda et l'Ouganda, où les produits miniers sont blanchis, selon diverses sources concordantes.[70] A cet égard, le Groupe d'experts des Nations unies sur la RDC a indiqué : « (...) en plus de l'Ouganda, le Rwanda était en train de devenir un grand exportateur d'or de la région des Grands Lacs, avec des exportations mensuelles atteignant 1 tonne (...). Les informations recueillies par le Groupe montrent qu'une grande part de l'or vendu par l'Ouganda et le Rwanda est extrait de façon illicite dans des pays limitrophes, dont la République démocratique du Congo (...) ».[71] Il y aurait quatre principaux couloirs de sortie frauduleuse des minerais de la RDC : couloir Goma-Gisenyi ; couloir Beni-Butembo-Kasese qui se prolonge vers Kampala ; couloir Uvira-Bujumbura ; et couloir Bukavu-Cyangugu qui chemine jusqu'à Kigali.[72] D'autres exportations frauduleuses passent généralement par Nairobi et Mombasa (Kenya) ainsi que Dar-es-Salam (Tanzanie).

On peut aisément imaginer l'impact de cette criminalité lucrative sur les finances de la RDC et le droit au développement. La déclaration suivante datant de 2015 peut en témoigner : « C'est la fraude minière qui est à la base de la pauvreté de la population. Au mois d'octobre 2015, nous avons saisis 15 kg d'or qu'on tentait de faire passer par la fraude à la frontière de Kasindi. L'année passée, il y a eu 68 tonnes de cassitérite, 130 tonnes de coltan que nous avons saisies et qui se trouvent consigner à la Banque centrale du Congo' indique le Procureur général de Goma ».[73] Ceci conforte la plausibilité de la déclaration de 2013 du Panel de haut niveau sur le flux financier illicite provenant d'Afrique,

---

[69] UNEP–MONUSCO–OSESG, note 59, para.121.

[70] *Ibid.*, para.25; Global Witness, '« Face à un fusil, que peut-on faire? » -La guerre et la militarisation du secteur minier à l'est du Congo', rapport, juillet 2009, p.7; Africa Confidential, « CONGO-KINSHASA –The Great Lakes gold rush: Escalating violence is being fuelled by smuggled gold, which often ends up in the hands of a leading Belgian refiner », vol.59 (6), 23 mars 2018, pp.9-10.

[71] Conseil de sécurité, 'Rapport final du Groupe d'experts sur la République démocratique du Congo' (S/2018/531), 4 juin 2018, para.113.

[72] P. JACQUEMOT, « ressources naturelles, armes et violences dans les Kivus », *Hérodote*, vol.3(134), 2009, pp.50-51.

[73] Radio Okapi, « Nord-Kivu: plusieurs tonnes de minerais exportées frauduleusement » (10 novembre 2015) <https://www.radiookapi.net/2015/11/10/actualite/societe/nord-kivu-plusieurs-tonnes-de-minerais-exportees-frauduleusement> 2 avril 2019.

selon laquelle seulement 15% des minerais extraits de toute la RDC seraient déclarés à l'Administration congolaise.[74]

D'où ce paradoxe, qui a même été reconnu par le Président Joseph Kabila le 30 janvier 2013, entre « les énormes potentialités minières dont regorge le pays et les activités minières intenses, d'une part et, de l'autre, la modicité des bénéfices que l'Etat congolais en tire et les mauvaises conditions de vie des populations ».[75]

Dans ce contexte, le réseau mafieux qui profite de cette situation ne pourrait avoir aucun intérêt dans le règlement des conflits et la fin des violations des droits humains.

2. Les conflits entre les exploitants miniers et les communautés locales

L'observation de la situation montre que le secteur minier du Kivu est plombé par trois types de conflits : ceux entre compagnies minières et creuseurs artisanaux ; ceux entre compagnies minières elles-mêmes ; ceux entre compagnies minières et communautés locales. Ces conflits peuvent prendre plusieurs formes jusqu'aux violences armées. De ce fait, ils sont à la base de nombreuses violations graves de droits humains.

S'agissant du conflit entre compagnies minières et creuseurs artisanaux, un bon exemple c'est le différend entre la Société minière de Bisunzu (SMB) et la Coopérative des exploitants artisanaux miniers de Masisi (COOPERAMMA). Ceci se passe dans la localité de Rubaya dans le territoire de Masisi, au Nord-Kivu. La SMB détient un périmètre d'exploitation des 3T dans la Zone de Bisunzu où il y a de nombreux carrés miniers au milieu de la concession appartenant à la Société aurifère du Kivu et du Maniema (SAKIMA). Elle est la propriété de l'ancien Sénateur Eduard Mwangachuchu, de la communauté tutsi, mais gérée par son frère Benjamin Mwangachuchu. L'origine de l'obtention de son périmètre d'exploitation remonterait à la rébellion du CNDP, dont Eduard Mwangachuchu est devenu président après sa transformation en parti politique à la suite de l'Accord de paix du 23 mars 2009, l'ancêtre de la rébellion du M23. La COOPERAMMA réunit, quant à elle, des creuseurs artisanaux, sous la direction du Député provincial Robert Seninga, de la communauté hutu. Le conflit entre les deux entités s'explique par la succession d'une série d'événements. D'une part, la COOPERAMMA, dont les membres ont été

---

[74] Congo Times, « Corruption en RDC: 15% Seulement des Minerais Extraits Sont Déclarés aux Autorités Fiscales » (14 septembre 2013) <http://afrique.kongotimes.info/eco_tech/6603-corruption-rdc-seulement-minerais-extraits-declares-autorites-fiscales-flux-financiers-illicites-dans-secteur-minier-fec-recadre.html> 30 mars 2019.

[75] Radio Okapi, « RDC : Joseph Kabila veut lutter contre la corruption et la fraude dans le secteur minier » (30 janvier 2013) <https://www.radiookapi.net/actualite/2013/01/30/rdc-joseph-kabila-veut-lutter-contre-la-corruption-la-fraude-dans-le-secteur-minier> 3 avril 2019.

autorisés, par le protocole d'accord du 28 novembre 2013, à exploiter les mines de la SMB, à condition de ne vendre les minerais extraits qu'à celle-ci, s'est souvent plainte du comportement de cette dernière. En l'occurrence, il s'agirait de l'application des prix imposés, sans négociation, lors de la vente des produits miniers et de leur non-paiement ou du payement tardif –ce qui cause la faillite des membres de la COOPERAMMA –après les exportations de la SMB.[76] On dit également que celle-ci a entretenu un climat de terreur par des menaces de déguerpissement de fait des mineurs de zones dont elle tente de s'adjuger l'exploitation de force, les saisies illégales des produits miniers et des cas d'arrestations arbitraires.[77] D'autre part, la SMB a accusé la COOPERAMMA d'être impliquée dans la fraude minière en vendant illicitement –ce qui serait un manque à gagner et une rupture de la traçabilité dans la chaine d'approvisionnement –les minerais extraits de ses mines à des concurrents, dont la Coopérative des artisanaux miniers du Congo (CDMC).[78]

A ceci s'ajoute le travail des mineurs illégaux soupçonnés d'être membres de la milice locale Nyatura, essentiellement composée des hutus.[79] Il y aurait aussi l'inobservation des conditions de sécurité avec de nombreux morts des creuseurs à la suite des éboulements successifs.[80] Ces griefs ont conduit la SMB à résilier, le 2 mai 2018, le protocole d'accord qui la lie à la COOPERAMMA.[81] Cette mesure a provoqué des troubles de la part des membres de cette dernière, dont la barricade des routes à Mushaki sur le chemin vers la ville de Goma, la répression des manifestants par la police et l'attaque sur le périmètre d'exploitation de la SMB causant des blessés et des pertes en vies humaines. Le Ministre national des mines est intervenu pour réconcilier les deux parties, vu le risque d'aggravation de la tension communautaire.[82] Un nouvel accord fut conclu le 7

---

[76] A. GIGORI, « Secteur minier de Masisi : La COOPERAMMA évoque un climat délétère » (29 août 2018) <http://www.nresources.cd/secteur-minier-de-masisi-la-cooperamma-evoque-un-climat-deletere/> 2 avril 2019.

[77] *Id.*

[78] Rédaction 7sur7.cd, « CDMC, une coopérative minière fantôme sème la terreur à Masisi » (8 février 2019) <https://www.smb-sarl.com/fr/7sur7-cd-cdmc-une-cooperative-miniere-fantome-seme-la-terreur-a-masisi/> 3 avril 2019.

[79] *Id.*

[80] E. NSAPU, « En RDC, la mort dans les mines artisanales devient un phénomène trop fréquent et l'indemnisation demeure trop rare » (27 novembre 2016) <https://globalpressjournal.com/africa/democratic-republic-of-congo/deaths-common-compensation-rare-artisanal-miners-drc/fr/> 3 avril 2019.

[81] E. NSAPU, « Masisi : Grogne des creuseurs suite à la fermeture d'une mine de coltan » (10 mai 2018) <https://afrique.lalibre.be/18942/masisi-grogne-des-creuseurs-suite-a-la-fermeture-dune-mine-de-coltan/> 2 avril 2019.

[82] N. WEMBO, « Masisi : le site minier de Rubaya, vers un complot grave qui risque de provoquer un génocide due au conflit minier » (décembre 2018) <http://www.emergenceplus-rdc.com/masisi-les-sites-miniers-de-rubaya-vers-un-complot-grave-qui-risque-de-provoquer-un-genocide-due-au-conflit-minier/?fbclid=IwAR3g-

juin 2018.[83] Il prévoit « la relocalisation des creuseurs artisanaux vers des Zones d'exploitation artisanale (ZEA), l'acceptation pour une durée d'une année par SMB, d'exploitants miniers artisanaux, membres de la COOPERAMMA, préalablement identifiés »,[84] qui devront lui vendre la totalité de leurs produits en tenant compte du prix au marché local.[85]

Toutefois, cette réconciliation n'a pas mis fin à la tension. Il existe un autre conflit entre compagnies minières elles-mêmes. C'est le cas du différend entre la SMB et la SAKIMA. Celle-ci est une compagnie de droit congolais créée et originellement contrôlée par la société canadienne Banro Resource Corporation, qui a acheté les droits miniers de l'ancienne Société minière et industrielle du Kivu (SOMINKI) en 1997 pour une durée de 25 ans renouvelable.[86] Le conflit est né de la prétendue vente illicite des minerais extraits du périmètre d'exploitation de la SMB au tort de celle-ci. En novembre 2017, par exemple, la SAKIMA a accusé la SMB de vouloir s'approprier quelques 2.300 Kgs de coltan extraits du site de Kalungu dans la zone de Numbi, dans le territoire de Kalehe (Sud-Kivu). La SMB aurait prétexté que ces produits provenaient de ses sites à Rubaya, au Nord-Kivu.[87] En novembre 2018, c'est au tour de la CDMC de protester contre la SMB en l'accusant de faire procéder à la saisie irrégulière de ses minerais sur ordre du Ministre provincial des mines du Nord-Kivu. Il faut noter que la CDMC est une coopérative minière créée en 2010, mais il existe des soupçons qu'elle soit liée aux intérêts de deux sujets étrangers, à savoir, John Crawley, un américain d'origine britannique, et Christoph Huber, un suisse domicilié à Cape Town en Afrique du Sud.[88] La cargaison des minerais saisis comprenait quelques 3.256 Kgs de coltan que la CDMC dit avoir régulièrement achetés auprès de la COOPERAMMA, qui, en application d'un accord qui la lie à la SAKIMA, les aurait extraits du périmètre de celle-ci.[89] La justice est constamment mobilisée dans ce contentieux. En mars 2018, le Parquet général près la Cour d'appel du Nord-Kivu avait saisi trente-trois tonnes de minerais

---

uREcsuTKvwoEMb5MPrTn_UluJE_GrFHLngZ_nrM7zVQDSuls0W5HVY> 3 avril 2019.

[83] V. MUKOSASENGE, « Masisi : La COOPERAMMA et la SMB fument le calumet de la paix pour la reprise de l'exploitation minière à Rubaya » (7 juin 2018) <https://larepublique.net/masisi-cooperama-smb-fument-calumet-de-paix-reprise-de-lexploitation-miniere-a-rubaya/> 3 avril 2019.

[84] P. MAKI, « RDC: Kabwelulu accorde 30 jours à la SMB Sarl et aux creuseurs artisanaux de Masisi pour signer un nouveau protocole » (6 juin 2018) <https://deskeco.com/rdc-kabwelulu-accorde-30-jours-a-la-smb-sarl-et-aux-creuseurs-artisanaux-de-masisi-pour-signer-un-nouveau-protocole/> 3 avril 2019.

[85] *Id.*

[86] Convention minière du 13 février 1997, article 51.

[87] Conseil de sécurité, note 71, para.142 et annexe 27.

[88] Rédaction 7sur7.cd, note 78.

[89] Coopérative des artisanaux miniers du Congo, Lettre du 02 novembre 2018 – Dénonciation et détournement des minerais du CDMC (N/REF : CDMC/NK/DG/110/18).

prétendument volés à la SMB avant de les restituer à la CDMC après le classement du dossier sans suite.[90] Le Directeur général de la SMB a lui-même fait l'objet des poursuites pénales, sur citation directe de la CDMC, pour dénonciation calomnieuse jusqu'à être condamné par défaut, sous RP1146/1141, à trois ans de prison par le Tribunal de paix de Goma, avant que la cause ne soit renvoyée au Tribunal de paix de Kinshasa/Assossa.[91] Ce bras de fer ne pourrait pas ne pas avoir des liens avec l'incident qui s'est produit le 6 octobre 2018. Des assaillants armés ont attaqué le périmètre de la SAKIMA à Rubaya tuant treize personnes.[92] Même si la justice militaire a réussi à appréhender et à condamner deux de ces assaillants, dont l'un aurait avoué avoir agi sur instigation du groupe armé Nyatura, la SAKIMA a adressé une lettre au Ministre provincial des mines du Nord-Kivu mettant en cause l'implication de la SMB.[93]

Quant au conflit opposant les compagnies minières aux communautés locales, un exemple pertinent peut être tiré de l'affaire des mines du périmètre de Bisie dans le territoire de Walikale, au Nord Kivu. En fait, le conflit est né d'une duplication des titres miniers émis par l'Etat congolais. D'abord, depuis 2002, au profit des exploitants artisanaux réunis dans une coopérative minière, l'Association Bangandula, qui deviendra la Coopérative minière de Mpama/Bisie (COMIMPA) en 2006.[94] Ensuite, contre toute attente, la compagnie minière, Mining Processing Congo (MPC), qui deviendra Alphamin Bisie Mining (ABM), une société contrôlée par des sud-africains, se verra accorder plusieurs permis de recherche au sein du même périmètre de Bisie en 2006.[95] Elle obtiendra son permis d'exploitation en 2015.[96] Dès lors, forte de ses soutiens au sein de forces de sécurité, cette compagnie a choisi de faire déguerpir, en violation de la loi et des droits humains, tous les mineurs artisanaux qui se recrutent au sein de la communauté locale affectée par son projet. Des tracasseries, telles les arrestations arbitraires, les menaces, les destructions méchantes des biens des coopératives minières œuvrant dans le même périmètre et la perception des taxes illégales seraient devenues monnaie courante.[97] Malgré

[90]Rédaction 7sur7.cd, « Tribunal de Paix de Kinshasa/Assossa : la supercherie de la SMB mise à nu » (28 mars 2019) <https://7sur7.cd/tribunal-de-paix-de-kinshasa-assossa-la-supercherie-de-la-smb-mise-a-nu/> 3 avril 2019.

[91] *Id.*

[92] Communiqué de presse n°25/1SSODIP/2018, Association pour le développement des initiatives paysannes (ASSODIP asbl), 24 octobre 2018, p.1.

[93] *Ibid.*, pp.1-2.

[94] Société civile/forces vives du Nord-Kivu, 'Le déguerpissement illégal des populations affectées par le projet minier de la société Alphamin Bisie Mining (ABM SA) dans le territoire de Walikale en Province du Nord-Kivu à l'Est de la République Démocratique du Congo (RDC)', Rapport d'enquête, janvier 2018, p.6.

[95] *Ibid.*, p.7.

[96] *Ibid.*, p.8.

[97] Déclaration du 19 juillet 2017 sur la crise de Bisie dans le territoire de Walikale. A l'attention de l'OCDE, la CIRGL, la Commission américaine des titres et de bourse (SEC)

la tenue de quelques négociations pour régler ce conflit pacifiquement, Alphamin Bisie Mining est passée en force, le 14 décembre 2017, pour faire déguerpir les populations autour du périmètre litigieux.[98] Des milliers de personnes ont été successivement embarquées de force dans les véhicules de cette compagnie et abandonnés à la belle étoile « soit à Biruwe, à Logu, à Makana, à Njingala ou à Mubi sans qu'aucune disposition ne soit préalablement prise pour leur accueil et hébergement »,[99] et sans indemnisation adéquate.[100] Bien plus, des enfants ont dû interrompre leur scolarité.[101]

Cet exemple n'est du reste pas isolé. On a également déploré des violations des droits humains suite au déplacement des populations de la localité de Twangiza vers le site de Cinjira, dans le territoire de Mwenga, au Sud-Kivu, à la suite de l'exécution du projet minier de la société Banro Congo Mining, contrôlée par la canadienne Banro Resource Corporation.[102] On notera, chaque fois, la complicité des autorités congolaises dans ces violations, au lieu de protéger les citoyens. Dans ces conditions d'irrespect appuyé des droits des communautés locales, les projets socio-économiques à réaliser par les compagnies minières pour appuyer le développement local demeurent largement une fiction.

II. Les facteurs explicatifs

Comment peut-on expliquer cette mise à l'épreuve du droit par tous les faits décrits ci-dessus ? Une première explication relève de la politique économique de l'Etat, fondée sur la libéralisation du secteur minier. Une seconde explication, plutôt sociojuridique et conjoncturelle, se rapporte aux défaillances du rôle régalien de contrôle de l'Etat.

A. La libéralisation du secteur minier au Kivu

Cette politique n'est pas originale à la RDC. Il s'agit du résultat de la domestication de l'ingénierie capitaliste par la mobilisation du droit congolais. Elle a eu pour conséquence le retrait progressif de l'Etat au profit des investisseurs privés, souvent étrangers ou reliés à ces derniers, au détriment des populations locales.

---

et du Groupe d'experts des Nations unies sur la République démocratique du Congo, Société civile/forces vives du Nord-Kivu, Goma, 2017, pp.1-2.

[98] Société civile/forces vives du Nord-Kivu, note 94, p.11.

[99] *Ibid.*, p.13.

[100] *Id.*

[101] *Ibid.*, p.4.

[102] Maison des mines du Kivu, 'Evaluation des impacts des investissements miniers de Banro corporation sur les droits humains en République Démocratique du Congo : Cas de la délocalisation des communautés locales par Twangiza mining dans la chefferie de Luhwindja au Sud Kivu', Bukavu, mai 2015, pp.5-7.

1. La domestication d'une ingénierie capitaliste par la mobilisation du droit congolais

Le libéralisme est une politique qui a été introduite dans le secteur minier du Kivu depuis longtemps. Par définition, cette politique plaide en faveur du désengagement de l'Etat et de la promotion des initiatives privées dans le secteur économique. Les théoriciens du libéralisme classique, tels qu'Adam Smith et David Ricardo, pensaient que l'Etat devait s'abstenir de toute interférence dans les activités économiques et laisser le secteur s'autoréguler.[103] C'est à la suite de la crise financière de 1930 que la théorie du libéralisme contrôlé a émergé. Dans les années 1940, John Keynes a notamment soutenu que l'Etat pouvait intervenir pour pallier aux méfaits du système libéral capitaliste, en le régulant ou en intervenant par des actions ponctuelles en cas de crise, y compris reprendre certaines unités économiques cruciales entre ses mains pour répondre aux besoins sociaux de la population.[104]

Mais, cette théorie a vite été remise en question au motif que c'est l'excès de contrôle des activités économiques qui mettrait en péril les initiatives privées et la stabilité économique, non seulement à l'échelle nationale, mais aussi au niveau mondial. D'où le retour aux théories classiques du libéralisme, associé au concept nouveau de la mondialisation. Après le choc pétrolier de 1973, l'idée défendue a été celle d'accroitre l'ouverture des marchés et la liberté de commerce, en réduisant l'interventionnisme étatique et en éliminant les barrières tarifaires et non-tarifaires partout, au profit des investisseurs privés, généralement étrangers.[105]

C'est ce type de libéralisme, défendu par le Président américain Donald Reagan et la Première ministre britannique Margaret Thatcher dans les années 1980, qu'on appelle le néolibéralisme.[106] Il implique que l'Etat doit se cantonner à créer et à préserver un cadre institutionnel et juridique propice à l'entreprenariat individuel, à la propriété privée et au libre-commerce.[107] Cette politique a été imposée aux Etats du Sud, dont les pays africains, à travers la Banque mondiale et le Fonds monétaire international. A un stade encore plus avancé, marqué par la dérégulation publique et la privatisation progressive des services publics de l'Etat, on peut la qualifier d'ultra-libéralisme.

Aussi la législation congolaise minière a-t-elle évolué au gré de ces différentes conceptions du libéralisme économique international, qui n'est pas fait, à titre

---

[103] MANFRED B. STEGEN et RAVI K. ROY, *Neoliberalism: A very short introduction*, Oxford, Oxford University Press, 2010, pp.2-3.

[104] *Ibid.*, pp.5-9.

[105] *Ibid.*, pp.9-10.

[106] NOAM CHOMSKY, *Profit over people: neoliberalism and global order*, New York/Toronto/London, Seven Stories Press, 1999, p.7.

[107] D. HARVEY, *A brief history of neoliberalism*, Oxford, Oxford University Press, 2005, p.2.

principal, pour les populations locales. La première législation postindépendance date précisément de 1967.[108] Elle abrogeait le décret minier tel que modifié, pris par l'autorité coloniale le 24 septembre 1937. Cette législation promeut un libéralisme contrôlé et limité en instaurant deux régimes miniers. D'abord, le régime de droit commun par lequel l'Etat pouvait accorder des droits miniers (recherche, prospection, exploitation et concession) à toute personne physique offrant toutes les garantie de moralité –ce qui aurait exclu naturellement les personnes condamnées pour faillite ou corruption –ayant élu domicile en RDC, et aux personnes morales constituées conformément au droit congolais, ayant leur siège social et administratif sur le territoire congolais.[109] Les sociétés étrangères – c'est-à-dire celles n'ayant pas leur siège social en RDC–étaient donc exclues de droits miniers. Ensuite, quant au régime conventionnel, l'Etat accordait, par convention, des droits miniers aux mêmes catégories de personnes morales, à condition de justifier de moyens financiers suffisants pour effectuer les recherches ou pour procéder à l'exploitation minières.[110] Tout ceci concernait les activités industrielles, au côté desquelles il faut ajouter l'exploitation artisanale des minerais. Celle-ci était prévue sur les gisements réservés à une telle exploitation au profit des personnes physiques congolaises ou des coopératives minières les regroupant.[111] Toutefois, le contrôle de l'Etat était réel sur la production artisanale qui ne pouvait être vendue qu'à des sociétés ou organismes agréées ou créés à cet effet par lui.[112] De même, l'Etat pouvait décréter une zone interdite aux activités minières ou déclarer une substance minérale une substance réservée, soumise aux conditions spéciales d'exploitation.[113] Tous ces régimes furent maintenus par la législation de 1981.[114]

Mais, entre autres innovations, celle-ci prescrivait l'obligation pour chaque opérateur minier de réaliser des programmes d'investissement agricole et social dans son rayon d'action dans les six mois de la première année de ses activités.[115] En sus de cette responsabilité sociétale, chaque comptoir d'achat des minerais devait disposer d'au moins un immeuble dans son centre d'activités.[116]

---

[108] Ordonnance-loi no 67-231 du 11 mai 1967 portant législation générale sur les mines et hydrocarbures.
[109] *Ibid.*, article 6.
[110] *Ibid.*, article 41.
[111] *Ibid.*, article 32-33.
[112] *Ibid.*, article 36.
[113] *Ibid.*, article 4.
[114] Ordonnance-loi N°81-013 du 02 avril 1981 portant législation générale sur les mines et les hydrocarbures, telle que modifiée et complétée par l'ordonnance-loi n° 82-039 du 5 novembre 1982 et par la loi n°86-008 du 27 décembre 1986.
[115] *Ibid.*, article 7 bis.
[116] *Ibid.*, article 7 ter.

C'est avec le Code minier de 2002 que le secteur va véritablement virer du capitalisme libéral contrôlé au néolibéralisme économique.[117] D'une part, le rôle de l'Etat est essentiellement limité à l'octroi des droits miniers et/ou de carrières, de réguler les activités minières et de percevoir des revenus issus de diverses taxes et redevances au profit du trésor public. Même l'obligation faite aux exploitants artisanaux de vendre leurs produits aux sociétés et organismes créés à cet effet par l'Etat est supprimée. D'autre part, l'octroi des droits miniers et/ou des carrières est ouvert aux personnes physiques et morales étrangères, à la seule simple condition d'élire domicile auprès d'un mandataire en mines et carrières établi en RDC et d'agir par son intermédiaire.[118] Si l'exploitation artisanale et le statut de négociant restent réservés aux personnes physiques de nationalité congolaise, dans les zones dites d'exploitation artisanale, les comptoirs d'achat peuvent être tenus aussi bien par des congolais (personne physique et morale) que par toute personne physique de nationalité étrangère ayant un domicile en RDC.[119]

L'option pour pareil néolibéralisme semble se justifier par la volonté d'ouvrir davantage le secteur minier dans l'espoir qu'en attirant les investisseurs étrangers, ceux-ci seraient plus disposés à exploiter les minerais à travers les canaux légaux plutôt que de tremper dans les violences et le pillage des ressources naturelles de la RDC. Une autre raison c'est probablement la nécessité de renflouer les caisses de l'Etat grâce aux dividendes tirées des investissements étrangers, les moyens nationaux étant insuffisants ou inexistants pour relancer le secteur minier d'une économie congolaise en faillite, ruinée par la guerre.

Toutefois, cette politique s'est avérée être un échec. D'une part, comme on l'a démontré ci-dessus, le pillage ne s'est jamais arrêté. La consécration du néolibéralisme en a même augmenté les proportions du fait de l'envahissement du secteur minier, surtout au Kivu, par d'innombrables acteurs, insuffisamment contrôlés, qui favorisent une sorte d'économie frauduleuse, en complicité avec certaines autorités congolaises.[120] Un des faits marquant de cette économie frauduleuse c'est la vente des droits miniers des compagnies étatiques à des sociétés étrangères fictives ou sans capacité financière de procéder à l'exploitation ; ce qui les amène à revendre leurs titres à des tiers à des prix souvent plus importants que ceux dérisoires auxquels elles ont pu acheter.[121] D'autre part, alors que les minerais représentent 80% des exportations

---

[117] Loi n° 007/2002 du 11 juillet 2002 portant Code minier.

[118] *Ibid.*, article 23.

[119] *Ibid.*, article 26.

[120] *Balingene Kahombo*, « The Democratic Republic of Congo's National Human Rights Commission », in Charles M. Fombad (éd.), *Compendium of documents on National Human Rights Institutions in eastern and southern Africa*, Pretoria, Pretoria University Law Press, 2019, p.119.

[121] P. ENGLEBERT, « Democratic Republic of Congo: growth for all? Challenges and opportunities for a new economic future », Brenthurst Foundation Discussion Paper 6, 2014, p. 8.

congolaises,[122] la contribution du secteur minier au trésor public ne représente que moins de 15% d'après un rapport de 2015 de l'Initiative pour la transparence dans la gestion des industries extractives (ITIE).[123] Ceci est dû non seulement à la fraude minière, mais aussi à la corruption et au détournement, sans oublier la faible inclination des opérateurs miniers à payer leurs taxes et impôts.[124] Ainsi, il a été rapporté que des compagnies minières opérant en RDC, une fois accusées en justice pour fraude fiscale, corrompent la justice pour obtenir des décisions de complaisance au lieu d'honorer leurs obligations envers l'Etat.[125] Le rapatriement en RDC des 40% des revenus d'exportation des sociétés minières n'a pas été non plus respecté.[126]

On a affaire aux investisseurs capitalistes étrangers, de diverses nationalités, qui, laminant les exploitants artisanaux ou achetant les produits de ces derniers à des vils prix, sont venus mettre la main basse sur les ressources naturelles de la RDC presque gratuitement. Pourtant, l'industrie technologique est, depuis la fin des années 1990, en pleine expansion, tandis que la ruée vers les minerais stratégiques est palpable vu leur demande relativement forte sur le marché international.[127] Il s'agit d'une manifestation palpable de la théorie de l'accumulation primitive à l'échelle globale, telle qu'élaborée par Samir Amin.[128] Cette théorie postule du transfert de valeur de la périphérie ou le monde sous-développé vers le centre qui permet aux pays industrialisés de s'enrichir à moindre coût aux dépens des nations clochardisées. Dans ce contexte, le néolibéralisme dans le secteur minier a presque équivalu à un système d'oppression économique globale,[129] à travers une sorte d'institutionnalisation du pillage de la RDC.[130]

---

[122] Banque mondiale, 'République Démocratique du Congo: Rapport de suivi de la situation économique et financière 2015 – Troisième édition. Renforcer la résilience de long terme de la RDC: le rôle de la dédollarisation, de la prospection artisanale et de la diversification économique', Banque mondiale, septembre 2015, p.10.

[123] Initiative pour la transparence des industries extractives, 'Synthèse du rapport ITIE-RDC 2015', mai 2017 <www.itierdc.net/rapport-itie-rdc-2015/> 27 mars 2019.

[124] KAHOMBO, note 120, p.119.

[125] D. KAYEMBE, 'En RDC, l'évitement fiscal a coûté 1 milliard de dollars à l'État en 2016' (LAVD Congo, 23 August 2017) <www.lavdc.net/portail/en-rdc-levitement-fiscal-a-coute-1-milliard-de-dollars-a-letat-en-2016/>28 novembre 2018.

[126] Loi n° 007/2002 du 11 juillet 2002 portant Code minier, article 269 (b).

[127] Voir Ch-A. PAILLARD, « La question des minerais stratégiques, enjeu majeur de la géoéconomie mondiale », *Géoéconomie*, automne 2011, p.23. Le Kivu contiendrait près de 80% des réserves mondiales connues du coltan.

[128] SAMIR AMIN, *L'accumulation à l'échelle mondiale*, tome I, Paris, éd. Antropos, 1970, p.14.

[129] Voir TATAH MENTAN, *Neoliberalism and imperialism: dissenting the dynamics of global oppression*, Langua RPCIG, Bamenda, 2016.

[130] AUDREY WEERTS, « Ressources naturelles au Kivu : vers l'institutionnalisation du pillage ? », *L'Afrique des Grands Lacs : Annuaire*, 2012-2013, pp.189-192.

C'est ce qui a justifié le retour au libéralisme plus contrôlé à travers la révision du Code minier en mars 2018.[131] Le législateur le souligne lui-même lorsqu'il explique que l'application du Code minier de 2002 a été « à la base de l'augmentation sensible du nombre des sociétés minières et des droits miniers et des carrières ainsi que de l'accroissement de la production minière ».[132] Mais, ajoute-t-il, « l'essor du secteur minier, censé rapporter à l'Etat des recettes substantielles pour son développement économique et social, n'a pas su rencontrer ces attentes ».[133] Entre autres innovations de cette révision, il y a lieu de mentionner l'exclusion des personnes physiques au titre des droits miniers et/ou de carrières et l'inclusion des personnes morales congolaises et étrangères dont l'objet est limité aux activités minières.[134] En outre, les sociétés minières étrangères éligibles sont celles qui « se conforment aux lois de la République ».[135] Ce qui offre une marge d'appréciation à la RDC de qualifier ou disqualifier certaines personnes morales de droit étranger. Quant à l'exploitation artisanale, sa formalisation repose sur l'obligation faite aux creuseurs d'être affiliés aux coopératives minières.[136]

D'autres innovations incluent la suppression du régime conventionnel minier à côté de celui de droit commun, l'exigence de la détention par les congolais (personnes physiques) d'au moins 10% du capital social de toute société minière ou de 25% quand il s'agit des comptoirs d'achat agréés, l'exigence de disposer des capacités financières et techniques pour obtenir un permis de recherche, l'augmentation du taux de la redevance minière –qui est de 10% pour les substances que l'Etat qualifie de stratégiques –et de l'impôt sur les bénéfices et les profits réalisés, qui est de 30%.[137] Le super profit, c'est-à-dire « les bénéfices réalisés lorsque les cours des matières ou des commodités connaissent un accroissement exceptionnel »,[138] est, quant à lui, imposé au taux de 50%.[139] De même, l'obligation des sociétés minières de rapatrier en RDC les recettes d'exportation est passée à 60% de celles-ci et assortie d'une peine d'amende contre tout contrevenant.[140]

Il reste à savoir si cette révision du Code minier sera entièrement appliquée face à l'opposition farouche des sociétés minières étrangères. Un autre défi c'est son efficacité à mettre fin au désordre qui règne dans le secteur minier. Entre-

---

[131] Loi n°18/001 du 09 mars 2018 modifiant et complétant la Loi n° 007/2002 du 11 juillet 2002 portant Code minier.
[132] *Ibid.*, exposé des motifs, para.3.
[133] *Ibid.*, exposé des motifs, para.4.
[134] *Ibid.*, article 23 (1) (a) et (b).
[135] *Ibid.*
[136] *Ibid.*, article 26 (1).
[137] *Ibid.*, articles 56, 71 bis, 126 (2) (e), 143(1), 241 et 247.
[138] *Ibid.*, article 251 bis (1).
[139] *Ibid.*, article 251 bis (3).
[140] *Ibid.*, article 309 bis.

temps, dans le Kivu, ce secteur reste sous le contrôle des personnes privées. L'Etat s'y est largement désengagé.

2. Le désengagement progressif de l'Etat au profit des personnes privées

La ruée des personnes privées, surtout étrangères, vers les minerais congolais est plus ou moins ancienne. Mais c'est en février 1997, en plein conflit armé, que la RDC s'est trouvée à un stade avancé du désengagement dans le secteur minier au Kivu. Cette situation résulte de la liquidation de la SOMINKI au profit de la société canadienne Banro Resource Corporation.[141] C'était, en quelque sorte, une opération de sauvetage d'une société devenue moribonde à la suite de la chute des cours mondiaux et de la production de l'étain, singulièrement au Maniema.

La SOMINKI était une société d'économie mixte dont les origines remontent à l'époque coloniale. Elle fut créée en 1976, au lendemain des mesures de zaïrianisation de 1973-1974 qui avaient épargné les sociétés minières,[142] entre l'Etat congolais et le Groupe belge Empain. Celui-ci en détenait 72% du capital social.[143] Cette société succéda ainsi à une industrie minière qui date de 1920 au Kivu. Les premières sociétés minières étaient la Minière des grands lacs (MGL) et le Comité national du Kivu (CNKI). Depuis la découverte de la cassitérite en 1926, l'industrie minière s'est développée autour des sociétés Symetain et Cobelmin, créées respectivement en 1932 et 1933, lesquelles appartenaient au Groupe Empain.[144]

L'entrée de Banro dans le secteur minier du Kivu sera ponctuée de plusieurs événements. D'une part, c'est la création de la SAKIMA en mai 1997. D'autre part, c'est l'impossibilité d'exploiter les concessions minières, qui ont appartenu à la SOMINKI, jusqu'en 2003. Entre autres raisons, on peut citer le manque de moyen financier pour mettre en œuvre le projet minier.[145] Il y a eu aussi le conflit avec l'Etat congolais, le nouveau gouvernement de Laurent-Désiré Kabila ayant déchu Banro de ses titres pour créer la Société minière du Congo (SOMICO) en

---

[141] Voir Convention minière du 13 février 1997.

[142] Ordonnance-loi 74-019 du 11 janvier 1974 portant transfert à l'Etat de la propriété de certaines entreprises privées. L'article 1 de cette Ordonnance-loi prévoyait : « Est transférée à l'Etat, la propriété des entreprises agricoles, agro-industrielles, la propriété des carrières, des briqueteries et de grandes unités commerciales déterminées par l'Etat, qui appartiennent soit à des personnes physiques ou morales étrangères, soit à des sociétés de droit congolais dont le capital est détenu en partie ou en totalité par des étrangers ».

[143] International Alert, 'Etude sur le rôle de l'exploitation des ressources naturelles dans l'alimentation et la perpétuation des crises de l'est de la RDC', rapport, octobre 2009, p.15.

[144] *Id.*

[145] Initiative pour la transparence des industries extractives, 'Rapport de l'Auditeur indépendant sur l'étude de cadrage de la couverture de l'exploitation minière artisanale a l'est de la République Démocratiques du Congo', Kinshasa, 30 juillet 2015, p.11.

juillet 1998.[146] Une autre raison c'est l'insécurité due à l'éclatement de la guerre du 2 août 1998 contre le Gouvernement congolais, qui a été particulièrement atroce au Kivu.[147] Le contrat d'amodiation signé entre Banro et Ressources minérales africaines (RMA), société appartenant au belgo-américain Bernard Van Rooyen, mais dirigée par Victor Ngezayo, n'y changera rien.[148] La SOMICO a été officiellement dissoute en 2004 après un arrangement à l'amiable avec Banro,[149] avant que l'on tente de la ressusciter en 2020. Par conséquent, les activités de la SAKIMA, contrôlées majoritairement aujourd'hui par la RDC,[150] ont pu commencer. Mais les difficultés d'exploitation favorisent encore le partenariat avec les creuseurs artisanaux qu'elle autorise à exploiter ses concessions. Banro s'est séparée de la SAKIMA et réalise ses activités (Sud-Kivu et Maniema) sur ses propres mines acquises de la SOMINKI. Elle dispose de cinq filiales de droit congolais à cet effet : Banro Congo Mining SA, Twangiza Mining SA, Namoya Mining SA, Lugushwa Mining SA et Kamituga Mining SA.[151]

Ce paysage minier se complète par des nouveaux venants. Premièrement, on peut citer la création de la Société des Mines du Kivu (SOMIKIVU) en 1982. Détenue par l'Etat congolais (20%), la société allemande Geselshaft für Elektrometallurgie (70%) et la société belge Cofimines (10%), la SOMIKIVU fut placée sous la direction de Modeste Makabuza.[152] Mais, elle est devenue inactive depuis 1993 suite aux conflits dans le Kivu.[153] Ses activités n'ont été reprises que pendant la guerre de 1998 avec l'assistance technique de la société Nobium Mining Company (NMC) basée en Grande Bretagne.[154] La réponse du Gouvernement congolais ne s'est fait pas attendre, avec la création de la société Krall Metal Congo (KMC).[155] Celle-ci s'est vue attribuer tous les droits de Geselshaft für Elektrometallurgie.[156] Le conflit entre les deux sociétés est devenu ouvert lors de la transition politique 2003-2006. Mais il s'est amenuisé avec la

---

[146] International Alert, note 143, pp.28-29. Voir aussi *Banro American Resources, Inc. and Société Aurifère du Kivu et du Maniema S.A.R.L. v. Democratic Republic of the Congo (ICSID Case No. ARB/98/7), Award of the Tribunal of 1 September 2000 (Excerpts).*
[147] Voir KAHOMBO, note 7, pp.1-17.
[148] International Alert, note 143, p.28.
[149] Digital Congo, « Bukavu : la police assiège la Direction de la Somico » (13 septembre 2018) <https://www.digitalcongo.net/article/5b9a47f304d4530004bc3f69/> 23 avril 2019.
[150] Société aurifère du Kivu et du Maniema, 'Rapport 2017 sur la mise en œuvre du devoir de diligence raisonnable par la SAKIMA SA', Kalima, 30 mars 2018, p.1.
[151] Banro Corporation, 'Rapport annuel sur la mise en œuvre du guide de l'OCDE pour une chaine d'approvisionnement responsable en minerais en provenance des zones de conflit ou à haut risque', Kinshasa, 31 mars 2017, p.2.
[152] International Alert, note 143, p.29.
[153] *Id.*
[154] *Id.*
[155] *Id.*
[156] *Id.*

démission de Karl Heinz Albers du KMC en 2004 et la délégation de ses pouvoirs à Julien Boillot, Administrateur de NMC, qui mandatera aussi Modeste Makabuza.[157] En tout état de cause, la SOMIKIVU a déclaré la reprise de ses activités minières en 2007. Tandis qu'Alphamin Bisie Mining est entrée en lice à Walikale en 2006.

Deuxièmement, d'autres petites sociétés ont vu le jour. C'est le cas de la société canadienne Shamika Resources Inc, qui créa Shamika Congo Kalehe Sprl.[158] C'est également le cas de la société de droit mauricien Transafrika, composée majoritairement de capitaux sud-africains.[159] Il faut y ajouter une kyrielle des sociétés spécialisées dans le transport de minerais, dont la compagnie Jambo Safari de Modeste Makabuza.[160]

Cette nébuleuse de sociétés minières au Kivu avant, pendant et après la guerre, coexiste avec de nombreuses coopératives minières, souvent liées aux intérêts étrangers, et des milliers de creuseurs artisanaux. Il y aurait, par exemple, près de cinq milles creuseurs sur le site de Rubaya (Masisi) et plus de dix milles autour du site de Bisie (Walikale).[161] C'est ce paysage minier libéral que l'Etat devrait normalement promouvoir, réguler, contrôler et en tirer des revenus. Ce rôle est loin d'être efficacement joué. L'Etat est largement défaillant et dépassé par les événements.

B. La défaillance du rôle régalien de contrôle de l'Etat

Si le dispositif congolais de droits de l'homme est large et s'applique à tous sans exception, son efficacité dépend de la capacité de l'Etat à assumer son rôle régalien de contrôle effectif sur son territoire. Deux défis majeurs semblent mettre en échec cette capacité au point de rendre l'Etat défaillant. Il s'agit des limites liées au contrôle territorial effectif et de l'existence d'une forte dose de déterritorialisation.

1. Les limites liées au contrôle territorial effectif

Le terme « contrôle effectif » est polysémique, selon les branches et les matières juridiques.[162] En matière des droits de l'homme, on peut dire qu'il s'agit de la maitrise ou de l'emprise physique sur le territoire qui se traduit par la présence et l'exercice de l'autorité de l'Etat sur le lieu. Puisque l'application des droits humains consacrés par la Constitution de 2006 est absolue,

---

[157] *Id.*

[158] *Ibid.*, p.30.

[159] *Id.*

[160] *Ibid.*, p.29.

[161] Ch. KASEREKA, « Au Nord-Kivu, les mines industrielles chassent les creuseurs artisanaux » (8 mai 2017) <https://www.voaafrique.com/a/au-nord-kivu-les-mines-industrielles-chassent-les-creuseurs-artisanaux/3842988.html> 23 avril 2019 ; Nsapu, note 80.

[162] BERKES, note 14, pp.28-29.

indépendamment de l'emprise dont l'Etat dispose sur le territoire congolais, on peut considérer que le degré du contrôle territorial peut néanmoins dicter la différence des obligations que les divers acteurs ont à assumer. On sait généralement que l'Etat a l'obligation de promouvoir les droits humains, de prévenir ou d'enquêter leurs violations et de réprimer leurs auteurs. Ceci concerne les violations commises par ses agents ou ses organes. Il a la même obligation quant aux violations commises par les entités non-étatiques là où le contrôle territorial est effectif.

Il peut cependant arriver que l'Etat soit privé d'emprise physique sur une portion de son territoire. C'est la théorie susvisée des zones grises. Dans le cas de la RDC, des zones qui échappent à la maitrise de l'Etat sont nombreuses et des terreaux fertiles aux violations des droits humains dans le secteur minier. C'est le cas de toutes les zones tombées sous le contrôle des groupes armés.

Une autre cause de la perte du contrôle territorial effectif est la conséquence de l'autorité qu'exercent les sociétés et les coopératives minières dans les périmètres de leur exploitation. Comme on l'a déjà souligné, certaines se font assister, à l'occasion, des groupes armés, des milices, et parfois des éléments des forces armées de la RDC, souvent en dehors des ordres venant de la hiérarchie de l'état-major général. Cette hypothèse du contrôle territorial par des sociétés privées a été aussi envisagée par le Rapporteur spécial des Nations unies sur les questions des droits de l'homme et des sociétés transnationales et autres entreprises.[163] Elle peut avoir lieu dans les « weak governance zones »[164] ou régions où il y a une gouvernance faible, là où l'Etat ne peut ou ne veut exercer son autorité.[165]

Dans tous les deux cas, l'Etat ne demeure pas moins tenu de respecter et de faire respecter les droits de l'homme constitutionnellement garantis. Il pèse sur lui une obligation de diligence nécessaire (*due diligence*). Cette obligation implique généralement que l'Etat doit prendre les mesures nécessaires en son pouvoir pour protéger les droits de l'homme, prévenir leurs violations par des entités non-étatiques, faire des investigations et réprimer les auteurs. Les moyens pour s'acquitter d'une telle obligation sont diversifiés.[166] Il peut s'agir des

---

[163] Conseil des droits de l'homme, 'Implementation of General Assembly Resolution 60/251of 15 March 2006 entitled "Human Rights Council". Report of the Special Representative of the Secretary-General on the issue of human rights and transnational corporations and other business enterprises. Addendum –Corporate responsibility under international law and issues in extraterritorial regulation: summary of legal workshops' (A/HRC/4/35/Add.2), 15 février 2007, paras.22-23.

[164] *Id.*

[165] *Ibid.*, para.22.

[166] G. KASONGO SAFARI, « State responsibility and the right to personal security in the DRC: a human rights law perspective », *African Journal of Legal Studies*, vol. 7, 2014, pp.235-237.

mesures législatives, de la protection physique (par exemple par une intervention armée) et l'action judiciaire, dont les poursuites pénales.

Mais, dans le cas de la RDC, il y a au moins deux autres facteurs qui continuent de rendre le contrôle de l'Etat défaillant dans le secteur minier au Kivu. Premièrement, on l'a vu, c'est l'implication des dirigeants locaux et des agents de sécurité dans les réseaux d'exploitation des minerais en violation des droits humains. Deuxièmement, les institutions de contrôle sont nombreuses et exercent des compétences qui se chevauchent dans le secteur minier. Elles sont paradoxalement peu efficaces. C'est le cas du Service d'assistance et d'encadrement du small scale mining (SAESSCAM), créée en 1999. Il devrait encadrer et assainir notamment l'exploitation minière à petite échelle, dont celle des creuseurs artisanaux. C'est le cas également du Centre d'Expertise, d'Evaluation et de Certification (CEEC), créé en 2003, qui évalue et certifie par l'étiquetage l'origine des minerais. Les autres services sont : l'Office congolais de contrôle (OCC) qui vérifie la quantité et la qualité des produits à l'export ; la Division des mines qui fait le pesage et l'enfutage des minerais avant leur exportation ; la Division du commerce extérieur qui enregistre les données concernant les produits exportés et importés ; la Direction générales de douane et accise (DGDA) qui vérifie les produits à l'export et à l'import à la frontière et perçoit une taxe selon les quantités vérifiées.[167] Il faut ajouter à cette liste la Commission nationale de lutte contre la fraude minière (CNLFM) et la justice.[168]

L'inefficacité de ces institutions, sans doute budgétivores, est attestée par la persistance de toutes les violations des droits humains, le pillage et la fraude épinglés ci-dessus, qui restent très souvent impunis. Ce constat ne concerne pas que le Kivu puisque la CNDH a tiré la même observation à la suite de son enquête sur la RSE dans les Provinces du Haut-Lomami, Lualaba, Kasaï oriental et Tshopo.[169] Les services de l'Etat, dit-elle, « n'exercent pas comme il se doit leur mission de contrôle et d'inspection ».[170] Entre autres raisons à la base de cette situation, il y a lieu de citer l'affairisme des agents de l'Etat, généralement mal payés, qui trouvent leur compte dans ce désordre. De même, comme on l'a déjà souligné, certains miniers sont protégés par diverses autorités congolaises, politiques, administratives, judiciaires, militaires ou policières. Il y a surtout la corruption qui est devenue un style de vie en RDC.[171]

---

[167] International Alert, note 143, p.45.

[168] Constitution du 18 février 2006, article 150(1). Cet article prévoit que « Le pouvoir judiciaire est le garant des libertés individuelles et des droits fondamentaux des citoyens ».

[169] Commission nationale des droits de l'homme, 'Rapport Ponctuel d'Enquêtes sur la Responsabilité Sociétale des Entreprises d'Exploitation Forestière et Minière en République Démocratique du Congo', Kinshasa, 15 April 2019, p.37.

[170] *Id.*

[171] Voir BALINGENE KAHOMBO, « Corruption and its impact on constitutionalism and respect for the rule of law in the Democratic Republic of the Congo », in Charles M.

2. L'effet de la déterritorialisation

Le territoire est, par nature, un élément géographique autour duquel peuvent se construire des analyses interdépendantes sur le plan épistémologique.[172] En droit, c'est l'assise spatiale d'exercice de l'autorité politique de l'Etat, sa souveraineté et ses compétences.[173] En tant que tel, le territoire a été sacralisé par le droit international, qui sépare, par des frontières, les Etats de manière à minimiser les conflits d'autorité.[174] D'où les principes bien connus du respect de l'intégrité territoriale, de la non-intervention et de la non-ingérence dans les affaires domestiques d'un autre Etat. La déterritorialisation procède, quant à elle, d'une logique inverse de déstructuration des frontières territoriales.[175] Elle témoigne du dépassement du cadre géographique d'exercice de l'autorité de l'Etat du fait des échanges internationaux. La déterritorialisation est notamment favorisée par le phénomène de la mondialisation libérale.[176] Celle-ci dicte l'ouverture des frontières au profit des acteurs transnationaux et supra-étatiques et la fin du monopole de l'Etat en matière de production juridique ayant des effets sur son territoire.

Plusieurs facteurs indiquent l'effet de la déterritorialisation sur la capacité de la RDC à contrôler les activités minières réalisées à partir de son territoire. D'une part, il y a la question des réseaux mafieux établis à l'étranger qui approvisionnent le marché international des minerais du Kivu grâce aux relais dont ils disposent sur le territoire congolais. Les frontières sont à cet égard extrêmement poreuses. Par exemple, le Groupe d'experts des Nations unies sur la RDC a reconnu l'existence des réseaux financiers étrangers de la rébellion du Congrès national pour la défense du peuple (CNDP), dirigé par Laurent Nkunda, dans son rapport de mai 2009.[177] Plus récemment, en avril 2015, un rapport du Programme des Nations unies sur l'environnement, rédigé avec l'appui des experts divers, dont ceux de la Mission de l'Organisation des Nations unies pour la stabilisation en RDC (MONUSCO), a pu établir que ce sont des groupes

---

Fombad and Nico Steytler (eds.), *Corruption and Constitutionalism in Africa – Stellenbosch Handbook in African Constitutional Law*, Oxford University Press, à paraitre en 2020 (texte disponible chez l'auteur).

172 MATE PAKSY, « Droit et géographie », *Géographie et cultures*, vol.100, 2016, p.1.

173 P-M. DUPUY et Y. KERBRAT, *Droit international public*, 11 éd., Paris, Dalloz, 2012, p.56.

174 THIBAUT FLEURY GRAFF, « Territoire et droit international », *Civitas Europa*, vol.2 (35), 2015, pp.41-42.

175 J-F. FORTIER, 'D'une déterritorialisation à l'autre : problématisation sociologique des concepts d'espace et de territoire', Thèse de doctorat en sociologie, Université du Québec à Montréal, 2016, p.vii.

176 H. THÉRY, « Mondialisation, déterritorialisation, reterritorialisation (Globalization and territory) », *Bulletin de l'Association de géographes français –mondialisation et géographie/L'ouest américain*, 2008, p.327.

177 Conseil de sécurité, 'Rapport intérimaire du Groupe d'experts des Nations unies sur la République Démocratique du Congo' (S/2009/253), 18 mai 2009, para.20.

criminels transnationaux organisés qui tirent l'essentiel des profits de l'exploitation des minerais à l'Est de la RDC en violation des droits humains.[178] Même si ces rapports ont la faiblesse de ne pas indiquer tous ceux qui font réellement partie de ces réseaux[179] –ce qui est une grave opacité onusienne sur la question –il y a là un élément qui atteste que de nombreuses activités liées aux minerais du Kivu passent au-dessus de la RDC déjà affaiblie et échappent à son contrôle territorial.

D'autre part, il se développe actuellement un droit déterritorialisé contenant une sorte de « régulation mondiale des produits miniers »,[180] dont ceux provenant de la RDC. Ce développement démontre l'insuffisance du droit domestique pour contenir les rapports générés par l'exploitation des minerais du Kivu. Entre autres exemples de ce droit, on peut citer le *Dodd-Frank Act*, édicté par les Etats-Unis en juillet 2010. Cette loi américaine exige des entreprises enregistrées aux Etats-Unis un comportement de *due diligence*, en les obligeant de s'assurer que leurs produits ne contiennent pas des minerais contribuant au financement des groupes armés ou aux violations des droits humains en RDC et dans les pays voisins.[181] Mais, elle ne concerne que quatre catégories de minerais à l'exclusion du cobalt et du diamant : étain, tantale, tungstène et or.[182] Il y a aussi les règles de diligence raisonnable de l'Organisation pour la coopération et le développement économique (OCDE)[183] et de l'Union européenne (UE).[184] En outre, il existe plusieurs mécanismes de certification des produits miniers. C'est le cas de la certification régionale de la Conférence internationale sur la région des grands lacs (CIRGL).[185] C'est le premier outil développé par cette dernière pour lutter contre l'exploitation illégale des ressources naturelles dans cette partie de l'Afrique. Ses autres cinq piliers incluent l'harmonisation des législations nationales, l'établissement de la base des données régionales sur le flux des

---

[178] UNEP–MONUSCO–OSESG, note 59, para.121.

[179] J. TSHIBWABWA KUDITSHINI, « Conflits armés, pillages des ressources naturelles du Congo et perspective postcoloniale –Vers la décolonisation des discours hégémoniques », 13ème Assemblée générale du Conseil pour le développement de la recherche en sciences sociales en Afrique (CODESRIA), Rabat (Maroc), 5-9 décembre 2009, pp.18-19.

[180] G. LHUILIER, « Minerais de guerre : une nouvelle théorie de la mondialisation du droit ? », *Droit et société*, vol.1 (92), 2016, p.119.

[181] Amnesty International, « Voilà pourquoi on meurt ». Les atteintes aux droits humains en République Démocratique du Congo alimentent le commerce mondial du cobalt', rapport, Londres, 2015, p.10.

[182] *Id.*

[183] *Id.*

[184] Regulation (EU) 2017/821 of the European Parliament and of the Council of 17 May 2017 laying down supply chain due diligence obligations for Union importers of tin, tantalum and tungsten, their ores, and gold originating from conflict-affected and high-risk areas.

[185] Protocole sur la lutte contre l'exploitation illégale des ressources naturelles (30 novembre 2006), article 11.

minerais, la formalisation du secteur minier artisanal, la promotion de l'ITIE et le mécanisme d'alerte précoce.[186]

Sans chercher quel est le degré d'efficacité de tous ces mécanismes depuis leur mise en place, il apparait que la RDC seule ne peut éradiquer les fléaux des minerais illégaux et de conflit provenant du Kivu. Autrement dit, les frontières congolaises étant débordées, l'autorité de l'Etat et son droit s'en trouvent limités et affaiblis. Les droits humains constitutionnellement consacrés sont largement devenus une fiction.

CONCLUSION

Cette étude vient de démontrer à quel point les activités minières au Kivu s'inscrivent dans la logique de la domestication du libéralisme économique mondial en RDC. L'Etat s'est significativement désengagé du secteur au profit des personnes privées. Toutefois, cette privatisation est accompagnée du désordre, source de multiples violations graves et massives des droits de l'homme. Cette étude a notamment exploré le cas du droit à la paix et à la sécurité, du droit à la santé, du droit à un environnement sain et du droit au développement, prévus par la Constitution du 18 février 2006. L'Etat s'est montré jusqu'alors incapable de mettre fin à ces violations. La raison principale réside dans la défaillance du rôle régalien de contrôle qu'il est censé jouer pour contenir les effets pervers de ladite libéralisation économique. Cette étude a souligné que deux grands défis se posent à cet égard, à savoir, les limites au contrôle territorial effectif et l'effet de la déterritorialisation sur les capacités internes d'action de la RDC, y compris sur le plan juridique. La conclusion fondamentale qui confirme l'hypothèse de départ est que la libéralisation du secteur minier au Kivu ne peut être exempte de violations des droits de l'homme quand l'Etat est défaillant à exercer son autorité territoriale. Et quand bien même il en aurait la volonté, son incapacité à contrôler les rapports extraterritoriaux liés aux activités minières est insurmontable, précisément parce que dans le contexte de la libéralisation, des réseaux mafieux liés aux groupes armés locaux entrent en jeu pour l'empêcher de se relever et s'enrichissent aux dépens du peuple congolais. Dans ce contexte, le respect des droits humains devient largement illusoire.

Que faire à l'avenir ? On constate que le législateur a préféré, par la révision du Code minier en mars 2018, faire un retour à ce qu'on a appelé le « libéralisme capitaliste contrôlé ». Il s'agit notamment d'investir l'Etat d'importants pouvoirs de contrôle sur qui fait quoi dans le secteur minier, d'obliger les sociétés minières à obtenir la participation des congolais, de formaliser l'exploitation artisanale, et

---

[186] Secrétariat exécutif de la Conférence internationale sur la région des grands lacs, 'Déclaration du Sommet spécial de la CIRGL sur la lutte contre l'exploitation illégale des ressources naturelles dans la région des grands lacs', Lusaka (Zambie), 15 décembre 2010, para.2.

de l'augmentation du taux de la redevance minière, des taxes et divers impôts dans l'objectif de renflouer le trésor public. Mais, la logique libérale ayant été préservée, on peut douter du potentiel de cette révision à résoudre efficacement la nébuleuse question de violations des droits de l'homme liées aux activités minières des personnes privées dans le Kivu. Le Code minier révisé devrait être appliqué et subir l'épreuve du temps.

Alternativement, les pistes de solutions plus idoines à explorer devraient reposer sur l'application du principe de la souveraineté permanente de la RDC sur ses ressources naturelles, tel que consacré par la Constitution.[187] Ce principe implique le droit de propriété des ressources naturelles concernées et de les protéger, le droit d'en jouir ou de les exploiter directement, ou le droit de vendre ou de transférer des droits aux tiers par voie d'accord ou autrement.[188] On peut donc, sur cette base, explorer trois possibilités internes. Premièrement, la suspension des activités minières au Kivu jusqu'au rétablissement de l'ordre et de la sécurité.

C'est une expérience qui a été tentée pendant six mois entre 2009 et 2010, mais elle a échoué à cause des contingences politiques et militaires de l'époque dans le pays. Avec la volonté politique du nouveau régime du Président Félix Tshisekedi, il vaut mieux essayer à nouveau d'imposer cette mesure. Deuxièmement, l'établissement du monopole limité d'exploitation au profit de l'Etat. Ceci concernerait notamment tous les comptoirs d'achat et la création du statut d'agent public de négociant des minerais auprès des creuseurs artisanaux.

Troisièmement, la création d'un Procureur spécial en matière de recherche, d'enquête et de poursuites des infractions commises en relation avec l'exploitation des minerais au Kivu, y compris les actes de corruption des agents de l'Etat. Ces pistes visant à promouvoir et à prioriser le respect des droits humains ne devraient pas exclure des solutions d'ordre externe. Elles devraient donc s'ajouter aux efforts d'encadrement et de contrôle des activités minières déployés à l'échelle internationale.

---

[187] Constitution du 18 février 2006, article 9. Cet article dispose que : « L'Etat exerce une souveraineté permanente notamment sur le sol, le sous-sol, les eaux et les forêts, sur les espaces aérien, fluvial, lacustre et maritime congolais ainsi que sur la mer territoriale congolaise et sur le plateau continental. Les modalités de gestion et de concession du domaine de l'Etat visé à l'alinéa précédent sont déterminées par la loi ».

[188] BALINGENE KAHOMBO, « Western Sahara Cases before the Court of Justice of the European Union and International Law », *Chinese Journal of International Law*, vol.18, 2019, para.41.

Les droits de l'homme : un couteau suisse dans la législation économique de la République Démocratique du Congo

Par Patient LWANGO MIRINDI*

Introduction

La République démocratique du Congo (RDC) est un vaste pays au cœur de l'Afrique, dont la législation économique a évolué au fil des années. En partant des textes relatifs à l'exploitation des terres, des mines et des forêts, ladite législation s'est enrichie en accompagnant le développement des activités commerciales dans le pays. Mais elle s'est souvent caractérisée par une contradiction entre les proclamations des droits de l'homme y figurant et la pratique, surtout lorsqu'il s'agit d'exploiter les ressources naturelles du pays.

Des études ont mis en évidence cette contradiction entre l'objectif de la protection des Congolais, formulé dans l'Acte général de la Conférence de Berlin, et le contraire vécu sur le terrain, à savoir les violations des droits des mêmes Congolais pendant l'État Indépendant du Congo (EIC)[1]. D'autres auteurs se sont intéressés à la législation économique de la RDC pour relever le nationalisme économique qui l'a caractérisée[2]. Ce nationalisme s'est manifesté notamment par la volonté de l'État congolais de créer une « bourgeoisie nationale »[3] ; mais a aussi facilité une prédation des richesses nationales[4]. Il a également

* Professeur à la Faculté de Droit de l'Université Catholique de Bukavu et à la Faculté de droit de le l'Université Officielle de Bukavu, Avocat près la Cour d'appel du Sud-Kivu.

[1] K. VIGNES, « Étude sur la rivalité d'influence entre les puissances européennes en Afrique équatoriale et occidentale depuis l'acte général de Berlin jusqu'au seuil du XXe siècle », *Revue française d'histoire d'outre-mer*, tome 48, n°170, 1961, p. 43 ; S. GEHRMANN, « Les littératures en marge du débat sur les 'atrocités congolaises': de l'engagement moral à l'horreur pittoresque », *Revue de littérature comparée*, n°314, 2005/2, p. 94. Bien que ne relevant pas à proprement parler du droit interne, l'Acte général de la conférence de Berlin signé le 26 février 1885 (abrégé ici par Acte de Berlin) sera exploité parce que ses dispositions ont porté entre autres sur l'exploitation économique du territoire de la RDC.

[2] Th. LWANGO, *Essai sur la législation économique du Régime Mobutu*, Kinshasa, éditions Imprideco, 1969.

[3] R. MASAMBA, *Droit économique congolais*, 2ème édition, Louvain-la-Neuve, Bruylant-Academia, 2006.

[4] G. DE VILLERS, « Le Congo/Zaïre indépendant : Permanences et changements », *Outre-mers*, tome 97, n°368-369, 2010, p. 182 ; J. VANDEBURIE, « Le rôle de l'état dans la genèse des conflits liés aux ressources naturelles : le cas du Congo-Zaïre », *Écologie &*

été fait mention d'une timide prise en compte des droits de l'homme dans la législation économique[5].

Toutefois, les analyses ci-dessus n'ayant porté sur la législation économique de la RDC qu'à travers certaines périodes de l'histoire de ce pays, elles ne permettent pas de constater que les contradictions entre la législation économique et la pratique étatique sont récurrentes en RDC, surtout lorsqu'il s'agit du respect des droits de l'homme. Elles n'élucident pas non plus les raisons des contradictions entre des textes légaux censés régir l'activité économique dans un même pays. Or, on ne peut espérer un développement durable de l'activité économique lorsque celle-ci est gouvernée par des règles légales instables, contradictoires et en décalage avec la pratique étatique. Les causes de ces incohérences méritent être élucidées pour espérer une stabilité juridique nécessaire à la prévisibilité de l'activité économique en RDC.

La présente contribution explore les contradictions de la législation économique de la RDC, à travers une analyse diachronique remontant de l'EIC à l'actuelle RDC. Elle recherche les idéologies ou rationalités du législateur sous-jacentes aux textes légaux et réglementaires relatifs à l'économie[6], en prenant en compte non seulement le contenu desdits textes, mais aussi le contexte ayant prévalu au moment de leur adoption, afin d'en saisir les non-dits et les répercussions en matière des droits de l'homme. Elle part du postulat qu'en identifiant les véritables motivations des gouvernants, cachées derrière les allusions aux droits de l'homme, il est possible de déceler les causes des contradictions entre d'une part les textes et la pratique ; d'autre part les textes légaux entre eux.

Pour ce faire, tout en s'inspirant de textes régissant une variété d'activités économiques, l'analyse est centrée sur les textes relatifs à l'exploitation des ressources naturelles dont les terres, les mines et la forêt. Pour la clarté du propos, trois périodes sont envisagées, en tenant compte des idéologies qui les ont

---

politique, n°34, 2007/1, pp. 58, 61 ; R. POURTIER, « Le Congo (RDC) entre guerre et pillage », *Bulletin de l'Association de géographes français*, 79ème année, 2002-2, p. 255.

[5] D. P. ZONGWE, « The Legal Justifications for a People-Based Approach to the Control of Mineral Resources in the Democratic Republic of the Congo », *Cornell Law School Inter-University Graduate Student Conference Papers,* Paper 12, 2008; G. SAKATA, « Le droit forestier en République Démocratique du Congo », *Etudes juridiques de la FAO en ligne*, n°72, juin 2008, p. 8.

[6] Sur la notion de l'idéologie ou la rationalité du législateur sous-jacente aux textes, voy. P. GERARD, F. OST et M. Van de KERCHOVE (sous la dir. de), *Droit et intérêt. Droit positif, droit comparé et histoire du droit*, Volume 3, Bruxelles, Publications des Facultés universitaires Saint-Louis, 1990, p.69. Le terme législation sera utilisé ici au sens matériel et non formel, impliquant des textes de portée générale émanant tant du pouvoir législatif que du pouvoir exécutif.

dominées. La première va de 1885 à 1959. La seconde s'étale de 1960 à 2000. Enfin, la troisième part de 2001 à 2018.

De 1885 à 1959 : droits de l'homme ou drame pour l'homme Congolais ?

Afin d'illustrer la place occupée par les droits de l'homme dans les textes réglementaires de cette époque, il importe de distinguer les textes datant de l'Etat indépendant du Congo (EIC) de ceux pris pendant le Congo belge.

A. La duplicité ou les malentendus dans les textes réglementaires de l'EIC

L'EIC est né à la suite de la Conférence de Berlin. Le contexte précédant la tenue de cette conférence était celui d'une rivalité entre plusieurs pays européens (Angleterre, Portugal, France et Allemagne) suite à leur ruée vers l'intérieur des terres en Afrique[7]. Cela avait débouché sur quelques confrontations armées entre certains de ces pays sur le terrain africain[8]. Pour aplanir leurs divergences, les Etats concernés ont dû se réunir à Berlin. Cette conférence « a permis de tester les lignes de fracture et les champs de compromis possibles entre les puissances européennes »[9]. Elle s'est achevée par la signature de l'Acte de Berlin, dans lequel les signataires se sont déclarés :

> « Désireux [...] de prévenir les malentendus et les contestations que pourraient soulever à l'avenir les prises de possession nouvelles sur les côtes de l'Afrique, et préoccupés, en même temps, des moyens d'accroître le bien-être moral et matériel des populations indigènes » [10].

Deux rationalités en compétition découlaient ce passage. La première concernait les rapports des signataires entre eux, et visait l'exploitation économique de l'Afrique. Elle a entrainé une prise des possessions territoriales en Afrique et a débouché sur une exploitation économique de type libéral. La seconde mettait en jeu les rapports des signataires avec les populations

---

[7] J-J. ALCANDRE, « La conférence de Berlin 15 novembre 1884-26 février 1885 », *Allemagne d'aujourd'hui*, n°217, 2016/3, p.90 ; K. VIGNES, *op.cit.*, pp.6-8 ; S. AYIMPAM, « Vie matérielle, échanges et capitalisme sur la rive méridionale du Pool du fleuve Congo (1815-1930) », *Recherche en Anthropologie et Histoire de l'Afrique*, n°18, 2006, p. 19.

[8] K. VIGNES, *Op.Cit.*, pp. 6-9.

[9] J-J. ALCANDRE, *Op.Cit.*, p. 97.

[10] Acte général de la Conférence de Berlin, deuxième paragraphe du préambule. A la première phrase de ce paragraphe, les signataires affirmaient vouloir « régler, dans un esprit de bonne entente mutuelle, les conditions les plus favorables au développement du commerce et de la civilisation dans certaines régions d'Afrique ». Dans le même esprit, le chapitre 1er du même texte avait pour titre : « Déclaration relative à la liberté de commerce dans le bassin du Congo, ses embouchures et pays circonvoisins, et dispositions connexes ». Et, à l'intérieur de ce chapitre, l'article 6 était intitulé « Dispositions relatives à la protection des indigènes, des missionnaires et des voyageurs, ainsi qu'à la liberté religieuse ».

indigènes : dans la mesure où elle entendait apporter le bien-être auxdites populations, elle fut qualifiée d'humaniste. Dans l'EIC, ces deux rationalités sont apparues dans les textes juridiques relatifs à l'économie et ont eu des répercussions sur les droits des Congolais.

1. L'humanisme et les droits des Congolais

Idéologie ayant animé la période de la Renaissance en Europe[11], l'humanisme s'est manifesté dans le chef des participants à la Conférence de Berlin. L'effet de cette idéologie peut être perçu sous un double aspect : un volet positif consistant dans l'affirmation implicite de certains droits au profit des Congolais et un volet pervers en tant que justification de la colonisation.

a. L'affirmation implicite des droits des Congolais

L'humanisme constitue un des fondements des droits de l'homme car « selon la perspective 'humaniste' ou 'naturaliste' […], les droits humains sont des revendications pré-institutionnelles que les individus entretiennent face à tous les autres individus, en vertu d'intérêts propres à l'humanité qu'ils ont tous en partage»[12].

Dans l'Acte de Berlin, l'idéologie humaniste s'est exprimée à travers l'idée de protéger les indigènes et de promouvoir leur bien-être, contenue dans les articles 6 et 9 aux termes desquels les puissances signataires s'engageaient à veiller à la conservation des populations indigènes, à l'amélioration de leurs conditions morales et matérielles d'existence, à la suppression de l'esclavage et de la traite des noirs. Pour Vignes, il s'agissait d'une « réelle sollicitude à l'égard des êtres déshérités et […] une importante contribution à l'émancipation des Africains»[13]. Y apparaît ainsi, implicitement affirmés, le droit des Congolais à la vie (à travers la conservation ou préservation de leur vie), leur droit au

---

[11] Comme l'indique Bibard, le projet initial de la Renaissance consiste à « donner leur place et leur dignité aux humains indépendamment de leur sexe, de leur âge ou de leur provenance ethnique d'origine face à une église surpuissante, d'autre part de donner sa place à l'humanité en subsumant la 'nature' sous la volonté des hommes ». Voy. L. BIBARD, « L'humanisme contre lui-même », *Revue Interdisciplinaire Management, Homme & Entreprise*, 2013/3 n°7, pp.66-67. Dans le même sens, C. REVEST, « La naissance de l'humanisme comme mouvement au tournant du XVe siècle », *Annales. Histoire, Sciences Sociales*, volume 3, 68ème année, 2013, p. 671. Pour Chassagnette, la Renaissance a été définie dans une perspective historiographique comme un mouvement de renouveau des arts et de la connaissance grâce au retour aux arts et savoirs des anciens Grecs et Romains. Conçu par les artistes italiens des XVème et XVIème siècles, ce mouvement s'est étendu au reste de l'Europe. Voy. A. CHASSAGNETTE, « Les concepts de Renaissance et d'humanisme en Allemagne: quelques remarques sur la (non) définition d'un champ d'étude dans la recherche contemporaine en histoire », *Revue de l'Institut français d'histoire en Allemagne*, n°2, 2010, pp. 164-179.

[12] P. GILABERT, « Les perspectives humaniste et politique sur les droits Humains », *Philosophiques*, volume 42, n°2, 2015, p.251.

[13] K. VIGNES, *Op.Cit.*, p.43.

développement (à travers la recherche de leur bien-être matériel et moral), ainsi que leur droit à la liberté (droit de ne pas être soumis à l'esclavage).

b. La justification de l'entreprise de prédation

Avant de montrer comment l'humanisme partagé par les participants à la Conférence de Berlin a favorisé leur entreprise, il importe de distinguer la philosophie humaniste de celle des droits de l'homme, dans la mesure où cette dernière tient compte des différences tandis que la première vise à les annihiler.

En effet : « les Déclarations des droits de l'homme ne sont pas l'affirmation de droits de l'humanité, d'une souveraineté de l'homme dans le monde, sur la nature [...]. Les droits de l'homme sont les droits des hommes à chaque fois différents. Ils ne sont pas les droits de l'identité de ces différences, mais les droits de chaque différence de cette identité. Ainsi compris, ils peuvent émettre une prétention à l'universalité ; ils n'impliquent pas un modèle commun d'humanité »[14].

En revanche, «si on l'entend comme l'affirmation d'un modèle d'humanité, l'humanisme risque toujours de méconnaître les droits de l'autre homme et de sacrifier tel ou tel homme à l'homme »[15]. Malheureusement, c'est cette dernière conception de l'humanisme que partageaient les signataires de l'Acte de Berlin.

En effet, comme le note Bibard, les humanistes revendiquaient que l'humanité prenne possession de la « nature » et la maîtrise, pour son bonheur ici-bas, pour sa sécurité et pour sa paix ; la « nature » était alors entendue dans un sens large impliquant l'environnement non seulement climatique et terrestre, mais aussi l'environnement géopolitique et politique, l'environnement économique, l'environnement social, etc.[16]. Cette vision ne pouvait que favoriser la prise de possession des terres en Afrique et la domination sur les peuples de ce continent, sous le prétexte de rechercher le bonheur de l'homme africain ; une vision du bonheur qui était à sens unique.

c. L'humanisme et le commerce

L'humanisme de l'Acte de Berlin était fondé sur une vision mercantiliste[17], consistant à « introduire la civilisation en Afrique par le commerce»[18].

[14] H. FAES, « Sens et valeur des droits de l'homme », *Revue d'éthique et de théologie morale*, n°264, 2011/2, pp.80-81.
[15] *Idem*, p.80.
[16] L. BIBARD, *Op.Cit.*, p.69.
[17] Doctrine née à la suite de la découverte du Nouveau Monde, le mercantilisme prônait un nouveau mode de production et d'échange de richesses non dans la famille ni pour la famille, mais plutôt dans la nation et pour la nation. Voy. F. POULON, « Entre libre-échange et protectionnisme : où est la morale économique? », *Finance & Bien Commun*, n°31-32, 2008/2, p.130.
[18] E. HENRY, « Le *Mouvement Géographique*, entre géographie et propagande coloniale », *Belgeo*, n°1, 2008, p.12.

Autrement dit, « en ouvrant l'Afrique au commerce international, on enclenchait un processus de développement qui ne pouvait être que bénéfique pour les populations et les faire avancer sur le chemin de la civilisation»[19]. Le lien ainsi effectué entre la civilisation, l'humanité et le commerce explique la définition négative donnée plus tard à l'humanisme comme participant à « l'idéologie bourgeoise, qui fait référence à un homme abstrait [...] en dissimulant avant tout le fait que cet homme abstrait convient à merveille au fonctionnement de la marchandise »[20].

De plus, civiliser l'Africain impliquait l'idée que ce dernier était inférieur à l'homme européen[21] ; et par conséquent un humanisme centré sur la condition de l'homme européen. Plus grave, cet humanisme a été imposé aux Africains car « aucun représentant de l'Afrique centrale ne participa à la Conférence ou aux rencontres informelles qui l'accompagnèrent » [22]. Aussi, pour Gehrmann, l'humanisme n'était qu'un objectif de façade de la Conférence au vu de la brutalité avec laquelle les richesses naturelles de l'EIC furent exploitées[23].

Rappelons toutefois que le contexte de l'époque était marqué par la survivance en Afrique du commerce des esclaves[24]. Au vu de ce contexte, il serait excessif de ne pas reconnaître que l'idéologie humaniste, partagée par les participants à la Conférence de Berlin, a tout de même donné lieu à un consensus sur la nécessité d'une part de mettre fin au commerce des esclaves et d'autre part de confier l'administration de l'EIC au roi Léopold II. En l'occurrence, ce dernier avait réussi à convaincre ses interlocuteurs qu'il était un philanthrope[25].

d. L'humanisme dans les textes réglementaires

L'humanisme s'est manifesté notamment en matière foncière, à travers les textes visant à protéger les Congolais au moment de l'occupation des terres. En effet, comme le relève Bakandeja, l'EIC ne voulait pas que les Européens se trouvant sur le territoire du Congo avant 1885 et occupant des terres sur la base de contrats passés avec les autorités indigènes n'exploitent ces terres et leurs richesses d'une manière abusive ou en violation des droits des populations locales[26]. C'est dans cette perspective qu'il fallait comprendre l'interdiction de

---

[19] J-J. ALCANDRE, *Op.Cit.*, p.93.

[20] D. GUY, « Sur les modes de production : l'idéologie », *L'Homme et la société*, n°23, 1972, p.190.

[21] J. ANAYA, « A Contemporary Definition of the International Norm of Self-Determination », *Transnational law & contemporary problems*, volume 3, 1993, p.146.

[22] J-J. ALCANDRE, *Op.Cit.*, p.95.

[23] S. GEHRMANN, *Op.Cit.*, p.94.

[24] J-J. ALCANDRE, *Op.Cit.*, p.92 ; K. VIGNES, *Op.Cit.*, pp.33, 38, 39.

[25] J-J. ALCANDRE, *Op.Cit.*, p.94 ; S. GEHRMANN, *Op.Cit.*, p.140.

[26] G. BAKANDEJA, *Droit minier et des hydrocarbures en Afrique centrale. Pour une gestion rationnelle, formalisée et transparente des ressources naturelles*, Bruxelles, Larcier, 2009, p.28.

déposséder les autochtones des terres qu'ils occupaient[27]. De même, l'EIC reconnaissait aux indigènes le droit de continuer à exploiter, pour leur propre compte, les mines sur les terres qu'ils occupaient[28]. Cela pouvait permettre de préserver les moyens de subsistance des indigènes. Outre l'humanisme, l'Acte de Berlin renfermait une idéologie libérale, que l'EIC a cependant cherché à limiter.

2. Le libéralisme économique entravé par Léopold II

Le libéralisme est « cet ensemble d'idéologies qui oscillent entre l'affirmation absolue de l'initiative individuelle (l'extrémisme libertarien) et l'exigence éthique d'une véritable égalité des chances. Eventuellement, ces idéaux vont entrer en collision, ce qui rend l'arbitrage [de l'Etat] nécessaire »[29]. Le libéralisme est aussi entendu comme étant la combinaison du « principe du moindre gouvernement » avec celui du « gouvernement différentiel », ce dernier se référant à une manière de gouverner permettant aux particuliers d'être libres c'est-à-dire de se sentir en sûreté[30]. Dans son volet économique, le libéralisme implique un Etat retiré de la sphère économique et qui « n'interviendrait que dans trois situations : violation de l'intégrité physique des personnes, violation de la propriété et violation des contrats »[31].

Poussé à l'extrême, le libéralisme devient néolibéralisme, qui selon les mots de Binoche, désigne « la négation de la République, du contrat social, et aussi bien du libéralisme, puisque, par-là, on entend l'exposition *intégrale* du sujet improductif aux aléas du marché »[32]. D'une manière générale, « le terme de néolibéralisme désigne tout à la fois une idéologie prônant un 'retour' au libéralisme des origines et une politique économique consistant à retirer à l'Etat pour donner toujours plus au marché »[33].

A la Conférence de Berlin, l'exploitation de l'EIC avait été pensée dans une optique qu'on qualifierait aujourd'hui de néolibérale[34]. En effet, les Britanniques

---

[27] Ordonnance du 1er juillet 1885, article 2.
[28] Décret du 8 juin 1888, article 5.
[29] S. DION, « Libéralisme et démocratie : plaidoyer pour l'idéologie dominante », *Politique*, n°9, 1986, p.16.
[30] B. BINOCHE, « Les deux principes du libéralisme », *Actuel Marx*, n°36, 2004/2, p.124.
[31] S. DION, *Op.Cit.*, p.14.
[32] B. BINOCHE, *Op.Cit.*, p.149.
[33] P. DARDOT et C. LAVAL, « Néolibéralisme et subjectivation capitaliste », *Cités*, n°41, 2010/1, p.35.
[34] Comme l'a mentionné Flory, aux XVIIIème et XIXème siècles, les tenants du libéralisme défendaient que la libéralisation des échanges commerciaux internationaux, conjuguée avec la réalisation de la division internationale du travail, devaient nécessairement aboutir à l'expansion du commerce international et, corrélativement, au développement économique de tous les Etats. Voy. T. Flory, « Libéralisme, protectionnisme, libre-échange 'organisé': quelques implications juridiques actuelles », *in* C. A. COLLIARD et D. CARREAU, *Droit et libertés à la fin du XXe siècle: influence des*

cherchaient à obtenir la liberté de naviguer sur le fleuve Congo, ainsi que la liberté de commercer et de s'établir dans le bassin de ce fleuve[35]. Il a fallu négocier cette liberté, étant donné les velléités d'autres puissances allant dans le même sens[36]. Pour convaincre les Britanniques et les autres Etats participants à la Conférence de Berlin de lui laisser le Congo, Léopold II avait fait croire qu'il était disposé à accorder l'entière liberté de navigation, d'établissement et de commerce, assortie d'une entière franchise de taxes à l'entrée, aux ressortissants étrangers dont les activités se dérouleraient dans l'EIC[37]. Ce compromis signifiait une renonciation au pouvoir de frapper des droits d'entrée et de sortie sur les marchandises dans l'EIC, ainsi que la liberté de navigation sur le fleuve Congo[38] ; bref pas d'Etat pouvant entraver les transactions commerciales.

Quelques années après, les réalités économiques ont amené les signataires de l'Acte de Berlin à changer d'optique. En l'occurrence, confrontées au coût financier de l'administration des territoires à elles reconnus dans la Conférence de Berlin, les Etats concernés ont dû réfléchir sur la possibilité de fixer des droits d'entrée et de sortie sur les marchandises. Ce fut l'objectif de la Conférence de Bruxelles, réunie par la Belgique en 1889 à l'initiative de l'Angleterre autour du thème de l'antiesclavagisme, où les participants décidèrent d'établir sur les marchandises des droits de douane dont le taux ne devait pas dépasser 10% de la valeur au port d'importation[39]. Léopold II en a profité pour restreindre la liberté du commerce en imposant des taxes à l'entrée pour certains produits[40]. Il a également encouragé les Belges à investir dans l'EIC, en y introduisant ainsi le capitalisme.

3. Un capitalisme aux effets négatifs sur l'économie locale

Un aperçu sur le contexte de naissance du capitalisme dans l'EIC s'avère important, avant de démontrer que cette idéologie a fini par supplanter celle humaniste.

a. La naissance du capitalisme dans l'EIC

Selon Elsenhans, « le capitalisme est un mode de production où la classe dominante est constituée par des propriétaires privés des moyens de production

---

données économiques et technologiques. Etudes offertes à Claude-Albert Colliard, Paris, Editions A. Pedone, 1984, p.250.

35 K. VIGNES, *Op.Cit.*, p.17.

36 J-J. ALCANDRE, *Op.Cit.*, p.92.

37 K. VIGNES, *Op.Cit.*, p.18.

38 *Ibid.*, p.34.

39 *Ibid.*, pp. 38, 40-42.

40 J-J. ALCANDRE, *op.cit.*, p. 96, note que Léopold II n'a respecté ses engagements de garantir l'accès libre au commerce dans l'EIC que pendant une très courte période, lorsque le libre-échange dans le bassin du Congo n'avait pas de sens parce que ces échanges étaient très limités.

qui par l'achat de la main-d'œuvre [...] à son coût de reproduction 'historiquement déterminé' [...] se procurent la possibilité d'appropriation du surplus qu'ils réalisent sur le plan économique par la vente de leurs produits à leurs prix de production proportionnellement à leurs capitaux engagés sur le marché»[41]. Il s'agit d'« un système économique qui reconnaît le rôle fondamental de l'entreprise, du marché, de la propriété privée, de la libre créativité humaine dans le secteur économique»[42]. Aussi, « il y a une logique du capital qui est celle de son accumulation et qui est ordonnée à la fabrique du 'toujours plus' »[43].

Dans l'EIC, « pour assurer le développement économique de la colonie, il fallait [...] adopter un régime de gestion devant permettre l'appropriation des terres en vue de favoriser le développement par l'investissement public et privé »[44]. Pour ce faire, l'EIC a « fait du Congo un espace organisé autour de son exploitation par la métropole sous forme de grandes concessions »[45] attribuées à des sociétés commerciales et a étendu et imposé « la 'civilisation' du capitalisme en conquérant de nouveaux marchés, au Congo en général »[46]. Cela a eu comme conséquence une désorganisation complète du commerce fluvial local préexistant[47].

Par la suite, violemment critiqué à cause des violations des droits de l'homme accompagnant son exploitation, Léopold II a cédé l'EIC à la Belgique[48]. La cession devint effective en 1908 et, dès lors, le Congo fut une colonie belge jusqu'au 30 juin 1960. Ainsi introduit, le capitalisme est allé à l'encontre de la vision humaniste à la base de l'EIC.

b. Le capitalisme contre l'humanisme

Afin de contrôler l'EIC, Léopold II avait besoin de ressources financières. Il dût s'intéresser aux ressources naturelles du territoire. Aussi, l'Ordonnance du 1er juillet 1885 prise par l'Administrateur général du Congo et portant occupation des terres, a attribué à l'EIC les terres « vacantes », c'est-à-dire celles considérées

---

41 H. ELSENHANS, « Capitalisme d'État ou société bureaucratique de Développement », *Etudes internationales*, Volume 13, numéro 1, 1982, p. 5.

42 F. POULON, *Op.Cit.*, p. 129.

43 P. DARDOT, « Le capitalisme à la lumière du néolibéralisme », *Raisons politiques*, n°52, 2013/4, p. 21.

44 G. BAKANDEJA, *Op.Cit.*, p. 28.

45 J. VANDEBURIE, « Le rôle de l'Etat dans la genèse des conflits liés aux ressources naturelles : le cas du Congo-Zaïre », *Écologie & politique*, n°34, 2007/1, p. 60.

46 S. AYIMPAM, *Op.Cit.*, p. 18.

47 *Ibid.*, p. 15.

48 J-J. ALCANDRE, *op.cit.*, pp. 96, 98 ; S. Ayimpam, *op.cit.*, p. 21 ; S. GEHRMANN, *Op.Cit.*, pp. 137-160.

comme inoccupées[49] ; et a restreint les droits des particuliers (Congolais et étrangers) sur le sol [50].

Par la suite, l'EIC a adopté d'autres textes affirmant sa propriété sur les ressources du sous-sol[51], ainsi que sur l'ivoire et le caoutchouc qui se trouvaient dans les forêts. Dans cette optique, le décret du 21 septembre 1891 enjoignit aux Commissaires de district de prendre des mesures urgentes et nécessaires pour conserver à la disposition de l'EIC les fruits des terrains domaniaux, notamment l'ivoire et le caoutchouc. L'EIC étant ainsi la seule entité habilitée à recueillir et commercialiser les produits forestiers, Léopold II inaugurait une forme de capitalisme d'Etat au Congo[52].

Il en résulte que la naissance de la législation économique de l'EIC ne s'explique pas uniquement par la nécessité, pour Léopold II, de trouver des ressources financières lui permettant de mener à bien sa « mission civilisatrice ». En réalité, ce Roi recherchait aussi son profit personnel. Pour preuve, le décret précité du 21 septembre 1891 - qui était en contradiction avec les termes du chapitre 1er de l'Acte général de la Conférence de Berlin prévoyant la liberté du commerce dans le territoire dont la gestion avait été confiée à Léopold II - fut gardé secret car il n'a pas été publié au Bulletin officiel de l'EIC[53]. Ce jeu de cache-cache a fait tomber le masque des idéaux humanistes du Roi.

---

[49] Ordonnance du 1er juillet 1885, article 2.

[50] Quelques années avant la création de l'EIC, des Européens (Hollandais, Portugais, Anglais) se trouvaient déjà sur ce territoire et s'y adonnaient à des activités scientifiques et au commerce. L'EIC cherchait également à contrôler l'activité de ces étrangers. A ce sujet, voy. M-B. DHEDYA LONU *et al,* « Le régime foncier congolais : du contact avec la civilisation occidentale à la veille de la loi n°73-021 du 20 Juillet 1973 dite foncière », *European Scientific Journal*, Vol.13, 2017, pp. 213-214.

[51] Voy. par exemple le Décret du Roi-Souverain en date du 30 avril 1887, *Bulletin officiel de l'Etat indépendant du Congo*, 1887, p. 70 ; la Charte coloniale du 18 octobre 1908 (dont à titre d'exemple l'article 15 traitait des biens, terres et mines appartenant à la colonie du Congo Belge) ; le décret du 24 septembre 1937 dans lesquels il était mentionné que l'exploitation des mines est faite en vertu d'un droit de concession accordé par la colonie ou par ses ayants-droits, ces derniers étant à l'époque des sociétés commerciales créées majoritairement par des industriels belges ; le décret du 31 mars 1959 réglementant la recherche et l'exploitation des hydrocarbures.

[52] Il peut arriver qu'un Etat possède ou s'attribue la totalité des moyens de production. Dans ce cas, on parle du capitalisme d'Etat ou de « société bureaucratique de développement dominée par une classe-Etat ». Voy. H. ELSENHANS, *op.cit.*, p. 3.

[53] En exécution de ce décret, une circulaire du 13 décembre 1891 a défendu aux indigènes de chasser l'éléphant à moins qu'ils n'apportent à l'Etat l'ivoire récolté ; une autre circulaire a prohibé la récolte et la vente du caoutchouc et de l'ivoire autrement qu'au profit de l'Etat, tout en menaçant les contrevenants à cette prohibition de peines du recel ; et une troisième circulaire disposait que les indigènes ne pouvaient exploiter la liane à caoutchouc qu'à la condition d'en remettre le produit à l'Etat. Aussitôt ces circulaires connues en Europe, les sociétés commerciales belges et hollandaises qui commerçaient au Congo protestèrent en invoquant que l'Etat se taillait un monopole contraire à l'esprit et à la lettre de l'Acte général

De plus, dans la foulée du même décret de 1891, les terres des indigènes furent progressivement réduites en même temps qu'étaient étendues les terres dites vacantes, de manière à assurer à l'Etat la propriété des forêts caoutchoutières[54].

La phrase ci-après du Roi Léopold II traduit le fond de sa pensée :

> « Mon territoire renferme d'immenses richesses en ivoire et en caoutchouc [...], si je me réserve la récolte du caoutchouc et de l'ivoire, non seulement je pourrai sans peine équilibrer mon budget, mais j'ai la perspective de bonis considérables »[55].

Cette course au profit a entraîné le massacre et la mutilation de nombreux Congolais[56]. *Elle* a relégué au second plan la recherche du bien-être des Congolais.

B. Le rattrapage insuffisant de la part du Congo belge

L'humanisme de l'EIC s'est prolongé sous le Congo Belge, entraînant une réduction des droits des indigènes Congolais.

2. La poursuite de la vision humaniste et ses implications sur les droits des Congolais

La vision humaniste de l'Acte de Berlin se remarque dans plusieurs textes. A titre d'exemple, l'ordonnance n° 137bis/AIMO du 25 septembre 1935 prévoyait des travaux agricoles et d'élevage imposés appelés aussi « travaux obligatoires et éducatifs », dont le but était de retirer la population indigène de la logique de la simple subsistance pour l'introduire dans celle de la constitution progressive du surplus pouvant être stocké et commercialisé. Dans le même esprit, le décret du 29 septembre 1942 limitait les plantations de bananiers servant à la préparation de boissons alcooliques indigènes, considérées comme nocives. En utilisant la terminologie actuelle, on dirait que ce sont les droits des Congolais à la santé et au bien-être (au développement) qui étaient ainsi recherchés.

---

de Berlin, que le droit au libre commerce avec les indigènes était à la base des obligations internationales imposées à l'EIC et qu'aucune concession n'était nécessaire pour commercer avec les indigènes. Pour sa part, l'EIC se fondait sur le droit d'exploiter son domaine, reconnu à tout Etat quelconque et auquel il n'avait jamais renoncé. Voy. J. PLAS et V. POURBAIX, *Les sociétés commerciales belges et le régime économique et fiscal de l'Etat Indépendant du Congo*, Bruxelles, Imprimerie Van Assche & cie, 1899, p. 15.

[54] G. SAKATA, « La réforme du secteur des ressources naturelles: Historique, enjeux et bilans », *L'Afrique des Grands Lacs. Annuaire 2008-2009*, p. 274 ; E. BOELAERT, *L'Etat indépendant et les terres indigènes*, Académie royale des Sciences coloniales, Mémoires n°8, Nouvelle série, Tome V, fasc. 4, Gembloux, Editions J. Duculot S. A., 1956, pp. 4-20 ; 28-29.

[55] M-B. DHEDYA LONU *et al, Op.Cit.*, p. 213.

[56] J-J. ALCANDRE, *op.cit.*, pp. 96, 98 ; S. AYIMPAM, *Op.Cit.*, p. 21 ; S. GEHRMANN, *Op.Cit.*, pp. 137-160.

Le décret du 20 août 1916 constitue un autre exemple car il a interdit le troc et l'a érigé en infraction, afin d'obliger les Congolais à s'intégrer au système monétaire ; l'économie de marché étant considérée comme le meilleur système économique auquel il fallait initier les Congolais au besoin par la contrainte[57]. Cette mise au pas forcée des Congolais constituait une violation de leur droit de choisir leur mode de vie. Elle a accompagné la poursuite de l'exploitation de leurs terres au profit cette fois du colonisateur.

3. La consolidation du capitalisme et la poursuite de l'exploitation du Congo

La Belgique ne fut pas indifférente à la perspective d'exploiter le Congo. En effet, initialement réticente à l'entreprise de Léopold II en Afrique, l'opinion publique belge a fini par être conquise par l'aventure coloniale et la Belgique a accepté la cession de l'EIC, « le caoutchouc congolais ayant entretemps vaincu les réticences »[58]. Aux sociétés à charte créées pour exploiter l'EIC[59], la Belgique ajouta une autre[60]. Aussi, comme l'écrit Vandeburie, « l'exploitation des ressources naturelles en RDC est une donnée incontournable de son insertion internationale à chaque période de son histoire. Durant la période coloniale, elle

---

[57] Le procédé ressemble à celui qui, en droit international, était appliqué aux peuples autochtones, lorsque la protection garantie auxdits peuples consistait à les assimiler à la catégorie majoritaire de la population des Etats où ils se trouvent. Les articles 4 à 7 de la Convention n°107 de l'Organisation International du Travail (OIT) relative aux populations aborigènes et tribales, du 26 juin 1957, en constituent un exemple. Cette philosophie a été abandonnée au profit d'une autre privilégiant le respect des spécificités culturelles des peuples autochtones, dans la Convention n°169 de l'OIT relative aux peuples indigènes et tribaux, du 27 juin 1989 ; ainsi que dans la « Déclaration des Nations Unies sur les droits des peuples autochtones ». Au sujet de ce changement d'orientation, voy. également OIT, *Promouvoir l'emploi, protéger les personnes, Peuples indigènes et tribaux, Convention n° 107*, consulté le 30 janvier 2013 sur http://www.ilo.org/indigenous/Conventions/no107/lang--fr/index.htm ; T. WARD, « The Right to Free, Prior, and Informed Consent: Indigenous Peoples' Participation Rights within International Law », *Northwestern Journal of International Human Rights*, vol. 10, 2011, p. 58.

[58] J-J. ALCANDRE, *Op.Cit.*, p. 96.

[59] A titre d'exemple, le Comité Spécial du Katanga (CSK) a été créé le 16/06/1900 et la Compagnie des chemins de Fer du Congo supérieur aux Grands Lacs Africains (CFL) l'a été le 4 janvier 1902. Voy. F. BUELENS, « Le tournant de 1908 : de l'État indépendant du Congo au Congo belge », *Outre-mers*, tome 99, n°376-377, 2012, p. 200.

[60] Le Comité National du Kivu (CNKI) fut créé le 13 janvier 1928 pour la mise en valeur de l'ex-Kivu au nom de l'Etat, en se servant de l'exemple du CSK pour le Katanga. Le CNKI résultait d'une association entre l'État belge, la Compagnie des Grands Lacs et des groupes d'hommes d'affaires agréés par le Gouvernement belge. Voy. J. CELERIER et A. CHOLLEY, « La mise en valeur du Kivu », *Annales de Géographie*, tome 37, n°209, 1928, p. 477.

motive les investissements belges »[61]. De même, Portier parle de la prédation des richesses du Congo, dans les termes ci-après :

> « Il faut remonter aux tout débuts, ceux de l'Etat Indépendant du Congo, car ils portent déjà les stigmates d'une économie de pillage mise en œuvre par des compagnies à charte. La collecte forcée du caoutchouc écrivit alors les pages les plus sombres de la colonisation [...]. La 'mise en valeur' coloniale devait par la suite normaliser l'exploitation des ressources agricoles et minières, et celle d'une main-d'œuvre étroitement encadrée par l'administration et les grandes sociétés »[62].

Celerier et Cholley émettent le verdict ci-après : « le 'tournant de 1908' a été une réalité institutionnelle, mais il a ouvert la voie à une exploitation systématique de la colonie et à une soumission politique (puis militaire) complète des Congolais »[63].

Et même lorsque le colonisateur a voulu protéger l'environnement, cela a été fait, dénonce Pouillard, dans une vision utilitariste comportant des mesures de création des parcs nationaux et de protection d'espèces, tout en autorisant des ponctions sur la faune au profit des élites de l'Occident[64]. Pour l'exploitation des forêts, le décret du 11 avril 1949 est dénoncé par Sakata au motif qu'il « consacre vingt-cinq de ses quarante-six articles à l'exploitation du bois et dénote dans sa lettre et son esprit, le caractère économique et utilitariste qui a entouré sa rédaction, ignorant ainsi les autres valeurs telle que celles morale, écologique et sociale »[65]. L'exploitation de la colonie s'est donc poursuivie sous le prétexte de la promotion des droits des Congolais. Mais l'accession à l'indépendance va constituer un nouveau tournant, car il sera fait appel aux droits de l'homme afin d'atteindre de nouveaux objectifs économiques et politiques.

I. De 1960 à 2000 : droits de l'homme et conquête de l'indépendance économique

Immédiatement après son accession à l'indépendance, la RDC a traversé une période trouble. Grâce à l'accalmie qui a suivi l'accession au pouvoir du Président Mobutu en 1965, un ajustement de la législation économique voit le jour, avec en toile de fond des enjeux nouveaux.

---

[61] J. VANDEBURIE, *Op.Cit.*, p. 68.
[62] R. POURTIER, *Op.Cit.,* p. 255.
[63] J. CELERIER et A. CHOLLEY, *Op.Cit.*, pp. 208-209.
[64] V. POUILLARD, « Conservation et captures animales au Congo belge (1908-1960). Vers une histoire de la matérialité des politiques de gestion de la faune », *Revue historique*, 2016, pp. 579-583.
[65] G. SAKATA, *supra* note 5, p. 8.

A. Le droit à la non-discrimination comme fondement de l'actualisation de la législation économique

A l'époque coloniale, la législation économique contenait des discriminations à l'égard des Congolais. En effet, il existait des textes applicables à tous et d'autres appliqués uniquement aux Congolais : « l'égalité de tous devant la loi » n'était pas de mise.

1. Une législation économique discriminatoire pendant la colonisation

Pour l'illustrer, il suffit de mentionner l'existence de l'ordonnance n°142/A.E. du 19 octobre 1935 relative au transport en commun des personnes par automobiles, à côté de l'ordonnance législative n°300/AIMO du 12 octobre 1944 réglementant le transport des indigènes. Ou encore le Décret du 1er avril 1933 portant réglementation du contrat d'engagement fluvial qui disposait, à son article 1er, que par homme d'équipage il faut entendre tout indigène du Congo belge ou des colonies voisines engagé pour le service d'un bateau et inscrit au rôle d'équipage. L'interprétation de cette disposition en sens inverse donne pour résultat que seuls les Congolais ou les ressortissants des colonies voisines du Congo belge pouvaient être des hommes d'équipage ; tandis que les Belges ne pouvaient pas faire partie des hommes d'équipage, leur place ne pouvant logiquement être que dans le personnel de commandement.

2. La suppression des discriminations légales après l'indépendance

Avec l'accession de la RDC à l'indépendance, il était inévitable que le législateur congolais mette fin à cette discrimination en actualisant la législation économique, de manière à lui ôter toute inégalité de traitement fondée sur l'origine des destinataires de la loi. Dans cette perspective, l'ordonnance-loi n° 66-96 du 14 mars 1966 portant Code de la navigation fluviale et lacustre[66] ne contient plus d'allusion aux indigènes lorsqu'à son titre IV, traitant du personnel navigant, il classe ledit personnel en deux catégories, à savoir le personnel de commandement d'un côté et les hommes d'équipage de l'autre. Autrement dit, l'accès à ces catégories professionnelles n'est plus tributaire de l'appartenance à une origine donnée : les Congolais peuvent désormais figurer parmi les deux catégories du personnel d'un bateau.

Bien plus, un mot qui symbolisait à lui seul les mauvais traitements subis par les Congolais pendant la période coloniale, à savoir le mot « indigène », fut supprimé de la législation foncière. Il s'agit en l'occurrence de la loi n° 73-021 du 20 juillet 1973 portant régime général des biens, régime foncier et immobilier et régime des sûretés (abrégée ici par loi foncière), telle que modifiée et

---

[66] *Moniteur Congolais*, 1966, p. 923.

complétée par la loi n° 80-008 du 18 juillet 1980, où les mots « terres indigènes» ont été remplacés par les mots «terres occupées par les communautés locales»[67].

Outre la volonté d'actualiser la législation économique au contexte nouveau, c'est celle d'affirmer le contrôle de l'Etat sur l'économie (qualifiée ici de nationalisme économique) qui a été la caractéristique la plus marquante de la période qui a suivi l'indépendance.

B. Le nationalisme économique congolais et son impact sur les droits de l'homme

Le nationalisme économique congolais a produit des conséquences différentes sur la liberté d'entreprise, selon qu'elle concerne les Congolais ou les étrangers : contrairement aux premiers, les seconds ont été tantôt autorisés, tantôt empêchés d'exercer des activités économiques dans le pays. Ces restrictions ont également concerné le droit de propriété.

1. L'annulation des droits sur les ressources naturelles détenus par les étrangers

La « loi Bakajika » de 1966 a donné le ton. Elle a été suivie par d'autres mesures censées placer l'économie entre les mains des Congolais. En effet, initiée par le Député Bakajika - d'où son appellation familière de « loi Bakajika » - l'Ordonnance-loi n° 66-343 du 7 juin 1966 assurait à la RDC la plénitude de ses droits de propriété sur son domaine et la pleine souveraineté dans la concession des droits fonciers, forestiers et miniers sur toute l'étendue de son territoire.

A travers ce texte, l'Etat a décidé d'abord d'abroger tous les textes législatifs et réglementaires antérieurs ayant pour objet l'exploitation ou la gestion du sol et du sous-sol ; ensuite de reprendre tous les droits fonciers, miniers et forestiers concédés ou cédés par la colonie avant le 30 juin 1960 en propriété ou en partenariat à des tiers, personnes physiques ou morales. Tous les anciens détenteurs des droits annulés étaient désormais obligés de solliciter de nouveaux droits auprès de l'Etat[68].

Dans la foulée, l'ordonnance-loi n° 67/261 du 11 mai 1967 portant législation générale sur les mines et les hydrocarbures confirmait la propriété de l'Etat sur les ressources minières et les hydrocarbures. Plus tard, l'ordonnance-loi n°

---

[67] L'article 388 de la loi foncière dispose : « Les terres occupées par les communautés locales sont celles que ces communautés habitent, cultivent ou exploitent d'une manière quelconque – individuelle ou collective – conformément aux coutumes et usages locaux ».

[68] Sur les circonstances ayant rendu ce texte inopérant, voy. S. MUGANGU, *La gestion foncière rurale au Congo(Zaïre), réforme juridique et pratique foncières locales. Cas du BUSHI*, Thèse de doctorat UCL, Bruxelles, Bruylant, 1997 ; J-P. KIFWABALA, *Droit Civil : Les Biens, Tome 1, Les droits réels fonciers*, Lubumbashi, Presse Universitaire Lubumbashi, 2003 ; tous deux cités par M-B. DHEDYA *et al, Op.Cit.*, pp. 220-221.

81/013 du 02 avril 1981, portant législation générale sur les mines et les hydrocarbures, reprenait le même refrain. La même démarche était de mise en matière foncière. En l'occurrence, aux termes de l'article 53 de la loi foncière, le sol était proclamé propriété exclusive, inaliénable et imprescriptible de l'Etat.

L'autre expression du désir de contrôle de l'économie fut la volonté de l'Etat d'être actionnaire unique dans ses entreprises bénéficiant de monopole, dans certains secteurs économiques considérés comme essentiels à la vie nationale[69]. Suite à ces monopoles, il n'était pas aisé d'établir un équilibre entre l'investissement public et celui privé, surtout lorsque cet investissement privé était le fait des étrangers.

2. L'économie entre les mains des nationaux ou des étrangers ?

L'annulation des droits acquis par les étrangers plaçait l'Etat face à un dilemme : promouvoir uniquement l'initiative économique des Congolais ou permettre aux étrangers d'investir dans l'économie du pays ?

a. Le droit d'entreprendre au profit des Congolais

Une tendance s'est développée dans le nationalisme économique congolais du début de la décennie 1970 : la partie de l'économie qui avait échappé au contrôle de l'Etat devait désormais être entre les mains des Congolais. Massamba traduit cette idée dans les termes ci-après :

« La sauvegarde de l'indépendance économique par la promotion des petites et moyennes entreprises et, plus généralement, par l'incitation des nationaux à pénétrer le monde des affaires, apparaît comme une préoccupation constante des pouvoirs publics »[70].

Cette préoccupation a imprégné la législation économique du pays et trouver une expression radicale à la fin de l'année 1973, à travers la mesure dite de « zaïrianisation » de l'économie. Celle-ci a consisté à transférer à l'Etat la propriété des sociétés détenues par les particuliers, personnes physiques ou morales, de nationalité étrangère, principalement dans le domaine agricole, pour la confier ensuite à des nationaux nommés « acquéreurs »[71]. Il ne s'agissait pas

---

[69] G. TONDUANGU, « Les entreprises publiques congolaises (RDC) transformées en sociétés commerciales à l'épreuve de l'acte uniforme relatif au droit des sociétés commerciales et du groupement d'intérêt économique », *Revue de l'ERSUMA*, n°4, septembre 2014, p. 424.

[70] R. MASAMBA, *supra* note 5, p. 86.

[71] K. KAPINGA, « Le cadre juridique de la gouvernance agricole et les perspectives de la relance de l'agriculture en République démocratique du Congo », *Librairie africaine d'études juridiques*, Publication de la Konrad Adenauer Stiftung, volume 15, 2010, p. 118. Pour plus de détails sur la mesure de « zaïrianisation » et sur celles consécutives de « radicalisation », de « stabilisation » et de « rétrocession », ainsi que sur leurs conséquences, voy. L. Nghenda, *Zaïrianisation, radicalisation et rétrocession en République du Zaïre*, Kinshasa, Presses universitaires du Congo, 1980.

à proprement parler d'une nationalisation, car cette dernière « est un transfert de la propriété privée à la nation, une substitution de la propriété publique à la propriété privée »[72] ; mais plutôt, comme le mentionne Vandeburie, d'une « indigénisation » de l'économie[73]. Cette mesure était censée garantir aux Congolais le contrôle de leur économie et des richesses du pays. Malheureusement, elle a essentiellement profité aux politiciens ou personnes liés au régime politique en place[74], raison pour laquelle elle a été assimilée à un accaparement ou une prédation des ressources nationales à des fins personnelles ou de consolidation du pouvoir politique[75].

La zaïrianisation fut désastreuse pour l'économie du pays. Mais on en perçoit l'esprit dans la législation sur le petit commerce adoptée en 1979, qui a eu pour particularité de réserver le petit-commerce aux seules personnes physiques de nationalité congolaise[76] ; ou encore à travers l'exploitation minière artisanale réservée aux mêmes personnes, dans les législations minières de 1967 à 2002, en passant par celle de 1981.

b. *Quid des droits des étrangers ?*

Paradoxalement, malgré la volonté de l'Etat de se réserver le contrôle de l'économie ou à la rigueur de réserver une partie de cette économie au Congolais, le même Etat a dû recourir aux investissements étrangers pour tenter de relancer une économie en panne, à la suite notamment de la « zaïrianisation ». Mais même dans ce cas, l'Etat donnait l'impression de vouloir accélérer tout en gardant le pied sur la pédale de frein, car l'ouverture de l'économie au capital étranger était accompagnée d'un certain nombre de restrictions. Parmi celles-ci, citons le principe d'association imposant la présence des Congolais dans les sociétés commerciales créées par les étrangers. Ce principe était inséré dans la législation sur les sociétés commerciales par l'article 2 de la loi n° 77/127 du 17 novembre 1977.

Dans le même élan visant à attirer les capitaux étrangers, des projets industriels furent tentés avec un succès limité, à l'instar de la Zone franche d'Inga[77] dont l'idée était de favoriser, grâce à la mise en place d'un régime fiscal et douanier favorable dans la zone géographique autour des barrages d'Inga, la

---

[72] J. RIVERO, *Le régime des nationalisations*, Jurisclasseur civil, annexes III, 1948.
[73] J. VANDEBURIE, *Op.Cit.*, p. 61.
[74] R. POURTIER, *op.cit.*, p. 255 ; G. De VILLERS, « Le Congo/Zaïre indépendant : Permanences et changements », *Outre-mers*, tome 97, n°368-369, 2010, p. 182.
[75] J. VANDEBURIE, *Op.Cit.*, pp. 58, 61.
[76] Il s'agit de l'ordonnance-loi n°79-021 du 2 août 1979 généralement appelée législation sur la patente. Cette ordonnance-loi fut abrogée par celle n°90-046 du 8 août 1990, malgré la polémique suscitée par cette dernière pour n'avoir pas été publiée au Journal officiel de la RDC. A ce sujet, voy. R. Masamba, *supra* note 3, pp. 83-86.
[77] *Journal Officiel de la RDC*, n°8, 15 avril 1981.

création d'industries lourdes qui devaient utiliser l'énergie produite par ce barrage.

Ainsi, dans la production législative en matière économique après la colonisation, le nationalisme économique a pris le dessus sur l'idéologie libérale. Comment expliquer cette évolution ?

c. Prépondérance du nationalisme économique sur le libéralisme économique

A l'accession des pays africains à l'indépendance, il se pose la question de « la forme la plus probable de développement du capitalisme national africain [...] : celle du capitalisme privé ou celle du capitalisme d'Etat »[78]. La poursuite de l'indépendance économique à côté de celle politique va se traduire par des nationalisations[79]. Dans le cas de la RDC, un facteur supplémentaire explique le nationalisme économique congolais. Il s'agit des conditions dans lesquelles s'est opéré le passage à l'indépendance, en particulier en ce qui concerne le sort des sociétés commerciales qui relevaient, sous la colonisation, du portefeuille de la colonie. En effet, lors des négociations de Bruxelles, préludes à l'indépendance de la RDC, la question des avoirs des sociétés précitées, en particulier celles minières, avait été abordée par les délégués Congolais et Belges, au cours de la Table ronde économique. Ces débats s'achevèrent par le choix opéré par la plupart desdites sociétés de relever désormais de la législation belge et de conserver ou transférer dans ce pays les avoirs qu'elles détenaient. En l'occurrence, à l'article 2 de la loi belge du 17 juin 1960, ces sociétés avaient le choix entre devenir des sociétés de droit congolais ou des sociétés de droit belge, sans que ce choix n'implique une quelconque pénalisation fiscale pour les

---

[78] S. AMIN, « Le développement du capitalisme en Afrique noire », *L'Homme et la société*, n°6, 1967, p. 115.

[79] La recherche de l'indépendance économique après celle politique a été, au sein de l'Assemblée générale des Nations unies, le leitmotiv de plusieurs Etats nouvellement indépendants. Plusieurs résolutions de ladite Assemblée ont été, au cours de la décennie 1960, adoptées pour affirmer la souveraineté permanente de l'Etat sur ses ressources naturelles. La plus emblématique est la résolution 1803(XVII) adoptée le 14 décembre 1962. Voy. Assemblée Générale, *Souveraineté permanente sur les ressources naturelles*, résolution 1803(XVII), Documents officiels de l'Assemblée Générale des Nations Unies, 17ème session, supplément n°17, Document des Nations Unies A/RES/1803(XVII), 1962. A ce sujet, voy. S. M. SCHWEBEL, « The Story of the UN's Declaration on Permanent Sovereignty Over Natural Resources », *in* Cambridge Books Online, *Justice in International Law. Selected Writings Stephen M. Schwebel*, Cambridge University Press, 2015, pp. 406-413, consulté le 8/07/2015 sur http://dx.doi.org/10.1017/CBO9780511551765.025 ; G. FISCHER, « La souveraineté sur les ressources naturelles », *Annuaire français de droit international*, vol. 8, 1962, pp. 516-528 ; N. SCHRIJVER, *Sovereignty over natural resources: balancing rights and duties*, Cambridge, Cambridge University Press, 1997.

transferts d'actifs. Moins de dix de ces sociétés choisirent le premier terme de l'alternative. La plupart optèrent pour le statut de droit belge[80].

De son côté, le nouveau Gouvernement de la RDC qui n'avait pu bénéficier que des installations (usines et dépendances) érigées au Congo par les sociétés précitées ne manqua pas, à plusieurs reprises, de manifester son désaccord. Ce fut l'un des aspects du « contentieux belgo-congolais » demeuré non résolu à ce jour. Ce ressentiment des autorités congolaises les conduisit à adopter une attitude de plus en plus nationaliste, marquée par la volonté d'une part de reprendre tous les droits liés à l'économie et concédés aux étrangers pendant la colonisation ; d'autre part de prendre le contrôle des sociétés opérant au Congo depuis l'époque coloniale. L'illustration la plus concrète de cet état d'esprit fut la nationalisation, intervenue en 1967, de l'Union Minière du Haut Katanga (UMHK), qui était la plus grande entreprise étrangère opérant en RDC[81]. Cette société fut nationalisée suite à son refus de se soumettre à la décision prise le 6 mai 1966 par les autorités de la RDC, ordonnant à toutes les sociétés ayant leur principal siège d'exploitation en RDC d'y transférer également, au plus tard à la date du 1er janvier 1967, leur siège social et administratif[82].

La législation économique va conserver la contradiction entre la volonté de protéger l'économie nationale contre l'étranger et celle d'ouvrir la même économie aux capitaux privés, y compris étrangers. Cette contradiction subsiste malgré la tendance plus poussée vers le libéralisme économique et l'affirmation des droits de la personne humaine dans la législation économique postérieure à l'année 2000.

II. De 2001 à 2021 : droits de l'homme et idéologies concurrentes

Au début des années 2000, on assiste en RDC au triomphe de l'idéologie libérale. Cela a donné à des préoccupations anciennes, comme la protection des

---

[80] X, « L'affaire de l'union minière du Haut-Katanga », *Courrier hebdomadaire du CRISP*, n°350, 4/1967, p. 6.

[81] Ordonnance-loi n° 67/01 bis du 1er janvier 1967 dont l'article 1er disposait que la propriété de tous les biens meubles et immeubles, corporels et incorporels (dont les droits de propriété et de créance des droits réels, des titres, actions ou des participations) de l'UMHK est dévolue à l'Etat congolais ; et l'article 2 que l'Etat congolais est par voie de conséquence subrogé à l'UMHK dans tous les droits que cette dernière détenait ou exerçait dans diverses sociétés au Congo.

[82] Cette décision sera confirmée par l'Ordonnance-loi n° 66-341 du 7 juin 1966 relative au siège social et au siège administratif des sociétés, dont le principal siège d'exploitation est situé au Congo. Le refus de ce transfert par l'UMHK eut lieu le 23 décembre 1996, après plusieurs négociations infructueuses. A ce sujet, voy. X, « L'affaire de l'union minière du Haut-Katanga », *Op.Cit.*, p. 21.

droits de l'homme, une trajectoire nouvelle. Mais, dans le même temps, le nationalisme économique ne disparaît pas.

A. L'idéologie libérale et ses répercussions en matière des droits de l'homme

Le 17 mai 1997, le régime Mobutu est chassé du pouvoir par Laurent Désiré Kabila et ses troupes de l'Alliance des forces démocratiques pour la libération du Congo-Kinshasa (AFDL), soutenues par plusieurs pays étrangers. Mais le régime de Kabila fut confronté à partir de 1998 à des rébellions soutenues par certains des Etats qui l'avaient appuyé contre Mobutu. Pour accompagner sa volonté de reprendre le contrôle de la totalité du territoire et des ressources naturelles de la RDC, le régime de Kabila va adopter une rhétorique nationaliste[83].

Après l'assassinat du Président Laurent Désiré Kabila en janvier 2001, le Président Joseph KABILA lui succède. Arrivé au pouvoir dans un contexte de conflits, Joseph Kabila a recouru à la stratégie de l'extraversion, déjà utilisée par Mobutu, pour consolider son pouvoir, réunifier et pacifier le pays, restaurer une gouvernance étatique sur l'ensemble du territoire et relancer l'économie. Pour ce faire, Joseph Kabila a accepté, écrit Gauthier, un « régime de semi-tutelle internationale » sur la RDC, caractérisé par l'intervention d'acteurs étrangers (Nations unies, Banque mondiale, Fonds monétaire international…) en RDC par des financements, en contrepartie de l'adoption par les autorités congolaises de programmes d'action gouvernementaux et de textes juridiques tels que le Code minier et le Code forestier[84]. Dès lors, lesdits codes[85] ne pouvaient que refléter l'idéologie libérale prônée par les institutions financières internationales à l'instar de la Banque mondiale[86].

En effet, le Code minier et le Code forestier se caractérisent entre autres par le renoncement de l'Etat à son activité d'opérateur minier ou forestier, qui était réalisée grâce aux entreprises publiques. Le Code minier l'exprime de manière claire dans les termes ci-après : « Bien qu'assurant la mise en valeur des

---

[83] G. De VILLERS, *Op.Cit.*, p. 184.
[84] *Ibid.*, pp. 179, 193.
[85] Loi n°007-2002 du 11 juillet 2002 portant Code minier de la RDC, *Journal officiel de la RDC*, 43ème année, numéro spécial du 15 juillet 2002 et loi n°011-2002 du 29 août 2002 portant Code forestier de la RDC, *Journal officiel de la RDC*, 43ème année, numéro spécial du 6 novembre 2002.
[86] B. HIBOU, « Economie politique du discours de la Banque mondiale en Afrique sub-saharienne : Du catéchisme économique au fait (et méfait) missionnaire », *Etudes du CERI*, 1998, pp.1-46 ; M. MAZALTO, « La réforme des législations minières en Afrique et le rôle des institutions financières internationales: la République Démocratique du Congo », *in* S. MARYSSE, F. REYNTJENS et S. VANDEGINSTE (eds.), *L'Afrique des Grands Lacs. Annuaire 2004-2005*, Paris, L'Harmattan, pp. 9-11 ; G. BAKANDEJA, *Op.Cit.*, p. 32.

substances minérales par l'appel à l'initiative privée, l'Etat a essentiellement un rôle limité à la promotion et à la régulation du secteur minier »[87]. Il en a résulté une ouverture de l'économie à l'initiative privée, y compris d'origine étrangère[88].

La réforme matérialisée par la libéralisation de l'exploitation des ressources naturelles s'est poursuivie sur un plan plus général, comme illustré par la loi n° 08/007 du 7 juillet 2008 portant dispositions générales relatives à la transformation des entreprises publiques[89] et d'autres textes subséquents[90]. Cette loi a concrétisé la volonté de l'Etat de soumettre ses sociétés au droit commercial, et de les placer dans des conditions de concurrence avec les sociétés privées.

La RDC a également adhéré à l'Organisation pour l'Harmonisation en Afrique du Droit des Affaires (OHADA) [91] dans l'intention, à l'instar des autres membres de cette organisation, d'attirer les investisseurs privés[92]. En plus de ces avancées vers le libéralisme économique, ce sont les droits de l'homme en

---

[87] Code minier de la RDC, exposé des motifs, p. 6.

[88] Grâce aux mesures incitatives contenues dans le Code minier adopté en 2002, combinées à la montée des prix du cuivre et du cobalt sur le marché international dans la même période, plusieurs sociétés minières internationales occidentales, chinoises, coréennes et indo-pakistanaises se sont installées dans la Province du Katanga dans l'Est de la RDC de 2004 à 2008. Voy. F. LAPEYRE *et al.*, « Le modèle de croissance Katangais face à la crise financière mondiale: Enjeux en termes d'emplois », *in* OIT, *Document de travail de l'Emploi N° 82*, 2011, Genève, 2011, p. 12.

[89] *Journal officiel* de la RDC, 49ème Année, Numéro spécial, 12 juillet 2008.

[90] Loi n°08/008 du 7 juillet 2008 portant dispositions générales relatives au désengagement de l'Etat des entreprises du portefeuille ; décrets n°09/11 et n°09/12 tous deux en date du 24 avril 2009 définissant les mesures relatives à la transformation des entreprises publiques, ainsi que la liste desdites entreprises transformées en sociétés commerciales, établissements publics et services publics ; décret n°09/13 du 24 avril 2009 portant dissolution et liquidation des entreprises publiques non transformées en sociétés commerciales, établissements publics ou services publics.

[91] En date du 11 février 2010, après son adoption par l'Assemblée nationale et le Sénat, la loi n°10/002 autorisant l'adhésion de la RDC au traité de l'OHADA a été promulguée par le Président de la République. En juin 2012, le Président de la République a ratifié le Traité de l'OHADA ; et le 13 juillet 2012 le gouvernement a déposé l'instrument d'adhésion auprès du Sénégal, l'Etat dépositaire dudit Traité. Voy. à ce sujet R. MASAMBA, *L'OHADA en RDC. Manuel de vulgarisation*, Kinshasa, Commission nationale OHADA, Programme d'aide au commerce, 2012, pp. 5-7.

[92] Comme indiqué dans le préambule du Traité de l'OHADA (Traité de Port-Louis du 17 octobre 1993 modifié par le Traité de Québec du 17 octobre 2008), ce texte vise entre autres la mise en place dans les Etats signataires d'un « droit des affaires harmonisé, simple, moderne et adapté, afin de faciliter l'activité des entreprises ». Dans cette optique, « de façon générale, l'orientation prise par le législateur OHADA est l'attractivité du droit [...], en vue d'attirer les investisseurs », comme l'écrit P.S.A. BADJI, « Les orientions du législateur OHADA dans l'AUSCGIE révisé », *Revue de l'ERSUMA*, n°6, nouvelle édition, 2016, p. 9.

général qui vont effectuer une percée dans la législation en matière économique. Le Code minier illustre cela à suffisance.

1.Les avancées en matière de protection des droits de l'homme : cas du Code minier

Le Code minier promulgué en 2002 n'est pas à proprement parler un instrument de protection des droits de l'homme, mais certaines de ses dispositions garantissent des droits de la personne humaine[93]. On y trouve ainsi protégés, quoique de manière indirecte, le droit à la vie et le droit de vivre dans un environnement sain[94] ; le droit des Congolais de jouir des richesses nationales[95] ; le droit de propriété[96] ; la liberté de circuler et les droits culturels[97] ; le droit au développement[98].

De plus, dans la loi n° 18/001 du 9 mars 2018 ayant modifié et complété le Code minier, de nombreuses dispositions visent à assurer la traçabilité des minerais et d'autre part la transparence des revenus issus de l'exploitation minière. La traçabilité est entendue comme un processus destiné à assurer le suivi de la trajectoire des minerais, de la mine d'origine au point de sortie du territoire national, de manière à écarter du commerce les minerais dont la production et/ou la commercialisation sont entachées soit de violations des droits de l'homme (en particulier de la femme et de l'enfant), soit d'une participation directe ou indirecte des groupes armés. La transparence de l'exploitation minière est à assurer par la publication des contrats miniers et des revenus publics provenant de l'activité minière[99]. L'action des organisations non gouvernementales (ONG) n'est pas étrangère aux avancées ci-haut.

---

[93] Dans ce sens, voy. D. P. ZONGWE, *Op.Cit.*, pp.1-78.

[94] Par exemple, l'article 6 permet de suspendre l'activité minière pour des raisons liées à la sûreté nationale, à la sécurité publique et à la protection de l'environnement.

[95] Par exemple, l'exploitation minière artisanale est réservée aux personnes physiques de nationalité Congolaise.

[96] Les articles 279 et 281 exigent à l'exploitant minier d'indemniser les titulaires de droits fonciers en cas de perte de leurs terrains pour céder la place à l'exploitation minière.

[97] L'article 279 interdit d'exploiter des minerais à des endroits où se trouvent des infrastructures routières, aéroportuaires ou ferroviaires, ainsi qu'à ceux où se trouvent des sites archéologiques et des monuments nationaux.

[98] Les articles 69 et 286 à 296 exigent au titulaire du droit minier de mettre en œuvre des projets de développement en faveur des communautés affectées par son projet minier. Depuis la révision du code minier par la loi n°18/001 du 9 mars 2018, l'obligation de contribuer au développement des communautés est garantie par la sanction de la déchéance du droit minier, pouvant frapper l'exploitant minier qui n'aura pas exécuté cette obligation (articles 286 à 296). Dans la même loi, l'article 299 bis sanctionne désormais les violations des droits humains dans l'exploitation minière ; l'article 285 sanctionne les dommages causés à des personnes et à l'environnement par contamination des suites de l'activité minière.

[99] Articles 1, 7 et 311.

2. L'implication positive des ONG dans la modification du Code minier

La révision du Code minier a fait l'objet de négociations multipartites de 2012 à 2018 entre le Gouvernement, les sociétés minières et les ONG[100]. La loi n°18/001 précitée constitue ainsi un compromis, car chacun des acteurs impliqués a eu l'occasion de faire valoir ses préoccupations. En effet, de son côté, la société civile organisée en réseau d'ONG spécialisées dans les questions relatives aux ressources naturelles, et bénéficiant parfois de l'expertise d'ONG étrangères, a étendu ses consultations de la capitale aux provinces du pays, afin de recueillir auprès de ses membres des propositions de nature à enrichir ses prises de position pendant les négociations. Principalement, il s'agissait de replacer au centre du Code minier le respect des droits de l'homme en général et des droits des communautés affectées en particulier. Pendant l'examen au Parlement du projet de loi déposé par le gouvernement, les ONG ont à leur tour déposé au même Parlement un document reprenant leurs demandes, qui n'avaient pas été prises en compte dans le projet du Gouvernement[101].

Pour l'Etat, il s'agissait de lutter contre la prédation des ressources naturelles y compris par des Etats voisins[102] et d'augmenter les recettes publiques provenant du secteur minier en équilibrant le régime fiscal, douanier et de change dans le cadre du partenariat entre l'Etat et les opérateurs miniers [103].

Pour leur part, les sociétés minières opérant en RDC, non satisfaites des nouvelles obligations fiscales mises à leur charge[104], ont constitué une délégation

---

[100] Southern Africa Resource Watch, *Amendement de la société civile congolaise pour la révision du code minier. Proposition en rapport avec le droit minier*, http://www.sarwatch.org/fr/content/proposition-en-rapport-avec-le-droit-minier, consulté le 05 août 2013.

[101] Coordination des actions de plaidoyer de la société civile pour la Gouvernance des ressources naturelles, *Propositions d'amendements au projet de loi modifiant et complétant la loi n°007/2002 du 11 juillet 2002 portant code minier*, Version revue et mise à jour, juin 2017.

[102] Voy. J. VANDEBURIE, *op.cit.*, p. 66, qui note que même si elle n'avait pas constitué la première motivation des conflits armés en RDC, la logique de la prédation des ressources naturelles de la RDC avait fini par l'emporter dans le chef de tous les acteurs concernés par lesdits conflits.

[103] Exposé des motifs de la loi n°18/001. Ceci peut expliquer le retour, dans ladite loi, du nationalisme économique à travers l'exigence d'une participation, au capital des sociétés minières, à la fois de l'Etat congolais (10% au minimum) et des Congolais (10% au minimum). Dans la version de 2002 du code minier, seul l'Etat devait faire partie du capital des sociétés minières à raison de 7% dudit capital.

[104] Peu avant la promulgation de la loi n°18/001, plusieurs multinationales opérant dans le secteur minier en RDC - à savoir Randgold Resources, Glencore, Ivanhoe Mines, Gold Mountain International et Zijin Mining Group, MMG Limited, Crystal River Global Ltd et China Molybdenum Co, Ltd (CMOC), AngloGold Ashanti - ont quitté l'organisation défendant les intérêts des entreprises en RDC, la Fédération des entreprises du Congo (FEC), au motif que cette dernière n'avait pas suffisamment défendu leurs intérêts durant

qui a rencontré le Chef de l'Etat en vue de le dissuader de promulguer la loi modifiant le code minier ou de l'amener à en solliciter la modification[105].

Mais la manière dont ladite loi avait été élaborée laissait peu de chance de succès à la démarche des sociétés minières. En effet, un troisième acteur était activement impliqué dans la négociation de cette loi, à savoir les ONG. Grâce à la présence de ces dernières, le débat a englobé la société congolaise dans son ensemble et a échappé au tête-à-tête entre le Gouvernement et les industriels miniers, dans lequel l'autorité publique aurait été sous pression.

La loi n°18/001 précitée a donc constitué un compromis original, dont il fut difficile d'empêcher la promulgation ou d'obtenir la modification sans rouvrir de nouvelles négociations entre toutes les parties prenantes[106]. Le large consensus dont jouit ladite loi met cette dernière à l'abri des manœuvres politiciennes auxquelles donnent lieu soit la fragmentation des forces politiques au sein du parlement congolais[107], soit les jeux constants de repositionnement des politiciens congolais au gré des circonstances[108]. Et les droits de l'homme en sortent renforcés, face aux logiques prédatrices des acteurs politiques et économiques internes et étrangers.

---

la période de révision du Code minier. Voy. Agence Afrique, *Les opérateurs miniers en RDC proposent le changement du code minier*, http://www.agenceafrique.com/12641-operateurs-miniers-rdc-proposent-changement-code-minier.html, consulté le 17 juin 2020.

[105] Radio okapi en ligne, *Révision du Code minier en RDC : le président Kabila rencontre mardi les patrons des entreprises minières*, publié le 04/03/2018, https://www.radiookapi.net/2018/03/04/actualite/societe/revision-du-code-minier-en-rdc-le-president-kabila-rencontre-mardi-les, consulté le 14 juin 2020 ; Business & Human Rights Resource Centre, *Rép. dém. du Congo: Nouveau projet de code minier: Le bras de fer entre les autorités et les grandes entreprises minières continue*, https://www.business-humanrights.org/fr/r%C3%A9p-d%C3%A9m-du-congo-nouveau-projet-de-code-minier-le-bras-de-fer-entre-les-autorit%C3%A9s-et-les-grandes-entreprises-mini%C3%A8res-continue/?page=2#c169829, consulté le 14 juin 2020.

[106] Il n'est pas impossible que le contexte politique ait influencé l'attitude du Président de la République car l'année 2018 étant électorale, le Président ou sa famille politique pouvaient espérer tirer un profit politique de l'image d'un nationaliste défenseur des intérêts du pays face aux intérêts étrangers. Le président Kabila avait déjà agi de la sorte lorsqu'après les élections de 2006, il avait essayé de soustraire le pays de la semi-tutelle dans laquelle il se trouvait. Voy. G. DE VILLERS, *Op.Cit.*, p. 193.

[107] P. AHADI, « La violence politique au Congo-Kinshasa 1996-2006 : le décryptage d'un mode de participation politique revitalisé », *IOSR Journal Of Humanities And Social Science (IOSR-JHSS),* Volume 22/5, 2017, pp. 75-82 ; G. DE VILLERS, *Op.Cit.*, p. 190.

[108] R. POURTIER, *Op.Cit.*, p. 256.

B. Les droits de l'homme face à la résurgence du nationalisme économique congolais

Le nationalisme économique congolais reste présent. Il peut être illustré d'abord par la loi n°11/022 du 24 décembre 2011 portant principes fondamentaux applicables à l'agriculture (loi agricole), ensuite par la création d'une entreprise publique ayant le monopole de l'achat et de la revente du cobalt produit artisanalement.

1.Le protectionnisme économique dans la loi agricole

A son article 16, la loi agricole restreint l'accès des étrangers à l'activité agricole en RDC. En effet, pour obtenir une terre à usage agricole (concession agricole), il faut être soit une personne physique de nationalité congolaise, soit une personne morale de droit congolais dont les parts sociales sont détenues en majorité par l'Etat congolais et/ou par les nationaux. Cet article exclut de la concession agricole les personnes physiques de nationalité étrangère. Et pourtant, il y a des étrangers qui pratiquent déjà l'agriculture à titre individuel en RDC, en vertu de la loi foncière. Ladite loi ne précise pas non plus comment l'Etat congolais et les Congolais vont faire pour devenir associés ou actionnaires des sociétés agricoles à créer par les étrangers[109]. Le législateur n'a pas donné la raison de cette volte-face. Mais pour Eggen, l'article 16 susdit vise à « lutter contre les acquisitions et locations de terres à grande échelle par des intérêts étrangers aux dépens des intérêts des agriculteurs congolais et des communautés locales » [110]. Cette opinion semble se confirmer au regard des débats au Sénat de la RDC, lorsque cette institution a adopté, en date du 13 novembre 2017, la proposition de loi modifiant la loi agricole, en particulier son article 16, après l'approbation du même texte par l'Assemblée nationale[111].

Pour montrer que la volonté de protéger les droits des Congolais a inspiré la restriction des droits des étrangers dans le domaine agricole, il est intéressant de reprendre ci-après le commentaire fait de la proposition de révision de l'article 16 dont question :

> « *L'auteur [...], le Sénateur Flore Musendu, a estimé que cette loi permettra à la RDC d'attirer des capitaux étrangers dans le secteur d'agriculture car elle autorise pour la première fois l'ouverture du secteur agricole à tous les opérateurs économiques nationaux et étrangers. Certains Sénateurs craignent cependant que cette nouvelle loi favorise la spoliation des terres congolaises par des opérateurs économiques étrangers. Le Sénateur Jacques Djoli a plaidé pour la*

---

[109] A. BAMBI, *Code agricole congolais. Commentaires et critiques*, Presses universitaires de Lubumbashi, 2013, pp. 180, 188.

[110] M. EGGEN, *Loi portant principes fondamentaux relatifs à l'agriculture en RDC. Note de synthèse*, FIAN Belgique, février 2012, p. 2.

[111] Le projet est en attente de sa promulgation.

mise en place d'une véritable politique agricole en RDC pour d'une part attirer les capitaux étrangers et d'autre part protéger les propriétés des autochtones »[112].

Toutefois, il faut remarquer que la proposition de loi modifiant l'article 16 de la loi agricole est aussi le fruit d'un lobbying des opérateurs agricoles étrangers. En effet :

« *La FEC avec le soutien de sociétés étrangères [...] a immédiatement voulu la révision de cette mesure. Ils ont fait appel à un cabinet d'avocats en Belgique pour convaincre le Gouvernement. Par le truchement de celui-ci, les travaux de la commission de rédaction des mesures d'application ont été freinés et une commission ad hoc mise en place afin de revoir les articles 16 et 82, voire de les rayer* »[113].

Ce blocage à la fois de la mise en application de la loi agricole et de sa modification traduit une réalité ancienne en RDC, à savoir le dilemme entre le nationalisme économique et l'ouverture au capital étranger avec en toile de fond la question de la protection des droits des Congolais face aux étrangers.

2.Le nouveau monopole étatique dans le commerce du cobalt artisanal

Plus caractéristique de ce retour au nationalisme économique est la création par l'Etat congolais, en 2019, d'une société publique dénommée Entreprise générale du cobalt (EGC) qui a le monopole d'achat et de revente du cobalt extrait artisanalement. Le but officiellement visé à travers ce monopole est de garantir que cette production respecte les meilleurs standards en matière de responsabilité sociale et environnementale, et de traçabilité[114]. En l'occurrence, parmi les objectifs assignés à l'EGC, figure l'amélioration des conditions de travail et l'accroissement des revenus des exploitants miniers artisanaux, ainsi que de la protection des populations vulnérables (femmes enceintes, enfants, etc.) dans l'exploitation minière artisanale du Cobalt[115].

Et pourtant, à travers le Code minier promulgué en 2002, la RDC avait renoncé au rôle d'opérateur minier pour laisser le secteur minier entre les mains des particuliers. C'est à contre-courant de cette option libérale, confirmée en

---

[112] Radio okapi en ligne, *RDC : adoption de la loi réglementant l'agriculture au Sénat*, publié le 14/11/2017, consulté sur https://www.radiookapi.net/2017/11/14/actualite/societe/rdc-adoption-de-la-loi-reglementant-lagriculture-au-senat le 14 novembre 2017.

[113] P. COOPMAN et C. CAUCHIE, « République démocratique du Congo. Tumulte autour de la nouvelle loi agricole », *Défis Sud*, n°109, octobre-novembre 2012, p. 4.

[114] EGC, *Oeuvrons ensemble pour un cobalt artisanal équitable*, Dossier de presse, mars 2021, p. 4, consulté sur https://www.egcobalt-rdc.com/app/uploads/2021/03/DP-EGC-FR.pdf le 02 mai 2021.

[115] *Ibid.*, p. 7.

2008 à travers la libéralisation des secteurs économiques jadis sous le monopole des entreprises publiques, que l'EGC a été créée.

Mais la protection des droits de l'homme ne semble pas être le seul mobile à la base de la création de l'EGC. En effet, la flambée des prix du cobalt sur le marché international[116] n'est pas étrangère à la création de cette société, qui vient dédoubler l'administration des mines censée assurer le contrôle de l'exploitation minière artisanale. Les droits de l'homme invoqués pour la création de l'EGC apparaissent ainsi comme un argument invoqué par l'autorité publique pour lui permettre d'accroitre ses revenus tirés de la rente du cobalt. Avec la demande du cobalt et l'augmentation conséquente de son prix sur le marché international, les droits de l'homme servent de prétexte à la proclamation d'un monopole étatique sur une ressource naturelle. Ce qui ne manque pas de rappeler le souvenir cauchemardesque du monopole de Léopold II et de son EIC sur le caoutchouc et l'ivoire des forêts du Congo...

Conclusion

Les droits de l'homme occupent une place de choix dans la législation économique depuis l'EIC jusqu'à la RDC, en passant par le Congo belge et le Zaïre.

La proclamation desdits droits dans ladite législation a été faite de manière souvent implicite et parfois explicite. Mais les vrais mobiles à la base de cette proclamation ont été quelques fois sincères et fréquemment simulés pour masquer la volonté de prédation des richesses du pays.

Lorsque les véritables enjeux, masqués par les proclamations des droits de l'homme dans la législation économique, finissent par se révéler au grand jour, il est souvent trop tard car les communautés et leurs membres apparaissent comme des victimes d'une législation qui semblait pourtant, au départ, avoir été faite dans leur intérêt. Ces vrais enjeux constituent des défis à surmonter sur le chemin devant mener au respect et à la promotion des droits de l'homme à travers la législation économique en RDC.

---

[116] J. MAYENIKINI, « RDC : l'Entreprise générale du cobalt (EGC) lance officiellement des activités afin d'encadrer l'achat et la commercialisation du cobalt congolais », article publié le 02 avril 2021 dans *Desk Eco*, consulté sur https://deskeco.com/2021/04/01/rdc-lentreprise-generale-du-cobalt-egc-lance-officiellement-ses-activites-afin-dencadrer-lachat-et le 02/05/2021. D'ailleurs, c'est à la suite de cette augmentation des prix que le cobalt a été classé comme substance stratégique en RDC, par le décret n°18/042 du 24 novembre 2018 portant déclaration du cobalt, du germanium et de la colombo-tantalite « coltan » comme substances minérales stratégiques. La conséquence de ce classement est l'augmentation des impôts à payer par les titulaires des droits miniers relatifs à l'exploitation de ces minerais.

Au milieu de ces défis multiples, des acteurs nouveaux, dont il faut espérer plus d'implication aux côtés des communautés locales, sont apparus. Il s'agit des ONG locales et parfois internationales qui jouent désormais un rôle clé dans l'élaboration de la règle de droit en matière économique, et dans la surveillance de son application. Leur vigilance constitue un rempart contre les velléités des autorités publiques et des acteurs économiques d'échapper à l'exigence du respect des droits de l'homme dans le domaine économique. En tous les cas, elle est de nature à assurer la pérennité de la loi et de la protection qu'elle offre aux droits de l'homme. Le processus de modification du Code minier en 2018 en est un exemple parlant.

Espérons que cet exemple va faire des émules et que lesdites ONG, surtout celles locales qui sont en contact direct avec les communautés et les revendications de ces dernières, vont poursuivre leur lutte en faveur du respect et de la protection des droits de l'homme en matière économique en RDC. A l'heure actuelle, l'action de ces ONG apparaît comme le premier rempart (le second devant être le juge) pour éviter que les droits de l'homme ne continuent à servir de couteau suisse, c'est-à-dire de couteau de poche multifonction, au service des gouvernants pour faire triompher leurs objectifs inavouables.

Au-delà de la loi du 20 juillet 1973. Origine et fondement des droits fonciers en République Démocratique du Congo

Par Gaston KALAMBAY LUMPUNGU*

Introduction

Le fondement de la politique foncière coloniale se trouvait dans deux articles des lois sur le Gouvernement du Congo belge, dites Charte coloniale. Il s'agit des articles 1er et 15.

L'article 1er disposait :

> "*Le Congo belge a une personnalité distincte de celle de la métropole.*
>
> *Il est régi par des lois particulières.*
>
> *L'actif et le passif de la Belgique et de la colonie demeurent séparés.*
>
> *En conséquence, le service de la rente congolaise demeure exclusivement à la charge de la colonie, à moins qu'une loi n'en décide autrement*".

Sur le terrain, c'est-à-dire sur les bâtiments publics, l'alinéa premier de la Charte se concrétisait par deux drapeaux : celui de l'Etat Indépendant du Congo – fonds bleu avec une étoile jaune au centre et celui de la Belgique.

Le Congo belge devrait se développer par ses propres moyens, c'est-à-dire par l'exploitation de ses ressources naturelles renouvelables et non renouvelables du sol et du sous-sol. Cette exploitation fait l'objet de l'article 15 de la Charte : « Une loi spéciale déterminera les règles relatives aux concessions de chemin de fer et de mines, aux cessions et aux concessions de biens domaniaux... ». Il y a lieu de noter que pendant la période de l'Etat Indépendant du Congo, les principales matières d'exploitation furent le caoutchouc, le copal et l'ivoire.

I. Succession d'Etats

L'alinéa 2 de la l'article premier de la Charte coloniale indique clairement que le Congo belge est successeur de l'Etat Indépendant du Congo, et pour ce qui concerne notre propos, il a fait sienne la législation foncière de l'Etat

* Professeur Emérite à la Faculté de Droit de l'Université de Kinshasa, et ancien Professeur visiteur à la Faculté de Droit de l'Université Catholique de Bukavu.

Indépendant du Congo, nous citerons particulièrement : l'Ordonnance de l'Administrateur général au Congo du 1er juillet 1885 sur l'occupation des terres, le décret du Roi-Souverain du 22 août 1885 sur la constatation et l'enregistrement des droits fonciers et le décret du Roi-Souverain du 3 juin 1906 sur les terres indigènes.

Voici quelques extraits significatifs de chacun.

Ordonnance du 1er juillet 1885.

> - « *A partir de la présente proclamation, aucun contrat ni convention passé avec les indigènes pour l'occupation, ou à un titre quelconque, de parties du sol, ne sera reconnu par le Gouvernement et ne sera protégé par lui, à moins que le contrat ou la convention ne soit fait à l'intervention de l'officier public commis par l'administrateur général et d'après les règles que ce dernier trouvera dans chaque cas particulier" art. 1*[(1)]
>
> - *"Nul n'a le droit d'occuper sans titre des terres vacantes, ni de déposséder les indigènes des terres qu'ils occupent ; les terres vacantes doivent être considérées comme appartenant à l'Etat* ».

Décret du 22 août 1885.

> - L'alinéa 1er de l'article 1er dispose : « *Les non-indigènes qui ont des droits à faire valoir sur les terres situées dans l'Etat Indépendant du Congo peuvent faire constater et enregistrer ces droits en présentant une demande d'enregistrement dans les formes prescrites par les dispositions ci-après...* ».

Décret du 3 juin 1906.

> - Aux termes de l'article 1er : « *Sont terres occupées par les indigènes, aux termes des dispositions précitées, les terres que les indigènes habitent, cultivent ou exploitent d'une manière quelconque conformément aux coutumes et usages locaux.*
>
> *Il sera poursuivi sur place à la détermination et à la constatation officielle de la nature et de l'étendue des droits d'occupation des indigènes. La procédure selon laquelle ces droits seront déterminés et le mode selon lequel ils seront*

---

[1] L'ordonnance du 30 septembre 1922 qui dispose que ces contrats doivent être passés par acte authentique.

constatés, seront fixés ultérieurement par le Gouverneur général.

La délimitation des terres sera reportée sur un croquis qui sera déposé aux archives du commissariat du district. Elle pourra, pour que les opérations en soient activées, être marquées sur le terrain, par des points de repère, tels que bornes, accidents de terrain, arbres, cours d'eau, torrents, routes, sentiers, etc. ».

Par ces textes, il nous est demandé de constater que les premiers textes pris par le pouvoir, portent sur la gestion foncière et les termes utilisés expriment clairement que l'Etat Indépendant du Congo attendait exercer sa pleine souveraineté sur tout son territoire. En outre, au-delà de cette volonté de légitimer son pouvoir en soumettant toutes les transactions foncières à l'intervention d'un officier public, gage de reconnaissance et de protection ; l'Etat nouvellement créé va, à travers la théorie des biens sans maître appartenant à l'Etat ancrée déjà dans la culture juridique occidentale, s'octroyer de grandes étendues des terres considérées comme vacantes au détriment des communautés locales. En effet, la vacance des terres telle qu'appliquée ici ne coïncide pas à la vacance dans la théorie susmentionnée. Car, si en Occident cette vacance est une vacance des droits, ici la vacance appliquée est celle d'occupations. Autrement dit, tout ce qui apparait n'être pas occupé est considéré comme n'appartenant à personne. Pourtant, les indigènes ont toujours développé un rapport particulier aux terres et aux forêts, de par leurs modes de culture des terres et la fonction sociale des forêts. En conséquence, de vastes étendus des terres de forêts ont été attribuées à l'Etat.

II. Gouvernance foncière du Congo belge

La base de la gouvernance foncière du Congo belge se trouve dans l'article 15 de la Charte coloniale disposant :

« *Une loi spéciale déterminera les règles relatives aux concessions de chemins de fer et de mines, aux cessions et aux concessions de biens domaniaux...*

Pour déterminer le maximum de superficie prévu aux alinéas qui précèdent, il est tenu compte des cessions ou concessions de biens domaniaux dont le cessionnaire ou le concessionnaire a bénéficié antérieurement. La totalisation, toutefois, n'a pas lieu si la nouvelle cession ou concession a pour objet des biens dont la superficie n'excède pas deux hectares et si elle est faite à titre onéreux, aux conditions générales et suivant le tarif prévu par les règlements sur la vente et la location des terres.

Tout acte accordant une concession la limitera à un temps déterminé, renfermera une clause de rachat et mentionnera les cas de déchéance ».

Pendant la période coloniale (1908-1960), les autorités coloniales ont trouvé le capital– terre inexploité au sens économique du terme. Il a fallu une solution pour sa mise en valeur. Pour ce, le Gouvernement avait un éventail de solutions. D'abord, il y avait la question d'occupation du sol. Fallait-il adopter purement et simplement la notion de propriété privée du sol, notion qui permettait au titulaire de ce droit d'agir à sa guise ou fallait-il adopter d'autres modes d'occupation du sol compatible avec l'économie coloniale ? A ces questions, le Gouvernement y a répondu après la première guerre mondiale – 1914-1918.

En effet, la Colonie a opté pour les droits d'emphytéose et de superficie. On peut lire cela dans le compte rendu analytique du Conseil colonial, année 1920 et dans le rapport ce qui suit :

« *...Il était opportun de légiférer sur la matière de l'emphytéose. Bien organisée, l'emphytéose peut suffire dans la plupart des cas à assurer la mise en valeur des terres domaniales incultes ; il ne sera plus nécessaire de recourir toujours et nécessairement au système de grandes concessions en pleine propriété. Ce serait une faute que la Colonie continuât de se dépouiller définitivement des terres qui lui appartiennent comme biens sans maître, et ne conservât de son immense domaine qu'une faible portion pour les temps à venir. Dans le système d'emphytéose, dont la durée est essentiellement limitée à trois générations, la Colonie retrouvera un jour ses terres avec une valeur considérable et sans y avoir fait aucune mise de fonds.*

Quant à la matière du droit de superficie, il convenait de la régler sans retard, afin d'apporter au principe de l'accession consacré en termes absolus par le chapitre I, du Titre II, du Livre II du Code, les restrictions qui sont admises dans la législation de la Métropole et dans toutes les autres législations civiles. L'organisation du droit de superficie sera particulièrement utile dans la Colonie pour la concession du droit d'exploitation des forêts et d'autres produits naturels du sol ».

Si le capital terre était disponible, les moyens pour le mettre en valeur était cependant à rechercher, il fallait les trouver : ou bien sur le territoire colonial ou bien dans la métropole, ou bien dans les deux ensembles.

Devant le problème du développement économique dans le secteur agricole, le pouvoir colonial a su trouver une solution qui cadrait bien avec le but de la colonisation : occuper les terres en vue de promouvoir l'exploitation et de satisfaire les besoins de consommation intérieure. (Je ne partage pas totalement ce point de vue sur le but de la colonisation. Car toute œuvre coloniale se réalise ou s'est réalisée aussi et avant tout pour servir la métropole. La preuve se trouve dans le contentieux Belgo-congolais autour de l'accaparement par la Belgique du portefeuille congolais et des immeubles des sociétés coloniales construites en métropole, mais avec les finances de la Colonie et ce, au mépris de l'article 1er de la Charte coloniale. Il me semble plus potable de dire « le pouvoir colonial a su trouver une solution qui cadrait avec l'une des préoccupations de la colonisation... ». Ce n'est qu'un point de vue. Pour la mise en valeur du sol, il fallait donner l'accès facile à la terre, faire un choix d'hommes pour la mise en valeur et créer des fonds d'aide à l'agriculture.

Pour une mise en valeur rapide du territoire, le pouvoir colonial a recouru à deux sortes de concessions foncières : concession à titre onéreux qui constituait la règle et concession à titre gratuit qui en était l'exception. Trois décrets permettaient l'octroi d'une concession gratuite. Il s'agissait de :

- Décret du 10 janvier 1940 sur les concessions des terres aux anciens fonctionnaires et agents de la Colonie ;
- Décret du 28 octobre 1942 sur les cessions et concessions des terres en vue de favoriser la colonisation ;
- Décret du 21 janvier 1943 sur les cessions et concessions des terres aux associations scientifiques et religieuses et aux établissements d'utilité publique.

Les bénéficiaires de ces cessions et concessions s'engageaient de mettre personnellement les terres en valeur suivant la destination de la concession. Par cette disposition, on était arrivé à faire, travaillant au rythme des saisons, entre le lever et le coucher du soleil et subissant tous les aléas du climat, réaliser une mise en valeur du sol selon la planification du Gouvernement. En cas de décès du cessionnaire ou du concessionnaire, ses ayants droit étaient tenus de respecter la destination de la cession ou de la concession avec ses charges éventuelles.

Ainsi, la non mise en valeur du sol conformément aux clauses du contrat était une cause de la résiliation du contrat, et par voie de conséquence du retrait de la concession.

L'octroi de cession et concession gratuite était basé sur la qualité personnelle : ancien fonctionnaire et agents de la Colonie, ancien combattant des guerres 1914-1918 et 1940-1945. Bref, les personnes qui ont rendu service dans le cadre de la colonisation et désireuses de rester au Congo.

Pour favoriser l'installation d'autres Belges dans la Colonie, l'Arrêté du 10 novembre 1939 avait facilité aux Citoyens belges d'obtenir, à titre de prêt, une avance pour les frais de voyage ainsi que pour le transport d'animaux producteurs, des plantes, des graines, du matériel et de l'outillage nécessaires à l'exercice de leur profession. Cette avance, il faut le noter, était imputée sur les crédits aux Fonds d'immigration et de la colonisation inscrit au budget pour ordre du Congo belge.

En fait, pour promouvoir l'exploitation agricole, le Congo étant une Colonie belge, celle-ci ne pouvait que faire appel aux Belges d'abord, ceux de la métropole et plus tard les Belges résidant au Congo.

Comme la mise en valeur du sol agricole exigeait des moyens conséquents et qu'il fallait promouvoir et soutenir l'agriculture, la Colonie avait créé des organismes financiers de crédits appropriés et à des taux très faibles. Les concessionnaires bénéficiaires des concessions gratuites et des prêts étaient tenus de passer un stage dans une ferme-école pour y acquérir une formation professionnelle d'exploitant agricole.

Les concessions agricoles portaient sur les terres rurales, c'est-à-dire des terres situées en dehors de circonscriptions urbaines, autrement dit sur les terres indigènes. Dans le décret du 3 juin 1906, il était question de délimiter les terres indigènes. Les travaux de cette opération étaient abandonnés en 1927, à cause du coût et de son inutilité, puisque la population indigène-rurale ne respectait pas les limites lui fixées. Mais comme la colonisation exigeait que la Colonie continuât à accorder des concessions avec la garantie à leurs titulaires de ne pas être inquiétés dans l'exercice de leurs droits, une procédure nouvelle pour déterminer les terres occupées par les indigènes était devenue nécessaire. Cela fut l'œuvre du législateur de 1934. En effet, l'article 1er du décret du 31 mai 1934 dispose : « *Toute cession ou concession des terres domaniales est subordonnée à une enquête exécutée dans les formes et suivant la procédure prévue par le présent décret...* ».

L'article 15 de la Charte coloniale était applicable à tout le domaine privé appartenant à la Colonie. On dénombrait, pendant toute la période coloniale, pour la gestion foncière du territoire, quatre pouvoirs concédants : le Congo belge, le Comité spécial du Katanga (1909), le Comité National du Kivu (1928) et la Compagnie des Chemins de fer du Congo Supérieur aux Grands Lacs Africains. Chacun de ces pouvoirs concédants avait une zone dans laquelle seul, il avait le droit de céder et concéder une portion des terres en respectant les prescrits de l'article 15 de la Charte. Les trois derniers pouvoirs concédants furent dissouts à la veille de l'indépendance du Congo belge. Ainsi, au 30 juin 1960, le Congo était le seul pouvoir concédant.

III. La République démocratique du Congo et ses problèmes fonciers

Le régime foncier pendant cette période postcoloniale a connu deux phases caractérisées. En effet, dans la première phase, qui se situe dans la première décade de l'indépendance, le régime foncier est dominé par la conception du droit colonial, car le législateur de cette période, tout en recherchant l'indépendance économique, prit les décisions suivantes : toute transaction immobilière doit s'effectuer en monnaie nationale (ord.-loi n°57 du 31 décembre 1965), pour éviter que cette décision soit détournée de son but, il accorde à l'Etat le droit de préemption sur tout immeuble devant être cédé (ord.-loi du 1er janvier 1966) et pour réhabiliter le franc, on prit une ordonnance-loi le 21 mai 1966 portant création d'un droit du sous-sol sur les concessions minières. Le 1er août 1964, le Congo se dote d'une nouvelle Constitution et l'alinéa 4 de l'article 43 dispose : « *Par dérogation aux dispositions des trois alinéas précédents, une loi nationale règlera souverainement le régime juridique de cessions et de concessions foncières faites avant le 30 juin 1960* », c'est-à-dire, depuis l'Etat Indépendant du Congo jusqu'au 30 juin 1960.

Après la proclamation de l'indépendance du Congo, il y a eu des troubles par ici, par là dans le pays. Beaucoup des Belges ont quitté le Congo, abandonnant tout. Ce qui amena le pouvoir législatif de prendre la loi qui portera le nom de son initiateur Isaac-Gérard Bakajika-Kangombe. Cette loi annule toutes les cessions et concessions. Cette annulation est de principe, car le texte de son application dispose en son article 5 : "*Les personnes physiques ou morales visées à l'article 1er pourront poursuivre leurs activités jusqu'à la notification de la décision par les ministres...*".

La loi Bakajika voulait constituer pour l'Etat une loi de régularisation de cessions ou de concessions acquises avant l'indépendance par le nouvel Etat. Par cette opération, si la loi Bakajika avait été bien appliquée, elle aurait permis à l'Etat d'effectuer un inventaire complet des terres cédées et concédées, de connaître leur superficie, leur destination et de constituer, sur base des doubles de certificats d'enregistrement gardés dans les conservations des titres fonciers, celles qui étaient abandonnées et qui, par conséquent, retourneraient à l'Etat.

On peut observer que la loi Bakajika n'a pas concerné les terres dites indigènes, celles occupées dans les ex-centres extra-coutumiers et les ex-cités indigènes d'une part et d'autre part, n'a pas porté atteinte à la conception du droit foncier colonial. La deuxième phase débute avec la deuxième décennie. En effet, on remarque dans les textes de la loi fondamentale des positions très tranchées du législateur, position qui aboutit à la rupture totale avec l'ancien régime foncier et cette rupture est consacrée d'abord par la loi foncière et ensuite par une série des lois.

Le 24 juin 1967, le Congo se dote d'une nouvelle Constitution qui connaîtra de multiples révisions dont une nous intéresse, c'est celle du 31 décembre 1971 ainsi conçue :

> « *Il est inséré dans la Constitution un article 14bis libellé comme suit :*

Le sol et le sous-sol zaïrois ainsi que leurs produits naturels appartiennent à l'Etat.

La loi fixe les conditions de leurs cession et concession, de leurs reprise et rétrocession. Toutefois, la reprise ou la rétrocession en cas de non mise en valeur ne donne lieu à aucune indemnité ».

Le même jour et sur base de ce nouveau texte constitutionnel, la loi Bakajika fut abrogée.

Par sa formulation, l'Etat congolais est devenu propriétaire du sol et du sous-sol. Cette démarche de l'Etat congolais de se réserver la propriété du sol considéré comme levier de son développement traduit sa volonté de se doter des moyens susceptibles de lui permettre de donner un contenu économique à son indépendance politique. Car les cessions et concessions des terres qui ont été attribuées à l'époque coloniale étaient considérées comme ne répondant plus aux aspirations du Congo nouvellement indépendant.

Au fil des temps, diverses lois vont expliciter les facettes de cette appropriation. Nous avons ainsi :

- La loi n° 73/021 du 20 juillet 1973 portant régime général des biens, régime foncier et immobilier et régime des sûretés ;
- La loi n° 007/2002 du 11 juillet 2002 portant Code minier ;
- La loi n° 011-2002 du 29 août 2002 portant Code forestier ;
- La loi n° 15/012 du 1er août 2015 portant régime général des hydrocarbures ;
- La loi n° 15/026 du 31 décembre 2015 relative à l'eau.

Pour revenir à la loi foncière, cette loi porte sur les terres cédées et concédées, les terres occupées par les communautés locales en vertu des droits fonciers coutumiers et les terres occupées en vertu du livret de logeur ou d'un titre équivalent.

Les traits caractéristiques de cette loi peuvent être synthétisés en ce qui suit :

- L'Etat est le seul propriétaire du sol et sa propriété est exclusive, inaliénable et imprescriptible ;
- Les autres personnes ne peuvent acquérir que des droits de jouissance sous forme de droits réels autonomes ;
- Ces droits de jouissance attribués en concessions foncières ne naissent que par le Certificat d'enregistrement qui en

constituent le moyen de preuve péremptoire et en assure la publicité ;

- Les terres sont gérées par les administrations publiques à travers la répartition du territoire national en circonscriptions foncières.

Plusieurs années d'application de la loi foncière n'ont pas permis le décollage socio-économique du Congo. A la place, il sied de constater qu'il s'est installé la mauvaise gouvernance foncière avec comme conséquence majeure qu'à ce jour plus de 70 % des conflits portés devant le juge le sont en matière foncière. Ce qui justifie le processus actuel de la réforme foncière devant permettre d'adapter la législation aux évolutions récentes.

Si la question des terres des communautés locales figure parmi les problématiques à résoudre, on est loin d'améliorer les conditions de la population rurale qui vit principalement d'une agriculture itinérante vorace de l'espace. Le problème à résoudre est de modifier le mode cultural avide d'espaces. Pendant la période coloniale, on a essayé de changer ce mode cultural, par ce qu'on l'appelait paysannat agricole.

Par cette technique, on a stabilisé la population rurale et amélioré ses conditions de vie matérielles et morales d'une part et d'autre part le paysannat a fait augmenter et valoriser la production des vivres pour assurer un ravitaillement intérieur – paysannat à culture annuelles et bisannuelles – et la production destinée à l'exportation – paysannat à cultures pérennes.

Si le foncier colonial a permis au Congo belge de produire et d'exporter, le foncier actuel peut encore mieux le faire.

La différence entre le foncier colonial et le foncier actuel porte sur deux points : l'Etat est l'unique propriétaire foncier, et cela fait de lui l'unique pouvoir concédant et la création d'un nouveau droit réel, appelé « concession perpétuelle ».

Tout peuple secrète son droit en fonction de son propre besoin, et non pas pour satisfaire de tiers qui promettent sans réaliser.

Une évaluation de l'impact de l'investissement direct étranger sur la promotion des droits économiques, sociaux et culturels en République Démocratique du Congo

Par Jean Paul MUSHAGALUSA RWABASHI*

Introduction

La République Démocratique du Congo (ci-après RDC), comme nombreux autres pays du monde, est actuellement à la chasse de l'investissement international. Entendu comme l'ensemble des mouvements internationaux de capitaux en vue d'acquérir un intérêt durable dans l'État d'accueil[1], il constitue, à l'ère de la globalisation économique, l'un des moyens devant lui permettre de mobiliser les ressources nécessaires pour son développement[2], et de surcroît, s'acquitter efficacement de ses obligations en vertu du Pacte international relatif aux droits économiques, sociaux et culturels (PIDESC, ci-après)[3]. L'engagement principal découlant de la ratification dudit Pacte par la RDC est d'assurer progressivement, seule et/ou grâce à la coopération internationale, dans le maximum de ses ressources disponibles, le plein exercice des droits reconnus par tous les moyens appropriés, l'investissement international y compris (*nous soulignons*). En effet, la rente générée par ce dernier pourrait, voire devrait être réinvestie dans l'éducation, la santé, le logement, la protection sociale, l'eau et l'électricité, la création des emplois et bien d'autres droits dont la RDC doit assurer la réalisation effective[4].

---

* Chef de travaux à la Faculté de Droit de l'Université Catholique de Bukavu, doctorant à la Faculté de droit et de criminologie de la Vrije Universiteit Brussel, Avocat près la Cour d'appel du Sud-Kivu.

[1] OCDE, *Définition de référence de l'OCDE pour les investissements directs internationaux*, 3ème éd., p.3.

[2] J. ALERIA et P. LORENZO, "Investment promotion as progressive realization of economic and social rights," *Asia-Pacific Journal on Human Rights and the Law 16,* no. 1-2 (2015), p.57; OCDE, « L'importance de l'investissement privé pour le développement », *Revue de l'OCDE sur le développement*, vol. n° 6, no. 2, 2005, pp. 19-23.

[3] Pacte international relatif aux droits économiques, sociaux et culturels, Adopté et ouvert à la signature, à la ratification et à l'adhésion par l'Assemblée générale dans sa résolution 2200 A (XXI) du 16 décembre 1966, *Entrée en vigueur* le 3 janvier 1976, disponible surhttps://www.ohchr.org/FR/ProfessionalInterest/Pages/CESCR.aspx

[4] O. De SCHUTTER; Asbjorn Eide; Ashfaq Khalfan; Marcos Orellana, "Commentary to the Maastricht Principles on extraterritorial obligations of States in the area of economic, social and cultural rights," *Human Rights Quarterly* 34, n°4 (November 2012), pp.1084-1169.

En effet, le rôle de l'investissement direct étranger (ci-après IDE) dans la promotion des droits économiques, sociaux et culturels (ci-après DESC) est devenu une question extrêmement importante dans la littérature juridique contemporaine. Au-delà du reflet d'un intérêt académique, voire d'une idéologie « pro-droits de l'homme », la question de ce rôle est un enjeu pragmatique qui s'est posé à plusieurs niveaux. Elle est d'autant plus cruciale tant il est vrai que les liens entre le droit international des investissements et les droits de l'homme se sont développés, du moins historiquement, dans un rapport de confrontation, conduisant certains auteurs à appeler à une éventuelle conciliation[5]. Il s'agit en outre d'une question récurrente dans certains arbitrages, et déterminante dans l'interprétation des traités d'investissement. Ces procédures ont généralement impliqué des investisseurs alléguant une violation d'un traité d'investissement par l'État, résultant d'une action ou de politiques de l'État visant à protéger ou à promouvoir les DESC au profit de sa population[6]. De plus, malgré la prolifération des instruments des droits de l'homme, seuls les États sont souvent liés par ces derniers[7], lesquels n'imposent pas d'obligations directes[8] aux investisseurs étrangers (personnes physiques ou morales). Plutôt, les risques que les États pourraient abaisser les standards de protection garantis pour attirer les investisseurs[9]demeurent potentiels, notamment à cause d'un marché des capitaux hautement concurrentiel[10]. Le Comité des droits économiques, sociaux et culturels (ci-après CDESC), a régulièrement rapporté des cas où les États hôtes de l'investissement n'ont pas assuré, sous leur juridiction, le respect des règles et normes internationalement reconnues par le Pacte, ou que ces manquements

---

[5] D. DAVITTI, "On the Meanings of International Investment Law and International Human Rights Law: The Alternative Narrative of Due Diligence", *Human Rights Law Review*, Volume 12, Issue 3, September 2012, p.422, https://doi.org/10.1093/hrlr/ngs013

[6] Y. RADI, "Realizing human rights in investment treaty arbitration: A perspective from within the International investment law toolbox," *North Carolina Journal of International Law and Commercial Regulation* 37, no. 4, 2012, p.1110.

[7] R. BACHAND, M. GALLIÉ, S. ROUSSEAU, « Droit de l'investissement et droits humains dans les Amériques », in *Annuaire français de droit international*, volume 49, 2003, pp.575.

[8] N. MONEBHURRUN, « Arbitrage international et droit international des investissements : la question des devoirs des investisseurs », in K. Martin-Chenut & R. de Quenaudon, *La RSE saisie par le droit. Perspectives interne et internationale*, Ed. Pedone, Paris, pp.643-645.

[9] A. ZAKIA, "Foreign direct investments and sustainable development in the least-developed Countries," *Annual Survey of International & Comparative Law* 10 (2004), p.215.

[10] K. GEORGE FOSTER, "Foreign investment and indigenous peoples: Options for promoting equilibrium between economic development and indigenous rights," *Michigan Journal of International Law* 33, n°4 (Summer 2012), p.630.

étaient le fait des entreprises, directement ou indirectement, ou le résultat de leurs activités[11].

La RDC n'est pas à l'abri de cette triste réalité. Dès son indépendance, et comme nombreux autres États sous-développés, la RDC s'est impliquée dans la conclusion des accords d'investissement, entre autres, les Traités Bilatéraux d'Investissement (TBI). L'objectif principal poursuivi était, à l'instar d'autres États africains, d'attirer les investisseurs et, par conséquent, impulser le développement économique rapide du pays[12]. Cependant, nombre de ses accords d'investissement sont souvent signés *in extremis*, profitant largement à l'investisseur[13]. En outre, la déconnexion des politiques étatiques gouvernant l'investissement ainsi que les logiques des acteurs étatiques qui devraient permettre à l'État de tirer l'essentiel de l'investissement international, en termes de recettes n'ont pas facilité la réalisation de cet objectif. Comme résultats, la plupart d'investissements réalisés sur son territoire, généralement par les multinationales, plutôt que de favoriser le développement économique, ont été à la base des violations massives des droits de l'homme[14]. Ces situations gagnent du terrain, grâce notamment à des conflits récurrents[15] dont elles dépendent largement.

Face à ce qui précède, les questions juridiques ci-après méritent d'être posées : Les accords d'investissements conclus par la RDC facilitent-ils la réalisation et la promotion des DESC ? Quel a été l'impact de la pratique de l'IDE sur la réalisation effective des DESC en RDC ? Quelles stratégies à adopter pour que l'investissement direct étranger permette à la RDC de s'acquitter de son obligation d'assurer progressivement la réalisation effective des droits économiques, sociaux et culturels ?

---

[11] Voir E/C.12/CAN/CO/6, par. 15 et 16 ; E/C.12/VNM/CO/2-4, par. 22 et 29 ; et E/C.12/DEU/CO/5, par. 9 à 11.

[12] S. SMIS; D.N. KASHIRONGE; J.P. MUSHAGALUSA RWABASHI "The FG Hemisphere Case: Congo's Resistance to Investor-State Arbitration or Just a Malaise with Vulture Funds?" TDM 3 (2021), p.3 ; www.transnational-dispute-management.com URL : www.transnational-dispute-management.com/article.asp?key=2814 .

[13] A-G. TACHOU SIPOWO, Une possible conciliation des droits humains et l'investissement : regard sur les principes de la société africaine pour le droit international relatifs à l'investissement international pour le développement durable en Afrique, 21 November 2016, disponible sur https://www.cdiph.ulaval.ca/sites/cdiph.ulaval.ca/ files/default_images/placeholder-gender-neutral_110x110.jpg , consulté le 19 avril 2020.

[14] Amnesty international, Voilà pourquoi on meurt. Les atteintes aux droits humains en République Démocratique du Congo alimentent le commerce mondial du Cobalt, Londres, Rapport 2015, pp. 19 et ss.

[15] C. SHEDRACK AGBAKWA, "A Path Least Taken: Economic and social rights and the prospects of conflict prevention and peacebuilding in Africa," *Journal of African Law 47*, no. 1 (2003): 38-64.

Pour y répondre, cette contribution examine l'utilisation de l'investissement international comme un moyen de réalisation des droits économiques, sociaux et culturels dans le contexte de la RDC. Premièrement, l'étude explore le rôle de l'investissement international dans la réalisation des droits économiques, sociaux et culturels (I). Ensuite, elle analyse la perméabilité aux DESC du cadre normatif régissant les investissements en RDC (II). Troisièmement, l'impact de l'IDE sur les droits économiques, sociaux et culturels sera examiné (III). Enfin, l'étude propose quelques pistes de solution pour un investissement international compatible avec les DESC (IV).

I. Le rôle de l'investissement international dans la réalisation des DESC

L'investissement étranger direct (IDE, ci-après), a de profondes implications sur le développement économique et social et partant, sur la jouissance effective des droits humains, en particulier ceux économiques, sociaux et culturels. Ces implications sont très évidentes dans le contexte d'un pays en développement comme la RDC, où l'IDE est une opportunité de mise à niveau. Traditionnellement, les États concluent les accords d'investissements (notamment les traités bilatéraux d'investissement (TBI) pour attirer les investisseurs, leurs opérations d'investissement devant contribuer à leur développement économique[16]. Cependant, ces derniers limitent parfois leur capacité d'adopter des politiques, notamment législatives[17], impérieuses pour la

---

[16] N. HOUDA & X. RICHET, « L'attractivité comparée des investissements directs étrangers de la Tunisie et de la Hongrie », *Région et Développement* 19, 2015, pp. 105-129 ; J-F. HOARAU, « *Investissements Directs Étrangers Et Intégration Régionale : Un État Des Lieux Pour Le Marché Commun d'Afrique de l'Est et du Sud », Région et Développement 29*, 2009), pp. 69-103 ; Y. CHAHID, K. HARROU, A. El OUDRI, « Climat général des investissements et attractivité des IDE au Maroc : Analyse critique et perspectives d'amélioration », in *IOSR Journal of Economics and Finance (IOSR-JEF)* e-ISSN: 2321-5933, p-ISSN: 2321-5925.Volume 10, Issue 6 Ser. II (Nov. –Dec 2019), pp. 08-21.

[17]A. de NANTEUIL, *L'expropriation indirecte en droit international de l'investissement*, Paris, Pedone, 2004, p.127 ; Institut International de développement durable , *Mettre le droit de réglementer consacré dans les politiques et lois relatives à l'investissement au service du développement : réflexions à partir des données d'expérience de l'Afrique du Sud et du Brésil*, disponible sur https://www.iisd.org/itn/fr/2018/07/30/making-the-right-to-regulate-in-investment-law-and-policy-work-for-development-reflections-from-the-south-african-and-brazilian-experiences-fabio-morosini/, OECD, “"Indirect Expropriation" and the "Right to regulate" in international investment law”, *OECD Working Papers on International Investment, 2004/04*, p.3, disponible sur http://dx.doi.org/10.1787/780155872321 ; consulté le 30 avril 2020 ; S. LESTER and B. MERCURIO, “Safeguarding policy space in investment agreements”, *IIEL ISSUE BRIEF 12/2017*, Institute of international economic law, pp.1-3 ; B. MERCURIO, “International investment agreements and public health: neutralizing a threat through treaty drafting”, *Bull World Health Organ*, 2014;92, pp. 520-525, disponible sur doi: http://dx.doi.org/ 10.2471/BLT.13.130955; R. DOLZER, “The impact of international investment treaties

jouissance des DESC. En effet, les obligations engendrées par les TBI et les traités de droits de l'homme entrainent nécessairement un risque de conflit et d'incompatibilité[18]. Par ailleurs, la possibilité pour l'investissement d'impulser le développement et, par conséquent, les droits de l'homme divise deux théories : celle néoclassique (A)[19] et celle de la dépendance (B)[20].

A. La théorie néoclassique

Première théorie de l'investissement direct étranger qui a progressé par sauts de paradigmes[21], la théorie néoclassique soutient que l'IDE contribue positivement au développement économique et aux droits humains. Plusieurs facteurs sont invoqués par les tenants de cette théorie pour justifier leur thèse. La principale raison qu'ils allèguent est que l'IDE conduit habituellement aux flux des capitaux, au transfert de technologies (...) impactant ainsi qualitativement et

---

on domestic administrative law", in *New York University Journal of International Law and Politics 37*, no. 4 (Summer 2005), pp. 953-972 ; D. Dagbanja, "The limitation on sovereign regulatory autonomy and internationalization of investment protection by treaty : An african perspective ", *Journal of African Law 60 (1)*, 2016, pp.56-82.

[18] O. DANIC, *Op.C it*, pp.531-532, N. DOMINIC DAGBANJA, "The conflict of legal norms and interests in international investment law: Towards the constitutional-general international law imperatives theory", *Transnational Legal Theory*, 6:3-4, 2015, pp.522-524; G. ALISON, "Interpreting public interest provisions in international investment treaties," *Chicago Journal of International Law: Vol. 18: No. 1*, 2017, pp.329-330.

[19] G. ROGE, « Essai sur l'évolution de la théorie de l'investissement direct à l'étranger, *Canadian Journal of Development Studies / Revue canadienne d'études du développement*, 3 :2, 1982, pp. 235-270 ; J.-G. LORANGER, « La théorie néo-classique de la demande de capital : problèmes théoriques de spécification » *; L'Actualité économique*, 52 (3), 1976, pp. 353–374. https://doi.org/10.7202/800681ar; J-B HERBET, Peut-on expliquer l'investissement à partir de ses déterminants traditionnels au cours de la décennie 90 ?, in *Économie et Statistique,* n°N341-342, 2001 - 1/2, pp.85-104 ; R. GAO & X. YU, *"How to measure capital investment efficiency: a literature synthesis", Accounting & Finance,* 2018, *p.3.* doi:10.1111/acfi.12343; A. L. CALVET, "A synthesis of foreign direct investment theories and theories of the multinational firm", *Journal of International Business Studies,* Vol. 12, n°1, Tenth Anniversary Special Issue (Spring - Summer, 1981), pp. 43-59.

[20]R. PREISWERK, « La rupture avec les conceptions actuelles de développement : réalité de la position culturaliste », in *Le savoir et le faire : relations interculturelles et développement,* Graduate institute, Genève,1975, disponible sur https://doi.org/10.4000/books.iheid.3924; JJ. HESSELS, S. TERJESEN, "Resource dependency and institutional theory perspectives on direct and indirect export choices", *Small Bus Econ* 34, 2010, pp. 203-220, disponible sur https://doi.org/10.1007/s11187-008-9156-4 ; M. Giraudo, "Dependent development in South America: China and the soybean nexus. J Agrar Change. 2020, pp. 60–78. https://doi.org/10.1111/joac.12333 .

[21] R. GUIR, « Essai sur l'évolution de la théorie de l'investissement direct à étranger », *Canadian Journal of Development Studies* / Revue canadienne d'études du développement, 3:2, 235-270, DOI: 10.1080/02255189.1982.9670034.

quantitativement sur le niveau de vie dans le pays d'accueil[22]. Sur le plan historique, la théorie néoclassique constitue la théorie financière ou des mouvements internationaux des capitaux[23].

B.A. théorie de la dépendance

Contrairement à la première, la théorie de la dépendance considère le capitalisme promu par l'IDE comme une menace au bien-être socio-économique du pays d'accueil[24]. Cadre d'analyse du rôle de l'IDE dans les pays en développement, elle prône que l'intégration au capitalisme est un facteur essentiel du sous-développement[25]. Elle se fonde notamment sur la relation entre les IDE et la performance économique et souligne un effet négatif de la présence des entreprises étrangères dans un pays sur la performance de la production au niveau national, car les entreprises étrangères disposent d'une technologie avancée et créent une concurrence monopolistique qui pousse les entreprises nationales à la fermeture. De ce point de vue, ils exercent un effet d'éviction sur les entreprises locales[26].

Au-delà de ces controverses, nombreux sont ceux qui pensent que l'IDE a des retombées positives sur le développement économique du pays d'accueil[27], et partant concourt à l'amélioration des droits humains directement par l'activité de l'investisseur, ou par l'effet indirect de celle-ci[28]. Un tel résultat n'est toutefois

---

[22]A. SIMPLICE ASONGU et M. Nicholas Odhiambo, Telecommunications Policy, https://doi.org/10.1016/j.telpol.2019.101838.

[23] R. GUIR, *Op.Cit.* Lire aussi J.-G. LORANGER, « La théorie néo-classique de la demande de capital : problèmes théoriques de spécification ». *L'Actualité économique*, 52(3), 1976, 353-374. https://doi.org/10.7202/800681ar.

[24] A-M. SALOMON METAILIE, « Théorie de la dépendance » ou Théorie de l'impérialisme ?, *Sociologie du travail*, 17e année, n°1, Janvier-mars 1975. pp. 78-104; J. HILLS, Dependency Theory and Its Relevance Today: International Institutions in Telecommunications and Structural Power, *Review of International Studies, Vol. 20,* No. 2 (Apr. 1994), pp. 169-186; H-Jo HAMMER, "Comment on "dependency theory and Taiwan: Analysis of a deviant case", *American Journal of Sociology 89*, no. 4 (Jan., 1984), pp. 932-937.

[25] C. MAINGUY, « L'impact des investissements étrangers directs sur les économies en développement » , *Revue Région et Développement*, n° 20-2004, p.69.

[26] D. ZUMBU, C. SUMATA, « Les Déterminants des Investissements Directs Étrangers et leur impact sur la Performance économique en RD Congo ». *Revue congolaise de théologie protestante*, Centre de recherches interdisciplinaires et de Publications. ffhal-02426832f

[27] A. NURBEL et I. AHAMADA. « Investissements directs étrangers entrants et développement : l'enjeu de la capacité d'absorption », *Mondes en développement*, vol. 143, no. 3, 2008, pp. 79-96 ; A. BOUYACOUB et B. BOUYACOUB, « Impact de l'investissement direct étranger sur la croissance économique en Algérie : une étude empirique en utilisant l'approche ARCH and GARCH », in *Revue Économie, Gestion et Société,* N°10 juin 2017, pp.2-4.

[28] A. Al FARUQUE, "Mapping the Relationship between Investment Protection and Human Rights", in *The Journal of World Investment & Trade 11 (4),* pp. 550-552.

pas automatique que ses effets peuvent être partagés, car dépendant d'autres facteurs comme le cadre légal, les politiques gouvernementales etc.[29]. De plus, il n'est pas aussi automatique de tracer les liens entre la conclusion des TBI et l'attractivité des investisseurs et encore moins avec le développement économique. Cependant, sur le plan opérationnel, l'investissement peut affecter les droits humains dans bien des cas. Premièrement, l'Etat d'accueil, particulièrement lorsqu'il s'agit d'un pays en développement, souvent à faible gouvernance, peut assouplir sa législation en matière des DESC. Telle est par exemple la protection de l'environnement, les conditions de travail pour attirer les investisseurs. En deuxième lieu, beaucoup des multinationales se sont directement rendues responsables de maintes violations des droits humains, entre autres, des expulsions forcées des communautés pour exploiter leurs terres ou des pires formes de travail. Troisièmement, ces entreprises peuvent en être complices avec le gouvernement d'accueil, en particulier dans les pays à régimes autoritaires. Luis Gonzalez explicite clairement cette situation en ces termes:

> *"Human rights norms interact with international investment law in at least five different ways. First, the investor might commit, or be complicit in, violations of human rights. Second, the State might violate the investor's human rights. Third, the State might adopt a human rights-motivated measure that interferes with the property rights of the investor. Fourth, a party in the proceedings might invoke the practice of international human rights courts on issues of procedure. Lastly, a party may invoke international human rights norms in the application or interpretation of investment protection obligations"*[30].

Les possibles ramifications des obligations issues de traités d'investissement sur les droits humains ont été soulignées dans le rapport du Rapporteur spécial des Nations Unies sur les entreprises et droits de l'homme, le Professeur John Ruggie. Pour lui, tous les droits de l'homme peuvent être négativement affectés par les activités des entreprises, principalement à cause du fossé résultant de lacunes de gouvernance créées par la mondialisation[31]. Comme le note l'auteur, bien réglementées cependant, les entreprises présentent, à travers leur investissement, une opportunité pour la réalisation des droits humains. Celle-ci requiert particulièrement des ressources que l'État pourrait mobiliser en appliquant par exemple des régimes fiscaux progressifs aux investisseurs. Aussi, faut-il souligner que d'un point de vie macro-économique, l'amélioration du

---

[29] A. MAROUANE, D. NICET-CHENAF, et E. ROUGIER. « À quelles conditions les IDE stimulent-ils la croissance ? IDE, croissance et catalyseurs dans les pays méditerranéens », *Mondes en développement*, vol. 148, no. 4, 2009, pp. 119-138.

[30] LUIS GONZALEZ GARCIA, "The Role of Human Rights in International Investment Law", in *Investment Treaty Part 1 26/2/13*, p.29.

[31] Conseil des droits de l'homme, Rapport du Représentant spécial du Secrétaire général chargé de la question des droits de l'homme et des sociétés transnationales et autres entreprises, John Ruggie, A/HRC/17/31, 7 April 2008, §§.2-3.

climat d'investissement aura un impact directement et positivement sur la condition de la vie de la population. Le soubassement de cette hypothèse tient à l'idée que l'investissement joue un rôle catalyseur dans la croissance économique, en particulier au niveau de la production locale et sur la capacité de l'État à transformer cette dernière en développement, et partant, la réalisation des DESC. Disposant cependant d'une marge de discrétion à consacrer les ressources disponibles à cette réalisation, il est possible toutefois de déterminer si l'État exploite ses sources dans une perspective d'attirer uniquement les investisseurs que d'en consacrer la rente à la satisfaction des besoins vitaux de sa population. Ce qui suppose alors que les DESC soient intégrés dans les accords d'investissement.

II. La perméabilité du cadre normatif régissant les investissements en RDC aux droits économiques, sociaux et culturels

Pour que l'investissement international s'accommode avec les droits économiques sociaux et culturels, il faut que le premier soit perméable aux seconds, par les biais des sources qui gouvernent l'IDE. Ces sources renseignent généralement sur l'origine et le caractère contraignant des obligations qu'elles engendrent. Il importe dès lors d'examiner la réception des DESC dans l'arsenal juridique congolais applicable aux investissements, lequel, comme dans plusieurs États, se caractérise par une dominance conventionnelle sans exclure les règles nationales. Dès lors, la place qu'occupent les droits économique, sociaux et culturels dans l'arsenal juridique congolais sera analysée d'abord sous l'angle du droit international (A), ensuite sous l'angle du droit interne (B).

A. Le droit international

Il convient premièrement d'aborder cette question sous l'angle des obligations de la RDC en vertu du PIDESC (A.1) et, deuxièmement, des accords d'investissement liant la RDC (A.2).

1. Place des droits économiques, sociaux et culturels dans PIDESC

Lorsqu'un Etat ratifie un traité relatif aux droits de l'homme[32], il est immédiatement obligé d'adopter des mesures nécessaires, notamment

[32] En plus du Pacte international relatif aux droits économiques, sociaux et culturels, la RDC a ratifié plusieurs instruments internationaux et régionaux en matière des droits de l'homme parmi lesquels le Pacte international relatif aux droits civils et politiques, La Convention contre la torture et autres peines ou traitements cruels, inhumains ou dégradants, Convention relative aux droits de l'enfant et Charte africaine des droits de l'homme et des peoples.

législatives, qui concourent à leur réalisation effective[33]. Cette obligation découle, en matière des droits économiques, sociaux et culturels, de toute une constellation d'accords, universels et régionaux[34]. Elle est particulièrement soulignée dans le PIDESC qui, en plus d'en fournir un développement holistique, bénéficie d'une large ratification[35]. Il impose à la RDC, comme pour les autres instruments des droits de l'homme, l'obligation de respecter, protéger et mettre en œuvre[36], dont la nature a été précisée dans l'Observation générale n°3[37] du

---

[33] WILLIAM SCHREIBER, "Realizing the Right to Water in International Investment Law : An Interdisciplinary Approach to BIT Obligations," Natural Resources Journal 48, no. 2 (Spring 2008), p.444. 431-478

[34] Nombre d'instruments réfèrent aux droits économiques, sociaux et culturels notamment la Charte africaine des droits de l'homme et des peuples(Charte de Banjul) (art. 2, 14-18, 20-22, 24), voir aussi le Protocole à la Charte relatif aux droits des femmes en Afrique (art. 12 à 19), Charte africaine des droits et du bien-être de l'enfant (art. 11, 14, 18), Convention américaine relative aux droits de l'homme (art. 1, 6, 11, 14, 17, 21, 26), voir également le Protocole additionnel à la Convention américaine relative aux droits de l'homme dans le domaine des droits économiques, sociaux et culturels Salvador »), Déclaration américaine des droits et devoirs de l'homme (art. V, VI, XI-XVI, XXII, XXIII), Charte arabe des droits de l'homme (art. 2), Déclaration des droits de l'homme de l'Association des nations de l'Asie du Sud-Est (ANASE) (art. 13, 17, 19, 26-37), Convention du Commonwealth des États indépendants sur les droits de l'homme et les libertés fondamentales (art. 4, 13-18, 21, 26-28), Convention sur l'élimination de toutes les formes de discrimination à l'égard des femmes (art. 10 à 16) (voir également le Protocole facultatif à la Convention sur l'élimination de toutes les formes de discrimination à l'égard des femmes), Convention sur l'élimination de toutes les formes de discrimination raciale (art. 1 à 2, 5) ; Convention sur la protection des droits de tous les travailleurs migrants et des membres de leur famille (art. 11, 14–15, 25–28, 30–32, 40, 43–45, 54–55, 64, 70), Convention relative aux droits de l'enfant (art. 9, 16, 19, 24 à 36) (voir également le Protocole facultatif à la Convention relative aux droits de l'enfant, concernant l'implication d'enfants dans les conflits armés (art. 1 à 3)) et le Protocole facultatif à la Convention relative aux droits de l'enfant, concernant la vente d'enfants, la prostitution des enfants et la pornographie mettant en scène des enfants), Convention relative au statut des réfugiés (art. 17-24, 30), Convention européenne de sauvegarde des droits de l'homme et des libertés fondamentales (art. 4, 8, 11-12, 14), Charte sociale européenne et Charte sociale européenne révisée, Premier protocole à la Convention européenne de sauvegarde des droits de l'homme et des libertés fondamentales, Pacte international relatif aux droits civils et politiques (art. 1, 8, 22, 23, 27), Pacte international relatif aux droits économiques, sociaux et culturels (voir également le Protocole facultatif se rapportant au Pacte international relatif aux droits économiques, sociaux et culturels), Conventions de l'Organisation internationale du travail, Déclaration de Pretoria sur les droits économiques, sociaux et culturels, Déclaration universelle des droits de l'homme (art. 22 à 27).

[35] Actuellement, 170 États ont ratifié le PIDESC, preuve d'une large adhésion aux valeurs qu'il prône. La liste des États parties est disponible sur https://treaties.un.org/Pages/ViewDetails.aspx?src=TREATY&mtdsg_no=IV-3&chapter=4&clang=_fr

[36] Article 2 paragraphe 1 du PIDESC

[37] OCNUDH, Observation générale n°3 : La nature des obligations des États parties (art.2, par.1 du Pacte), Cinquième session (1990) https://tbinternet.ohchr.org/_layouts/15/treatybodyexternal/Download.aspx?symbolno=INT%2fCESCR%2fGEC%2f4758&Lang=fr

Comité des droits économiques, sociaux et culturels[38]. Ce dernier a souligné que l'obligation positive de protéger s'étend également à la protection contre les violations des acteurs privés, lors de la publication de l'observation générale *N°24 (2017)* sur « les obligations des États en vertu du PIDESC dans le contexte des activités des entreprises » [39], intervenue le 10 août 2017. Elle implique également le devoir de prendre de mesures de prévenir, punir, enquêter ou réparer les préjudices causés par les investisseurs à ces droits[40]. Ces principes sont actuellement reconnus dans la jurisprudence[41], et reflétés dans les Principes directeurs des Nations Unies sus évoqués[42], approuvés par les Conseil des droits de l'homme dans sa résolution 17/4 du 16 juin 2011[43]. Pratiquement, l'État devrait alors clairement énoncer, dans les accords d'investissement qu'il attend des « entreprises – investisseurs –, domiciliées sur son territoire et/ou sous sa juridiction qu'elles respectent les droits de l'homme dans toutes leurs activités »[44]. En d'autres termes, il doit s'abstenir à faire primer leurs intérêts sur ces droits, ou mener des politiques pouvant les impacter négativement. En effet, l'obligation de protéger exige qu'il « prévienne toute atteinte en adoptant des

---

[38] Le Comité a été créé en vertu de la Résolution 1985/17 de l'ECOSOC du 28 mai 1985 afin de mener à bien les fonctions de surveillance confiées au Conseil économique et social des Nations Unies (ECOSOC) en Partie IV du Pacte. La Résolution est disponible sur

[39] Adoptée par le Comité des droits économiques, sociaux et culturels à sa soixante et unième session (29 mai-23 juin 2017) ; disponible sur https://tbinternet.ohchr.org/_layouts/15/treatybodyexternal/Download.aspx?symbolno=E%2fC.12%2fGC%2f24&Lang=fr , consulté le 1avril 2020 ; Lire aussi UN Human Rights Committee, General Comment No. 31 "The Nature of the General Legal Obligation Imposed on States Parties to the International Covenant on Civil and Political Rights" (2004).

[40] UN Human Rights Committee, General Comment No. 31 "The Nature of the General Legal Obligation Imposed on States Parties to the International Covenant on Civil and Political Rights" (2004)

[41] Vr X and Y v. the Netherlands, ECtHR, Judgment, 26 March 1985 ; SERAC and the CESR v. Nigeria, ACHPR, Decision, 27 May 2002 ; Velásquez-Rodriguez v. Honduras IACtHR, Judgment, 29 July 1988 ; Ergi v. Turkey, ECtHR, Judgment, 28 July 1998. Lire aussi I. SEIF, "Business and Human Rights in International Investment Law : Empirical Evidence", in J. CHAISSE, L. CHOUKROUNE, S. JUSOH, *Handbook of International Investment Law and Policy*. Springer, Singapore, p.4.

[42] En vertu du Principe 1, « Les États ont l'obligation de protéger lorsque des tiers, y compris des entreprises, portent atteinte aux droits de l'homme sur leur territoire et/ ou sous leur juridiction. Cela exige l'adoption de mesures appropriées pour empêcher ces atteintes, et lorsqu'elles se produisent, enquêter à leur sujet, en punir les auteurs, et les réparer par le biais de politiques, de lois, de règles et de procédures judiciaires ».

[43]Conseil des droits de l'homme, Résolution 17/4 du 16 juin 2011, disponible sur https://www.ohchr.org/Documents/Publications/GuidingPrinciplesBusinessHR_FR.pdf

[44] Le principe Directeur 2 illustre cela en ces termes : « Les États devraient énoncer clairement qu'ils attendent de toutes les entreprises domiciliées sur leur territoire et/ou sous leur juridiction qu'elles respectent les droits de l'homme dans toutes leurs activités ».

mesures pour une protection efficace et, le cas échéant, que les victimes accèdent au recours utiles »[45].

L'importance de l'investissement international apparait particulièrement pour s'acquitter de l'obligation de mettre en œuvre. En scrutant l'article 2 paragraphe 1er du PIDESC, les obligations pour l'État sont de deux ordres : *l'une de conduite*, résultant de l'engagement de « prendre des mesures nécessaires au maximum des ressources disponibles », et *l'autre de résultat*, consistant à une réalisation progressive, pour faciliter et promouvoir l'exercice des droits consacrés par le Pacte. En recourant à l'investissement international, l'État doit alors mobiliser les ressources nécessaires pour s'acquitter de cette obligation, en appliquant notamment des régimes fiscaux progressifs aux investisseurs. Il dispose, certes, d'une marge de discrétion mais l'investissement doit être un moyen de parvenir à une fin : la réalisation progressive. Celle-ci ne doit pas dépendre de la seule augmentation des ressources issues de l'investissement, encore faut-il que l'État justifie d'une « utilisation et d'une affectation équitable et efficace de ressources disponibles»[46], y compris sa capacité d'orienter les efforts des entreprises vers la réalisation des droits énoncés dans le Pacte.

Conséquemment, l'absence de l'investissement ne peut dédouaner l'État de son obligation de réalisation des DESC et celle de développer les ressources sociétales nécessaires à la réalisation pour tous les droits reconnus. Ce raisonnement parait logique, étant donné que dans certains cas, il doit assurer directement la fourniture de biens et de services essentiels pour leur jouissance[47]. En d'autres termes, il est de nature incompatible avec l'adoption des mesures délibérément rétrogrades[48], lesquelles compromettraient, en particulier pour les groupes vulnérables, un niveau de jouissances des droits économiques, sociaux et culturels déjà assurés, par la réduction ou le détournement des dépenses publiques par exemple. L'État doit plutôt s'engager sur une voie de l'amélioration en matière d'allocation des ressources issues de l'investissement dans la réalisation effective des droits économiques, sociaux et culturels, en élargissant l'accès à ces droits. Il a fondamentalement l'obligation des garantir,

---

[45] Comité des droits économiques, sociaux et culturels, Observation générale n° 24 (2017), §14.

[46] Limburg Principles on the Implementation of the International Covenant on Economic, Social and Cultural Rights, principle 27 ; M. BENDAOUD, « Droit au Logement tel Que vu par le Pacte International Relatif aux Droits Economiques, Sociaux et Culturels : Sa Mise en Oeuvre Quebecoise Est-Elle Conforme », *Revue Québécoise de Droit International 23*, no. 2 (2010) : p.62. 51-124, P. BOSSET, « Les Droits Economiques et Sociaux : Parents Pauvres de la Charte Quebecoise », *Canadian Bar Review 75,* no. 4 (Décembre 1996), pp.583-603.

[47] Comité des droits économiques, sociaux et culturels, Observation générale n° 24 (2017), §23.

[48] I. HACHEZ, L'effet de standstill : Le pari des droits économiques, sociaux et culturels ?, *Revue de droit public et des sciences administratives,* n°1,2000, pp.30-57

à tous les moins les niveaux essentiels minimaux, ceux dont le non-respect ne peut être justifié par une simple affirmation de manque de ressources[49].

1. Place des droits économiques, sociaux et culturels dans les traités d'investissement liant la RDC

La RDC est intensément impliquée en droit international des investissements. Cette implication s'est matérialisée par la signature de nombreux accords d'investissement (AI) et en particulier des traités bilatéraux d'investissement (TBI) ainsi que d'autres accords régionaux ou de commerce avec des dispositions d'investissement d'une part, et de l'autre part, par nombreuses procédures d'arbitrage[50], initiées contre elle, généralement sous la Convention du CIRDI[51]. La présente étude analyse seulement la question par rapport aux TBI. L'analyse systématique des traités bilatéraux d'investissement liant la RDC révèle la complexité qui caractérise traditionnellement les liens entre ces accords et les droits humains[52] de manière générale, et particulièrement, les droits économiques, sociaux et culturels. En effet, comme les autres pays après la vague des indépendances[53], le Congo se lança dans la signature des TBI dès1969 avec l'Allemagne[54], soit dix ans après le premier TBI de l'histoire signé en 1959, entre l'Allemagne et le Pakistan[55]. Cette course n'est pas dépourvue de justification : le courant dominant, du moins à cette période, est que la conclusion des TBI

[49] A. McCHESNEY, Promouvoir et défendre les droits économiques, sociaux et culturels : Un Manuel, Human Rights Information and Documentation Systems, International, Genève, 2002, p.22.

[50] La base de données du CIRDI renseigne que la RDC a été répondant dans 10 affaires dont 9 sont déjà clause et une demeure en cours, plus d'amples détails sur https://icsid.worldbank.org/en/Pages/cases/AdvancedSearch.aspx . A cela il faut ajouter d'autres procédures dans lesquelles elle est impliquée devant la Chambre de Commerce de Paris, de cas d'arbitrage ad hoc ou devant d'autres juridictions.

[51] Convention pour le Règlement des différends relatifs aux Investissements entre Etats et investisseurs d'autres Etats, signée à Washington, le 18 Mars 1965 ; connue généralement sous l'appellation de la Convention CIRDI. La RDC l'a signée le 29 octobre 1968, et l'a ratifiée le 29 avril 1970, elle y est en vigueur depuis le 29 mai 1970. La liste des Etats parties avec date de ratification est disponible sur https://icsid.worldbank.org/ en/Pages/about/Database-of-Member-States.aspx , consulté le 20 avril 2020.

[52] E. LUKE PETERSON, *Human Rights and Bilateral Investment Treaties, Mapping the role of human rights law within investor-state arbitration,* Report of Rights & Democracy (International Centre for Human Rights and Democratic Development), 2009, p.21.

[53] J. KENNETH VANDEVELDE, "A Brief History of International Investment Agreements" *U.C. Davis Journal of International Law & Policy 12*, no. 1 (Fall 2005): pp.157-194 .

[54]En vigueur depuis 22/07/1971, est disponible https://investmentpolicy.unctad.org/ international-investment-agreements/treaty-files/823/download

[55] En vigueur depuis 28/04/1962, ce traité est disponible sur https://investmentpolicy.unctad.org/international-investment-agreements/treaty-files/1387/download

attire les investisseurs[56] et conséquemment, *"will generate mutual benefits for their economies, thus enhancing overall development"*[57].

Nonobstant cette participation aux TBI dès l'origine du droit des investissements, la RDC n'a signé que dix-sept traités bilatéraux d'investissement, dont quatre sont actuellement en vigueur[58]. Aussi paradoxal que cela puisse être, notamment à cause des opportunités d'investissement dues à son positionnement géostratégique qui le décrit comme un scandale géologique[59], l'IDE connait une pratique réelle basée sur des contrats avec certaines multinationales. Il en est ainsi avec la Chine qui, à l'absence de tout TBI avec la RDC, y pratique nombreuses activités d'investissement. Si le premier accord de ce genre entre les deux États remonte à 2013 et n'est jusque-là en vigueur[60], les données de l'Agence nationale pour la promotion de l'investissement placent la Chine à la tête de l'IDE en RDC, avec un coût d'investissement à hauteur de deux milliards quatre-vingt-douze millions cent quarante-cinq mille quatre cent soixante-seize dollars (2 092 145 476 $USD)[61].

Il n'est toutefois pas question d'examiner la participation de la RDC à des TBI du point de vue quantitatif. L'objectif de cette étude est plutôt de ressortir, sur le plan qualitatif, l'état d'agencement des normes protectrices des investisseurs d'avec celles se rapportant à la réalisation effective des DESC. Relativement à cette question, l'analyse approfondie nous amène à un constat : aussi bien les traités en vigueur que ceux seulement signés sont en déconnexion avec les questions des droits économiques sociaux et culturels. En effet, dans leurs préambules, il se dégage un consensus que la protection et la promotion des investissements stimulent l'initiative économique privée, publique et

---

[56] J. KENNETH VANDEVELDE, "Bilateral Investment Treaties: History, Policy and Interpretation" *Thomas Jefferson School of Law Research Paper No. 3022249*, (January 1, 2010); disponible sur https://ssrn.com/abstract=3022249

[57] H. GABISA, *The Fate of International Human Rights Norms in the Realm of Bilateral Investment Treaties (BITs): Has Humanity Become a Collateral Damage*, 48 INT'L L 153 (2014), p.158. https://scholar.smu.edu/til/vol48/iss2/4; A. KAUSHAL, "Revisiting History: How the Past Matters for the Present Backlash against the Foreign Investment Regime," Harvard International Law Journal 50, no. 2 (Summer 2009), pp.491-534.

[58] La RDC a signé 17 traités bilatéraux d'investissement dont seuls 4 sont en vigueur : avec l'Allemagne, la Suisse, la France et les États-Unis. Tous les traités impliquant la RDC sont disponibles sur <https://investmentpolicy.unctad.org/international-investment-agreements/countries/56/congo-democratic-republic-of-the> accessed on 20 April 2020.

[59] J. MULENDA ZANGELA, Le Congo Kinshasa est un eldorado. A qui profite-t-il ? Paris, L'Harmattan, 2010, p.9.

[60] P. IBANDA KABAKA, La Chine en RD Congo : relecture du contrat infrastructures contre minerais, 2018. ffhal-01711338f, C. KABANGE NKONGOLO, Quelques considérations juridiques sur le deal sino-congolais, LLM/University of South Africa Senior lecturer/Université de Kinshasa, pp.1-8.

[61] ANAPI, Tableau n°5 : Répartition des IDE par nationalité, disponible sur https://www.investindrc.cd/fr/

augmentent la prospérité[62], favorisent la prospérité économique des Parties[63]. Le TBI RDC-Égypte reconnait par exemple qu'un tel accord est de nature à « stimuler les flux de capitaux et de la technologie ainsi que le développement économique»[64]. Le TBI conclut avec l'Inde abonde dans le même sens: *"the encouragement and reciprocal protection (...) will be conducive to the stimulation of individual business initiative and increase prosperity in both States"*[65]. Certes, ces accords souscrivent à une logique dominante : que dans la conclusion des traités, les États sont animés par le désir d'intensifier la coopération économique entre eux[66]. Cependant, en termes de qualité des dispositions, ils ne contiennent pas de renvoi exprès, voire implicite aux droits économiques, sociaux et culturels, aussi bien dans leurs préambules que dans le corps de leurs dispositions.

Exceptionnellement, leur consécration est expresse dans le TBI entre la RDC et l'Union Économique Belgo-Luxembourgeoise du 02 février 2005, lequel n'est jamais malheureusement entré vigueur. Toutefois, tenant compte de l'objet de ce chapitre, nous allons scruter certaines de ses dispositions. Une lecture de son préambule fait déjà ressortir sa particularité, en consacrant notamment qu'« un cadre stable d'investissement maximisera l'utilisation effective des ressources économiques et l'amélioration du standard de vie ». Dans son article 1 (5 et 6), il embrasse une portée large de l'expression « législation en matière d'environnement et de travail », comprenant les dispositions légales et réglementaires ainsi que les normes universellement reconnues dans ces domaines. Tout en admettant les standards ordinaires de protection en ses articles 2 à 4, les articles 5 et 6 laissent une grande marge à l'État qui lui permettrait de s'acquitter des obligations découlant du PIDESC. Elle porte sur la possibilité d'adopter des normes en matière de protection de l'environnement et du travail et l'interdiction d'abaisser les standards reconnus internationalement, notamment par l'O.I. T, sous le voile d'attirer les investisseurs. Il admet en outre, le rôle de la coopération internationale pour ce faire[67]. Nous déduisons de ces

---

[62] TBI RDC-Allemagne relatif à l'encouragement et à la protection mutuelle des investissements de capitaux, signé à Bonn, le 18 mars 1969.

[63] Accord sur la promotion et la protection des investissements entre la République de Corée et la République Démocratique du Congo, signé à Seoul, le 19 juillet 1990, non encore en vigueur.

[64] Accord sur la promotion et la protection réciproques des investissements entre la République arabe d'Egypte et la République Démocratique du Congo, Signé à Ouagadougou, le 18 décembre 1998, non encore en vigueur. Le préambule du TBI Italie-RDC contient des dispositions similaires

[65] Préambule TBI Inde-RDC, signé à New Delhi, le 03 avril 2010.

[66] Préambule TBI France – RDC, Signé à Paris le 05 octobre 1972.

[67] Premièrement, en matière d'environnement, l'article 5 dispose : 1. *« Reconnaissant que chaque Partie contractante a le droit de fixer son propre niveau de protection de l'environnement et de définir ses politiques et priorités en matière d'environnement et de développement, ainsi que d'adopter ou de modifier en conséquence ses lois ad hoc, chacune*

prescriptions que chacune des parties pourra, en cas de besoin, prendre de mesures tendant à protéger l'environnement ou les travailleurs, conformes à ses obligations internationales sans que l'autre s'en prévale à titre de violation du TBI. Par conséquent, de telles mesures ne pourront pas être invoquées comme étant expropriatrices.

Contrairement à cette absence de référence généralisée aux DESC dans les TBI liant la RDC, ces derniers semblent très favorables aux investisseurs. En plus de leur reconnaitre un certain nombre des droits strictement protégés, ils contiennent des standards substantiels et procéduraux de protection traditionnellement reconnus. La protection couvre notamment le traitement juste

---

des Parties contractantes veillera à ce que sa législation garantisse un haut niveau de protection de l'environnement et mettra tout en œuvre en vue d'améliorer constamment ladite législation. 2. Les Parties contractantes reconnaissent qu'il n'est pas approprié d'assouplir la législation nationale en matière d'environnement aux fins d'encourager les investissements. A cet égard, chacune des Parties contractantes veillera à ce qu'il ne soit pas accordé d'exemption ni dérogé d'aucune autre façon à ladite législation, pas plus qu'il ne soit offert de possibilité d'exemption ou autre dérogation aux fins d'encourager la constitution, l'entretien ou l'expansion d'un investissement sur son territoire. 3. Les Parties contractantes réaffirment les engagements auxquels elles ont souscrit dans le cadre d'accords internationaux en matière d'environnement. Elles veilleront à ce que lesdits engagements soient pleinement reconnus et appliqués dans leur législation nationale. 4. Les parties reconnaissent que la coopération mutuelle leur offre des possibilités accrues d'amélioration des normes de protection de l'environnement. A la demande de l'une des parties, l'autre partie acceptera que les représentants de leurs gouvernements se réunissent à des fins de consultations sur toute matière tombant dans le domaine d'application du présent article ». En matière du travail, l'article 6 : 1. *« Reconnaissant que chaque Partie contractante a le droit de fixer ses propres normes de protection du travail et d'adopter ou de modifier en conséquence ses lois ad hoc, chacune des Parties contractantes veillera à ce que sa législation fixe des normes de travail conformes aux droits universellement reconnus des travailleurs énoncés au paragraphe 6 de l'Article 1 et n'aura de cesse d'améliorer lesdites normes. 2. Les Parties contractantes reconnaissent qu'il n'est pas approprié d'assouplir la législation nationale du travail aux fins d'encourager les investissements. A cet égard, chacune des Parties contractantes veillera à ce qu'il ne soit pas accordé d'exemption ni dérogé d'aucune autre façon à ladite législation, pas plus qu'il ne soit offert de possibilité d'exemption ou autre dérogation aux fins d'encourager la constitution, l'entretien ou l'expansion d'un investissement sur son territoire. 3. Les Parties contractantes réaffirment leurs obligations en tant que membres de l'Organisation internationale du Travail ainsi que leurs engagements en vertu de la Déclaration de l'OIT relative aux principes et droits fondamentaux du travail et de son suivi. Les Parties contractantes veilleront à ce que lesdits principes et droits universellement reconnus des travailleurs énoncés au paragraphe 6 de l'Article 1 soient reconnus et protégés dans leur législation nationale. 4. Les parties reconnaissent que la coopération mutuelle leur offre des possibilités accrues d'amélioration des normes de protection du travail. A la demande de l'une des parties, l'autre partie acceptera que les représentants de leurs gouvernements se réunissent à des fins de consultations sur toute matière tombant dans le domaine d'application du présent article ».*

et équitable[68], le Traitement national et la clause de la nation la plus favorisée[69], la sécurité pleine et entière[70], parfois une clause de couverture[71], la non-expropriation[72] ou toutes mesures équivalentes à l'expropriation, subordonnant ces mesures à une compensation prompte, adéquate et effective[73]. La violation de l'un ou l'autre standard fonde l'investisseur à saisir un tribunal arbitral international, généralement le Centre International pour Règlement des différends relatifs aux Investissements[74]. Conçus de manière large et non assortis

[68] Nombreux Traités bilatéraux d'investissement contiennent pareille disposition : Art.3 de l'Accord entre le Gouvernement de la République française et le Gouvernement de la République de Zambie sur l'encouragement et la protection réciproques des investissements, signé à Lusaka le 14 août 2002, Art. 2 TBI entre Royaume Uni et Venezuela du 15/03/1995, en vigueur depuis le 01/08/1996, Art. 2 du Traité Bilatéral entre le Royaume Uni et l'Égypte du 11/06/1975, en vigueur depuis le 24/02/1976 etc.

[69] Dont l'objectif est la non-discrimination de l'investisseur tant à l'égard des nationaux que d'autres étrangers. Inspirées des Accords du GATT, ces clauses se trouvent quasiment dans tous les TBIs. A ce sujet, Art.4 et 5 du TBI entre Kazakhstan – Singapou du 21/11/2018, Art .5 et 6 DUTBI entre le Brésil et Éthiopie du 11 AVRIL 2018, Celui entre Allemagne et Zambie du 10 décembre 1966 ; Art. 4 du BIT entre la Grèce et les Émirats Arabes du 06/05/2014, Art. 4 et 5 du TBI Canada-Guinée, Celui entre le Nigeria et Singapour 2016 (art4).

[70] Art. 2 (2) du Traité bilatéral entre la Suisse et l'Algérie du 21 Mars 2000, Art.3 (3) TBI entre l'Argentine et le Qatar 06/11/2016.

[71] Obligeant l'État au respect d'autres engagements ayant traits avec l'investissement notamment ceux contenus dans un contrat avec l'investisseur. Pour d'amples details sur cette clause lire A. C. SINCLAIR; "The Origins of the Umbrella Clause in the International Law of Investment Protection ", *Arbitration International Review,* Volume 20, Issue 4, 1 December 2004, pp. 41-434. Pour cet auteur, "*The origins of the notion that a treaty can be used effectively to elevate a contract between an investor and a host state to the level of an inter-state obligation between the host state and the national state of the investor, can be traced to advice provided by Mr Elihu Lauterpacht (as he then was) in late 1953 and early 1954 to the Anglo-Iranian Oil Company in connection with the settiement of the Iranian oil nationalization dispute",* disponible sur https://doi.org/10.1093/arbitration/20.4.411. Lire aussi Art. 3 (4) Agreement between the Kingdom of the Netherlands and the Republic of Paraguay on encouragement and reciprocal protection of investments, 29/10/1992.

[72] Qui protège l'investisseur contre toutes les formes d'expropriation directe ou indirecte Art. 4 du TBI entre l'Algérie et la Grèce du du 20 février 2000, Art. 16 (1) du TBI entre Japon et Urugay du 26 Janvier 2015, Art. 4 du TBI entre la RD Congo et l'Égypte. Pour une application jurisprudentielle : OI European Group B.V. v. Bolivarian Republic of Venezuela, ICSID Case No. ARB/11/25, sentence du 26 février 2015, disponible sur https://www.italaw.com/sites/default/files/case-documents/ita0747.pdf ; Generation Ukraine, Inc. v. Ukraine, ICSID Case N°.ARB/00/9; disponible sur https://www.italaw.com/sites/default/files/case-documents/ita0358.pdf , Metalclad Corporation v. United Mexican States, (ICSID Case No. ARB(AF)/97/1), Sentence du 25 Août 200, http://icsidfiles.worldbank.org/icsid/ICSIDBLOBS/OnlineAwards/C155/ DC542_En.pdf

[73] Y. ZHU, "Fair and equitable treatment of foreign investors in Era of sustainable development", *58 Nat. Resources J. 319*, 2018, p. 320.

[74] D. NOUGAYREDE, "Binding States: A Commentary on State Contractors and Investment Treaties," Business Law International 6, no. 3 (September 2005):, pp.381. 372-395

d'exceptions (fussent générales ou spéciales), ces accords réduisent considérablement la marge de l'État à mettre en œuvre des politiques de réalisation des DESC[75]. L'investisseur se servirait et se sert souvent de cette formulation extrêmement large dont l'issue du processus interprétatif en cas de litige demeure incertaine, pour attaquer les lois prises par la RDC dans ce domaine. Dès lors, le régime des traités bilatéraux aurait un effet négatif très significatif sur la jouissance effective des droits économiques, sociaux et culturels.

Sous un autre volet, l'investisseur attend de l'État un traitement favorable que celui qu'il accorderait à quiconque, toute discrimination pouvant tomber sous la violation du traité bilatéral d'investissement. L'État est alors appelé à faire une balance entre les deux objectifs, dont l'absence de formulation concrète, récurrente dans les accords d'investissement, est une justification des recours fréquents contre les États. Sous l'angle du droit des investissements, la protection et le traitement de l'investisseur et de son investissement reste l'objectif ultime – sinon exclusif – que la protection de droits humains s'y confond avec celle de la propriété de l'investisseur. Comme l'a illustré Mr. Enrique Boone Barrera, "*the protection of property rights is considered to be the bedrock of international investment protection*"[76]. José Alvarez, quant à lui, va très loin en décrivant le régime comme *"a special interest human rights regime for investors"*[77]. Bien que dominante dans jurisprudence, cette conception s'effrite actuellement à cause de l'irruption d'obligations dérivant d'autres branches du droit international dans l'arbitrage État-investisseur. Les États n'hésitent plus à les invoquer comme moyen de défense, et sont au cœur des critiques formulées contre les TBI ainsi que l'arbitrage relatif aux investissements. Il y a lieu de considérer qu'une référence directe à ces valeurs non économiques jouerait une fonction décisive durant l'interprétation dans l'appréciation du comportement de l'État ou de l'investisseur.

2. Les droits économiques, sociaux et culturels dans les textes nationaux applicables aux investissements

Nombreux instruments juridiques nationaux pourraient s'appliquer aux rapports entre l'État et l'investisseur. Parfois, ils seront la source principale gouvernant ce lien en l'absence d'un accord bilatéral d'investissement entre

[75] T. CHIDEDE, "The Right to Regulate in Africa's International Investment Law Regime," *Oregon Review of International Law 20*, no. 2 (2019), pp. 437-468

[76] E. BOONE BARRERA, "Property Rights as Human Rights in International Investment Arbitration: A Critical Approach", *Boston College Law Review, Vol.59, Issue 8 Reforming International Investment law,* 2018, p.2636. pp. 635-2662.

[77] J. ALVAREZ, "Critical Theory and the North American Free Trade Agreement's Chapter Eleven", *University of Miami Inter-American Law Review 303*,1997, p.308; Lire aussi H. MUIR WATT, "The contested legitimacy of investment arbitration and the human rights ordeal", Sciences-po Paris, Law School, p.2.

l'État d'accueil et celui de la nationalité de l'investisseur[78]. Aussi, devons-nous rappeler que du point de vue de principe, le droit applicable par les tribunaux en matière de différend d'investissement résulte d'un choix opéré par les parties ou par une autorité compétente parmi un ensemble des sources disponibles[79]. Bien qu'hypothèse rare, rien n'exclut que ce choix porte sur les sources nationales. En ce qui concerne la RDC, les codes des investissements, minier, forestier sont des illustrations des lois susceptibles d'être appliquées. La seule limite résulterait cependant du fait que très souvent, ces textes privilégient l'arbitrage international[80]. Mais à l'instar des traités bilatéraux, la réalisation de droits économiques peut, à l'absence de coordination, être en conflit d'avec les obligations de l'État et les garanties offertes aux investisseurs dans le domaine de leur activité.

Cependant, contrairement au constat issu des traités bilatéraux d'investissement, les textes juridiques nationaux témoignent une certaine réception expresse des droits économiques, sociaux et culturels en tant que normes juridiques. La Constitution consacre en effet un chapitre sur « les droits économiques, sociaux et culturels » dans son titre deuxième portant sur « les droits humains et autres libertés fondamentales »[81]. Elle souligne que la propriété privée est sacrée et garantie par l'État, lequel encourage et veille à la sécurité des investissements privés, nationaux et étrangers[82]. Le Code des investissements s'oriente dans la même logique de l'investissement au service des droits économiques. Son exposé des motifs rassure que «la croissance économique d'une nation est fonction directe du degré des investissements atteint et, qu'en outre, le taux d'investissement est devenu l'un des indicateurs auxquels les investisseurs recourent pour s'assurer de l'attractivité d'un pays »[83]. Il insiste en outre que le secteur privé est créateur de la richesse et de l'emploi, l'investissement privé étant lui-même le facteur par excellence de la croissance économique et du développement, avec un rôle pivot dans l'augmentation des grandeurs économiques. Il institue pour ce faire un régime unique, le régime

---

[78] P. BERNARDINI, "Investment Protection under Bilateral Investment Treaties and Investment Contracts," Journal of World Investment 2, no. 2 (June 2001), pp. 235-248.

[79] C. CREPET DAIGREMONT, « Les sources du droit international des investissements », in Charles Leben (dir), Droit international des investissements et de l'arbitrage international, Paris, Pedone, 2015, p.85.

[80] Article 38 du Code des investissements congolais, Article 319 du Code minier Congolais respectivement portées par la L*oi n° 004/2002 du 21 février 2002 portant Code des investissements* et la loi *n°2002-07 du 11 juillet 2002* portant Code minier, modifiée par la loi n°2018-01 du 9 mars 2018.

[81] Art. 34 à 48 de la Constitution de la République Démocratique du Congo du 18 février 2006, telle que révisée par la Loi n° 11/002 du 20 janvier 2011, JORDC, Numéro Spécial 52ème Année.

[82] Art. 34 de la Constitution de la République démocratique du Congo du 18 février 2006.

[83] Loi n° 004/2002 du 21 février 2002 portant Code des Investissements, Exposé des motifs, p.1.

général[84], offrant un certain nombre des facilités à tous investissements directs, étrangers ou nationaux, excepté les secteurs que la loi réserve à l'État ou ceux exclus par la liste négative[85]. Dans le même but d'attirer l'investissement pour un essor économique, un organisme public, Agence Nationale pour la Promotion de l'investissement (ANAPI), servant de guichet unique en la matière a été créé. Il reçoit les projets à agréer, les instruit et décide de l'agrément d'une part, et d'autre part, assure la promotion des investissements tant à l'intérieur du pays qu'à l'étranger[86].

Le Code forestier est très explicite en soulignant que le but du régime forestier est de « promouvoir une gestion rationnelle et durable des ressources forestières de nature à accroître leur contribution au développement économique, social et culturel [...]»[87]. Pour la matérialisation de ces objectifs, les ressources issues de l'exploitation forestière sont, en conformité avec l'article 122, réparties à différentes administrations (nationales, provinciales ou locales) suivant des pourcentages arrêtés[88]. En outre, l'on note que dans ces différents textes la protection de l'environnement est prise en compte, au travers notamment l'exigence des études d'impact environnemental[89]. Cette protection est actuellement une condition essentielle à laquelle est subordonnée toute admission d'un projet d'investissement en RDC[90].

Toutefois, la primauté des TBI sur les lois nationales, qu'elle résulte de la Constitution[91] ou du Code d'investissement[92], couplée au mécanisme d'arbitrage international d'usage, pourrait affaiblir la force de ces dispositions. Enfin, il faut souligner qu'aussi rassurants que paraissent ces textes, l'obligation qui incombe à l'État en matière des DESC exige d'aller au-delà de la consécration formelle des mesures, en garantissant effectivement la jouissance desdits droits, du moins

---

[84] Art. & al 3 de la loi n°004/2002 du 21 février 2002 portant code des investissements congolais.

[85] Cette liste vise les secteurs auxquels ne s'applique pas le code des investissements de 2002, conformément à son art. 3

[86] Art. 4 du Code des investissements ; Décret n° 09/33 du 08 août 2009 portant statuts, organisation et fonctionnement de l'Agence pour la Promotion des Investissements, en sigle « ANAPI »,

[87] Art. 2 de la loi N°011/2002 du 28 août 2002 portant Code forestier de la RDC

[88] *Ibid.*, Art.122.

[89] L'Art.204 de Loi n° 007/2002 du 11 juillet 2002 portant Code minier telle que modifiée et complétée par Loi n°18/001 du 09 mars 2018 dispose à cet effet: " *Tout demandeur d'un Permis d'Exploitation, d'un Permis d'Exploitation des Rejets, d'un Permis d'Exploitation de Petite Mine ou d'Autorisation d'Exploitation de Carrières est tenu de présenter une étude d'impact environnemental accompagnée d'un plan de gestion environnementale du projet et d'obtenir l'approbation de son EIE et PGEP ainsi que de mettre en œuvre le PGEP ».*

[90] Art. 8 du Code des investissements congolais.

[91] Art. 215 de la Constitution (Loi précitée)

[92] Art. 38 du Code des investissements congolais (Loi précitée)

de manière progressive. D'où l'importance d'analyser leur effectivité dans le cadre des investissements réalisés en RDC.

III. Impact de l'IDE sur les droits économiques, sociaux et culturels en RDC

Si l'analyse du cadre juridique international et national congolais révèle que ce dernier pourrait, sous certaines conditions, notamment une application systémique, concourir à la réalisation des DESC, l'analyse de la pratique réelle de l'IDE en RDC démontre que ce dernier n'a pas effectivement concouru à la promotion et encore moins à la réalisation des DESC. Plusieurs raisons, structurelles ou liées à la qualité de l'IDE semblent justifier cet échec.

En ce qui concerne les raisons liées à la qualité de l'IDE, il ressort premièrement que plus de 50% des flux des IDE qui entrent en République Démocratique du Congo rentrent dans le secteur primaire (extraction minière). Dès lors, les investissements dans le secteur secondaire, créateur de la valeur ajoutée, attirent moins les investisseurs en dépit de la diversification de l'économie prônée par le Gouvernement. Par ailleurs, la pratique montre que les premiers conduisent souvent à des violations des DESC. En effet, dans la plupart des cas, les investisseurs (généralement multinationales), ont à faire avec un ordre juridique congolais qui, logiquement, parait moins rigoureux que celui du pays où la société mère est incorporée. La première conséquence qui en résulte est la perte des terres et moyens de subsistance par les populations locales. Elle découle du fait que très souvent, l'exploitation des activités d'investissement implique l'octroi à l'investisseur des terres sur lesquelles des particuliers ont des droits, soit en vertu de la loi ou de la coutume. Il sera généralement, dans ce contexte, procédé à une expropriation, conformément à la loi n° 77-001 du 22 février 1977 sur « l'expropriation pour cause d'utilité publique »[93]. Mais dans la plupart des cas, elle s'opère sans que les indemnités compensent le bénéfice que les communautés locales retirent de l'exploitation de leurs terres. Les expropriations au profit de Banro corporation[94] à Twangiza[95] et le développement du projet de l'Étoile de Chemaf[96] à Lubumbashi sont autant des

[93] Aux termes de l'Art. 2, « L'utilité publique est de nature à s'étendre aux nécessités les plus diverses (…), et peut, aux termes de l'article trois, être ordonnée, soit pour un ou plusieurs biens individuellement désignés, soit pour l'ensemble des biens compris dans un périmètre déterminé.

[94] BANRO, compagnie aurifère canadienne qui, en 1996, rachète la concession de la Société Minière et Industrielle du Kivu, société mixte belgo-congolaise créée en 1976

[95] Est l'un des sites où, depuis 2011 la Socié Banro produit industriellement de l'or et se situe dans le village portant le même, l'un des villages de la chefferie de Luhwindja, située en territoire de Mwenga, dans la province du Sud-Kivu à l'Est de la RDC.

[96] Chemical of Africa (Chemaf) est une filiale du Groupe Shalina (compagnie indienne spécialisée dans la fabrication et la commercialisation des produits pharmaceutiques). Présent en RDC depuis 1981, il obtient la mine de l'Etoile en 2004, l'une des plus anciennes de la ceinture cuprifère et dont l'histoire est étroitement liée à l'émergence de

exemples, respectivement à Twangiza et dans les villages Washeni »[97]. Outre qu'elles se sont réalisées dans un processus d'effacement de communautés locales délocalisées, l'indemnisation dans le contexte de Banro a été décrite comme n'ayant pas été ni juste ni intégrale ; notamment pour son manque d'exhaustivité, d'objectivité et de clarté[98].

Ces illustrations sont loin d'être des cas isolés. Elles révèlent plutôt la caractéristique des expropriations qui se déroulent en RDC, en particulier lorsqu'elles sont faites au profit d'une multinationale. L'incertitude du régime foncier congolais, en particulier celui sur les terres rurales dont l'effectivité pose problème aggrave davantage les choses. En outre, le sol étant une propriété exclusive de l'État, l'expropriation est toujours possible même quand ces communautés s'y opposeraient ou tenteraient de le faire. Les standards auxquels ont recours le Gouvernement et les investisseurs pour évaluer la valeur de l'indemnisation demeurent inconnus d'elles. Et quand bien même cette indemnité, individuelle ou collective présenterait une aubaine à court terme, sa transformation en ressource durable substituable à la perte des terres, dédiées à l'agriculture de substance n'en résulte toujours pas. Il ne pourrait en être autrement, l'absence de toute initiation à la politique d'investissement fait que l'indemnité est rarement réinvestie mais parfois partagée entre les membres de la famille qu'elle s'épuise sporadiquement[99].

Menées comme telles, elles conduisent systématiquement à la violation d'autres droits, notamment le droit au logement, violant ainsi l'article 11 paragraphe 1 du Pacte qui exige que l'État utilise « tous les moyens appropriés» pour garantir le droit à un logement suffisant[100]. Les investissements sont souvent à l'origine de la dégradation de l'environnement, y compris la contamination des eaux, particulièrement les eaux de ruissèlement, alternative pour la population face à l'incapacité de l'État de la lui procurer. En effet, durant les phases d'exploitations, plusieurs activités d'investissement polluent les eaux de surface

---

Lubumbashi en tant que ville minière. Pour d'amples renseignement, http://congomines.org/drc_companies/29-chemicals-of-africa

[97] Centre Carter, Les investissements miniers miniers en République Démocratique de Congo : développement ou appovrissement des communauté locales », Rapport d'impact des investissements miniers étrangers sur les droits humains. Cas des investissements de Chemical of Africa (Chemaf) et Ruashi Mining au Katanga, Octobre 2012, p.47.

[98] Pour une étude approfondie sur ces mesures, Lire P-R. NAMEGABE RUGARABURA et P. MURHULA BATUMIKE, « Contribution à l'analyse de la nature juridique des mesures de délocalisation des populations au profit de Banro Corporation à Twangiza », in *Conjonctures congolaises 2013*, pp.142 à149. Pp.130.

[99] Justice et Paix, Multinationales sans scrupules : Le cas de Banro en RD Congo, septembre 2019 ; disponible sur https://www.justicepaix.be/IMG/pdf/ 2019_analyse_ multinationales_sans_scrupules_-_le_cas_de_banro_en_rd_congo.pdf , consulté le 22 juin 2021.

[100] Observation générale n° 7 : Le droit à un logement suffisant, (art. 11, par. 1, du Pacte) : expulsions forcées §8.

notamment à cause des sédiments qui sont transportés dans les cours d'eaux, les rendant davantage contaminés. En même temps, le droit à la santé est lui-même entamé, notamment par la pollution de l'air et de l'environnement dans son ensemble. Les activités de l'investissement présentent souvent une menace pour la qualité de l'air avec des effets délétères sur santé, exposant ainsi les communautés à des maladies respiratoires et bien d'autres répercussions sur leur santé à long terme. Pour s'en convaincre, citons les activités d'exploitation de l'or de la Société Chinoise Kun Hou Mining à Shabunda[101], celles de Chemical of Africa (Chemaf) dans l'exploitation de cuivre à Lubumbashi, celles de Ruashi Mining pour l'exploitation de la Mine de Ruashi au Katanga[102]. Plus récemment, des cas de pollution des eaux, d'obstruction des routes, de manque à gagner fiscal etc. à charge respectivement de La Kamoto Copper Company (KCC) et de Mutanda Mining, deux filiales de Glencore en raison de leurs activités d'exploitation minière ont été documentés[103]. Ces cas illustrent le fossé entre les grandes espérances que suscitent les activités de l'IED et leurs résultats sur terrain qui, le plus souvent, laissent les communautés locales frustrées et désillusionnées[104].

Il arrive exceptionnellement que les investisseurs posent des actions qualifiées de « positives » notamment la construction d'écoles, d'hôpitaux, de marchés publics etc., mais qui, malheureusement ne correspondent aux standards requis, leur moyenne en termes de valeur étant quasiment nulle[105]. D'ailleurs, il faut souligner le fait que très souvent, ces investisseurs se rendent complices d'autres violations en appui aux exploitations minières artisanales menées en marge de nombreux droits économiques, sociaux et culturels. Ainsi, ces derniers tirent profit des défaillances des institutions publiques dans la surveillance de leurs activités, laissant les communautés dépourvues de tous moyens ainsi que de recours efficaces et accessibles pour la défense de ses droits.[106]

En outre, l'IDE demeure globalement insuffisant en RDC. Les données de l'ANAPI renseignent qu'en 2018 par exemple, la RDC n'avait admis que quatre-vingt-seize projets d'investissement au régime du Code d'investissement pour

---

[101] J-P MUSHAGALUSA, « De la semi-industrialisation de l'exploitation minière artisanale et son impact sur les conditions de vie de la population. Cas de l'exploitation minière par dragues à Shabunda », in Nyenyezi, A. ; Geenen, S. ; Ansoms, A. and Omasombo, J. (eds.) *Conjonctures congolaises 2016 : glissement politique, recul économique*. Paris, Le Harmattan : 215-236 ; http://www.gbv.de/dms/zbw/898167116.pdf

[102] Centre Carter, *Op. Cit,* pp.28 et 50.

[103] Pain pour le prochain, Glencore et les droits humains. Entre promesses et réalités, mis en ligne le 29 novembre 2020, https://painpourleprochain.ch/theme/entreprises-droits-humains/glencore-et-les-droits-humains/ , consulté le 22 juin 2021.

[104] *Id.*.

[105] Maison des Mines du Kivu, Evaluation des impacts des investissements miniers de Banro Corporation sur les droits humains en République démocratique du Congo, Bukavu, Mai 2015, p.17.

[106] *Idem*, p.45.

un coût total de trois milliards neuf cent soixante-neuf millions trois cent quarante-cinq mille cent quarante-sept (3 979 345 147 $USD). Ils devaient générer, en termes de projections, onze mille cent quatorze emplois permanents. Cependant, seuls 42% de ces projets ont été effectifs, soit 43,75% correspondant aux flux des IDE[107]. Ce montant est très insignifiant, notamment en raison des conclusions de *la CNUCED*[108] qui soulignaient que malgré la baisse de l'IDE mondiale, ce dernier avait connu une progression en Afrique avec fragilité pour les pays économiquement et structurellement faibles. Cette situation pourrait empirer dans le futur, le Rapport 2020 de la CNUCED entrevoyant un ralentissement de flux l'IDE en Afrique, avec une chute de 25 à 40%, notamment à cause de la pandémie de Covid-19[109].

Enfin, le cadre juridique congolais n'impose pas d'obligations directes aux investisseurs, lesquels ne sont qu'indirectement concernés par les obligations de respecter les droits de l'homme à travers un nombre d'instruments dépourvus du caractère contraignant, connus communément sous l'appellation de « Soft Law »[110]. Ce vocable regroupe l'ensemble des initiatives volontaristes, y compris les codes de conduite, les directives, des politiques établies par des entreprises elles-mêmes ou des tiers, des organisations non gouvernementales ou d'une manière générale, la société civile dans son ensemble. Toutefois, ces initiatives se sont révélées inefficaces car elles traduisent des obligations morales plutôt que des obligations légales contraignantes spécifiques susceptibles de leur être imposées.

IV. Quelques pistes de solution

Ce diagnostic qui vient d'être posé a permis d'identifier quelques pistes pouvant permettre que l'IDE concoure à la promotion et à la réalisation des DESC en RDC.

Premièrement, la RDC devrait s'efforcer à rendre effective l'obligation de mettre en œuvre le DESC, tels que garantis par PIDESC. Pour ce faire, elle devrait imposer des obligations spécifiques aux investisseurs en adoptant une politique d'investissement fondée sur les droits humains. En effet, cette nouvelle approche est de plus en plus partagée par la plupart des États, conscients des dérives d'une croissance lucrative démesurée à laquelle se livrent certaines

---

[107]ANAPI, https://www.investindrc.cd/fr/generalites-sur-la-rdc/environnement-economique-des-investissements/volume-des-investissements-directs-etrangers , consulté le 6 mai 2020.

[108] Conférence des Nations Unies sur le Commerce et le Développement (CNUCED),

[109] CNUCED, Rapport sur l'investissement dans le monde 2020, Nations-Unies, Genève, 2020, pp.8-10 ; disponible sur https://unctad.org/system/files/official-document/wir2020_overview_fr.pdf , consulté le 22 juin 2021.

[110] Haut-Commissariat des Nations Unies aux droits de l'homme Rapport du Représentant spécial du Secrétaire général chargé de la question des droits de l'homme et des sociétés transnationales et autres entreprises, John Ruggie, A/HRC/17/31, 7 April 2008, §.7.

entreprises. Elle s'est traduite par un encadrement strict des agissements des investisseurs, à travers une intégration directe des questions des droits de l'homme dans les accords relatifs aux investissements soit par renvoi exprès, soit sous une approche globale de développement durable. Il en est ainsi des références aux droits des travailleurs et des conditions favorables de travail[111], aux droits sociaux, à la santé, à la sécurité, à l'environnement faisant des accords d'investissement des « vecteurs privilégiés » des DESC. Le TBI conclu entre le Maroc et le Nigeria bien que récent, est édifiant sur cette tentative de coordination émergente. À l'article 1 (3), il fait de la contribution au développement durable de l'État hôte une condition essentielle de l'investissement. Son article 24 (1) renchérit en stipulant que, *"investors and their investments should strive to make the maximum feasible contributions to the sustainable development of the host State and local community through high levels of socially responsible practices"*[112].

D'autres TBI consacrent les aspects sociaux de l'investissement, notamment le respect des droits des travailleurs et les droits humains, ou renforcent la responsabilité sociale de l'investisseur, la réduction de la pauvreté[113], la protection de l'environnement (vie végétale ou animale, biodiversité et changement climatique)[114]. Le TBI entre Pologne et les USA de 1990 stipule

---

[111] Art. 6 et 7 du PIDESC

[112] Reciprocal Investment Promotion between the Government of the Kingdom of Morocco and the Government of Federal Republic of Nigeria, Adopted on 3 December 2016, available on http://investmentpolicyhub.unctad.org/Download/TreatyFile/5409 , Lire aussi T. GAZZINI, « Le TBI 2016 Maroc-Nigeria: Une importante contribution à la réforme des traités bilatéraux divertissement», in International Institute for Sustainable Development (IISD), *Investment treaty news*, N°3, Vol. 8, 2017,pp.3-4

[113] Voir notamment le préambule de l'Accord entre le Conseil fédéral suisse et le Gouvernement de la République Tunisienne concernant la promotion et la protection réciproque des investissements, Conclu le 16 octobre 2012, approuvé par l'Assemblée fédérale le 13 mars 2013, en vigueur depuis le 8 juillet 2014 *([...] convaincus que ces objectifs peuvent être atteints dans le respect de la législation* relative à la santé, à la sécurité et à l'environnement), disponible https://investmentpolicyhub.unctad.org/Download/TreatyFile/4913 , Agreement between the Swiss Confederation and The Arab Republic of Egypt on the Promotion and Reciprocal Protection of Investments, 07/06/2010 ([...] *Convinced that these objectives can be achieved without relaxing health, safety and environmental standards of general application*) https://investmentpolicyhub.unctad.org/Download/TreatyFile/1113 ; TBI between the SLvak Republic and the Islamic Republic of Iran for the promotion and reciprocal protection of investments, 19/01/2016, ([...] determined to prevent and combat corruption, including bribery, in international cooperation and investment and to promote corporate social accountability), https://investmentpolicyhub.unctad.org/Download/TreatyFile/3601 , Accord entre le Gouvernement du Burkina Faso et le Gouvernement du Canada pour la promotion et la protection des, 20/04/2015 .

[114] Préambules de l'Accord sur l'encouragement et la protection réciproque des investissements entre le Royaume des Pays-Bas et la République Du Burundi, 24/05/2007, *([...] que ces objectifs peuvent être atteints sans porter préjudice aux mesures applicables*

que, "*development of business and economic ties can contribute to the well-being of workers in both countries and promote respect for fundamental worker rights; (....) Private enterprise operating within a free and open market offers the best opportunities for raising living standards and the quality of life for the inhabitants of the Parties*"[115]. Au niveau régional, le Code Panafricain des investissements (CPAI)[116] et la Zone de libre-échange continental africaine (ZLECAF)[117] contiennent des dispositions similaires.

Bien que le préambule où ces valeurs figurent ne soit pas juridiquement obligatoire, cette référence directe peut jouer une fonction interprétative en vertu de la Convention de Vienne sur le Droit des Traités, laquelle exige que « les dispositions du traité soient interprétées dans leur contexte et à la lumière de son objet et son but » [118].

La réforme devrait viser également le mécanisme de règlement de différends, en permettant par exemple aux particuliers dont les droits garantis par les Pactes seraient bafoués par un investisseur d'avoir accès à des recours utiles. Ce dernier est souvent limité, notamment par la pratique répandue de choix du CIRDI, alors qu'il est une garantie à laquelle s'alignent les obligations de protéger et de réaliser les DESC. En effet, déjà inaccessible, la possibilité pour l'arbitre de pouvoir, voire devoir appliquer les DESC au différend dépendra de la clause de juridiction et de la loi applicable, sa compétence étant doublement limitée par le consentement des parties et le contenu de l'article 25 de la Convention de Washington. Dans certains cas, elle sera limitée aux seules violations des traités

---

sur le territoire de chacune des Parties Contractantes a la protection de la santé, de la sécurité et de l'environnement), disponible sur https://investmentpolicyhub.unctad.org/Download/TreatyFile/570 ; Agreement between the Government of Republic of Turkey and the Government of Republic of Cameroon concerning the Reciprocal promotion and protection of Investments, 24/04/2012, ([...] *Convinced –Parties– that these objectives can be achieved without relaxing health, safety and environmental measures of general application as well as internationally recognized labor rights;....)* dispobible sur https://investmentpolicyhub.unctad.org/Download/TreatyFile/597 ; Agreement between the Government or the Republic of Rwanda and the Government of the Republic of Turkey concerning the reciprocal promotion and protection of the investments du 03/11/2016.

[115] Treaty between the United States of America and the Republc of Poland concerning business and economic relations, du 21 Mars 1990, en vigueur en 6 Août 1994, disponible sur http://investmentpolicyhub.unctad.org/Download/TreatyFile/5339 .

[116] Le Code panafricain d'investissements, adopté fin 2016 par un comité d'experts de l'UA illustre le format de nouveaux accords d'investissements visant à concilier l'IDE avec le développement durable, notamment les drois de l'homme.

[117] Les négociations de la phase II permettront de créer un environnement plus propice à la reconnaissance des droits de propriété intellectuelle africains, à la facilitation des investissements intra-africains et à la résolution des problèmes d'anti-concurrence. Le texte intégral du traité instituant la ZLECAF est disponible sur https://au.int/sites/default/files/treaties/36437-treaty-consolidted_text_on_cfta_-_fr.pdf .

[118] Article 31, Convention de Vienne sur le droit des Traités de 1969, disponible sur https://legal.un.org/ilc/texts/instruments/french/conventions/1_1_1969.pdf

d'investissements, ou restreinte aux seules violations imputables à l'État, en excluant celles commises par les investisseurs[119]. Dans d'autres traités, la formulation sera plus extensive, renvoyant à tout différend qui surgirait entre les parties en relation avec l'investissement. Il revient, dès lors, que la situation exige un examen au cas par cas. Mais compte tenu du caractère très limité de référence aux DESC dans les accords d'investissement, la chance d'être reconnus dans les différends sera le fruit d'une démarche interprétative.

En deuxième lieu, la RDC devra adopter une gouvernance transparente de l'investissement international pour que ce dernier promeuve la réalisation des DESC. Il résulte de l'analyse contextuelle que les réformes juridiques à elles seules demeurent insuffisantes pour que l'investissement promeuve les droits économiques, sociaux et culturels. Cet argument se fonde sur le nombre de réformes vantées par l'État pour attirer les investisseurs mais sans résultats proportionnels d'impact. En effet, la mauvaise gouvernance, et en particulier la corruption, qui aujourd'hui est considérée comme un crime en droit international[120], fait peser de lourds fardeaux sur la rente provenant de l'investissement. Or, le comité de droits économiques, sociaux et culturels a souligné l'impact négatif de la corruption sur la réalisation effective des droits de l'homme. D'une part, les politiques gouvernementales utilisées en matière d'investissement international devraient être soumises à la redevabilité pour mieux canaliser la rente issue de l'IDE. Cela implique de meilleurs choix budgétaires afin de « renforcer la participation, la transparence et la responsabilisation dans le processus de décisions budgétaires permettent d'assurer que les priorités budgétaires et tiennent compte des intérêts des groupes les plus marginalisés de la société »[121]. L'intérêt actuellement manifesté par la société civile quant aux politiques d'investissement dans plusieurs États devrait conduire à les y impliquer en amont et en aval. Cela permettrait d'évaluer les implications sociales des projets d'investissement sur les droits humains en général et les DESC en particulier.

---

[119] Traités A chercher

[120] UN General Assembly (2003) United Nations Convention Against Corruption, A/58/422. Avail- able at: https://www.unodc.org/unodc/en/corruption/tools_and_publications/UN-convention- against-corruption.html.

[121] O. DE SCHUTTER, La fiscalité au service de la réalisation des droits économiques, sociaux et culturels », Institute for Interdisciplinary Research in Legal sciences (JUR-I) Centre for Philosophy of Law (CPDR), *CRIDHO Working Paper 2018/2,* p.23.

Troisième partie

Filiation adoptive internationale et droits connexes

Dans le contexte de pauvreté, de précarité et de conflits armés laissant de nombreux enfants sans parents ni protection, la filiation adoptive internationale est l'une des voies pour ouvrir à ces derniers le chemin du bonheur ou du bien-être. Cependant, les mesures draconiennes prises par le gouvernement congolais, à savoir la suspension des adoptions internationales et l'interdiction de déplacement d'enfants issus de cette adoption a certainement fermé à beaucoup d'enfants la porte du bonheur et a, probablement, sauvé beaucoup d'autres du risque de trafic et d'abus. C'est en fait la prévention du trafic d'enfants issus des adoptions internationales et des abus dont ces enfants ont été victimes dans quelques affaires internationales, dont les médias ont largement fait écho, qui ont amené le gouvernement à adopter des telles mesures dans « l'intérêt supérieur de l'enfant ». C'est là, pour reprendre les justes propos du Professeur Trésor Maheshe, « sacrifier le malade pour sauver le remède ». Cet auteur démontre brillamment que, dans le cadre de l'adoption internationale, l'intérêt bien compris de l'enfant et la prévention des pratiques abusives passent par l'adhésion de la R. D. Congo à la Convention de La Haye de 1993. Mais cela, poursuit-il, ne suffit pas à prévenir le trafic d'enfants et autres pratiques abusives. Faut-il encore que suive la bonne gouvernance ou le redressement de l'appareil administratif et judiciaire. Cela implique, notamment, que les services administratifs soient équipés, professionnalisés et tenus par des gens compétents, intègres, à l'abri de la corruption, des pratiques de falsification et de monnayage des documents et que la justice (civile, administrative et pénale) soit indépendante et efficace...

De telles réformes sont également indispensables pour l'effectivité des droits de la femme mariée sur le sort duquel, à tort ou à raison, on s'apitoie encore en RDC malgré l'existence d'un cadre juridique protecteur adéquat. En effet, le cadre juridique adéquat ne suffit pas à lui-même à transformer la société. Ainsi que l'a su bien montrer la professeure Nathalie Nakabanda, bien que les droits patrimoniaux et extrapatrimoniaux de la femme mariée soient protégés par un système de droit dualiste dont il convient de reconnaitre volontiers le caractère novateur, à en juger à la récente réforme du Code de la famille et à la domestication des dispositions de la Convention sur l'élimination de toutes les formes de discriminations à l'égard de la femme et du Protocole de Maputo, l'effectivité de ces droits requiert des mesures métajuridiques telles l'éducation, le changement des schémas et des modèles de comportement ou de représentation socioculturels, etc.

Adoption internationale et pratiques abusives – Quand le législateur congolais sacrifie le malade pour sauver le remède

Par Trésor MAHESHE MUSOLE*

Introduction

Un aspect de la vie professionnelle du Bâtonnier Thomas Lwango se trouve à la base de notre contribution. Passionné par la cause des enfants, le Bâtonnier Lwango a été durant toute sa vie active avocat — conseil de l'organisation « SOS Villages d'enfants Bukavu ». Cette Organisation non gouvernementale « fournit partout dans le monde à des enfants abandonnés et orphelins des foyers chaleureux ou on veille à combler leurs besoins fondamentaux : alimentation, santé, abri et éducation »[1]. Depuis son installation en RDC, cette ONG privilégie le placement interne plutôt que les adoptions internationales[2]. Cette stratégie leur permet en partie de lutter contre la traite, l'enlèvement et la vente d'enfants. Le Bâtonnier y a beaucoup contribué et son combat nous a inspiré à réfléchir plus largement sur le cadre juridique de l'adoption internationale en droit congolais.

Depuis 2009, le législateur congolais a entamé la réforme du cadre juridique de l'adoption internationale. D'abord, il adopte la loi n° 09/001 du 10 janvier 2009 portant protection de l'enfant qui instaure le cadre juridique de l'adoption internationale. À la suite du moratoire de la Direction générale des migrations suspendant les adoptions internationales[3], il reforme en 2016 le Code de la famille après deux décennies d'application. Dans son exposé des motifs, la loi n° 16/008 du 15 juillet 2016 modifiant et complétant la loi n° 87-010 du 1er aout 1987 portant Code de la famille s'assigne plusieurs objectifs parmi lesquels celui de renforcer les « dispositions pour assurer la protection des droits de l'enfant congolais contre toutes sortes d'abus en matière d'adoption » [4]internationale. L'espoir était donc permis, car à l'époque les enfants congolais étaient victimes d'un réseau de trafic, d'enlèvement et de traite.

---

* Professeur à la Faculté de Droit de l'Université Catholique de Bukavu et Avocat près la Cour d'appel du Sud-Kivu.

[1] SOS Villages d'enfants, « A propos de nous », disponibles sur https://www.sos-villages-d-enfants.ca/fr/

[2] Ch. POSCH, *Lignes Directrices relatives à la protection de remplacement pour les enfants*, Austria (Allemagne), SOS Children's villages international, 2010, p. 6-7.

[3] Ce moratoire avait été adopté en date du 25 septembre 2025. Au sujet du contexte de son adoption, voy. DGM, « Rôle multiples des jeunes dans la migration familiale », Allocution du DG de la DGM à l'occasion du dialogue international sur les migrations, Genève, 2014, p. 8.

[4] Considérant 10, point 6 du préambule de la loi n° 16/008 du 15 juillet 2016 modifiant et complétant la loi n°87-010 du 1er aout 1987 portant code de la famille.

Cependant, en confrontant cet objectif aux dispositions opératoires de la loi, plusieurs inadéquations se dégagent. Ce texte échoue d'atteindre l'objectif de lutter contre les pratiques abusives dans le cadre de l'adoption internationale. Plusieurs dispositions l'attestent. Plutôt que de lutter contre les pratiques abusives, le législateur suspend les adoptions internationales. Selon l'article 923 *bis,*

> « En attendant les mesures d'exécution prévues à l'article 691 *bis* et la création d'un organisme public chargé des adoptions, prévu à l'article 652 de la présente loi, l'examen de nouveaux dossiers d'adoption internationale des enfants congolais est suspendu ».

Cette suspension traduit l'ambiguïté et l'échec de la politique législative du législateur congolais. D'un côté, il durcit les conditions de l'adoption internationale, à travers le renforcement du dispositif normatif. De l'autre, il suspend l'adoption internationale en attendant l'installation d'un organisme public chargé d'adoption. Ce durcissement des conditions ne permet pas de lutter contre les pratiques abusives.

À part cette suspension, le législateur congolais multiplie les conditions qui rendent impossible l'adoption internationale d'enfants congolais. Par exemple, il conditionne l'adoption internationale à l'existence d'un traité avec le pays d'accueil[5]. Or, à ces jours, il n'existe aucune convention bilatérale dans ce sens. Ensuite, il soumet à l'approbation du Conseil des Ministres l'adoption d'enfants séparés ou non accompagnés après un conflit armé[6].

Cette situation conduit le législateur à sacrifier le malade (enfant) pour sauver le remède (adoption internationale). Dans son cours d'Introduction générale à l'étude du droit, ancrée dans une perspective de philosophie de droit, le Bâtonnier Lwango recourt à l'adage « tuer le malade pour sauver le médicament » pour exprimer l'idée selon laquelle

> « L'organisation, la naissance même du Droit, est un moyen pour assurer d'abord la protection des droits, ensuite la promotion du progrès, du bien commun. L'inversion de cette relation engendre un système où la loi est poussée à un positivisme étatique extrême, jusqu'à sacrifier les droits de la personne »[7].

En RDC, le cadre juridique de l'adoption se prête à cette triste réalité. En effet, le législateur ne promeut pas le droit à l'adoption en faveur des enfants. En lieu et place, il soumet la jouissance et l'exercice de ce droit à plusieurs conditions qui rendent sa réalisation impossible. Au lieu de lutter contre les pratiques abusives, le législateur prive aux enfants aux « besoins spéciaux » le droit à l'adoption internationale. En suspendant les adoptions internationales

---

[5] A ce sujet, voy. L'art. 653 *bis* du code de la famille de la RDC.

[6] *Id.*, art. 651 *bis*.

[7] Th. LWANGO, *Introduction générale à l'étude du droit*, UCB, 1998, inédit, p. 32.

pour contrer les pratiques abusives, le législateur affecte inévitablement les enfants pouvant faire l'objet d'une adoption. Pourtant, le but ne consiste pas à sanctionner les enfants, mais bien les auteurs de telles pratiques. En dépit de la nature provisoire d'une telle suspension et de l'existence de nouvelles règles se rapportant à l'adoption internationale et à la vente des enfants, les pratiques abusives vont subsister pour plusieurs raisons. D'abord, les nouvelles règles du Code de la famille n'encadrent pas le consentement des parents qui s'exposent à des paiements ou d'avantages financiers « avec la pleine connaissance et la complicité des candidats à adopter (...) »[8]. Ce défaut d'encadrement contribue à la légitimation de la vente d'enfants réprimée par l'article 162. Ensuite, l'article 162 de la loi portant protection de l'enfant ne prend en compte qu'un aspect de multiples visages[9] des pratiques abusives, à savoir la vente des enfants. Une telle disposition peut souffrir d'inefficacité, car elle est d'application territoriale alors que la lutte contre la vente internationale suppose l'intervention de plusieurs autorités étatiques au travers d'une coopération renforcée.

Face à l'inadéquation des moyens utilisés par rapport à l'objectif poursuivi par le législateur, la présente contribution réfléchit sur les mesures adéquates pour mieux lutter contre ces pratiques abusives. Dans quelle mesure la prise en compte des principes de base de l'adoption internationale en droit congolais contribue à lutter contre les pratiques abusives ? L'adhésion de la RDC à la Convention de La Haye de 1993 est-elle une piste pour lutter contre ce phénomène ? Ce questionnement constitue le fil conducteur de notre réflexion. Pour l'aborder, l'exposé présente d'abord les principes encadrant l'adoption internationale (I) avant d'envisager dans quelle mesure le législateur congolais les met en œuvre (II). Enfin, cette contribution préconise des pistes de solution pour lutter contre le trafic d'enfants (III).

I. Les principes de base de l'adoption internationale

Au niveau international, trois principes de base interviennent pour encadrer l'adoption internationale[10]. Il s'agit de la double subsidiarité de l'adoption internationale (A), de l'encadrement (B) et de l'interdiction des contacts préalables (C). Ces principes évitent que l'adoption internationale ne devienne un commerce lucratif sans égard à l'intérêt supérieur de l'enfant. À ce titre, ils

---

[8] M. S. NAJURIETA, *L'adoption internationale des mineurs et les droits de l'enfant*, *RCADI*, Vol. 376, 2015, p. 445.

[9] Ces pratiques peuvent comporter, entre autres, la transmission de fausses informations aux parents biologiques, la falsification de documents sur les origines de l'enfant, l'offre ou l'acceptation de paiements ou d'avantages financiers à des fins d'obtention d'un enfant, la substitution de l'identité de l'enfant ou des personnes qui doivent donner les consentements pour autoriser une adoption. A ce sujet, voy. MARÍA SUSANA NAJURIETA, *Op. Cit.*, p. 445.

[10] M. COULIBALY, *L'adoption et les droits de l'enfant en Afrique francophone : réflexions sur les droits maliens et sénégalais*, Droit, Université de Grenoble, Alpes, 2015, disponible sur https://tel.archives-ouvertes.fr/tel-01395304, p. 25.

opèrent un changement de paradigme. Désormais, l'adoption est passée d'une filière libre au profit d'une adoption encadrée par les principes de base[11]. Dans une approche descriptive, l'exposé présente ces principes dans l'optique de s'assurer de leur prise en compte dans les différentes réformes intervenues en droit congolais.

A) Le principe de la double subsidiarité

Plusieurs textes juridiques consacrent le principe de la double subsidiarité pour encadrer l'adoption internationale. À titre d'exemple, la Charte africaine des droits et du bien-être de l'enfant le prévoit à son article 24, b). Selon cette disposition,

> « Les États parties qui reconnaissent le système de l'adoption veillent à ce que l'intérêt supérieur de l'enfant prévale dans tous les cas et ils s'engagent notamment à :
>
> > b) Reconnaitre que l'adoption transnationale dans les pays qui ont ratifié la Convention internationale ou la présente Charte ou y sont adhéré, peut être considérée comme un dernier recours pour assurer l'entretien de l'enfant, si celui-ci ne peut être placé dans une famille d'accueil ou une famille adoptive, ou s'il est impossible de prendre soin de l'enfant d'une manière appropriée dans son pays d'origine ».

Cette disposition consacre la double subsidiarité de l'adoption internationale à travers ces deux alinéas. Du point de vue étymologique et historique, le terme subsidiaire tire son origine de *subsidium* qui désigne l'idée de secours ou d'appui[12]. Il signifie ce qui est accessoire ou secondaire non pas dans un sens péjoratif, mais au titre de suppléance en cas de défaillance.

En matière d'adoption, la subsidiarité signifie que l'adoption internationale doit être considérée comme une mesure de « dernier recours »[13]. Elle n'intervient qu'en cas défaillance de la famille biologique ou élargie d'élever l'enfant. La double subsidiarité signifie que l'adoption internationale est doublement accessoire, car elle ne peut avoir lieu que si, d'une part, l'enfant est définitivement privé de ses parents biologiques et si, d'autre part, aucune solution

---

[11] Sur l'historique de l'adoption internationale, voy. L. M. YEMM, « International Adoption and the "Best Interests" of the Child: Reality and Reactionism in Romania and Guatemala », *Washington University Global Studies Law Review*, Vol. 9, n°3, 2010, p. 556 et s.

[12] J. REY-DEBOVE et A. REY (dir.), *Le Petit Robert* 2015, nouvelle édition du Petit Robert, texte remanié et amplifié, Paris, Dictionnaire Le Robert, Sejer, 2016, p. 2428.

[13] HCCH, La mise en œuvre et le fonctionnement de la Convention de La Haye de 1993 sur l'adoption internationale - *Guide de bonnes pratiques n°1*, Bristol, Coll. Family Law, Jordan Publishing Limited, 2008, p. 31, n°53.

ne peut être trouvée dans son pays d'origine[14]. En d'autres termes, l'adoption internationale ne peut s'envisager qu'à la double condition, d'une part, de la défaillance d'autres formes de prises charges familiales et, d'autre part, d'échec des solutions nationales offertes par l'adoption nationale.

B) Le principe de l'encadrement de l'adoption

L'encadrement de l'adoption internationale se trouve dans les instruments juridiques depuis l'abandon de la « filière » libre au profit de l'adoption encadrée[15]. La Charte africaine des droits et du bien-être de l'enfant invite les États à son article 24, b) « à créer des institutions compétentes pour décider des questions d'adoptions (...) ». La Convention de La Haye sur la protection des enfants et la coopération en matière d'adoption internationale crée l'institution d'encadrement de l'adoption internationale. Selon l'article 6,

> « 1. Chaque État contractant désigne une Autorité centrale chargée de satisfaire aux obligations qui lui sont imposées par la Convention.

La Convention de La Haye assigne à cette institution la mission de prévenir l'enlèvement, la vente et la traite d'enfants (art. 1). À partir des articles 4 à 13, ce texte détermine les fonctions de ces mécanismes de coopération aussi bien dans le pays d'accueil que dans le pays d'origine. Dans le pays d'origine, ces mécanismes entre autorités centrales poursuivent l'objectif d'identifier les enfants adoptables et s'assurer des consentements éclairés[16]. Dans le pays d'accueil, ces autorités forment les adoptants et vérifient leur capacité[17]. Le mécanisme de coopération entre autorités centrales ne constitue pas une nouveauté. À l'époque, les rédacteurs de la Convention s'étaient inspirés à partir de la Convention des Nations Unies du 20 juin 1956 sur le recouvrement des aliments à l'étranger et la Convention de La Haye du 20 octobre 1980 sur les

---

[14] S. SAROLÉA, « L'adoption internationale en droit belge à l'aune de la jurisprudence de la Cour européenne des droits de l'homme », *Revue trimestrielle de droit familial*, 1/2009, pp. 13-14.

[15] Selon Wardle, « there are few international transactions that compare with the selfless, charitable, and compassionate act of responsible adults taking stranger children from foreign countries and cultures into their homes, as members of their own families, and assuming the obligation to feed, clothe, house, teach, love, nurture and protect the children until they become adult». A ce sujet, voy. L. D. WARDLE, « The Hague Convention on intercountry adoption and American implementing law: implications for international adoptions by Gay and Lesbian couples or partners », *Ind. Int'L et Comp. L.* Rev, vol. 18,2008, p. 115.

[16] Voy. Article 4, c), de la Convention de La Haye de 1993 du 29 mai 1993 sur la protection des enfants et la coopération en matière d'adoption internationale, *Recueil des Traités des Nations Unies*, vol. I-31922, n° 54, p. 357.

[17] Voy. Également l'article 5 de la Convention de La Haye du 29 mai 1993 sur la protection des enfants et la coopération en matière d'adoption internationale.

aspects civils de l'enlèvement international d'enfants[18]. Contrairement à la Convention enlèvement, l'autorité centrale « est le passage obligé d'adoption relevant de la Convention (…) »[19]. En d'autres termes, la procédure administrative demeure une condition *sine qua non* de l'adoption internationale.

C) Le principe de l'interdiction des contacts préalables

La Convention de La Haye sur la protection des enfants et la coopération en matière d'adoption internationale prévoit l'interdiction des contacts préalables entre l'adoptant et l'adopté. L'article 29 de la Convention de La Haye dispose :

> « Aucun contact entre les futurs parents adoptifs et les parents de l'enfant ou toute autre personne qui a la garde de celui-ci ne peut avoir lieu tant que les dispositions de l'article 4, lettres *a)* à *c)*, et de l'article 5, lettre *a)*, n'ont pas été respectées, sauf si l'adoption a lieu entre membres d'une même famille ou si les conditions fixées par l'autorité compétente de l'État d'origine sont remplies ».

Cette disposition contient un principe et deux exceptions. Le principe interdit tous contacts directs entre, d'une part, les candidats adoptant et, d'autre part, l'adopté et ses parents. À part les parents, l'article 29 inclut parmi les personnes frappées par l'interdiction « toute autre personne qui a la garde de celui-ci (…) ». Il s'agit par exemple d'un orphelinat ou toute personne dont le consentement à l'adoption est requis. Selon le Professeur Leuleu, « les contacts ne peuvent avoir lieu qu'après le jugement de qualification et d'aptitude et après qu'il soit satisfait aux conditions relatives au dossier international d'adoption »[20]. Deux exceptions tempèrent le principe de l'interdiction de contacts préalables. Premièrement, l'article 29 de la Convention de La Haye admet les contacts préalables « si l'adoption a lieu entre membres d'une même famille ». Cette disposition vise l'adoption intrafamiliale qui intervient lorsque « les deux familles, d'origine et adoptive, ne sont ici pas distinctes »[21]. Deuxièmement, la Convention de La Haye autorise à son article 29 les contacts préalables « si les conditions fixées par l'autorité compétente de l'État d'origine sont remplies »[22]. Dans l'avant-projet

---

[18] M. VERWILGHEN, « La genèse d'une convention sur l'adoption internationale d'enfants originaires de l'étranger », *Revue Belge de Droit International*, 1991/1, p. 452.

[19] H. MUIR WATT, « La Convention de la Haye du 29 mai 1993 sur la protection des enfants et la coopération en matière d'adoption internationale », *in* Droit international privé, Travaux du Comité français de droit international privé, 12e année, 1993-1995, p. 50.

[20] Y. H. LEULEU, *Droit des personnes et des familles*, 5e éd., Bruxelles, Larcier, 2020, p. 672.

[21] M. COULIBALY, *Op. Cit.*, p. 95.

[22] Ces conditions sont fixées par l'article 4 de la présente Convention de la Haye : « Les adoptions visées par la Convention ne peuvent avoir lieu que si les autorités compétentes de l'État d'origine :
a) ont établi que l'enfant est adoptable ;
b) ont constaté, après avoir dûment examiné les possibilités de placement de l'enfant dans son Etat d'origine, qu'une adoption internationale répond à l'intérêt supérieur de l'enfant ;
c) se sont assurées

de la Convention, l'article 4 devenu l'article 29 était fort critiqué, car n'imposant pas d'« obligations précises aux autorités de deux États concernés »[23]. Pour sa part, la version définitive de la Convention de La Haye sanctionne tout manquement à ses dispositions. Selon l'article 33 de cette Convention,

> « Toute autorité compétente qui constate qu'une des dispositions de la Convention a été méconnue ou risque manifestement de l'être en informe aussitôt l'Autorité centrale de l'État dont elle relève. Cette autorité centrale a la responsabilité de veiller à ce que les mesures utiles soient prises ».

Après avoir présenté les principes de base de l'adoption internationale, l'exposé se propose d'examiner la manière par laquelle le législateur congolais les intègre dans son arsenal juridique.

II. La cadre juridique de l'adoption internationale en RDC

En Afrique, la RDC fait partie de cinq principaux pays d'origine des enfants adoptés dans le monde. Pour la France, plus d'un tiers des adoptions internationales en 2011 concernait les pays africains et la RDC faisait partie du top 5 des pays d'origine, avec par ordre d'importance, l'Éthiopie, le Mali, la RDC, etc.[24]. En ce qui concerne les États-Unis, la RDC faisaient partie depuis 2009 de vingt principaux pays d'origine. En Italie, pour 2011, la RDC était à la 11e place sur un total de cinquante et un pays, dont quinze pays africains. Entre 2004 et 2010, la RDC a connu des augmentations importantes avec une hausse de 1500 %. Pour *African Child Policy forum*, la hausse du nombre d'adoption internationale en RDC s'explique par la non-adhésion à la Convention de La

---

1) que les personnes, institutions et autorités dont le consentement est requis pour l'adoption ont été entourées des conseils nécessaires et dûment informées sur les conséquences de leur consentement, en particulier sur le maintien ou la rupture, en raison d'une adoption, des liens de droit entre l'enfant et sa famille d'origine,

2) que celles-ci ont donné librement leur consentement dans les formes légales requises, et que ce consentement a été donné ou constaté par écrit,

3) que les consentements n'ont pas été obtenus moyennant paiement ou contrepartie d'aucune sorte et qu'ils n'ont pas été retirés, et

4) que le consentement de la mère, s'il est requis, n'a été donné qu'après la naissance de l'enfant ; et

d) se sont assurées, eu égard à l'âge et à la maturité de l'enfant,

1) que celui-ci a été entouré de conseils et dûment informé sur les conséquences de l'adoption et de son consentement à l'adoption, si celui-ci est requis,

2) que les souhaits et avis de l'enfant ont été pris en considération,

3) que le consentement de l'enfant à l'adoption, lorsqu'il est requis, a été donné librement, dans les formes légales requises, et que son consentement a été donné ou constaté par écrit, et

4) que ce consentement n'a pas été obtenu moyennant paiement ou contrepartie d'aucune sorte ».

[23] M. VERWILGHEN, *Op. Cit.*, p. 450.

[24] African Child Policy Forum, *L'adoption internationale du point de vue africain*, ACPF, 2012, p. 10.

Haye[25]. À la suite d'une comparaison des chiffres entre les États africains adhérents et les non-adhérents, cette organisation constate ce qui suit :

> « En 2010, alors qu'on ne comptait que dix États africains adhérents, seulement quatre d'entre eux étaient parmi les dix principaux pays d'origine sur le continent. Trois d'entre eux (le Burkina Faso, le Madagascar et l'Afrique du Sud) ont vu leur nombre d'adoptions internationales baisser, au cours de la période 2004-2010, tandis que le Mali (le plus jeune État adhérent des quatre) a, lui, connu une légère augmentation globale de 60 %, avec toutefois une diminution significative à la fin de la période »[26].

Pour régler le problème de la hausse du nombre des adoptions internationales et du risque de trafic d'enfants, plusieurs mesures ont été entreprises en RDC. D'abord, la Direction générale des migrations avait interdit en 2013 les déplacements d'enfants adoptés vers leur pays d'accueil. Ensuite, le législateur congolais suspend les adoptions internationales en 2016 à travers l'article 923 *bis* du nouveau Code de la famille. À part l'article 652 instaurant un organisme public chargé d'adoption, les nouvelles dispositions (651, 651*bis*, 652, 670, 691*bis*) du nouveau Code de la famille ne durcissent pas les conditions de l'adoption internationale. En effet, ces dispositions ne reprennent que les articles 18, 19 et 20 de la loi portant protection de l'enfant abrogés par l'article 920 bis du Code de la famille. Enfin, les cours et tribunaux sont également intervenus pour décourager les adoptions internationales. A cet effet, il convient de s'attarder sur l'affaire n° RPA 19 187/RP 24 081.

Dans cette affaire, le Tribunal de Grande Instance de la Gombe condamne une prévenue de nationalité belge à trois mois d'emprisonnement pour tentative de déplacement illicite d'un enfant de nationalité congolaise. Pourtant, la prévenue disposait d'un jugement d'adoption lui octroyant le droit de garde, condition indispensable pour l'existence de l'infraction de déplacement illicite. Le Tribunal se fonde sur l'article 37 combiné avec l'article 187 de la loi de 2009 portant protection de l'enfant et le moratoire de la Direction générale des migrations interdisant le départ vers l'étranger des enfants de nationalité congolaise adoptés par les étrangers.[27] Cette motivation du Tribunal a donné lieu à plusieurs critiques. D'abord, le juge échoue à démontrer un des éléments matériels de l'infraction de déplacement illicite à l'étranger, à savoir le titulaire de la garde. Ensuite, le juge ne rencontre pas le principe de légalité, car il adopte

---

[25] *Idem*, pp. 10 et 11.

[26] *Idem*, p. 11.

[27] TGI/Gombe, 18 mai 2014, *MP et Partie civile c/ SENECHAC Laurence,* RPA 19.187/RP 24.081/II, disponible au Greffe du TGI/Gombe, 10e et 11e feuillet.

une interprétation extensive de l'article 37. Cette disposition ne prévoit ni une autorisation de la DGM ni un droit de garde en faveur de cette organisation[28].

Cette affaire traduit l'absence de prise en compte des principes de base en matière d'adoption par le législateur congolais. Ces principes permettraient de lutter contre certains abus tels que le trafic d'enfants et le déplacement illicite. Le nouveau Code de la famille adopté en 2016 devrait intégrer les enseignements de cette affaire. Pour le vérifier, l'exposé examine successivement les règles de compétence internationale (A) et les règles de conflits de lois (B).

A) Les règles de compétence

Les règles de compétence déterminent les autorités chargées d'encadrer l'adoption internationale. Ces règles permettent de voir dans quelle mesure les autorités encadrent l'adoption internationale. Il s'agit d'évaluer le cadre juridique à la lumière du principe de l'encadrement de l'adoption. L'exposé s'attèle sur deux sortes des règles de compétence prévues par le législateur congolais : la règle de compétence internationale et celle de compétence interne.

La compétence internationale s'entend comme la vocation des autorités et/ou des tribunaux d'un État dans leur ensemble pour connaître un litige présentant un ou plusieurs éléments d'extranéité[29]. En RDC, le Code d'organisation et de compétence judiciaires détermine la compétence internationale des juridictions congolaises à travers les articles 147[30] et 148[31]. Ces dispositions ne règlent que la compétence contentieuse. Or, l'adoption internationale relève de la matière gracieuse qui ne rentre pas dans le champ d'application des articles 147 et 148. Pour combler cette lacune, le Code de famille fixe la compétence internationale des juridictions congolaises à l'article 670.

---

[28] T. MAHESHE, « Adoption internationale et déplacement illicite d'enfants », note sous TGI, jugement RPA 19187, 8 mai 2014, *ministère public et partie civile (DGM) contre X, Cahiers du CERDHO,* février 2019.

[29] F. RIGAUX et M. FALLON, *Droit international privé*, 3e éd., Bruxelles, Larcier, 2005, p. 366.

[30] Voy. L'article 147 de la loi organique n° 13/011-B du 11 avril 2013 portant organisation, fonctionnement et compétences des juridictions de l'ordre judiciaire : « Les étrangers peuvent être assignés devant les tribunaux de la République démocratique du Congo dans les cas suivants : 1. S'ils ont un domicile ou une résidence en République Démocratique du Congo ou y ont fait élection de domicile ; 2. En matière immobilière si l'immeuble est situé en République Démocratique du Congo ; (...) ».

[31] Voy. L'article 148 de la loi organique n° 13/011-B du 11 avril 2013 portant organisation, fonctionnement et compétences des juridictions de l'ordre judiciaire : « Hors les cas prévus à l'article 147 de la présente loi organique, les étrangers peuvent être assignés devant les tribunaux de la République Démocratique du Congo, si le demandeur y a son domicile ou sa résidence. Dans ce cas, le tribunal compétent est celui du domicile ou de la résidence du demandeur ».

« La requête aux fins d'adoption est présentée au Tribunal de paix, après avis de l'organisme public chargé des adoptions, par la ou les personnes qui se proposent d'adopter.

Sauf pour la requête en adoption par un étranger qui n'est peut-être présentée au tribunal du domicile des adoptants ou de l'un d'eux, ou du domicile de l'adopté. Il est joint à la requête des actes de naissance ou des extraits des actes de naissance des adoptants ainsi que de celui qu'on propose d'adopter et éventuellement, l'acte constatant les consentements requis ».

Cette disposition retient deux chefs de compétence, à savoir le domicile de l'adopté ou celui de l'adoptant. Elle codifie la principale tendance du droit international privé[32] moderne qui privilégie le critère de la résidence ou du domicile des parties au détriment de la nationalité. En multipliant les chefs de compétence (domicile de l'adoptant et/ou de l'adopté), cette disposition marque une évolution par rapport à l'article 101 de la loi de 2009 portant protection de l'enfant. L'article 101, lu de manière combinée avec l'article 3, ne retenait la compétence de la RDC qu'à condition que l'enfant ait sa résidence sur le territoire congolais. Cette disposition, contrairement à l'article 670 du Code de la famille, omettait de prendre en compte la situation dans laquelle l'adoptant dispose d'une résidence ou d'un domicile en RDC. Sur base de l'article 670 du Code de la famille, la RDC est compétente lorsque l'adoptant ou l'adopté dispose d'un domicile sur le territoire national.

Une fois la compétence internationale de la RDC déterminée, les règles de compétence interne interviennent pour désigner les autorités au sein de l'ordre juridique interne appelées à encadrer l'adoption internationale d'enfants. Les textes juridiques reconnaissent cette compétence à deux organes.

Le Tribunal pour enfants constitue le premier organe de nature juridictionnelle et compétent pour statuer sur les adoptions internationales sauf si l'adopté est âgé de plus de 18 ans[33]. Ce Tribunal est une juridiction spécialisée, dont la mission consiste à vérifier la légalité et l'opportunité des adoptions internationales. S'agissant de la légalité, le tribunal vérifie la conformité de la requête aux conditions prévues par le Code de la famille et la loi de 2009 portant protection de l'enfant. Ces vérifications constituent un préalable à la décision judiciaire d'adoption. En ce qui concerne l'opportunité, celle-ci impose au juge

---

[32] J.-Y. CARLIER, « Le code belge de droit international privé », *Revue critique de droit international privé*, n°1/2005, p. 23.

[33] Art. 94 de la loi n° 09/001 du 10 janvier 2009 portant protection de l'enfant. Dans ce cas, le Tripaix devient compétent conformément à l'article 110 de la loi organique n° 13/011-B du 11 avril 2013 portant organisation, fonctionnement et compétences des juridictions de l'ordre judiciaire qui dispose : « Les Tribunaux de paix connaissent de toute contestation portant sur le droit de la famille, les successions, les libéralités et les conflits fonciers collectifs ou individuels régis par la coutume (…) ».

d'examiner l'adoption au regard de l'ordre et de l'intérêt supérieur de l'enfant. Selon le Coulibaly, « le respect de l'ordre public peut par exemple justifier que le Tribunal ordonne une mesure d'expertise afin de vérifier si l'adoption envisagée ne masque pas en réalité un trafic d'enfants. L'intérêt supérieur de l'enfant (...) s'entend tout à la fois sous ses aspects matériels, patrimoniaux, extrapatrimoniaux et moraux »[34].

Le second organe, de nature administrative, est l'organisme public chargé des adoptions. Selon l'article 652 du Code de la famille, « un décret du Premier ministre, délibérée en Conseil des Ministres, crée un organisme public chargé des adoptions ». Il s'agit d'une institution administrative et indispensable ayant pour mission de garantir la légitimité de l'adoption internationale à condition d'être intégrée dans un système de coopération interétatique horizontale[35]. Selon l'article 670 du Code de la famille, les adoptions n'interviennent qu'après avis de l'organisme public chargé des adoptions. En France, un tel organisme examine la situation des enfants et l'aptitude des candidats. Cela suppose un examen administratif préalable afin de moraliser l'institution de l'adoption en préservant sa finalité originelle[36].

En dépit de l'existence de ces organes, l'adoption internationale manque un encadrement pour deux raisons.

Premièrement, les tribunaux n'opèrent pas un examen de l'opportunité de l'adoption internationale, car ils se limitent à l'analyse de la légalité. Ils n'examinent pas la conformité de l'adoption par rapport à certains aspects de l'ordre public (trafic d'enfants) et de l'intérêt supérieur de l'enfant. Ils se limitent à un contrôle de légalité. Par exemple, dans l'affaire RC 086 devant le Tribunal de paix de Kabare, le Juge admet l'adoption d'un enfant de 4 ans par un couple d'Américains sans pour autant examiner le risque de trafic d'enfants[37]. Dans d'autres affaires[38], les tribunaux ne soucient guère d'examiner en profondeur le

[34] M. COULIBALY, *op. cit.*, p. 318. Voy. Aussi l'article 17 de loi de 2009 portant protection de l'enfant. Selon cette disposition, « Tout enfant a droit à un milieu familial, cadre idéal où ses besoins matériels, moraux et affectifs sont pris en compte pour son épanouissement ».

[35] Au sujet de la coopération horizontale, voy. M. S. NAJURIETA, *L'adoption internationale des mineurs et les droits de l'enfant*, *RCADI*, Vol. 376, 2015, p. 467 et s.

[36] J. CARBONNIER, *Droit Civil de la famille*, 20ième éd. Refondue, Collection Thémis, Paris, P.U.F., p. 358.

[37] Tribunal de paix de Kabare, jugement RC 086, 9 juin 2014, disponible sur http://cerdho.ucbukavu.ac.cd

[38] A ce sujet, voy. Tribunal de Grande instance de Bukavu, RC 9817, 29 avril 2013 ; Tribunal de Grande instance de Bukavu, RC 9796, 22 avril 2013 ; Tribunal de Grande instance de Bukavu, RC 9706, 8 avril 2013 ; Tribunal de Grande instance de Bukavu, RC 9704, 8 avril 2013 ; Tribunal de Grande instance de Bukavu, RC 9784, 22 avril 2013 ; Tribunal de Grande instance de Bukavu, RC 9474, 11 novembre 2012 ; Tribunal de Grande instance de Bukavu, RC 9888, 8 juin 2013 disponible sur http://cerdho.ucbukavu.ac.cd.

risque de trafic d'enfants ou l'adoption par de couples homosexuels. Le Juge vérifie certes la conformité de l'adoption aux exigences légales, mais le contrôle de légalité demeure marginal. L'ampleur du contrôle est moindre, car le Juge congolais examine la conformité de l'adoption aux prescrits de la loi. Dans plusieurs affaires, le Tribunal pour enfants de Bukavu se limite à vérifier l'existence de l'accord écrit des parents de l'adopté sans pour autant se soucier des conditions qui entourent ces accords[39]. Il en est de même de l'aptitude des adoptants à l'adoption qui découle d'un document émanant d'une autorité étrangère. Sans vérifier la force probante interne d'un tel document, le Juge constate tout simplement son existence et décide de l'adoption sur cette base. Cette posture du juge peut s'expliquer en partie par le principe dispositif. Selon ce principe directeur du procès civil, « le Juge doit se prononcer sur tout ce qui est demandé et seulement sur ce qui est demandé »[40]. Par conséquent, le juge possède un rôle passif et il ne peut statuer *ultra petita* ou *infra petita*.

Deuxièmement, l'attente d'installation de l'organisme public chargé d'adoption constitue un motif du manque d'encadrement. En effet, selon l'article 652 du Code de la famille, un décret du Premier Ministre devait créer cet organisme. Le retard pris dans l'adoption de ce décret a pour conséquence la suspension de l'examen de nouveaux dossiers d'adoption[41]. Même dans l'hypothèse où cet organisme existât, il ne serait pas efficace. En effet, pour plus d'efficacité, de tels organismes fonctionnent dans le cadre d'un système de coopération interétatique. Dans un tel système, les États coopèrent pour déterminer l'adoptabilité de l'enfant ou la qualification des adoptants. La Convention de La Haye de 1993 prône ce système. Pourtant, la RDC n'y est pas partie ou ne veut pas en faire partie. Pour contourner cet obstacle, l'article 653 *bis* du Code de la famille impose implicitement à l'État d'accueil l'obligation de négocier et signer une convention internationale avec la RDC dans ce domaine. Selon cette disposition,

> « L'adoption internationale d'un enfant congolais ne peut être autorisée qu'à destination de l'État avec lequel la République Démocratique du Congo est liée par une Convention internationale en matière d'adoption au moment de la décision judiciaire ».

---

[39] A titre d'exemple, voy. Tribunal pour enfants de Bukavu, jugement RC/E 396, 14 mai 2015 disponible au Greffe de la juridiction. Voy aussi A ce sujet, voy. Tribunal de Grande instance de Bukavu, RC 9817, 29 avril 2013 ; Tribunal de Grande instance de Bukavu, RC 9796, 22 avril 2013 ; Tribunal de Grande instance de Bukavu, RC 9706, 8 avril 2013 ; Tribunal de Grande instance de Bukavu, RC 9704, 8 avril 2013 ; Tribunal de Grande instance de Bukavu, RC 9784, 22 avril 2013 ; Tribunal de Grande instance de Bukavu, RC 9474, 11 novembre 2012 ; Tribunal de Grande instance de Bukavu, RC 9888, 8 juin 2013 disponible sur http://cerdho.ucbukavu.ac.cd.

[40] G. Cornu, *Vocabulaire juridique*, 10 éd., Paris, PUF, 2014, p. 355.

[41] À ce sujet, lire l'Art. 923 *bis* du code de la famille.

À ces jours, la RDC n'a ni signé une convention bilatérale ni engagé des discussions avec les pays d'accueil. Plutôt que d'intégrer la Convention de La Haye de 1993 disposant d'un système de coopération qui a fait ses preuves, la RDC multiplie des stratagèmes pour rendre impossibles les adoptions internationales. La solution préconisée par l'article 653 *bis* du Code de la famille alourdit le processus d'adoption. Elle conduit à l'instauration d'autant de systèmes de coopération qu'il y a des traités bilatéraux. À chaque nouvelle adoption internationale, la RDC doit déclencher le processus de négociation et ratification d'un accord bilatéral sauf si un accord bilatéral existe.

B) Les règles de conflit des lois

L'adoption internationale implique le déplacement d'enfants d'un pays à un autre. En RDC, de façon générale, l'adoptant détient la nationalité étrangère contrairement à l'adopté. Étant donné que les parties en présence ont des nationalités différentes, il s'ensuit un conflit des lois[42]. Pour le résoudre, le droit international privé prévoit deux sortes de règles. D'une part, la règle de rattachement soumet le différend soit à l'ordre juridique du for, soit à un ordre juridique étranger par le biais d'un facteur de rattachement (nationalité ou résidence). D'autre part, la règle d'applicabilité conduit à l'application de la loi du juge saisi parce celle-ci se veut applicable. La doctrine qualifie de telles règles de lois de police ou de lois d'application immédiate[43].

Afin de règlementer l'adoption internationale, la RDC a opté depuis 2009 pour les règles d'applicabilité. L'objectif de cette politique législative repose sur le souci de protéger les valeurs fondamentales congolaises. Le législateur recourt tantôt à la technique de règles territoriales, tantôt à celle des règles d'ordre public. S'agissant de la technique de la territorialité, il y recourt dans la loi de 2009 portant protection de l'enfant. Selon l'article 3 de cette loi, « les dispositions de la présente loi sont applicables à tout enfant vivant sur le territoire national, sans aucune discrimination ». En ce qui concerne l'ordre public, il l'intègre dans la réforme du Code de la famille de 2016 après avoir aboli le titre II du Code civil livre 1er ayant consacré l'essentiel des règles de rattachement congolaises[44]. Selon l'article 652, « les dispositions relatives à l'adoption sont impératives ». À travers ces disposions, le législateur amène le juge à écarter la loi étrangère et ses effets dans l'ordre juridique congolais. La nationalité des parties n'est plus

---

[42] Le conflit de lois se définit comme le caractère conflictuel des solutions respectivement apportées à la même question de droit par différents ordres juridiques étatiques. À ce sujet, voy. F. RIGAUX et M. FALLON, *Op. Cit.*, p. 35.
[43] *Id.*, pp. 80-144.
[44] La loi n°16/008 du 15 juillet 2016 abroge l'article 915 de l'ancien code de la famille (1987) qui prévoyait : « Sont abrogés le code civil, livre I ainsi que ses mesures d'exécution, à l'exception du titre II ». Le titre II du code prévoyait l'essentiel des règles de droit international privé applicables en RDC.

déterminante quant au droit applicable qui demeure le Code de la famille et la loi de 2009 portant protection de l'enfant.

Face à l'applicabilité immédiate et impérative du Code la famille, il y a lieu d'examiner la prise en compte des principes de base en matière d'adoption internationale. Lors de l'élaboration de ce Code, le législateur congolais intègre deux principes de base en matière d'adoption internationale, à savoir le principe de la double subsidiarité et celui de l'interdiction des contacts préalables.

Le principe de la double subsidiarité, absent de la loi de 2009 portant protection de l'enfant, a été posé dans le Code la famille en 2016. Selon l'article 651 bis,

> « En période de conflit ou post-conflit, ou dans les situations quelconques d'urgence, les enfants séparés ou non accompagnés ne peuvent faire l'objet d'une requête en d'adoption qu'après avoir été hébergés dans un établissement spécialisé en RDC pendant au moins une année, moyennant avis du Ministère de la Justice, délibéré en Conseil des Ministres et des procès-verbaux d'enquête retraçant :
> - Les efforts fournis pour retrouver les parents de l'enfant et qui se sont avérés sans succès ;
> - Le parcours de l'enfant, du site de recueillement à l'établissement d'hébergement ;
> - L'absence de tout lien de parenté ou social de l'enfant au sein de la communauté ;
> - L'absence de toute offre de prise en charge alternative dans les familles congolaises en République Démocratique du Congo ».

À travers cette disposition, le législateur réduit le champ d'application du principe de double subsidiarité. Sur le plan temporel, l'article 651 *bis* n'envisage l'application de ce principe qu'au cours de circonstances exceptionnelles. Sur le plan personnel, cette disposition vise uniquement les enfants séparés ou non accompagnés. Pourtant, les conventions internationales auxquelles la RDC est partie le prévoient en tout temps[45] et en faveur de tous les enfants. Il se dégage que le principe de la double subsidiarité est partiellement pris en compte dans notre législation. Il s'agit d'une prise en compte partielle parce que l'article 651 du Code de la famille ne consacre que le principe de subsidiarité. Or, l'article 651 *bis* sus évoqué prévoit pour sa part le principe de la double subsidiarité, dont le champ d'application a été réduit par le législateur aux situations de conflits

---

[45] À ce sujet, voy. L'article 21 de la Convention relative aux droits de l'enfant. Selon cette disposition : « Les États parties qui admettent et/ou autorisent l'adoption s'assurent que l'intérêt supérieur de l'enfant est la considération en la matière : (...) b) reconnaissent que l'adoption à l'étranger peut être envisagée comme un autre moyen d'assurer les soins nécessaires à l'enfant, si celui-ci ne peut être, dans son pays d'origine, être placé dans une famille nourricière ou adoptive ou être convenablement élevé ; ».

armés. Par conséquent, la RDC ne se conforme pas à cet engagement international.

Quant à l'interdiction de contacts préalables, ce principe ne figure pas dans les textes. Le législateur se contente plutôt d'interdire le paiement ou toute autre contrepartie. Selon l'article 651,

> « (...) l'adoption d'un enfant congolais par un étranger n'a lieu que si les autorités congolaises compétentes (...) se sont assurées que le consentement n'est pas obtenu moyennant paiement ou contrepartie d'aucune sorte et qu'il n'a pas été retiré ».

Cette disposition n'interdit pas les contacts entre l'adoptant et l'adopté ou sa famille. Il n'y a pas à s'en étonner dès lors que l'adoption est libre en RDC. En se refusant d'interdire les contacts entre l'adoptant et l'adopté, le Code de la famille reconnait une liberté aux parties prenantes à une adoption. Une telle liberté peut conduire à des risques de vente et de trafic d'enfants. De manière générale, les cours et tribunaux se contentent de constater le consentement de la famille de l'adopté sans pour autant s'interroger sur la manière par laquelle ce consentement est obtenu. Cela conduit à des trafics d'enfants et aux adoptions commerciales[46].

De trois principes de base intervenant pour règlementer l'adoption internationale, deux sont pris en compte partiellement par le législateur congolais. Il s'agit de la double subsidiarité et de l'interdiction des contacts préalables. Quant au principe d'encadrement de l'adoption internationale, la RDC s'inscrit dans le schéma de la filière libre de l'adoption. Cette situation accroit le risque des pratiques abusives. Cela appelle à réfléchir sur les pistes de solution pour une meilleure prise en compte des principes de base.

III. Vers une meilleure prise en compte des principes de base de l'adoption internationale

Le cadre juridique de la RDC n'intègre pas les principes de base de l'adoption internationale permettant de lutter contre le trafic d'enfant et les adoptions commerciales. L'examen de ce cadre l'a démontré. Pour combler cette lacune, le législateur congolais intègre dans un premier temps dans la loi de 2009 portant protection de l'enfant certaines dispositions de cette Convention de La Haye. Deux dispositions de cette Convention ont été importées dans l'ordre juridique

[46] Tribunal de Grande instance de Bukavu, RC 9817, 29 avril 2013 ; Tribunal de Grande instance de Bukavu, RC 9796, 22 avril 2013 ; Tribunal de Grande instance de Bukavu, RC 9706, 8 avril 2013 ; Tribunal de Grande instance de Bukavu, RC 9704, 8 avril 2013 ; Tribunal de Grande instance de Bukavu, RC 9784, 22 avril 2013 ; Tribunal de Grande instance de Bukavu, RC 9474, 11 novembre 2012 ; Tribunal de Grande instance de Bukavu, RC 9888, 8 juin 2013 disponible sur http://cerdho.ucbukavu.ac.cd.

congolais, à travers les articles 18[47] et 19[48] de la loi de 2009. Avec la réforme du Code de la famille de 2016, le législateur abroge ces deux dispositions[49] en les remplaçant par d'autres[50]. À travers la modification de l'ancien Code de la famille et de la loi de 2009, le législateur voulait « lutter contre toutes sortes d'abus en matière d'adoption internationale ». L'espoir était donc permis. Cependant, depuis 2016 jusqu'à ces jours, les adoptions internationales sont suspendues en RDC en attendant l'installation d'un organisme public chargé d'adoption. Cet organisme ne saurait mettre fin aux abus en matière d'adoption à défaut d'être intégré dans un système de coopération interétatique.

Face à l'échec de cette politique législative, cet exposé s'aligne sur les recommandations du Comité des droits de l'enfant. Lors de l'examen des rapports périodiques de la RDC (3e, 4e et 5e) en 2016, le Comité recommande aux autorités « d'envisager de ratifier la Convention de La Haye de 1993 sur la protection des enfants et la coopération en matière d'adoption internationale (…) et de demander à cet égard l'assistance technique de l'UNICEF ou de la Conférence de La Haye »[51]. Avant de présenter les vertus protectrices de cette Convention, il convient d'abord de revenir sur la raison d'être d'une telle ratification.

---

[47] Voy. L'article 18 de la loi n°09/001 du 10 janvier 2009 portant protection de l'enfant : « Tout enfant a droit à l'adoption. Sans préjudice des dispositions des articles 650 à 691 du Code de la famille, l'adoption d'un enfant par un étranger n'a lieu que si les autorités compétentes de l'État d'origine :

1) constatent, après avoir dûment examiné les dispositions de placement de l'enfant dans son État d'origine, que l'adoption répond à l'intérêt supérieur de l'enfant ;

2) se sont assurées que :

a) le consentement n'est pas obtenu moyennant paiement ou contrepartie d'aucune sorte et qu'il n'a pas été retiré ;

b) les souhaits et avis de l'enfant sont pris en considération selon son âge et niveau de maturité ;

c) le consentement de l'enfant à l'adoption, lorsqu'il est requis, est donné librement, dans les formes légales requises, et que ce consentement est donné ou constaté par écrit.

[48] Voy. L'article 19 de la loi n°09/001 du 10 janvier 2009 portant protection de l'enfant : « L'adoption ne peut être accordée que si les autorités compétentes de l'État d'accueil constatent que :

a) Les futurs parents adoptifs sont qualifiés et aptes à adopter
b) L'enfant est autorisé à entrer et à séjourner de façon permanente dans cet État ».

[49] Article 920 *bis* du Code de la Famille: « Sont abrogés l'alinéa 2 de l'article 18, les articles 19 et 20 de la loi n°09/001 du 10 janvier 2009 portant protection de l'enfant ».

[50] *Id.,* Articles 651 et 653.

[51] Comité des droits de l'enfant, Examen des rapports soumis par les États parties en application de l'article 44 de la Convention – Troisièmes et cinquièmes rapports périodiques des États parties attendus en 2012 – République démocratique du Congo, Mars 2013, Doc UN CRC/C/COD/3-5, p. 19.

A) La ratio legis

Plusieurs motifs pourraient justifier l'adhésion de la RDC à la Convention de La Haye. Parmi ces motifs, il y a notamment le souci de protéger les enfants contre le trafic et de leur garantir une vie familiale dans le but d'assurer leur intérêt supérieur[52].

1. La garantie de la vie familiale

Les instruments juridiques des droits de l'homme garantissent la vie familiale à toute personne[53]. L'adoption fait partie des liens protégés par les textes internationaux de protection des droits de l'homme. Le Comité des droits de l'homme considère que la vie familiale « ne désigne pas seulement le foyer familial durant le mariage (…). Il exige que certaines conditions minimales soient toutefois réunies pour parler de famille comme la vie commune, les liens économiques, ou encore l'existence d'une relation intense et régulière »[54]. Quant à la Cour européenne, elle allègue que « les rapports entre les parents et les enfants, entre les grands-parents et les petits enfants, entre adoptant et adoptés[55] (…) sont donc des liens familiaux protégés par le droit international des droits de l'homme (…) »[56].

Cependant, depuis 2013 jusqu'à ces jours, les adoptions internationales sont suspendues en RDC au détriment de la vie familiale des enfants adoptés. Si une telle atteinte est légitime (lutte contre le trafic d'enfants), elle n'obéit pas à la condition de proportionnalité en raison du délai de suspension excessivement long (7 ans). Cela traduit toute l'ambiguïté du cadre juridique de l'adoption en RDC. D'un côté, le législateur reconnait le droit à l'adoption à tout enfant. De l'autre, le législateur suspend ce droit en méconnaissant la vie familiale des adoptés. Dans l'affaire RC/E 2265, le Tribunal pour enfants de Bukavu aborde cette ambiguïté dans le sens de la protection de vie familiale tout en contournant la suspension des adoptions. Selon ce tribunal, « (…) dans l'intérêt supérieur des enfants, on ne saurait dénier le droit à l'adoption tel qu'affirmé par l'article 18 de la loi portant protection de l'enfant »[57]. Par cette motivation, le Tribunal contourne la condition relative à l'avis préalable de l'organisme public chargé d'adoption prévue à l'article 670 du Code de la famille. Son raisonnement repose sur le principe selon lequel « à l'impossible nul n'est tenu ». Le juge considère que ce principe « sous-tend notamment les théories de la force majeure ou des

[52] Au sujet de l'intérêt supérieur, voy. E. BARTHOLET, « International Adoption: the human rights position », Global Policy, Vol. 1, issue 1, 2010, p. 92 et s.

[53] Article 17 du Pacte international relatif aux droits civils et politiques.

[54] Comité Dr. H, *Balaguer Santacana c. Espagne*, const. du 15 juillet 1994, communication n°417/1990, § 4.2.

[55] Cour eur. D.H., 3 mai 2011, *Negropontis – Giannisi c. Grèce*, req. n°56759/08, § 55.

[56] Cour eur. *D.H.,* 22 décembre 2004, *Merger et Cros c. France*, req. 68864/01, §§ 44-45.

[57] Tribunal pour enfants de Bukavu, RC/E 2265, 9 août 2018, p.1 disponible sur sur http ://cerdho.ucbukavu.ac.cd.

formalités impossibles et conduit le juge à ne pas sanctionner la méconnaissance de certaines règles dont le respect est en principe impossible »[58]. Par cette décision, le juge reconnait la vie familiale des adoptés.

Pour venir à bout de cette ambiguïté, la ratification de la Convention de La Haye s'impose. À travers le principe de la double subsidiarité, les enfants sont assurés de trouver une famille dans le pays d'origine à défaut d'une adoption internationale. Dans ce cas, leur vie familiale se trouverait protégée.

2. La protection contre le trafic ou la vente d'enfants

La loi de 2009 portant protection de l'enfant réprime le trafic ou la vente d'enfants à son article 162. Selon cette disposition, le trafic ou la vente d'enfants s'entend comme

> « Tout acte ou toute transaction faisant intervenir le transfert d'enfants de toute personne ou de tout groupe de personnes à un autre groupe contre rémunération ou tout autre avantage ».

Cette disposition s'aligne sur la définition de la vente d'enfants opérée par le Protocole facultatif à la Convention relative aux droits de l'enfant, concernant la vente d'enfants, la prostitution des enfants et la pornographie mettant en scène des enfants[59]. La RDC y est partie depuis le 11 novembre 2001[60].

À l'origine, les États visaient la criminalisation de l'acte d'« obtenir indûment, en tant qu'intermédiaire, le consentement à l'adoption d'un enfant, en violation des instruments juridiques internationaux relatifs à l'adoption »[61]. Par la suite, le Comité va élargir le champ personnel de l'article 3 de ce Protocole en recommandant aux États de criminaliser « les activités de toute personne impliquée dans la vente d'enfants à des fins d'adoption »[62] et pas seulement les intermédiaires.

Sur le plan matériel, l'article 3, 1, a), du Protocole détermine les actes incriminés dans le cadre de l'adoption internationale. Il s'agit du fait d'obtenir indûment, en tant qu'intermédiaire, le consentement à l'adoption d'un enfant en violation des instruments juridiques relatifs à l'adoption. Le champ d'application de cette disposition est à la fois limité et ouvert. Il est limité, car les actes

---

[58] *Ibid.*

[59] Aux termes de l'art. 2, a), de ce Protocole : « Aux fins du présent Protocole : a) on entend par « vente d'enfants » tout acte ou toute transaction en vertu desquels un enfant est remis par toute personne ou tout groupe de personnes à une autre personne ou groupe de personnes contre rémunération ou tout autre avantage ».

[60] Nations Unies, *Recueil des Traités*, vol. 2171, p. 227; Doc. A/RES/54/263.

[61] Unicef, *Manuel d'application du protocole facultatif concernant la vente d'enfants et la pornographie mettant en scène des enfants*, Centre de recherche Innocenti, Florence, Italie, 2010, p. 21

[62] Comité des droits de l'enfant, Observations finales sur le Viet Nam, doc. CRC/C/OPSC/VNM/CO/1, 17 octobre 2006, § 25-26.

incriminés visent uniquement les intermédiaires. Il aurait fallu y inclure les actes entrepris par les parents d'origine et d'accueil[63]. Il est ouvert dans la mesure où cette disposition renvoie à d'autres instruments juridiques internationaux. Parmi ces instruments, il y a notamment la Convention de La Haye de 1993 qui règlemente les contours de l'obtention du consentement requis pour l'adoption internationale et fixe le standard en la matière[64]. En définitive, les règles de la Convention de La Haye qui préviennent la vente d'enfants doivent être prises en compte dans cette répression. Or, la RDC n'y est pas partie. D'où la nécessité d'y adhérer afin de lutter efficacement contre les aspects criminels des pratiques illicites en matière d'adoption.

B) Les vertus protectrices de la Convention de La Haye de 1993

La Convention de La Haye du 29 mai 1993 sur la protection des enfants et la coopération en matière d'adoption a été adoptée dans le cadre de la Conférence de La Haye de droit international privé. Cette Convention repose sur la nécessité de faire « face à l'augmentation spectaculaire du nombre des adoptions internationales observée (...) depuis la fin des années soixante »[65]. Cela avait engendré des problèmes juridiques et humains graves et complexes. Cette situation avait conduit le bureau permanent de la Conférence de La Haye à initier les travaux pour l'élaboration de la Convention[66]. En 1993, les États adoptèrent cette Convention. À ces jours, elle compte 102 États parties parmi lesquels les pays d'accueil de nombreux enfants ressortissants de la RDC. Elle constitue la suite de la Convention internationale relative aux droits de l'enfant dont les rédacteurs avaient appelé à l'élaboration d'une nouvelle convention sur l'adoption[67]. Sur le plan personnel, cette Convention vise les adoptions des enfants mineures. Sur le plan matériel, la Convention a un triple objet : la définition des principes de fond pour la protection des enfants, la coopération entre les autorités des États d'origine et des États d'accueil et dans une certaine

[63] D. SMOLIN et E. BARTOLET, « The debate », *in* J. L. Gibbons et K. Smith Robati Williston, *Intercountry adoption: policies, practices, and outcomes*, Ashgate, 2012, p. 378.

[64] D. SMOLIN, « Child laundering: How the intercountry adoption system legitimizes and incentivizes the practices of buying, trafficking, kidnaping, and stealing children », *The Wayne Law Review*, 2006, vol. 52, p. 190.

[65] HCCH, La mise en œuvre et le fonctionnement de la Convention de La Haye de 1993 sur l'adoption internationale - *Guide de bonnes pratiques n°1*, Bristol, Coll. Family Law, Jordan Publishing Limited, 2008, p. 21.

[66] *Idem*, p.22.

[67] À ce propos, voy. l'article 21 de cette Convention : « Les États parties qui admettent et/ou autorisent l'adoption s'assurent que l'intérêt supérieur de l'enfant est la considération primordiale en la matière, et : e) poursuivent les objectifs du présent article en concluant des arrangements ou des accords bilatéraux ou multilatéraux, selon les cas, et s'efforcent dans ce cadre de veiller à ce que les placements d'enfants à l'étranger soient effectués par des autorités ou des organes compétents ».

mesure l'unification des règles de droit international privé en matière d'adoption internationale.

Le présent exposé cerne l'apport de cette Convention au cadre juridique national se rapportant à l'adoption internationale. Parmi les nombreux apports, deux apportent des solutions aux problèmes liés aux pratiques abusives.

1. La Convention de La Haye, un système de coopération en vue de prévenir les pratiques abusives

La Convention de La Haye constitue avant tout une convention de coopération interétatique[68]. Il n'y a pas à se tromper. Elle instaure un système de coopération entre pays, dont le but consiste à prévenir l'enlèvement, la vente et la traite des enfants en vue de l'adoption. La Convention de La Haye en fait un de ses objectifs principaux. Selon son article 1er, « la présente convention a pour objet : (...) b) d'instaurer un système de coopération entre les États contractants pour assurer le respect de ces garanties et prévenir ainsi l'enlèvement, la vente ou la traite d'enfants ; ».

Au cœur de cette coopération, la Convention institue un organe administratif, l'autorité centrale, chargée de « promouvoir une collaboration entre les autorités compétentes de leurs États pour assurer la protection des enfants et réaliser les autres objectifs de la Convention »[69]. Lors de travaux préparatoires, il avait été souhaité que les systèmes des autorités centrales interviennent dans la dénonciation des infractions pénales « auprès des autorités compétentes, ce qui pourrait déclencher, si nécessaire, la coopération entre autorités de police ou de justice sur le plan international »[70]. Pourtant, le texte final s'écarte de ce souhait. Pour contrer les pratiques abusives, il retient plusieurs dispositions relatives aux gains indus, aux consentements et à la protection des familles.

D'abord, l'article 4 impose le consentement comme une condition *sine qua non* de l'adoption. Selon cette disposition, les autorités compétentes de l'État d'origine doivent s'assurer :

---

[68] M. VERWILGHEN, *Op. Cit.*, p. 444.

[69] Art. 7 de la Convention de La Haye du 29 mai 1993 sur la protection des enfants et la coopération en matière d'adoption : 1. Les Autorités centrales doivent coopérer entre elles et promouvoir une collaboration entre les autorités compétentes de leurs États pour assurer la protection des enfants et réaliser les autres objectifs de la Convention. 2. Elles prennent directement toutes mesures appropriées pour :
a) fournir des informations sur la législation de leurs États en matière d'adoption et d'autres informations générales, telles que des statistiques et formules types ;*b)* s'informer mutuellement sur le fonctionnement de la Convention et, dans la mesure du possible, lever les obstacles à son application ».

[70] G. PARRA – ARANGUREN, *Rapport explicatif de la Convention de La Haye du 29 mai 1993 sur la protection des enfants et la coopération en matière d'adoption*, HCCH, Actes et documents de la Dix-septième session, Tome II, adoption et coopération, § 54, pp. 538 à 650 disponible sur le www.hcch.net.

« 1) que les personnes, institutions et autorités dont le consentement est requis pour l'adoption ont été entourées des conseils nécessaires et dûment informés sur les conséquences de leur consentement, en particulier sur le maintien ou la rupture, en raison d'une adoption, des liens de droit entre l'enfant et sa famille d'origine ;

2) que celles-ci ont donné librement leur consentement dans les formes légales requises, et que ce consentement a été donné ou constaté par écrit ;

3) que les consentements n'ont pas été obtenus moyennant paiement ou contrepartie d'aucune sorte et qu'ils n'ont pas été retirés, et ;

4) que le consentement de la mère, s'il est requis, n'a été donné qu'après la naissance de l'enfant ; (…) ».

La règlementation des consentements requis opérée par cette disposition constitue l'« une des caractéristiques essentielles de la Convention pour lutter contre l'enlèvement, la vente et la traite des enfants »[71]. Cette disposition entoure le consentement de plusieurs interdictions à charge de l'État d'origine. Il en découle par exemple l'interdiction de recourir « à toute forme de compensation ou paiement destinée à influencer ou favoriser une décision d'abandonner un enfant en vue de l'adoption »[72]. Cette disposition prévient également des sollicitations allant dans le sens du démarchage des familles pour les amener à abandonner leurs enfants.

Ensuite, la Convention prévient les gains matériels indus et de la corruption. Deux dispositions de la Convention interdisent de telles pratiques. Selon l'article 8, les autorités centrales doivent « pour prévenir les gains matériels indus à l'occasion d'une adoption et empêcher toute pratique contraire aux objectifs de la Convention ». Pour sa part, l'article 32 rappelle le principe posé à l'article 8 et son exception. Selon cette disposition,

> « 1. Nul ne peut tirer un gain matériel indu en raison d'une intervention à l'occasion d'une adoption internationale.
>
> 2. Seuls peuvent être demandés et payés les frais et dépenses, y compris les honoraires raisonnables des personnes qui sont intervenues dans l'adoption ».

Cette disposition vise à prévenir « les adoptions commerciales » sans pour autant exclure l'hypothèse pour les parties de payer les frais et dépens. Ces deux dispositions imposent aux États l'obligation de « veiller à ce que chaque étape de la procédure soit suffisamment financée et correctement structurée pour prévenir

[71] HCCH, La mise en œuvre et le fonctionnement de la Convention de La Haye de 1993 sur l'adoption internationale - *Guide de bonnes pratiques n°1*, Bristol, Coll. Family Law, Jordan Publishing Limited, 2008, p. 34.

[72] *Id.*, p 35.

les gains matériels indus et la corruption »[73]. La Conférence de La Haye considère comme pratique abusive et contraire à ces deux dispositions le fait « d'autoriser les futurs parents adoptifs à se rendre directement dans les orphelinats pour adopter de manière indépendante (...) »[74].

Il se dégage de la lecture de ces dispositions que la Convention de La Haye ne protège pas directement contre l'enlèvement, la vente et la traite d'enfants. Il ne faut pas se méprendre sur son objet. Elle a pour but garantir un système d'adoption internationale conforme à l'intérêt supérieur de l'enfant[75], au travers de garanties conventionnelles et grâce à un système coopération interétatique. La prévention contre les pratiques abusives (vente, enlèvement) passe par le respect de ces garanties. Il s'agit donc d'une prévention indirecte bien que l'une des préoccupations sous-tendant l'adoption de cette Convention ait été de lutter contre ces pratiques. Selon le rapport explicatif, « la Convention ne prévient (...) pas directement, mais seulement indirectement, l'enlèvement, la vente ou la traite d'enfant (...) parce que l'on compte bien que par l'observation des règles de la Convention, de tels abus seront évités »[76].

En adhérant à cette Convention, la RDC participerait indirectement à la lutte contre de telles pratiques. Dans son ordre juridique, le pays dispose des atouts. Le nouvel organisme public chargé d'adoption pourrait être mis à profit pour jouer le rôle d'autorité centrale et veiller au respect des dispositions de la Convention.

2. La Convention de La Haye : un instrument de déclin des adoptions internationales ?

La Convention de La Haye ne place pas l'adoption internationale au premier rang. Le principe de subsidiarité est formel. Selon l'article 4, b), de cette Convention,

> « Les adoptions visées par la Convention ne peuvent avoir lieu que si les autorités compétentes de l'État d'origine :
>
> *b)* ont constaté, après avoir dûment examiné les possibilités de placement de l'enfant dans son État d'origine, qu'une adoption internationale répond à l'intérêt supérieur de l'enfant ; »

Cette disposition privilégie le placement dans le pays d'origine plutôt que l'adoption à l'étranger. En d'autres termes, les États se doivent de trouver des solutions à l'interne avant d'envisager une adoption à l'étranger. L'application

---

73 *Idem*, p. 37.

74 *Ibid.*

75 A ce sujet, voy. le Préambule de la Convention de La Haye du 29 mai 1993, alinéa 4 : « Convaincus de la nécessité de prévoir des mesures pour garantir que les adoptions internationales aient lieu dans l'intérêt supérieur de l'enfant et le respect de ses droits fondamentaux, ainsi que pour prévenir l'enlèvement, la vente ou la traite d'enfants ».

76 G. PARRA – ARANGUREN, *Op. Cit.*, n°78 et s.

stricte de ce principe peut conduire à faire baisser les adoptions internationales. Une partie de la doctrine l'atteste[77]. Depuis 2005, le nombre de telles adoptions diminue. Ce déclin mondial s'explique en partie par la mise en œuvre du principe de subsidiarité[78]. En 2008, l'adhésion des États-Unis a également contribué à la baisse du nombre des adoptions internationales[79]. Il s'ensuit la conséquence suivante : « moins d'enfants sont disponibles pour entrer sur le marché de l'adoption internationale ». Cependant, la Convention de La Haye ne constitue pas un obstacle à l'adoption internationale. Elle protège les enfants avec un profil tout particulier. Ce sont des enfants « à besoins spéciaux »[80] ou des enfants plus âgés, souvent membres d'une fratrie[81]. La RDC, dont la politique actuelle consiste à la limitation des adoptions internationales, aurait intérêt à adhérer à la Convention de La Haye. La mise en œuvre du principe de subsidiarité conduit à la réduction drastique des adoptions internationales sans pour autant priver aux enfants le bénéfice de l'adoption internationale.

Conclusion

Sauver le malade avec le remède

Pour lutter contre les trafics d'enfants, la présente contribution a proposé une piste de solution : l'adhésion de la RDC à la Convention de La Haye de 1993. Comme l'exposé l'a démontré, cette piste repose sur deux motifs principaux : la vie familiale et la lutte contre les pratiques abusives (traite, enlèvement et vente).

La RDC se doit de protéger la vie familiale des enfants adoptés par les étrangers tout en luttant contre les pratiques abusives. La suspension des

[77] N. CANTWELL, *The best interests of Child in intercountry adoption,* Innocenti Insight, Unicef, Florence, 2014, pp. 29 et s; E. Pinderhughes et al., *A changing world: shaping best pratices through understanding of the new realities of intercountry adoption – Policy and Practice perspective*, Donalson Adoption Institute, New York, 2013, pp. 131 et s.

[78] HCCH, *Convention de La Haye de 1993 sur la protection des enfants et la coopération en matière d'adoption internationale – 25 ans de protection des enfants dans le cadre de l'adoption internationale*, HCCH, La Haye, 2018, p. 17.

[79] Selon Smolin, « La Convention de La Haye n'a donc eu jusqu'ici l'opportunité de donner corps à ses idéaux. Le Traité ne pouvait être parfaitement efficace tant que les États-Unis, de loin la nation d'accueil la plus importante par le nombre d'enfants adoptés, se tenait à l'écart de ses dispositions : le retard de quinze ans pris par les États-Unis pour ratifier la Convention a nécessairement ralenti sa progression ». À ce sujet, voy. D. M. SMOLIN, « Enlèvement, vente et traite d'enfants dans le contexte de l'adoption internationale », document d'information n°1, HCCH, La Haye, 2010, p. 21.

[80] P. Selman, « Intercountry adoption agencies and he HCIA », *ISS working paper series/General series*, decembre 2014, n°599, pp. 13 à 15, disponible sur http: //hdl.handlenet/1765/77404. Sur la portée de la notion d'enfants à besoins spéciaux, voy. S. Vité, « Article 21 – Adoption », *in* A. Alen et alii, *A commentary on the United Nations Convention on the Rights of the Child*, Leiden, Martinus Nijhoff, 2008, p, 38.

[81] E. PINDERHUGHES et al, *A changing world: shaping best practices through understanding of the new realities of intercountry adoption – Policy and practice perspective*, Donaldson Adoption Institute, New York, 2013, pp. 12 et 130.

adoptions internationales porte une atteinte au droit à la vie familiale. Il en est de même de l'interdiction de déplacement d'enfants issus de l'adoption internationale. Cette situation amène le législateur à sacrifier les enfants adoptés pour préserver l'adoption et une certaine éthique. D'où l'adage « sacrifier le malade pour sauver le remède » qui se dit des ordres juridiques privilégiant la protection des valeurs communes au détriment des droits de la personne. Pour sa part, la Convention de La Haye trouve un équilibre entre la vie familiale et la lutte contre les pratiques abusives. L'exposé l'a démontré et c'est la raison pour laquelle sa ratification est recommandée aux autorités congolaises.

Cependant, la ratification ne constitue pas en elle-même une panacée. Il ne faut pas se méprendre. L'exemple de l'Inde montre qu'il ne suffit pas de ratifier pour prévenir les pratiques abusives. La ratification de la Convention de La Haye par l'Inde en 2003 n'a pas épargné par la suite ce pays des « scandales d'adoptions importants impliquant *child laundering*, profits excessifs, falsification de documents et corruption »[82]. Par ailleurs, la Convention de La Haye ne participe pas directement à la lutte contre les pratiques abusives. Il convient de le rappeler également. Elle a été conçue pour prévenir indirectement la vente, l'enlèvement et la traite d'enfants et non pour réprimer pénalement les auteurs. Elle est appelée à fonctionner dans un cadre large comprenant d'autres textes juridiques internationaux tels que la Convention relative aux droits de l'enfant, le protocole facultatif concernant la vente d'enfants et la pornographie mettant en scène des enfants, etc. Or, la RDC fait partie de ce cadre juridique large.

Pour qu'une telle ratification produise des effets escomptés en RDC, une série de mesures devrait être adoptée. D'abord, une mise en œuvre efficace de la Convention s'impose pour prévenir les pratiques abusives. Ensuite, une mobilisation des ministères et d'autres agences gouvernementales s'avèrent nécessaires pour intervenir dans les instructions et poursuites des infractions. La Convention de La Haye nc confère pas une telle compétence aux autorités centrales. Enfin, les aspects financiers liés à l'adoption internationale doivent être strictement encadrés pour limiter la traite d'enfants[83].

Ce n'est qu'à ces conditions que le législateur congolais pourra sauver le malade avec le remède. Avec l'adhésion à la Convention de La Haye, la RDC pourra contrer les pratiques abusives sans affecter les enfants en quête d'une famille.

---

[82] D.M. SMOLIN, *Op.Cit.*, p. 22.

[83] L'exemple de la Chine est éloquent. Lorsqu'elle n'a plus eu un nombre écrasant de bébés abandonnés dans ses orphelinats, certains orphelinats devenus dépendants des dons et horaires de l'adoption internationale ont commencé à proposer de l'argent pour se procurer des bébés. Bref, les orphelinats sont eux aussi sujets à des incitations monétaires. À ce sujet, voy. D. M. Smolin, « Enlèvement, vente et traite d'enfants dans le contexte de l'adoption internationale », document d'information n°1, HCCH, La Haye, 2010, p. 22.

Les droits de la femme mariée dans la législation congolaise

Par Nathalie VUMILIA NAKABANDA*

Introduction

Aux termes de l'article 17 de la Loi n°15/013 du 1[er]août 2015 portant modalités d'application des droits de la femme et de la parité, « *sans préjudice des dispositions du Code de la famille, l'homme et la femme ont, dans leurs rapports familiaux et conjugaux, les mêmes droits et obligations* ».

La famille, émanation du mariage, est considérée comme la garantie essentielle du bon ordre social. C'est pour cela qu'il ne peut être laissé au bon vouloir des parties. Ce qui justifie d'ailleurs l'implication de l'Etat par l'imposition des règles spécifiques à observer. A ce sujet, Emile Durkheim affirme : « ... *on voit un tiers, autre que les époux et que les familles, intervenir dans la manière dont se nouent les relations matrimoniales, et les fonctions qu'il remplit ne se réduisent nullement à constater les intentions des parties. C'est lui qui prononce les paroles qui lient ; c'est lui qui crée le lien conjugal. Ce lien dépend donc, à sa formation même, d'une volonté, d'une puissance morale autre que les individus qui s'unissent. C'est dire qu'ils ne peuvent pas en disposer à leur gré ; ils ne peuvent plus le rompre à leur guise qu'ils ne peuvent l'instituer selon leur fantaisie. Des intérêts sociaux trop graves sont en jeu pour qu'il puisse les abandonner à l'arbitraire des particuliers* »[1].

Il est vrai que dans la nature de l'homme ses désirs, ses passions puissent être contenus dans certaines limites ; qu'il y ait en dehors et au-dessus de lui des forces morales qui l'arrêtent, qui lui imposent comme un devoir de se modérer et de se borner. Faute de quoi, ses appétits se dérèglent, s'exaspèrent, s'enfièvrent, ne peuvent plus être satisfaits en raison de cette exacerbation, et, par suite, ne peuvent plus être pour lui qu'une occasion de souffrances[2]. C'est ainsi que le mariage, fondement de la famille, est une institution sociale et juridique ayant un caractère solennel, stable, durable et normalement

* Professeure à la Faculté de Droit de l'Université Catholique de Bukavu et à l'Institut supérieur de développement rural de Bukavu.

[1] Extrait des Libres entretiens de l'Union pour la vérité, 5e série, 1909. Texte reproduit in Émile Durkheim. Textes. 2. Religion, morale, anomie (pp. 206 à 215). Paris: Les Éditions de Minuit, 1975, 508 pages. Collection: Le sens commun, in http://classiques.uqac.ca/classiques/Durkheim_emile/textes_2/textes_2_06/mariage_divorce.pdf

[2] *Id.*

indissoluble. Socialement et juridiquement important, le mariage, en droit positif congolais, est l'acte civil, public et solennel par lequel un homme et une femme, qui ne sont engagés ni l'un ni l'autre dans les liens d'un précédent mariage enregistré, établissent entre eux une union légale et durable dont les conditions de formation, les effets et la dissolution sont déterminés par la Loi n° 16/008 du 15 juillet 2016 modifiant et complétant la Loi n° 87-010 du 1er août 1987 portant Code de la famille[3].

Dans la ville de Bukavu, il ne se passe pas un jour sans célébration du « *buhya b'omwana*[4] ». A ce jour, les registres de mariage de trois communes de Bukavu, Ibanda, Bagira et Kadutu, renseignent 7.909[5] mariages célébrés dans la période de 2016 au 7 juillet 2020. C'est tout le jour de la semaine que les gens se ragent, carton d'invitation à la main, pour partager la joie des heureux époux unis, en famille ou par l'Officier de l'état civil, conformément aux exigences légales. Le Législateur congolais voudrait que le mariage soit un acte solennel. C'est cette solennité qui le distingue du concubinage et lui donne sa dimension sociale. Il est également un acte personnel dans lequel les époux sont les premiers intéressés parce que lorsque les époux prononcent le « oui sacramentel », leur consentement donné devant l'Officier de l'état civil et la formule de celui-ci produisent des conséquences auxquelles il ne leur est pas possible de se soustraire si facilement. C'est aussi un acte civil puisque seules les règles de droit civil, peu importe l'appartenance religieuse des époux, doivent être applicables aux époux. Un acte dont les règles sont d'ordre public parce que les conditions de formations, les effets et la dissolution échappent à l'autonomie de la volonté de ceux qui se marient.

Ainsi conclu, le mariage fait naitre des droits égaux entre les conjoints. Néanmoins, la situation factuelle semble être différente de l'exigence de l'égalité en droits issue du mariage. Les revendications d'égalité qui sont à la base des mouvements féministes ont surgi dans un contexte juridique tel que les femmes ne jouissaient pas des mêmes droits que les hommes. Ce qui nous conduit dans cette réflexion à chercher à comprendre l'ordonnancement des droits de la femme mariée dans un contexte de dualisme juridique, où modernisme et traditions, droits de l'homme et respect aux valeurs traditionnelles s'affrontent, droit coutumier et droit écrit cohabitent. La loi n° 87-010 du 1er août 1987 portant Code de la famille, trente ans après sa promulgation, a été qualifiée de monument juridique ayant traité de toutes les questions relatives aux droits de la personne, dans ses rapports avec la famille. Produit de l'unification et de l'adaptation aux

---

[3] Article 330 Loi n°87-010 du 1er août 1987 portant Code de la famille telle que modifiée et complétée par la Loi n° 16/008 du 15 juillet 2016, Journal Officiel de la République Démocratique du Congo, Cabinet du Président de la République, 57ème année, Numéro spécial, 12 août 2016.

[4] Le mariage d'un enfant célébré.

[5] Registres de mariage des bureaux de l'état civil des communes d'Ibanda, Kadutu et Bagira.

valeurs authentiques congolaises des anciennes règles héritées de la colonisation, cette loi a été révisée par la loi n° 16/008 du 15 juillet 2016 modifiant et complétant la loi n°87-010 du 1er août 1987 portant Code de la famille. Cette réforme a le mérite de concilier les éléments du droit moderne et ceux du droit traditionnel pour mieux refléter les aspirations légitimes d'un peuple en pleine mutation, notamment dans le domaine du droit de la famille, du droit des successions et du droit des libéralités. Sous l'empire de l'ancienne loi, la capacité juridique de la femme mariée était limitée d'une manière excessive et discriminatoire par l'autorisation maritale. Cependant, la donne change avec la nouvelle vision de conformité aux exigences d'adaptation du Code aux innovations apportées par la Constitution du 18 février 2006, à l'évolution de la législation nationale, particulièrement la loi n° 09/001 du 10 janvier 2009 portant protection de l'enfant et la loi n° 15/013 du 1er août 2015 portant modalités d'application des droits de la femme et de la parité et à la considération des obligations souscrites par la RDC dans les deux Pactes internationaux de 1966 relatifs aux droits de l'homme, dans la Charte africaine des droits de l'homme et des peuples, dans la Convention sur l'élimination de toutes les formes discriminations à l'égard de la femme ainsi que dans la Convention relative aux droits de l'enfant.

La RDC a ratifié plusieurs instruments juridiques relatifs aux droits de l'homme au niveau international, régional et sous régional. Ce qui ressort très clairement de son préambule puisqu'elle réaffirme l'adhésion et l'attachement du pays à la Déclaration universelle des droits de l'homme, à la Convention sur l'élimination de toutes les discriminations à l'égard des femmes (CEDEF), au Pacte international relatif aux droits civils et politiques (PIDCP), à la Convention des nations unies sur les droits de l'enfant (CIDE), à la Charte africaine des droits de l'homme et des peuples, au Protocole à la Charte africaine des droits de l'homme et des peuples relatif aux droits des femmes (Protocole de Maputo), à la Charte africaine des droits et du bien-être de l'enfant, au Protocole d'accord de la SADC sur le genre et le développement, entre autres. C'est ainsi que l'article 215 de la Constitution de la République démocratique du Congo consacre le monisme juridique avec primauté du droit international : *les traités et accords internationaux régulièrement conclus ont dès leur publication, une autorité supérieure à celle des lois (...)* ».

Cette révision supprime l'incapacité juridique de la femme et révise les droits et devoirs respectifs des époux. Dans ce contexte, la femme mariée peut être soulagée de la consécration des droits bien que ce ne soit pas une garantie de leur mise en œuvre. Il demeure vrai qu'un pas est franchi et la lutte commune devra continuer pour rendre effectifs les droits égaux de l'homme et de la femme dans le mariage. Parce que le mariage est un acte juridique contractuel lorsque l'on s'en tient à l'accord de volontés qui le crée et une institution compte tenu de l'exigence faite aux parties à observer l'ensemble des règles qui le régit et auxquelles les époux adhèrent en s'y engageant librement : sa formation a un caractère solennel ; les vices de consentement sont soumis à un régime spécifique ; son objet est hors du commerce juridique ; ses effets et sa durée sont en principe fixés par la loi[6].

Cette contribution vise dans un premier temps la compréhension de l'agencement juridique des droits de la femme mariée découlant de diverses sources en termes d'amélioration de son statut juridique. Et dans un deuxième temps, à identifier les obstacles pratiques à braver pour que la réforme juridique débouche sur des changements positifs. Sous cet angle, nous tâcherons de répondre à la question de l'adéquation entre la coutume congolaise positive, le droit écrit interne et les standards internationaux sur la question des droits de la femme mariée.

I. Les droits de la femme dans la formation du mariage

Comme l'homme, toute femme qui le désire (A) et qui remplit les conditions prévues par la loi (B) a le droit de se marier. Etant mariés conformément aux exigences légales, l'article 6 du Protocole de Maputo exige à ce que les États veillent à ce que l'homme et la femme jouissent de droits égaux et soient considérés comme des partenaires égaux dans le mariage. Il en est de même de l'article 23 du PIDCP et de l'article 16c de la CEDEF.

A. La liberté de se marier ou la liberté matrimoniale

La liberté de se marier, c'est-à-dire l'expression de l'autonomie de la volonté est consacrée par les articles 334 du Code de la famille, 16 de la Déclaration universelle des droits de l'Homme (DUDH), et 23 du Pacte international relatif aux droits civils et politiques (PIDCP). Cette liberté est un droit reconnu à tout individu de se marier avec la personne de son choix, de sexe opposé, et de fonder une famille.

Femme ou homme, l'expression de la volonté à s'engager dans une union matrimoniale est constitutionnellement garantie car l'article 40 dispose « *Tout individu a le droit de se marier avec la personne de son choix, de sexe opposé, et de fonder une famille* ». Cette disposition ne fait que confirmer l'égalité de tous les congolais devant la loi telle que consacrée par l'article 12 selon lequel « *Tous les Congolais sont égaux devant la loi et ont droit à une égale protection des Lois* ». Le mariage étant un acte civil, public et solennel, la femme qui désire se marier doit choisir librement la personne de sexe opposé avec qui elle s'engagera dans une union légale, durable et stable. Notons d'ores et déjà que le mariage entre personnes de même sexe est implicitement interdit en Droit congolais puisque le conjoint ou la conjointe doit être de sexe opposé.

[6] Voir J-J LEMOULAND, *Droit de la famille*, Ellipses éditions, Paris, 2014, p. 98.

Disons qu'autant la femme que l'homme, le choix du conjoint ou de la conjointe est librement réalisé par chaque contractant. Cette exigence n'est pas une innovation de la révision du Code de la famille intervenue en 2016 puisqu'en 1987, le législateur du Code de la famille reconnaissait déjà cette liberté de choix en violation des coutumes congolaises qui voulaient que ce soient les parents qui puissent choisir les futurs fiancés pour leurs enfants en âge de se marier. La liberté de se marier devient alors une liberté fondamentale constitutionnellement garantie et consacrée autant par d'autres textes internationaux. Néanmoins, comme toute liberté ou tout autre droit subjectif, les seules limitations à observer sont le respect de la loi, de l'ordre public, du droit d'autrui et des bonnes mœurs. De même, l'article 29 (2) de la DUDH dispose que « *Dans l'exercice de ses droits et libertés, chacun n'est soumis qu'aux limitations établies par la loi exclusivement en vue d'assurer la reconnaissance et le respect des droits et libertés d'autrui et afin de satisfaire aux justes exigences de la morale, l'ordre public et du bien-être général dans une société démocratique.* ».

Cette liberté couvre également la liberté de ne pas se marier. La femme peut décider de ne pas se marier ou de ne pas se remarier après la dissolution d'un mariage. Elle ne peut donc y être contrainte par qui que ce soit, le législateur compris. N'en déplaise certaines coutumes et autres pratiques congolaises qui veulent que la femme puisse se marier à tout prix. Une certaine conception sociale considère que « *la femme africaine est prédestinée au mariage et doit se marier à tout prix* »[7]. Comme le soulignent aussi Philippe Antoine et Jeanne Nanitelamio, « *les attitudes des femmes concernant leur vie matrimoniale découlent de leur statut de dépendance dans la société. La socialisation des femmes les conduit à privilégier le mariage. L'éducation reçue les amène à survaloriser le statut d'épouse et l'importance de l'homme dans leur vie, pour les entretenir, les protéger, et leur donner un statut social valorisant. Elles craignent la solitude et le regard social peu tolérant à l'égard des femmes seules. Pourtant, dans la conjoncture actuelle de crise économique, il y a de plus en plus de femmes qui assument l'essentiel des charges du ménage sans que cela n'entraîne chez elles, hormis pour une minorité, une remise en cause de cette idéologie de la dépendance féminine. Le mariage demeure indispensable à leurs yeux* »[8].

B. Les conditions de formation du mariage

En RDC, nul ne peut se marier s'il ne remplit les conditions de fond et de forme prescrites par les articles 351 à 432 du Code de la famille. Il s'agit d'une part, du consentement libre des fiancés, de la capacité et de la dot. Et d'autre part,

---

[7] N. VUMILIA NAKABANDA, *La protection de la veuve en république démocratique du Congo. Quelle effectivité ?,* Études africaines, L'Harmattan, 1 novembre 2017, p. 466.
[8] Ph. ANTOINE et J. NANITELAMIO, « Peut-on échapper à la polygamie à Dakar ? », in *Centre français sur la Population et le Développement*, n° 32, Paris, 1995, pp.22-23 cité par Nathalie Vumilia Nakabanda, *Op.Cit.*, p. 466.

la célébration par l'Officier de l'état civil et l'enregistrement du mariage célébré en famille. Dans toutes ces conditions, l'homme et la femme ont des droits et des devoirs égaux ; aucune discrimination n'est à déplorer dans ces dispositions légales.

1. Le consentement

Le consentement des futurs époux est un élément essentiel dans la formation du mariage. Ainsi, il doit exister et ne doit pas être vicié, c'est-à-dire doit présenter une certaine intégrité, au moment de la conclusion du mariage[9]. Toute personne, y compris la femme, a le droit de contracter mariage de son libre et plein consentement ainsi que cela ressort des articles 16 de la Convention sur l'élimination de toutes les formes de discrimination à l'égard de la femme (CEDEF), 6 du Protocole de Maputo, 23 du PIDCP, 40 de la Constitution. L'article 351 du Code de la famille exige d'ailleurs que chacun des futurs époux consente personnellement au mariage.

De manière implicite, ses dispositions interdisent le mariage forcé sanctionné pénalement par l'article 336, alinéa 1er du Code de la famille telle que révisé en 2016. Parce que tout individu, autre que le père, la mère, ou le tuteur, qui aura contraint une personne à se marier contre son gré ou qui, de mauvaise foi, aura empêché la conclusion d'un mariage remplissant toutes les conditions légales, est sanctionné par une servitude pénale principale d'un à trois mois et d'une amende de 150.000 à 600.000 Francs congolais ou de l'une de ces peines seulement.

Néanmoins, si la contrainte est exercée par les parents, le tuteur ou toute personne qui exerce en droit l'autorité sur l'individu, celui-ci peut saisir le Conseil de famille qui statue sur cette contrainte[10]. La femme pourrait saisir le Tribunal de paix en cas de désaccord[11]. Cependant, le législateur, en faisant du recours au Conseil de famille un préalable à la saisine de la juridiction compétente au nom de la sauvegarde de l'harmonie au sein de la famille, a mis la femme dans une situation assez délicate. En effet, l'influence de la famille sur les décisions de la femme demeure considérable dans le contexte congolais et africain en général. Le mariage est considéré traditionnellement comme un

---

[9] Voir J-J. LEMOULAND, *Droit de la famille*, Ellipses éditions, Paris, 2014, p.123 et suivants ; Keba Mbaye (dir.), *Le doit de la famille en Afrique noire et à Madagascar,* Paris, Ed. G.-P. Maisonneuve et Larose, 1968, p.28.

[10] Article 336 in fine de la Loi n°87-010 du 1er août 1987 portant Code de la famille telle que modifiée et complétée par la Loi n° 16/008 du 15 juillet 2016, Journal Officiel de la République Démocratique du Congo, Cabinet du Président de la République, 57ème année, Numéro spécial, 12 août 2016.

[11] Article 336 in fine de la Loi n°87-010 du 1er août 1987 portant Code de la famille telle que modifiée et complétée par la Loi n° 16/008 du 15 juillet 2016, Journal Officiel de la République Démocratique du Congo, Cabinet du Président de la République, 57ème année, Numéro spécial, 12 août 2016.

moyen pour nouer, consolider, resserrer les relations entre deux familles qu'entre les deux individus qui se marient. Ce qui a comme conséquence l'obligation de protéger le lien du mariage. De la même manière, la conclusion du mariage passe par le choix des futurs époux par les deux familles tout en mettant un accent particulier sur le rôle particulier du mariage. Il faut noter que le consentement de la femme importe peu dans cette procédure où les deux familles auxquelles appartiennent les fiancés jouent un rôle prépondérant. Dès que la dot est versée à la famille de la jeune fille et au regard du rang inférieur de la femme qui n'a de valeurs qu'aux côtés d'un homme, la femme doit se marier. C'est de la sorte que la situation de la femme ne change pas ; on observe toujours la survivance des pratiques coutumières rétrogrades à l'égard de la femme. La stigmatisation de la femme est ancrée dans la culture en tant qu'ensemble des normes, des valeurs et des pratiques qui déterminent les rapports sociaux de sexe surtout en défaveur de la femme[12].

Disons aussi avec F. N'Sougan Agblemagnon que les attitudes vis-à-vis de la femme se manifestent spontanément à propos de l'éducation des femmes, des relations de la femme et du mari, de la structure du ménage et l'image du ménage idéal, de l'égalité des sexes, du travail de la femme, de l'influence des us et coutumes, des législations en vigueur et de leur effectivité[13]. Les inégalités dont sont victimes les femmes sont profondément enracinées dans l'histoire, la tradition, certaines législations, la culture, c'est-à-dire dans les normes sociales, les coutumes et les usages qui les légitiment et restreignent par conséquent la jouissance des droits leur reconnus. Enfermée dans un système patriarcal, la femme congolaise, de la première enfance à la vieillesse, doit représenter la vertu, l'abnégation et ne doit pas prétendre à une quelconque liberté ni vouloir s'émanciper car elle ne s'appartient pas, « *elle est faite pour l'homme* ». Ainsi que le fait remarquer Gladys Esseng Aba'a, « *la féminité renvoie à un ensemble de comportements, d'attitudes corporelles et de positions dont le champ lexical est guidé par une idéologie patriarcale et phallocratique (...)* »[14]. Un travail d'éducation de la femme devra être intensifié pour l'amener à connaitre ses droits en vue de les défendre et être outillée pour faire face aux obstacles auxquels elle se bute dans sa vie de tous les jours.

Le mariage forcé est l'une des formes des violences sexuelles puni par l'article 174 f de la loi n° 06/018 du 20 juillet 2006 modifiant et complétant le Décret du 30 janvier 1940 portant Code pénal congolais. En effet, sans préjudice de l'article 336 du Code de la famille susmentionné, toute personne qui, exerçant

---

[12] N. VUMILIA NAKABANDA, *Op.Cit*, n°405, pp. 388-384.

[13] F. N'SOUGAN AGBLEMAGNON, « Recherche sur les attitudes vis-à-vis de la femme togolaise », in P.-H. CHOMBART de LAUWE, *Images de la femme dans la société*, Collection « L'évolution de la vie sociale », Les éditions ouvrières, Paris, 1964, p. 232.

[14] Gl. ESSENG ABA'A, « Postures et positions féminines depuis 1960 », in Gl. ESSENG ABA'A et J. TONDA, *Le féminin, le masculin et les rapports sociaux de sexe au Gabon*, Etudes africaines, Série sociologie, L'Harmattan, Paris, 2015, p. 73.

l'autorité parentale ou tutélaire sur une personne mineure ou majeure, l'aura donnée en mariage, ou en vue de celui-ci, ou l'aura contrainte à se marier sera puni d'une peine d'un à douze ans de servitude pénale et d'une amende ne pouvant être inférieure à 100.000 Francs congolais constants. Cette peine est doublée lorsque la victime est âgée de moins de dix-huit ans.

De même, sans préjudice des dispositions pénales plus sévères, les personnes qui, par la violence, ont contraint une personne à consentir à un mariage, les témoins d'un tel mariage et l'Officier de l'état civil qui, connaissant ou devant connaître cette circonstance, a célébré ou enregistré un tel mariage, sont punies d'une servitude pénale de deux à douze mois et d'une amende de 150.000 à 700.000 Francs congolais ou de l'une de ces peines seulement.

Cette exigence de respecter le consentement libre à la conclusion du mariage ressort aussi du paragraphe 16, 1 de la Recommandation générale n° 21 du Comité pour l'élimination de la discrimination à l'égard des femmes portant sur l'égalité dans le mariage et les rapports familiaux que « *Il est capital pour la vie d'une femme et pour sa dignité d'être humain à l'égal des autres que cette femme puisse choisir son époux et se marier de sa propre volonté* ». De même, l'article 6, a du Protocole de Maputo revient sur l'obligation faite aux Etats de veiller à ce que l'homme et la femme jouissent de droits égaux et soient considérés comme des partenaires égaux dans le mariage et d'adopter des mesures législatives appropriées pour garantir qu'aucun mariage ne soit conclu sans le plein et libre consentement des deux.

De même, la Convention sur le consentement au mariage, l'âge minimum du mariage et l'enregistrement des mariages réaffirme que tous les Etats doivent prendre toutes les mesures utiles en vue d'abolir ces coutumes, anciennes lois et pratiques, en assurant notamment une entière liberté dans le choix du conjoint, en abolissant totalement le mariage des enfants et la pratique des fiançailles des jeunes filles avant l'âge nubile, en instituant, le cas échéant, les sanctions voulues et en créant un service de l'état civil ou un autre service qui enregistre tous les mariages. C'est ainsi que l'on peut lire à son article 1, 1 que « *Aucun mariage ne pourra être contracté légalement sans le libre et plein consentement des deux parties, ce consentement devant être exprimé par elles en personne, en présence de l'autorité compétente pour célébrer le mariage et de témoins, après une publicité suffisante, conformément aux dispositions de la loi* »[15].

De l'Observation générale n° 19 (1990), le Comité des droits de l'homme explique l'article 23 du PIDCP sur l'égalité des droits de l'homme et de la femme dans le mariage, nous retenons l'exigence selon laquelle « *les hommes et les femmes ne peuvent contracter mariage qu'avec leur libre et plein consentement*

---

[15] Convention sur le consentement au mariage, l'âge minimum du mariage et l'enregistrement des mariages, Résolution 1763 A (XVII) du 7 novembre 1962, *Entrée en vigueur,* le 9 décembre 1964.

et les États parties sont tenus de garantir l'exercice de ce droit sur un pied d'égalité »[16]. Toutefois, de nombreux facteurs peuvent empêcher de prendre librement la décision de se marier ou ne pas se marier : défaut d'âge ; selon la coutume, l'exigence du consentement du « chef de famille », généralement de sexe masculin, au mariage au lieu de la femme elle-même, ce qui empêche la femme de faire un libre choix ; l'existence d'attitudes sociales tendant à marginaliser les femmes victimes de viol et à faire pression sur elles pour qu'elles acceptent de se marier ; l'existence des pratiques empêchant une femme de telle ou telle religion de se marier avec un homme d'une religion différente ou athée ; l'existence de la polygamie, forme de mariage incompatible avec l'égalité de traitement en ce qui concerne le droit de se marier. Attentatoire à la dignité et inadmissible discrimination à l'égard de la femme, la discrimination doit être abolie et sanctionnée[17].

2. La capacité

Le discours de Napoléon selon lequel l*a femme est donnée à l'homme pour qu'elle lui fasse des enfants ; elle est sa propriété comme l'arbre à fruits est celle du jardinier*, est juridiquement sans effet. Bien qu'il traduise l'esprit de la plupart des coutumes africaines, le mariage de la femme n'est plus une cause d'incapacité juridique. La capacité juridique est définie comme étant l'aptitude à être titulaire de droits et des obligations et à les exercer par soi-même. Les articles 352 à 357 du Code de la famille y sont consacrés ainsi que les articles 16 de la CEDEF, 23,2) du PIDCP et 6, b) du Protocole de Maputo. En conséquence, ne peut se marier et fonder une famille qu'une personne, l'homme et la femme, ayant atteint l'âge pour se marier et qui ne soit engagé dans un lien d'un précédent mariage enregistré.

Aux termes de l'article 352 du Code de la famille, « *l'homme et la femme avant dix-huit ans révolus ne peuvent contracter mariage* ». C'est ainsi que les articles 48 de la loi n° 09/001 du 10 janvier 2009 portant protection de l'enfant, 352 et 357 du Code de la famille interdisent les fiançailles et le mariage d'enfants, même émancipés[18]. D'où l'interdiction faite à toute personne de remettre en mariage ou en vue du mariage une personne âgée de moins de dix-huit ans sur laquelle elle exerce l'autorité ou le droit de garde en vertu de la loi

---

[16] Comité des droits de l'homme, Trente-neuvième session, 27 Juillet 1990, HRI/GEN/1/Rev.9 (Vol. I), Observation générale n°19, article 23 (Protection de la famille), §4.

[17] Comité des droits de l'homme, Soixante-huitième session, 29 Mars 2000, Observation générale n°28, Article 3 (Égalité des droits entre hommes et femmes), HRI/GEN/1/Rev.9 (Vol. I), Adoptée par le Comité à sa 1834e séance, le 29 mars 2000.

[18] Article 357 de la Loi n°87-010 du 1er août 1987 portant Code de la famille telle que modifiée et complétée par la Loi n° 16/008 du 15 juillet 2016, Journal Officiel de la République Démocratique du Congo, Cabinet du Président de la République, 57ème année, Numéro spécial, 12 août 2016et article 48 de la Loi n°09/001 du 10 janvier 2009 portant protection de l'enfant

ou de la coutume[19]. Le contrevenant à cette règle est puni de deux mois de servitude pénale principale au maximum et d'une amende qui ne dépasse pas 250.000 francs congolais ou de l'une de ces peines seulement[20].

De plus, doit être supprimée, toute coutume autorisant les fiançailles et le mariage de mineurs. En effet, le Comité pour l'élimination de la discrimination à l'égard des femmes souligne que « *Dans la Déclaration et le Programme d'action de Vienne adoptés par la Conférence sur les droits de l'homme, tenue à Vienne du 14 au 25 juin 1993, il est demandé aux États d'abroger les lois et règlements en vigueur et d'éliminer les coutumes et pratiques qui sont discriminatoires et préjudiciables à l'endroit des filles. L'article 16, à son paragraphe 2, et les dispositions de la Convention relative aux droits de l'enfant interdisent aux États parties d'autoriser un mariage entre des personnes mineures ou d'accorder la validité à un tel mariage. Étant donné que lorsque les hommes et les femmes se marient, ils assument d'importantes responsabilités. Ils ne devraient donc pas pouvoir se marier avant d'être en pleine maturité et capacité d'agir. L'OMS renchérit aussi dans le sens de la protection du mineur car lorsque les mineurs, en particulier les filles, se marient et ont des enfants, leur santé peut en souffrir, ainsi que leur éducation, ce qui réduit leur autonomie économique. (...) le Comité estime que l'âge légal pour le mariage devrait être de dix-huit ans pour l'homme et la femme* »[21].

En outre, l'article 353 du Code de la famille liste les prohibitions à mariage qui s'appliquent sans discrimination liée au sexe à l'homme et à la femme. De ce fait, pas de mariage : en ligne directe, entre tous les ascendants et descendants ; en ligne collatérale, entre frères et sœurs germains, consanguins et utérins ; entre l'adoptant et l'adopté. Cependant, le dualisme juridique s'observe dans le mariage entre alliés ou d'autres parents collatéraux puisqu'il n'est prohibé par cette disposition qu'à la condition que la coutume l'interdise formellement.

Dans le but de protéger l'intérêt supérieur de l'enfant, après une annulation, un divorce ou une dissolution de plein droit d'un mariage par décès de son conjoint, la femme ne peut se remarier qu'après l'expiration du délai d'attente ou de viduité équivalent à trois cents jours à compter de la dissolution ou de

---

[19] Article 420 de la Loi n°87-010 du 1er août 1987 portant Code de la famille telle que modifiée et complétée par la Loi n° 16/008 du 15 juillet 2016, Journal Officiel de la République Démocratique du Congo, Cabinet du Président de la République, 57ème année, Numéro spécial, 12 août 2016

[20] Article 423 de la Loi n°87-010 du 1er août 1987 portant Code de la famille telle que modifiée et complétée par la Loi n° 16/008 du 15 juillet 2016, Journal Officiel de la République Démocratique du Congo, Cabinet du Président de la République, 57ème année, Numéro spécial, 12 août 2016

[21] Comité pour l'élimination de la discrimination à l'égard des femmes, Recommandations générales adoptées par le comité pour l'élimination de la discrimination à l'égard des femmes, A/49/38, Treizième session (1994), Recommandation générale n°21: Égalité dans le mariage et les rapports familiaux, §35, ohchr.org

l'annulation du précédent mariage[22]. Ce délai n'est pas de rigueur parce que le Président du Tribunal de paix du lieu de la célébration du mariage, sur requête de la femme, peut rendre une ordonnance fixant un délai moindre ou le supprimant si elle accouche ou prouve que son ancien mari s'est trouvé de manière continue dans l'impossibilité de cohabiter avec elle pendant une durée d'au moins cent jours ou si elle fait établir médicalement qu'elle n'est pas enceinte. La non observation de cette exigence entraîne, pour l'Officier de l'état civil qui aura célébré ou enregistré le mariage, les époux et les personnes qui auront consenti au mariage, la condamnation à une amende de 100.000 à 300.000 Francs congolais suivant l'article 417.

La capacité touche aussi l'absence d'un précédent mariage enregistré. En effet, le Droit congolais de la famille consacre la monogamie comme forme légale admise du mariage. Il ne peut y avoir de mariage légal[23]qu'entre *un homme et une femme qui ne sont engagés ni l'un ni l'autre dans les liens d'un précédent mariage enregistré*. Ceci exclut la bigamie et la polygamie. Tant que dure le mariage légal, aucun autre ne peut être contracté. Le mariage ne peut être dissout que par la mort de l'un des époux, par le divorce ou par le nouveau mariage du conjoint de l'absent, contracté après le jugement déclarant le décès de l'absent. En dehors de ces trois hypothèses prévues par l'article 539 du Code de la famille, la femme, tout comme l'homme, ne sera pas déliée et ne pourra pas en conséquence contracter un nouveau mariage sans violer la loi.

Par la loi n° 06/015 du 12 juin 2006 autorisant l'adhésion de la RDC au Protocole de Maputo, le pays s'engage à travailler pour l'élimination de toutes les formes de discrimination à l'égard de la femme à travers le respect de ses droits fondamentaux. C'est ainsi que toute coutume consacrant toute autre forme de mariage doit être interdite et supprimée. En effet, pour être applicable, la coutume doit être conforme à la Constitution, à la loi, à l'ordre public et aux bonnes mœurs suivant les articles 153 et 207 de la Constitution. La consécration par l'article16, c) de ce Protocole la défense et la préservation des droits de la femme dans les relations conjugales polygamiques ne peut en aucun moment être interprété comme la consécration de la polygamie, l'une des formes coutumières du mariage puisque cet instrument proclame solennellement que la monogamie est encouragée comme forme préférée du mariage. De plus, la polygamie est une forme de mariage qui viole le droit à l'égalité des droits des conjoints dans le mariage. Ceci est corroboré pareillement par le Comité pour l'élimination de la discrimination à l'égard des femmes qui soutient que « *quelle que soit la forme que prend la famille, quels que soient le système juridique, la religion ou la tradition du pays, les femmes doivent, dans la loi et dans les faits,*

---

[22] Article 355 de la Loi n° 16/008 du 15 juillet 2016 modifiant et complétant la Loi n°87-010 du 1er août 1987 portant code de la famille

[23] Mariage-constatation (célébré en famille et enregistré par l'officier de l'état civil) ou mariage-célébration (célébré directement par l'officier de l'état civil)

être traitées dans la famille selon les principes d'égalité et de justice consacrés par l'article 2 de la CEDEF et qui s'appliquent à tous les individus. (...) La polygamie est contraire à l'égalité des sexes et peut avoir de si graves conséquences affectives et financières pour la femme et les personnes à sa charge qu'il faudrait décourager et même interdire cette forme de mariage »[24].

La consécration de la monogamie concrétise le principe de non-régression en droits de l'homme en RDC s'agissant de la protection des droits de la femme mariée. Puisqu'il appert que le principe de standstill, ou d'effet cliquet[25] interdit aux autorités normatives, en l'absence de motifs d'intérêt général, de légiférer à rebours du niveau de protection acquis par les droits fondamentaux. En tant qu'interdiction, ce principe est défini par Isabelle Hachez : « *en l'absence de motifs impérieux, de diminuer le plus haut niveau de protection conféré [aux] droits [fondamentaux] depuis le moment où la norme internationale ou constitutionnelle qui les consacre s'impose à lui, ou de le diminuer d'une manière significative lorsque l'Etat fait usage de la marge de manœuvre que lui confère ce principe en choisissant de garantir différemment ledit niveau de protection* »[26]. C'est pourquoi, « toute obligation positive interdit, dès l'entrée en vigueur du droit fondamental dont elle découle, de diminuer le niveau de protection applicable à cet instant », et « toute amélioration ultérieure du niveau de protection a vocation à être protégée par l'obligation de standstill, jusqu'à ce que le droit fondamental accède au degré suprême d'effectivité qu'incarne l'effet direct », dont le principe de standstill « constitue le principal palliatif »[27].

3. La dot

La dot est l'une des coutumes les plus vieilles de l'Afrique noire. Ses « origines se perdent loin dans le passé et nul, même pas les légendes les plus adroitement constituées, ne peut en donner des indications dignes de foi »[28]. Cette pratique millénaire persiste malgré sa dénaturation par plusieurs peuples congolais à ce jour. En Droit congolais, la remise des biens et/ou d'argent constitue, pour les bénéficiaires coutumiers, un élément qui scelle l'union entre les deux familles puisque le mariage unit au-delà de deux époux, leurs familles

---

[24] Comité pour l'élimination de la discrimination à l'égard des femmes, Recommandations générales adoptées par le comité pour l'élimination de la discrimination à l'égard des femmes, A/49/38, Treizième session (1994), Recommandation générale n°21: Égalité dans le mariage et les rapports familiaux, §§13 et 14, ohchr.org

[25] L'effet cliquet, ou effet de cliquet, est un phénomène ou procédé énoncé par James Duesenberry dans *Income, Saving and the Theory of Consumer Behavior* (1949), qui empêche le retour en arrière d'un processus une fois un certain stade dépassé.

[26] I. HACHEZ, *Le principe de standstill dans le droit des droits fondamentaux : une irréversibilité relative*, Bruxelles, Bruylant, 2008, p. 488, n° 485.

[27] F. LAMBINET, « Mise en œuvre du principe de standstill dans le droit de l'assurance chômage : quelques observations en marge de l'arrêt de la Cour de cassation du 5 mars 2018 », in http://www.terralaboris.be/IMG/pdf/lb_061_standstill_cho_mage_terra_laboris_18iv07.pdf

[28] DJOBO (B.), *La dot chez les Kotokoli de Sokodè*, Recueil Penant, 1962, p. 546.

respectives. En Afrique traditionnelle, « *la femme devient épouse lorsque la dot est versée partiellement ou intégralement. Elle est la condition de légitimation de toute union. Le lignage du jeune homme doit s'acquitter de cette obligation coutumière puisque la jeune fille est considérée comme une source de richesses humaines par sa fécondité et par son travail* »[29]. Constitué d'« *un ensemble d'objets et de cadeaux en espèces ou en nature (compensation matrimoniale en raison d'un service spécial rendu) offerts par la famille du fiancé à celle de la fiancée pour exprimer l'hommage que la famille demanderesse rend à la belle-famille et à la femme, et aussi pour avoir plus tard des enfants légitimes jouissant de tous les droits civils et civiques* »[30], la dot s'impose comme une obligation sociale et morale qui consacre le mariage[31].

Ayant un caractère parfois symbolique suivant l'article 361 du Code de la famille, elle est indispensable puisque le mariage ne peut être célébré que si elle a été effectivement versée au moins en partie. L'acte de mariage doit énoncer, suivant l'article 392,6 la convention relative à la dot conformément aux articles 361 à 366 ou la décision judiciaire autorisant la célébration du mariage lorsque la dot a été refusée par les créanciers coutumiers dans le respect de la procédure prévue par l'article 367 de ce même Code. Une place capitale lui ait reconnue parce qu'elle scelle définitivement le mariage et permet de le rendre légal aux yeux de la communauté[32].

Néanmoins, la dot est considérée par certains auteurs comme un prix d'achat de la femme[33]. Ainsi, la dot est « *le versement d'une somme d'argent que le futur époux fait au père de famille en vue d'obtenir sa fille prend de plus en plus le caractère juridique d'un prix d'achat, et altère ainsi la nature même du mariage qu'il transforme en une véritable vente...* »[34]. D'où les expressions courantes en

---

[29] L'institutionnalisation de la dot répond à un besoin de compensation de la perte que subit de la famille qui cède l'une de ses membres en mariage, car la femme joue un rôle clé dans la production et la reproduction des acteurs sociaux. On peut lire à ce sujet l'analyse de Cheick ANTA DIOP in *L'unité culturelle de l'Afrique*, Présence Africaine, 1982, p. 33.
[30] DJOBO (B.), *Op.Cit.*, p. 548.
[31] J-M. MUNZELE MUNZIMI, *Les pratiques de sociabilité en Afrique*, Editions Publibook, 2006, p. 35.
[32] Lire à ce sujet M. KONE (M.) et KOUAMÉ N'GUESSAN, *Socio-anthropologie de la famille en Afrique, Evolution des modèles en Côte d'Ivoire*, Abidjan: Les éditions CERAP, 2005, p.89 ; A. ADEPOJU, Cécile LEGUY, P. DIARRA, L. NDIAYE, *La famille africaine : politiques démographiques et développement*, Paris : Karthala, 1999, p. 110.
[33] Veuillez lire I. AKOUHABA ANANI, *La dot dans le code des personnes et de la famille des pays d'Afrique occidentale francophone : Cas du Bénin, du Burkina-Faso, de la Côte d'Ivoire et du Togo*, Research Partnership 3/2008, The Danish Institute for Human Rights, Denmark 2009, 46 p, center@humanrights.dk
[34] H. SOLUS, « Le problème actuel de la dot en Afrique noire » in *Revue politique et juridique de l'Union française*, octobre -décembre 1959, cité par DEDE (A. F.), *Le contrat réel des arrhes du mariage* (dot), *Op. cit.*, p. 89. Voir aussi Maurice NKOUENDJI

mashi : « *ngulo* », « *kugula* » ou *kutwa engulo* » qui portent à croire que la dot est réellement un prix d'achat mais en réalité, il n'en est rien. De cette conception, nous considérons que l'assimilation de la femme à un bien commercialisable est une grave erreur qui se doit d'être corrigée sans délai.

En effet, il s'observe d'une part une inadaptation des mots français pour l'interprétation de certaines réalités africaines. Ce que corrobore A. Rochelle qui estime que « *la précision des termes du droit s'accommode difficilement d'une confusion et d'une incohérence qu'explique, sans doute, l'emploi quasi général d'une terminologie occidentale inapte, dans bien des cas, à exprimer la signification profonde d'institutions particulières dont on ne trouve pas l'équivalent exact : l'abus naît de la volonté de rapprochement ou de l'impuissance à forger des expressions plus adéquates. Ainsi sous le vocable « dot » place-t-on un ensemble d'institutions dont ni la nature ni les buts ne sont identiques, et qui n'ont pour un point commun que de naître à l'occasion du mariage* »[35]. De même, Jacqueline COSTA-LASCOUX renchérit en ces termes « *les termes français de dot et de polygamie expriment mal la réalité très hétérogène de ces coutumes et rendent encore moins compte de leurs évolutions. Si certains ethnologues ont tendance à systématiser, dans des structures, les échanges de femme et la circulation des biens, qui lient entre eux les groupes de parenté, force est de reconnaître que la signification des institutions coutumières a été singulièrement troublée et parfois détournée des mythes de l'origine* »[36].

D'autre part, une inadmissibilité de la femme comme objet de contrat de vente. Faire de la dot un prix d'achat de la femme implique qu'il existe un contrat de vente dont la femme est l'objet. L'article 16 alinéa 1er de la Constitution congolaise affirme que la personne humaine est sacrée et inviolable. Elle ne peut jamais être un objet de vente parce que les articles 25 et 27 du Décret du 30 juillet 1888 relatif aux contrats ou aux obligations conventionnelles disposent : « *Tout contrat a pour objet une chose qu'une partie s'oblige à donner, ou qu'une partie s'oblige à faire ou à ne pas faire ; Il n'y a que les choses qui sont dans le commerce qui puissent être l'objet des conventions* ». En tant que personne humaine, la femme doit être protégée contre toute transaction tendant à l'assimiler à une chose, objet du contrat. Ceci découle d'ailleurs de l'application du principe de dignité qui demeure le seul obstacle à la mise sur le marché de l'être humain.

YOTNDA, *Le Cameroun à la recherche de son droit de la famille*, Paris, LGDJ, 1975, p. 149 ; KONE (M) et KOUAME (N), *Op. Cit*., p. 84 ; RADCLIFFE-BROWN (A.R.) et FORD (D.), Systèmes familiaux et matrimoniaux en Afrique, Paris, PUF, 1953, p. 95.

[35] ROCHELLE (A.), cité par KONE (M) et KOUAME (N), *Socio-anthropologie de la famille en Afrique, p. 134.*

[36] COSTA-LASCOUX (J.), « La nouvelle famille africaine dans les droits des indépendances », *l'Année Sociologique*, 1971, p. 172.

Ce principe fait nécessairement obstacle à l'instrumentalisation et à la marchandisation de l'humain. La dignité étant alors l'essence de l'humanité, son respect est une des composantes de l'ordre public que l'autorité investie du pouvoir de police peut, même en l'absence de circonstances locales particulières, interdire un comportement, une attitude ou une action qui porte atteinte au respect de la dignité de la personne humaine. De plus, la vente est une convention par laquelle l'un s'oblige à livrer une chose, et l'autre à la payer[37]et comporte le transfert de propriété comme le fait remarquer l'article 264 du Décret ci-avant dès que les parties se sont convenus sur le prix et sur la chose. La réalisation de la vente entraîne pareillement l'extinction des obligations synallagmatiques entre les contractants. Ceci ne s'applique pas en matière de mariage car le mariage ne met pas fin aux relations entre la fille et sa famille ni la famille du garçon avec celle de la jeune fille puisqu'il en résulte des relations d'alliance suivant les articles 704 et 705[38]du Code de la famille. En outre, aucun droit de propriété ne peut être exercé sur une personne humaine puisque la propriété, selon l'article 14 de la loi n° 73-021 du 20 juillet 1973 portant régime général des biens, régime foncier et immobilier et régime des sûretés, telle que modifiée et complétée par la Loi n°80-008 du 18 juillet 1980, « *est le droit de disposer d'une chose d'une manière absolue et exclusive, sauf les restrictions qui résultent de la loi et des droits réels appartenant à autrui* ». Or, les père et mère n'exercent nullement un droit de propriété sur la femme ni sur toute autre personne, l'esclavagisme étant déjà aboli. La conséquence qui en résulte est l'exclusion de la personne du champ de la chose, objet du contrat ou même susceptible d'appropriation par qui que ce soit. En matière de mariage, la situation est différente parce que ce sont deux personnes qui s'engagent librement à vivre ensemble moyennant réalisation des conditions exigées par la loi, dont la dot, en vue de la réalisation du but du mariage[39].

C'est ainsi que la dot ne peut jamais être considérée comme un prix d'achat ou d'acquisition de la femme. La dot scelle le contrat de mariage, légitime la future descendance, dédommage le groupe de la femme pour la perte d'un de ses membres, preuve du mariage, entre autres. Le Code de la famille la règlemente aux articles 361 à 367 en soulignant que « *La coutume applicable au mariage*

---

[37] Article 263 du décret du 30 juillet 1888 portant Des contrats ou des obligations conventionnelles, Bulletin Officiel, 1888, p. 109.

[38] Un lien d'alliance unit un époux aux parents de son conjoint. Il existe en ligne directe avec les ascendants et descendants de l'autre époux, en ligne collatérale avec les collatéraux du conjoint jusqu'au quatrième degré. Les ascendants et descendants d'un époux sont alliés aux ascendants et descendants qui sont ses alliés.

[39] Article 349 de la Loi n°87-010 du 1er août 1987 portant Code de la famille telle que modifiée et complétée par la Loi n° 16/008 du 15 juillet 2016, Journal Officiel de la République Démocratique du Congo, Cabinet du Président de la République, 57ème année, Numéro spécial, 12 août 2016: « *Le mariage a pour but essentiel de créer une union entre un homme et une femme qui s'engagent à vivre ensemble jusqu'au décès de l'un d'entre eux, pour partager leur commune destinée et pour perpétuer leur espèce* ».

détermine les débiteurs et les créanciers de la dot, sa consistance et son montant, pour autant qu'elle soit conforme à l'ordre public et à la loi, plus particulièrement aux dispositions qui suivent. Cette coutume détermine également les témoins matrimoniaux de la dot » compensation du vide que laisse la femme qui se marie puisque la famille à laquelle appartenait sa famille est diminuée d'une unité qui représentait pour elle une valeur économique. Guy Adjété Kouassigan appuie : « *le mariage coutumier est un remaniement de structures sociales qui entraîne un déséquilibre et un affaiblissement de la famille de la jeune fille au profit de celle de l'homme. C'est cette brèche dans la chaîne continue de la solidarité familiale que la dot tend à compenser. Certaines formes de la dot prouvent que l'institution à l'origine était destinée autant que possible à rétablir l'équilibre rompu au niveau de la famille de la femme* »[40]. Comme Henri Solus, gageons que « *c'est moins le système lui-même de la dot que la façon dont il est pratiqué et les abus dus à l'évolution qu'il a subie ...* » qui dérangent ceux qui la considèrent comme une cause de la violence faite à la femme. Position à laquelle nous n'adhérons pas. Comme s'était interrogé le Cardinal Malula, alors Archevêque de Kinshasa : « *Peut-on légitimement imposer la manière de se marier et de consommer le mariage d'un peuple aux autres peuples qui ont leur manière multiséculaire tout aussi valable de se marier ?*»[41]. Ceci pour atténuer l'idée de la suppression de la dot car les pays qui l'ont supprimé n'ont pas pu obtenir une légitimité en ce sens qu'il est difficile de changer les mœurs par décret. Nous sommes d'avis que sa suppression dans la loi ne pourra pas faire long feu[42]dans une société attachée à sa culture.

4. La célébration et l'enregistrement du mariage

Le Droit congolais de la famille est dualiste. Le mariage, qu'il soit célébré par l'Officier de l'état civil ou en famille, doit remplir cette formalité à l'issue de laquelle l'Officier de l'état civil dresse et signe l'acte de mariage et le livret de ménage. Le Code de famille, modifié et complété, a corrigé la discrimination qui existait entre les époux puisque désormais, lors de la célébration ou de l'enregistrement du mariage, l'Officier de l'état civil remet aux conjoints un livret de ménage portant, sur la première page, leur identité, la date et le lieu de

---

[40]KOUASSIGAN (G. A.), « Quelle est ma loi? Tradition et modernité dans le droit privé de la famille en Afrique Noire Francophone », p. 216. Lire également A. SOHIER, *Traité élémentaire du Droit coutumier au Congo Belge*, Bruxelles, 1950 ; KALEND'A (M), « Shaba, Kasaï, où sont nos coutumes ? », p.109 ; J-M. MUNZELE MUNZIMI, *Les pratiques de sociabilité en Afrique*, Editions Publibook, 2006, p.35 ; J-P. COLLEYN, cité par KONE (M) et KOUAME (N), *Op. Cit.*, p.84.

[41] MALULA (J. A.), « Communication lors de la Rencontre euro-africain ; Yaoundé / Cameroun » in *Actualité religieuse dans le monde* n°212, 15 mai 1984, p. 23 cité par J. BITITA MUAMBA, *Op.Cit.*, p. 164.

[42] Lire à ce sujet N. VUMILIA NAKABANDA, *la protection de la veuve en république démocratique du Congo. Quelle effectivité ?,* Études africaines, L'Harmattan, 1 novembre 2017.

l'enregistrement du mariage célébré en famille ou de la célébration devant l'officier de l'état civil, les énonciations relatives à la dot et celles relatives au régime matrimonial suivant l'article 148.

L'acte ou le livret peut être remis à l'un ou l'autre des conjoints sans aucune préférence particulière. De même, s'il est perdu, les conjoints ou l'un d'eux en demandent le rétablissement par un nouveau livret portant la mention « duplicata » conformément à l'article 150 de ce même Code.

II. Les droits de la femme dans le mariage

Les époux sont liés par leur union matrimoniale aussi longtemps qu'aucune dissolution ne sera intervenue. Le mariage a vocation d'être stable et durable en Droit positif congolais. Ceci a des conséquences sur les droits de la femme. Partie à la CEDEF et au Protocole de Maputo, des articles 16 de la CEDEF et 6 du Protocole de Maputo, il ressort que l'État congolais doit veiller à ce que l'homme et la femme jouissent de droits égaux et soient considérés comme des partenaires égaux dans le mariage. Il doit assurer, sur la base de l'égalité de l'homme et de la femme, les mêmes droits et les mêmes responsabilités au cours du mariage et lors de sa dissolution. Le mariage génère des obligations extra-pécuniaires et pécuniaires entre les époux. Le principe demeure l'égalité des époux dans le mariage. Dans cette section, nous tenterons de ressortir la manière dont le droit interne intègre ces exigences.

A. Les droits extra-patrimoniaux de la femme mariée

Les droits non évaluables en argent découlant du mariage sont profitables à l'homme comme à la femme durant le mariage sans aucune distinction. Le mariage engendre des effets personnels : la nationalité, la capacité juridique, le nom, la communauté de vie, la fidélité, l'affection, l'assistance, la considération, le respect et le secours.

3. La nationalité de la femme mariée

Aux termes de l'article 18 de la loi n° 04/024 du 12 novembre 2004 relative à la nationalité congolaise, « *le mariage n'exerce de plein droit aucun effet sur la nationalité congolaise* » de la femme ayant la nationalité congolaise lorsqu'elle épouse une personne étrangère ou apatride conformément à la loi. Il en est de même pour l'homme en cas de mariage. Elle ne peut être concurremment détenue avec une autre nationalité par ce qu'elle est une et exclusive. De la même manière, la femme congolaise ne perd pas sa nationalité congolaise en se mariant avec une personne de nationalité étrangère. Elle ne peut y renoncer que de son propre gré sans aucune contrainte. Dans ce cas, elle perdra la nationalité congolaise qui n'admet pas la double nationalité. Elle pourra la recouvrer dans le respect de la procédure prévue par les articles 30 à 34 de la loi sur la nationalité congolaise.

Cette nationalité peut être soit d'origine, soit acquise par l'effet de la naturalisation, de l'option, de l'adoption, du mariage ou de la naissance et de la résidence en RDC[43]. A l'instar de l'homme, la femme congolaise transmet aussi la nationalité congolaise par l'effet du mariage sans aucune ambiguïté. Puisque l'article 19 de la même loi consacre la possibilité pour un étranger ou un apatride qui contracte le mariage avec un conjoint de nationalité congolaise à acquérir, dans le respect des exigences légales, la nationalité congolaise par le fait du mariage. C'est notamment d'observer le délai de sept ans à compter du mariage, l'existence de la communauté de vie entre les époux à la date du dépôt de la demande, la conservation de la nationalité congolaise par la conjointe de l'étranger ou de l'apatride[44].

La femme congolaise a aussi le droit de transmettre la nationalité d'origine à ses enfants, qu'ils soient nés dans le mariage ou hors mariage. Parce qu'est congolais dès la naissance, l'enfant dont l'un des parents, le père ou la mère, est Congolais. A contrario, l'annulation du mariage n'a aucun effet sur la nationalité des enfants qui en sont issus[45]. Il transparait dans ce paragraphe une évolution législative considérable car la loi ne distingue plus les enfants nés dans le mariage de ceux nés hors mariage. En effet, l'article 593 du Code de la famille interdit toute discrimination ente congolais basée sur les circonstances dans lesquelles leur filiation est établie. De même, la loi considère que la filiation maternelle résulte du seul fait de la naissance. Cette égalité des enfants apparait dans d'autres dispositions du Code notamment en matière successorale[46]. L'article 14 de la loi n° 09/001 du 10 janvier 2009 portant protection de l'enfant dispose que tout enfant a droit à une identité dès sa naissance ; la nationalité figure parmi les éléments de celle-ci. L'article 47 de la même loi va dans le même sens étant donné que *nul n'a le droit d'ignorer son enfant*, qu'il soit né dans ou hors mariage. Les articles 11 et 12 de la Constitution qui consacrent l'égalité de tous devant la loi sans aucune discrimination trouvent une application ici.

De ce qui précède, nous pouvons affirmer que l'article 9 de la CEDEF et les literas g et h de l'article 6 du Protocole de Maputo trouvent une application concrète car la RDC accorde à la femme des droits égaux à ceux de l'homme ce qui concerne l'acquisition, le changement et la conservation de la nationalité. La loi de la nationalité garantit en particulier que ni le mariage avec un étranger, ni le changement de nationalité du mari pendant le mariage ne change automatiquement la nationalité de la femme, ni ne la rend apatride, ni ne l'oblige à prendre la nationalité de son mari. Le mariage n'exerce de plein droit aucun effet sur la nationalité congolaise. Il en est de même de la nationalité que la

---

[43] Article 1er de la Loi n° 04/024 du 12 novembre 2004 relative à la nationalité congolaise.
[44] Les articles 19, 22 et 23 de la Loi n° 04/024 du 12 novembre 2004 relative à la nationalité congolaise.
[45] Article 7 de la Loi n° 04/024 du 12 novembre 2004 relative à la nationalité congolaise
[46] Article 758 et 759 du Code de la famille et 17 de la loi sur la protection de l'enfant

femme transmet à ses enfants comme l'exige d'ailleurs ces dispositions : « *Les Etats parties accordent à la femme des droits égaux à ceux de l'homme en ce qui concerne la nationalité de leurs enfants sous réserve des dispositions contraires dans les législations nationales et des exigences de sécurité nationale* ».

4. La capacité juridique de la femme mariée[47]

Dans l'ancien Code de la famille de 1987, le mariage apportait certaines limitations à la capacité juridique de la femme, à son aptitude à accomplir certains actes juridiques valables car elle était soumise à l'autorisation maritale préalable. Cette réduction de la capacité juridique de la femme mariée congolaise était fondée sur des considérations coutumières et était liée à la personne de la femme vu que celle-ci était placée sous l'autorité du mari en tant que chef du ménage[48] qui devait la protéger, et elle, à son tour, devait lui obéir.

La révision du Code de la famille du 15 juillet 2016 a tenu en compte l'exigence de l'égalité entre l'homme et la femme liés par les liens du mariage. Ainsi, la loi ne classe plus la femme mariée parmi les personnes incapables parce qu'aux termes de l'article 215 du Code de la famille, seuls sont incapables les mineurs, les majeurs aliénés interdits et les majeurs faibles d'esprit, prodigues, affaiblis par l'âge ou infirmes placés sous curatelle. Ainsi, se confirme progressivement les prescrits de l'article 15 (2) de la CEDEF « *Les Etats parties reconnaissent à la femme, en matière civile, une capacité juridique identique à celle de l'homme et les mêmes possibilités pour exercer cette capacité. Ils lui reconnaissent en particulier des droits égaux en ce qui concerne la conclusion de contrats et l'administration des biens et leur accordent le même traitement à tous les stades de la procédure judiciaire* ».

Renier cette capacité à la femme impacte négativement sur l'exercice de ses droits comme le mentionne le paragraphe 7 de la Recommandation générale n° 21 sur l'égalité dans le mariage et les rapports familiaux : « *Une femme n'a pas d'autonomie juridique lorsqu'elle n'est admise en aucune circonstance à passer de contrat, ou qu'elle ne peut obtenir de prêt, ou qu'elle ne peut le faire qu'avec l'accord ou la caution de son mari ou d'un homme de sa famille. Dans ces conditions, elle ne peut pas avoir de droit de propriété exclusif sur des biens, n'est pas juridiquement maîtresse de ses propres affaires et ne peut conclure aucune forme de trois contrats. Cette situation restreint considérablement les moyens dont dispose la femme pour pourvoir à ses besoins et à ceux des personnes à sa charge* »[49]. Heureusement que l'évolution progressive se fait

---

[47] Lire à ce propos, N. VUMILIA NAKABANDA, *Op.Cit*, pp. 175-176.
[48] *Id..*, pp.172-175.
[49] Comité pour l'élimination de la discrimination à l'égard des femmes, Recommandations générales adoptées par le comité pour l'élimination de la discrimination à l'égard des femmes, A/49/38, Treizième session (1994), Recommandation générale n°21: Égalité dans le mariage et les rapports familiaux, §7, ohchr.org

observer dans le droit positif congolais à ce jour. S'agissant de la capacité, la révision de 2016 du Code de la famille innove par la suppression de l'autorisation maritale pour la femme mariée et par l'obligation faite aux époux de s'accorder pour tous les actes juridiques dans lesquels ils s'obligent, individuellement ou collectivement. Dans la suite de cette réflexion, nous reviendrons sur cette aptitude juridique de la femme mariée.

5. Le nom de la femme mariée

La femme conserve son nom malgré le mariage parce que le mariage ne produit aucun effet sur son nom. En effet, l'article 62 indique clairement que la femme mariée conserve son nom. Cet article lui reconnait également un droit à l'usage du nom de son mari pendant toute la durée du mariage. De plus, bien que le décès dissout de plein droit le mariage, la veuve non remariée peut continuer à faire usage du nom de son mari (article 62 in fine du Code de la famille). Il s'agit d'une exception à la règle de l'immutabilité du nom. Parce que la loi n'autorise le changement du nom que s'il n'est pas puisé dans le patrimoine culturel congolais, s'il est contraire aux bonnes mœurs ou revêt un caractère injurieux, humiliant ou provocateur.

A *contrario*, pendant la durée du mariage, l'article 62 du Code de la famille autorise à la femme d'adjoindre le nom de son mari au sien. Notons que c'est un acte de pure volonté étant donné que c'est un droit personnel qu'elle peut ou ne pas mettre en mouvement et qui dure aussi longtemps que le mariage n'est pas dissout. Ceci corrobore le litera f de l'article 6 du Protocole de Maputo qui dispose que la femme mariée a le droit de conserver son nom, de l'utiliser à sa guise, séparément ou conjointement avec celui de son mari. Ainsi, les mêmes droits personnels au mari et à la femme, y compris en ce qui concerne le choix du nom de famille (article 16 (g) de la CEDEF) se trouvent être une exigence pour les Etats parties. C'est pourquoi, le paragraphe 24 de la Recommandation générale n° 21 sur l'égalité dans le mariage et les rapports familiaux fait observer qu'une famille stable est celle qui est fondée sur l'équité, la justice et l'épanouissement individuel de chacun de ses membres. Chaque partenaire devrait pouvoir choisir son propre nom, préservant ainsi son individualité, son identité personnelle dans la communauté et le distinguant des autres membres de la société. Toute loi ou toute coutume contraire à cette exigence, en obligeant la femme à changer de nom, lui priverait de l'exercice de ces droits.

6. La communauté de vie

Les époux s'obligent mutuellement à la communauté de vie. Ils doivent habiter ensemble parce que la communauté de vie est de l'essence même du mariage. Cependant, dans l'intérêt supérieur du ménage, les époux peuvent convenir de vivre séparés pendant une période déterminée ou indéterminée pour des motifs légitimes. Il s'agit notamment du travail à l'étranger d'un des époux, les violences conjugales, la mésentente grave des époux, la force majeure due à la maladie, l'emprisonnement ou l'internement d'un conjoint dément. Cette communauté de vie implique normalement les relations sexuelles. Chacun des époux a le droit d'exiger de l'autre l'exécution de cette obligation.

Celui des époux qui viole son obligation conjugale peut, non seulement après plusieurs tentatives de conciliation, introduire une demande devant le Tribunal de paix compétent en l'absence d'une solution amiable. Il peut pareillement obtenir réparation conformément à la coutume et exiger, si nécessaire, l'accomplissement des rites coutumiers susceptibles de réparer la faute commise ou de resserrer les liens conjugaux ou d'alliance, pourvu que ces rites soient conformes à l'ordre public et à la loi. Cette sanction s'applique aussi en cas de violation d'autres devoirs entre époux.

La cohabitation est la matérialisation de la communauté de vie. Ainsi, tout abandon du toit conjugal par l'un des conjoints est sanctionné. C'est pourquoi, excepté si le comportement du conjoint demandeur justifie ou rend excusable le départ du conjoint de la maison conjugale, chacun des époux peut réclamer des dommages-intérêts à toute personne qui, pour quelque raison que ce soit, a incité son conjoint à l'abandonner. Lorsque les parents du conjoint sont auteurs de cet abandon, ceux-ci seront en outre punis d'une servitude pénale principale ne dépassant pas trente jours et d'une amende de 125.000 à 350.000 Francs congolais ou de l'une de ces peines seulement.

7. La fidélité entre les époux

Le mariage tel qu'organisé en Droit congolais est monogame. Ainsi, il implique l'exclusivité entre les époux dans les relations sexuelles. C'est une prérogative que la femme mariée a le droit de mettre en mouvement également. Il est ainsi interdit d'avoir des rapports sexuels avec une autre personne, autre que son conjoint. L'obligation de fidélité s'impose aux deux époux jusqu'à la dissolution du mariage. Comme le jugement de divorce dissout le mariage et met fin aux devoirs réciproques des époux et à leur régime matrimonial, les effets personnels découlant du mariage cessent, conformément à l'article 577, alinéa 1er à partir du jour où le jugement de divorce n'est plus susceptible de voie de recours.

La violation de l'obligation de fidélité est constitutive de l'adultère pénalement sanctionné en RDC. La discrimination entre l'adultère de la femme et de l'homme consacrait par l'ancien Code de la famille a été abrogée par l'article 467 modifié et complété en 2016. En effet, est puni du chef d'adultère, quiconque, sauf si sa bonne foi a été surprise, aura eu des rapports sexuels avec une personne mariée ; le conjoint qui aura eu des rapports sexuels avec une personne autre que son conjoint. Il est envisageable d'avoir un adultère dans la maison conjugale. Dans ce cas, c'est une circonstance aggravante qui lui fait revêtir un caractère injurieux. Il en est de même, sauf si sa bonne foi a été surprise, quiconque aura enlevé, même avec son consentement, une femme mariée ou l'aura détournée de ses devoirs de façon à la soustraire à la garde de son mari ou de la personne chargée de ce soin pour le compte du mari, afin de faciliter ou permettre à cette femme des rapports adultères ; quiconque aura caché ou gardé cette femme avec la même intention.

La femme qui se sentirait offenser par l'adultère de son conjoint, a le droit de se plaindre devant le Tribunal de paix compétent. Cette infraction est punissable de la peine de la peine de servitude pénale principale de six mois à un an et d'une amende de 60.000 à 250.000 Francs congolais. Lorsqu'il existe des circonstances aggravantes, cette peine est portée au double. En outre, la femme offensée peut réclamer une réparation au conjoint coupable et à toute personne avec qui son conjoint a commis l'adultère, pourvu qu'elle n'ait pas approuvé ou toléré l'adultère. Sauf si elle a approuvé ou toléré l'adultère, la femme offensée peut réclamer également une réparation en nature sous forme d'objets désignés particulièrement par la coutume à cet effet au conjoint coupable et à toute personne avec qui son conjoint a commis l'adultère.

Dans la pratique, les femmes se résignent pour agir contre le mari, par ignorance, par manque de moyens de faire face aux frais de justice, notamment. Pourtant, la loi donne au plaignant le pouvoir, en tout état de cause, de demander par le retrait de sa plainte l'abandon de la procédure. Lorsque la condamnation est intervenue déjà, il a également le droit d'abandonner les effets de la condamnation à la servitude pénale à la condition de consentir à reprendre la vie commune. La loi met l'accent sur la continuation de la communauté de vie qui caractérise la stabilité et la durabilité du mariage.

8. Le respect et l'affection

Le mariage est certes une institution et un contrat qui se forme entre deux personnes, un homme et une femme, qui se doivent mutuellement fidélité, respect et affection, notamment. Le mariage se fonde sur l'affection définit par le dictionnaire Larousse[50] comme étant l'attachement ou la tendresse. Elle est présumée exister entre les deux personnes qui décident librement de se prendre pour époux par le lien du mariage. Sa manifestation s'exotérise par le consentement libre à se marier qui est donné librement par les époux et constaté par l'Officier de l'état civil dans l'acte de mariage constatant le mariage célébré ou enregistré dans les formes exigées par le Code de la famille.

L'obligation de respect se réalise par l'interdiction de la violence conjugale faite aux femmes. La Résolution 48/104 de l'Assemblée générale des Nations unies portant Déclaration sur l'élimination de la violence à l'égard des femmes affirme que la violence à l'égard des femmes constitue une violation des droits de la personne humaine et des libertés fondamentales et empêche partiellement ou totalement les femmes de jouir desdits droits et libertés. Cette déclaration

---

[50] Dictionnaire Larousse de Poche 2012, p. 14.

définit la violence à l'égard des femmes comme celles désignant tous actes de violence dirigés contre le sexe féminin, et causant ou pouvant causer aux femmes un préjudice ou des souffrances physiques, sexuelles ou psychologiques, y compris la menace de tels actes, la contrainte ou la privation arbitraire de liberté, que ce soit dans la vie publique ou dans la vie privée.

Dans la culture africaine, la violence conjugale est soit admise soit tolérée[51] parce que la puissance maritale, souvent confondue avec la qualité de chef de famille attribuée par l'article 444 alinéa 1er du Code de la famille serait une caution indirecte apportée aux coutumes et comportements qui infantilisent la femme. Et les sévices corporels qu'elle peut subir reposent sur le droit qui échoit à l'homme de redresser les torts de son épouse ; et certains vont jusqu'à excuser des violences commises à l'encontre des femmes si le comportement ou la conduite de celles-ci en ont été l'origine. L'on peut s'interroger si le législateur aurait voulu reconnaître implicitement le droit d'infliger des châtiments modérés en vertu de la maxime : « il n'y a point d'autorité sans sanction » ? Si on considère cette qualité du mari, chef du ménage, de manière isolée, la réponse serait positive. Toutefois, la Constitution consacre l'égalité de tous les congolais en droits, en dignité, devant la loi et ont droit à une égale protection des lois. Il faut noter que son article 14 revient sur l'obligation faite aux pouvoirs publics de veiller à l'élimination de toute forme de discrimination à l'égard de la femme et à assurer la protection et la promotion de ses droits. Ils prennent, dans tous les domaines, notamment dans les domaines civil, politique, économique, social et culturel, toutes les mesures appropriées pour assurer le total épanouissement et la pleine participation de la femme au développement de la nation. Ils prennent des mesures pour lutter contre toute forme de violences faites à la femme dans la vie publique et dans la vie privée.

Ainsi, infliger la violence conjugale à la femme, peu importe sa forme[52], est constitutif de l'une des infractions pénales[53]d'imputations dommageables, d'injures publiques ou simples, de coups et blessures ou d'homicides et de lésions corporelles. Ces infractions sont punies par les articles 43 à 56 et 74 à 78. De plus, dans le but de la protection des personnes les plus vulnérables, notamment, les femmes, les enfants et les hommes victimes des infractions de violences sexuelles, la loi n° 06/018 du 20 juillet 2006 modifiant et complétant le décret du 30 janvier 1940 portant Code pénal congolais, porte principalement sur les articles relatifs aux infractions de viol et d'attentat à la pudeur. Elle complète et érige en infraction différentes formes de violences sexuelles, jadis

[51] T. NGOMBA, « La discrimination à l'égard de la femme au niveau du droit de la famille », in Revue Juridique du Zaïre, Kinshasa, 1987.

[52] Atteintes physiques, atteintes mentales ou psychologiques, atteintes économiques ou relations sexuelles.

[53] Décret du 30 janvier 1940 tel que modifié et complété au 30 novembre 2004 portant Code pénal congolais.

non incriminées dans le Code pénal et consacre la définition du viol conformément aux normes internationales applicables en la matière.

B. Les droits patrimoniaux de la femme mariée

Evaluables en argent, les droits patrimoniaux font partie du patrimoine de la personne. Ils sont divisés en trois catégories : les *droits personnels* (droit d'une personne d'obtenir quelque chose : donner, faire ou ne pas faire, de la part d'une autre personne) ; les *droits réels* (droits qu'une personne a sur des choses corporelles) et les *droits intellectuels* (droits qu'a une personne sur une chose incorporelle). Ces droits sont cessibles, transmissibles, saisissables et prescriptibles. Le mariage engendre des droits patrimoniaux en faveur de chacun des époux. Le Code de la famille corrige les inégalités culturelles qui considèrent la femme comme n'ayant aucun droit patrimonial dans le mariage. Ce paragraphe analyse, d'une part, les droits patrimoniaux de la femme dans le régime matrimonial primaire et, d'autre part, tels qu'ils procèdent du régime matrimonial secondaire.

1. Les droits de la femme dans le régime primaire[54]

Par le mariage, les époux ont des devoirs et des droits qui résultent du régime primaire. Celui-ci est un ensemble des réglementations essentielles prévues par le Code de la famille et applicables aux époux pendant toute la durée de leur mariage et ce, quel que soit le régime matrimonial secondaire qu'ils ont choisi. Les dispositions de ce régime revêtent un *caractère impératif, d'ordre public* étant donné que le but est de protéger les intérêts privés. Dans ce paragraphe, nous analyserons les devoirs et les droits de la femme mariée puisqu'il est difficile de les dissocier car ils découlent du mariage et elle est débitrice de deux envers son mari. La réglementation de base des effets patrimoniaux du mariage est contenue dans les articles 473 à 504 du Code de la famille, respectivement dans les dispositions générales et dans les dispositions communes à tous les régimes matrimoniaux. Ainsi, ces dispositions régissent les effets pécuniaires du mariage, quel que soit le régime matrimonial auquel les époux adhèrent et constituent les règles fondamentales communes à dater du jour de la célébration ou de l'enregistrement du mariage devant l'Officier de l'état civil. Ces règles n'établissent aucune distinction entre les époux. Elles s'imposent à l'homme et à la femme dans le mariage sans tenir compte de leur sexe. Un effort de conciliation de certaines dispositions du Code de la famille telle que modifié en 2016 à l'article 6 du Protocole de Maputo se fait remarquer étant donné qu'obligation est faite aux Etats de veiller à ce que l'homme et la femme jouissent de droits égaux et soient considérés comme des partenaires égaux dans le mariage.

---

[54] N. VUMILIA NAKABANDA, *Op.Cit.*, pp.176-187.

a. Droit à l'assistance et au secours de son conjoint

Le mariage oblige l'homme et la femme à s'assister et à se secourir mutuellement ; une obligation réciproque à laquelle la femme n'échappe pas lorsqu'elle s'engage dans une relation matrimoniale légale. Ainsi, pour la sauvegarde des intérêts moraux et matériels du ménage et des enfants, chaque époux doit remplir son devoir réciproque d'assistance et de secours entre eux tel que consacré par l'article 458. Les époux doivent développer la solidarité entre eux dans leur ménage afin de se préserver mutuellement de la précarité durant le mariage. C'est pourquoi cette obligation se réalise sous la forme d'obligation alimentaire découlant du mariage. Les époux sont tenus l'un envers l'autre d'une obligation alimentaire régie par le Décret du 30 juillet 1888. Dans la hiérarchie des débiteurs d'aliments, l'époux occupe le premier rang. Définie comme un lien de droit par lequel une ou plusieurs personnes, le ou les débiteurs, sont tenues d'une prestation (faire ou abstention) envers une ou plusieurs autres, le ou les créanciers. Ce lien découle de la volonté de la loi en ce sens qu'il est intimement lié au but du mariage[55]. Son exécution se réalise lorsque chacun des époux s'exécute de sa contribution aux charges du ménage résultant du mariage. Chaque époux fait partie de ce ménage composé par les époux, leurs enfants non mariés à charge ainsi que tous ceux envers qui les époux sont tenus d'une obligation alimentaire, à condition que ces derniers demeurent régulièrement dans la maison conjugale et soient inscrits au livret de ménage. Cette obligation persiste tant que dure le mariage qui lui donne naissance vue que même la séparation de fait ne met pas fin à son existence. Permettant de déterminer le niveau de vie auquel chaque époux peut prétendre et ce, contrairement aux obligations alimentaires de droit commun, le devoir de secours entre époux n'exige pas la preuve d'un état de besoin et ne se limite pas au « minimum vital. Dès que le mariage est célébré ou enregistré par un Officier de l'état civil, l'obligation alimentaire de secours et d'assistance nait dans le chef de chaque époux à l'égard de l'autre et de toute autre personne composant leur ménage suivant les exigences légales. Cette obligation permet à celui des conjoints peu fortunés à exiger de l'autre le train de vie qui serait le sien tant que dure le mariage.

D'où, chacun doit s'acquitter de sa part contributive aux charges du ménage en vue de mettre l'autre à l'abri des besoins. Le but est de partager le niveau de vie : mener un certain niveau de vie objectivement acceptable par la satisfaction des besoins vitaux essentiels auxquels il ne pourrait donner satisfaction uniquement avec son travail. De manière concrète, chaque époux doit poser, dans l'intérêt moral et matériel du ménage et des enfants, d'une part, des actes positifs qui consistent dans l'exécution d'une obligation de faire ou de donner quelque chose. D'autre part, il se doit de s'abstenir des actes négatifs de faire quelque

[55] L'union entre un homme et une femme, la communauté de vie, le partage de leur commune destinée et la perpétuation de leur espèce.

chose qui nuirait à l'intérêt du ménage ou des enfants. Ainsi, chacun est réputé avoir fourni sa part contributive, jour par jour, sans être tenus à aucun compte entre eux, ni à retirer aucune quittance l'un de l'autre. Le règlement de la contribution aux charges du ménage constitue une pièce maîtresse du régime primaire[56]. C'est lui qui forme l'assise patrimoniale de la vie quotidienne des époux et de ceux qui vivent avec eux dans le ménage.

Suivant l'article 480, l'époux, qui ne contribue pas aux charges pécuniaires du ménage selon ses facultés et son état ou qui ne paie l'obligation alimentaire à l'autre époux telle que régie par le droit commun relatif aux obligations, pourra être condamné à payer à son conjoint une pension alimentaire. Ainsi, le tribunal de paix de la dernière résidence conjugale ou du domicile de la partie adverse peut, sans préjudice au droit des tiers, autoriser l'époux victime à percevoir personnellement des revenus de l'époux défaillant, homme ou femme, ou ceux qu'il administre en vertu du régime matrimonial, des produits de son travail et de toutes les autres sommes qui lui sont dues par les tiers. Dans ce cas, le tribunal fixe les conditions de l'autorisation ainsi que le montant à concurrence duquel elle est accordée.

En cas de défaillance dans l'exécution de l'obligation de contribuer aux charges du ménage et celle de payer l'obligation alimentaire à l'autre conjoint, les articles 482 à 486 consacrent la procédure à suivre. Notons que la stabilité et la durabilité du mariage sont des caractères essentiels qui doivent guider toute action mettant en cause l'union matrimoniale dont la protection est fondamentale. C'est ainsi qu'est *indispensable, pour activer l'action devant le juge de paix, la requête préalable de la partie lésée*. Toute décision judiciaire a vocation à être exécutée vu que le procès est orienté vers la réalisation matérielle de la justice, pour que le créancier voit son droit effectivement satisfait[57]. Aucune paralysie de cette exécution n'est autorisée par la loi en cas d'exercice des voies de recours d'appel et d'opposition étant donné que la décision judiciaire accordant la pension alimentaire à l'époux défavorisé est exécutoire par provision et sans caution. De même, il demeure exécutoire nonobstant le dépôt ultérieur d'une requête en divorce jusqu'à la décision du tribunal. Toutefois, cette décision est susceptible de révision par le tribunal eu égard à la modification de la situation respective des époux dans un sens comme dans un autre.

---

[56] Article 476 de la Loi n°87-010 du 1er août 1987 portant Code de la famille telle que modifiée et complétée par la Loi n° 16/008 du 15 juillet 2016, Journal Officiel de la République Démocratique du Congo, Cabinet du Président de la République, 57ème année, Numéro spécial, 12 août 2016.

[57] Pour plus d'éléments, lire J-L VAN BOXSTAEL, « Chapitre 10 : L'exécution provisoire sauf opposition et nonobstant appel », in J-F van DROOGHENBROECK (sous la direction de), *Le Code judiciaire en pot-pourri. Promesses, réalités et perspectives*, 1ère édition 2016, Larcier, Bruxelles, pp. 289 à 323, disponible sur https://dial.uclouvain.be/pr/boreal/object/boreal%3A186541/datastream/PDF_01/view

b. Gestion maritale des patrimoines commun et propre, en concertation avec la femme

L'homme et la femme mariés sont deux capitaines d'un même navire de la vie matrimoniale. Ils exercent un pouvoir de gestion comprenant tous les pouvoirs d'administration, de jouissance et de disposition, sous réserve des exceptions prévues par la loi. Le mari est le chef du ménage, les époux se doivent protection mutuelle et quel que soit le régime matrimonial secondaire choisi, la gestion des patrimoines commun et propre est présumée confiée au mari, en concertation avec la femme.

Cette gestion concertée ne s'applique pas aux choses réservées à l'usage personnel de chacun, notamment les vêtements, les bijoux et les instruments de travail de moindre valeur. Aussi, elle peut être écartée sur décision des époux qui opteraient à la gestion personnelle des biens propres. Encore une fois, le législateur du Code de la famille de 2016 renforce l'égalité des époux dans le mariage. L'obligation d'obéissance qui pesait sur la femme avant le 15 juillet 2016 est remplacée par l'obligation de la concertation dans la gestion des patrimoines commun et propre des époux. C'est dans ce cadre que l'article 445 fait ressortir le fait que, dans l'intérêt du ménage, les époux concourent à assurer la direction morale et la gestion financière et matérielle de celui-ci.

Le principe du mari chef du ménage, ne confère plus à l'homme des pouvoirs exclusifs ni arbitraires. Le principe devient désormais la concertation entre les époux, *ils doivent s'accorder pour tous les actes juridiques dans lesquels ils s'obligent à une prestation qu'ils doivent effectuer*. Cette obligation de concertation pèse indubitablement sur les époux nonobstant le régime matrimonial secondaire choisi. Il s'agit de l'action de transférer une concession foncière commune ou propre, ordinaire ou perpétuelle ou la grever d'un droit d'emphytéose, de superficie, d'usufruit, d'usage, d'habitation, d'hypothèque ou d'une servitude ; aliéner, par incorporation, un immeuble commun ou propre ou le grever d'un droit réel d'emphytéose, de superficie, d'usufruit, d'usage, d'habitation, d'hypothèque ou d'une servitude et d'un bail de plus de neuf ans ; aliéner un immeuble commun dont la valeur est supérieure à 650.000 Francs congolais ou des titres inscrits de cette valeur au nom du mari et de la femme ; contracter un emprunt de plus de 150.000 Francs congolais sur les biens communs ou propres de l'autre époux ; faire une donation de plus de 650.000 Francs congolais ou cautionner la dette d'un tiers pour un montant supérieur à 650.000 Francs congolais, sur les biens communs ou propres de l'autre époux[58].

---

[58] Article 499 de la Loi n°87-010 du 1er août 1987 portant Code de la famille telle que modifiée et complétée par la Loi n° 16/008 du 15 juillet 2016, Journal Officiel de la République Démocratique du Congo, Cabinet du Président de la République, 57ème année, Numéro spécial, 12 août 2016.

Suivant l'article 477 alinéa 1er du Code de la famille, l'homme et la femme mariés peuvent agir dans l'intérêt du ménage en se fondant sur la théorie du mandat domestique tacite. Bien que la présomption de la détention de ce mandat soit permanente, en concertation avec l'autre, chaque conjoint dispose du pouvoir de conclure des contrats relatifs aux charges du ménage. L'article 500 va plus loin en considérant que « *L'accord des deux conjoints est présumé donné si, dans les six mois après que les actes aient été passés, il n'y a pas eu manifestation écrite du désaccord notifié d'un conjoint à la partie tierce contractante* ». Subséquemment, les tiers qui collaborent avec les époux n'ont pas l'obligation de vérifier si le conjoint s'est concerté avec l'autre. Les alinéas 2 et 3 de l'article 500 rendent facultative cette connaissance préalable en soulignant : « *Tout tiers passant un acte avec le mari ou l'épouse, nécessitant leur accord conjoint peut, au moment de l'établissement de l'acte et dans les six mois qui suivent, réclamer l'accord de l'autre époux. Il notifie cette demande par lettre recommandée avec accusé de réception adressée aux deux conjoints. A défaut d'une réponse dans le mois qui suit l'accusé de réception, l'accord de l'autre est présumé être acquis définitivement* ». La motivation du législateur n'est rien d'autre que la protection des tiers qui contractent avec les époux puisque la nullité fondée sur le défaut d'accord ne peut être évoquée que par l'un des conjoints ou leurs héritiers[59].

Désormais, comme l'homme, la femme mariée dispose le droit de participer activement à la direction et à la conduite du ménage. Elle n'est plus dans une position inférieure ; elle dispose de mêmes droits que l'homme dans ce domaine. De même, l'homme n'est plus le « Tout-puissant » qui décide unilatéralement parce que la loi lui exige de se concerter avec la femme dans l'exercice de ces prérogatives découlant de sa qualité de « mari chef du ménage » et de gérant des patrimoines commun et propre de deux. Il n'a aucun droit de veto aussi puisque la femme est supposée agir sur base du mandat domestique tacite sans exigence de prouver le consentement du mari. Le législateur innove encore des coutumes congolaises en laissant la faculté au conjoint de s'opposer aux actes posés par l'autre. Des garde-fous que la femme devra exploiter pour assurer la réalisation effective de cette égalité en droits dans le mariage.

En revanche, cet accord préalable n'est pas envisageable dans les cas limitativement énumérés par l'article 451 : ester en justice contre l'autre ; disposer à cause de mort ou si l'un des conjoints est absent pendant douze mois. Dans une de ses hypothèses, la femme mariée est en droit de saisir la justice compétente sans aucune contrainte préalable liée aux exigences précédentes.

---

[59] Article 451 de la Loi n°87-010 du 1er août 1987 portant Code de la famille telle que modifiée et complétée par la Loi n° 16/008 du 15 juillet 2016, Journal Officiel de la République Démocratique du Congo, Cabinet du Président de la République, 57ème année, Numéro spécial, 12 août 2016.

c. Fixation conjointe de la résidence conjugale

Suivant les articles 169 et 172, la résidence est considérée comme étant le lieu où une personne a sa demeure habituelle ; elle peut être multiple. Elle n'est acquise que lorsque le séjour dure plus d'un mois. Pour des raisons professionnelles, une personne peut avoir une résidence au lieu où elle exerce ses activités.

En matière de mariage, le principe, c'est la concertation des époux dans la fixation de la résidence conjugale. Le lieu où les époux vivent ensemble est choisi de commun accord par eux. Suivant l'article 15, 4 de la CEDEF, les États parties reconnaissent à l'homme et à la femme les mêmes droits en ce qui concerne la législation relative au droit des personnes à circuler librement et à choisir leur résidence et leur domicile. Pareillement, l'article 6, e du Protocole de Maputo renforce que les États parties doivent veiller à ce que l'homme et la femme jouissent de droits égaux et soient considérés comme des partenaires égaux dans le mariage en adoptant des mesures législatives appropriées pour garantir notamment que les deux époux choisissent, d'un commun accord, leur lieu de résidence. Ce libre choix découle aussi de l'article 454 du Code de la famille articulant que les époux s'obligent d'habiter ensemble partout où ils auront choisi de commun accord de résider. Ceci contrairement au droit coutumier où la fixation de la résidence conjugale est opérée sur base de la solidarité clanique. Dans ce cas, elle peut être patrilocale, matrilocale, avunculocale, virilocale, uxorilocale ou bilocale.

C'est en ce sens que la fixation unilatérale et manifestement abusive contraire aux stipulations intervenues entre les époux à cet égard permettent, *après plusieurs tentatives d'harmonisation*, au conjoint lésé d'exercer un recours devant le Tribunal de paix. Cet aveu implicite ressort aussi de l'article 460 du Code de la famille car si l'un des époux prétend que l'autre a manqué à ses devoirs, il peut, *après plusieurs tentatives d'harmonisation*, exercer un recours devant le Tribunal de paix. Cette même obligation incombe également au juge, saisi par une requête des époux, qui tentera en chambre de conseil de concilier les époux. Dans l'exercice de cette mission, le juge peut notamment faire comparaître les époux en personne ainsi que leurs parents respectifs, les personnes susceptibles de promouvoir la conciliation, envoyer les époux, l'un d'eux ou leurs parents devant une réunion familiale ou, à défaut, convoquer un conseil de famille qu'il préside. La conciliation met fin au différend parce que le Président du tribunal acte par voie d'ordonnance l'accord des parties. Ceci vaut aussi en matière de divorce car la conciliation a un effet extinctif de l'action (article 567). Il appert que la loi privilégie le dialogue entre l'homme et la femme. A *contrario*, si la conciliation n'aboutit pas, celui des époux, homme ou femme, qui le souhaite, est autorisé à saisir le tribunal compétent.

Cette pratique de la conciliation s'écarte du droit coutumier qui consacre la primauté de l'homme sur la femme. En effet, l'homme y est présenté comme celui qui doit recevoir la femme, l'héberger et subvenir à ses besoins. D'ailleurs, l'ancien article 454 du Code de la famille obligeait l'épouse à habiter avec son mari et de le suivre partout où il jugeait à propos de résider ; il devait la recevoir. Cette loi considérait encore la femme comme devant être soumise et obéissante à son mari. Une considération infériorisant la femme sans capacité juridique et la laissant à la merci des caprices de l'homme. Une évolution suffisante est alors à noter de la révision du Code de la famille en juillet 2016. Mais, une chose est de l'inscrire dans un texte légal, une autre est de le rendre effectif. Le Code de la famille n'ayant toujours pas été vulgarisé, il n'est pas impossible que la plupart des destinataires ignorent les mécanismes de protection des droits de la femme mariée que regorge cet outil indispensable à la protection et à la promotion desdits droits.

d. Solidarité des dettes de ménage

Par le mariage, chacun des époux est tenu de répondre des créances contractées par l'autre dans l'intérêt du ménage. Toutefois, cela n'engage à rien l'époux non contractant si les dépenses sont manifestement excessives, eu égard aux capacités financières et au train de vie du ménage, à l'utilité ou l'inutilité de l'opération, à la mauvaise foi du tiers. Dans cette hypothèse, la solidarité entre époux ne produit aucun effet juridique. Le mari et la femme étant désormais dotés d'une compétence égale dans la conclusion des contrats relatifs aux besoins du ménage, le principe de cogestion entre époux fonde la solidarité à l'issue de laquelle chacun est tenu par les dettes contractées par l'autre dans les limites des dépenses incontestablement nécessaires au maintien du train de vie du ménage.

La solidarité ne couvre que la dette de ménage. En effet, toute autre dette qui ne rentrant pas dans l'intérêt du ménage est exclue de son champ. Aucune liste exhaustive des dépenses du ménage ne peut être établie d'avance et de façon univoque puisque le ménage « type » de référence n'existe pas. Ainsi, les dettes contractées pour le besoin de l'éducation, de l'entretien ou de la surveillance des enfants et celles liées à la satisfaction des besoins du ménage, bien que contractées par un seul conjoint, elles engagent la responsabilité de l'autre dans la limite de ce qui rentre dans le train de vie de ces derniers. L'appréciation de ses créances est à effectuer au cas par cas.

A l'égard des créanciers des époux, si toutes les conditions sont remplies, les conjoints répondent solidairement des dettes ainsi contractées même par un seul des époux selon l'article 477 *in fine* et les créanciers auront deux débiteurs. Cette solidarité passive constitue une importante sûreté leur permettant de poursuivre l'un quelconque des époux pour se faire rembourser de la totalité de leurs créances, peu importe que la dette soit contractée par l'un ou l'autre des époux. Par ce mécanisme, les créanciers sont épargnés de subir les conséquences de l'insolvabilité d'un des époux débiteurs. En outre, le principe selon lequel, la solidarité ne se présume pas, ne s'applique pas entre époux puisque le mariage et la cogestion du ménage font naître une solidarité de plein droit entre époux durant toute la vie conjugale. Notons aussi que le régime matrimonial secondaire choisi par les époux n'a aucun effet en matière de solidarité des dettes de ménage.

e. Le droit à l'hypothèque légale

L'hypothèque est un droit réel sur un bien immobilier qui sert à l'acquittement d'une obligation. Lorsque les époux choisissent de confier la gestion à l'un d'eux, le patrimoine foncier et immobilier de l'époux gérant est grevé d'une hypothèque légale afin d'assurer la sûreté du patrimoine de l'autre époux contre sa mauvaise gestion éventuelle. Cette sûreté est une exception au principe selon lequel nulle hypothèque n'existe si elle n'est inscrite au livre d'enregistrement, sur le certificat de l'immeuble ou du droit immobilier qu'elle grève. Parce que l'hypothèque légale entre époux déroge aux articles 264, 266 et 267[60] et elle prend date au jour de la requête en divorce ou au jour du décès de l'un des conjoints conformément à l'article 511 du Code de la famille.

2. Les droits de la femme mariée dans le régime secondaire

Le régime primaire est impératif étant donné qu'il ne laisse pas de choix libre aux époux de l'observer ou pas. Le régime « secondaire » est laissé à l'exercice de l'autonomie de la volonté. Néanmoins, cette liberté est encadrée car les époux ne peuvent faire le choix libre qu'entre trois régimes secondaires légaux : la séparation des biens, la communauté réduite aux acquêts et la communauté universelle. Ce régime « secondaire » est constitué des règles qui réglementent pendant toute la durée du mariage leur association conjugale, leur relation patrimoniale. A défaut d'exprimer leur choix, le régime secondaire de la communauté réduite aux acquêts sera applicable de plein droit aux époux. Dans un article, tout ne pouvant pas être abordé, nous analysons brièvement les droits de la femme mariée découlant de ces trois régimes de manière globale. Mais, ces

---

[60] Loi n° 73-021 du 20 juillet 1973 portant régime général des biens, régime foncier et immobilier et régime des sûretés, telle que modifiée et complétée par la loi n° 80-008 du 18 juillet 1980 : Article 264 : Sous réserve des dispositions des articles 254 et 255, nulle hypothèque n'existe si elle n'est inscrite au livre d'enregistrement, sur le certificat de l'immeuble ou du droit immobilier qu'elle grève. Article 266 : L'hypothèque qui n'a pas été inscrite du vivant du constituant peut l'être pendant quatre mois à partir de la date de l'ouverture de la succession. Toutefois, le créancier est forclos de son droit de prendre inscription, dès le moment où l'immeuble a été aliéné par l'héritier ou le légataire au nom duquel la propriété avait été légalement transférée.
Article 267 : Sous réserve des dispositions des articles 254, 255, 268 et 270, le rang des hypothèques se détermine d'après l'ordre des inscriptions faites au certificat d'enregistrement. Il en est ainsi, même de l'hypothèque constituée pour sûreté d'une créance éventuelle ou d'un montant sujet à variation et nonobstant toutes les fluctuations de la créance. Les créanciers inscrits le même jour exercent, en concurrence, une hypothèque de la même date, sans distinction entre l'inscription du matin et de celle du soir, quand bien même cette différence serait marquée par le conservateur.

droits ne sont pas spécifiques à la femme puisque l'homme marié en jouit également.

a. Le droit de demander la modification du régime matrimonial

Suivant l'article 494 du Code de la famille, une fois durant le mariage, dans l'intérêt du ménage ou à la suite d'une modification importante intervenue dans la situation des époux ou de l'un d'entre eux, les époux peuvent faire une demande de modification de leur régime matrimonial secondaire choisi au moment de la célébration ou de l'enregistrement du mariage par l'Officier de l'état civil. De même, les époux peuvent demander de modifier aussi le régime de gestion de leurs biens propres ou communs suivant l'article 495.

La loi assure la protection des biens autant de la femme que de l'homme. Cette procédure exige un accord de deux époux et ne consacre pas l'action unilatérale d'un époux. Toutefois, en cas de force majeure, d'absence, d'interdiction ou de péril du patrimoine de l'autre conjoint, il nous semble que le Tribunal de paix de la dernière résidence conjugale des époux devrait permettre à la femme d'introduire la demande unilatérale de modifier le régime matrimonial secondaire ainsi que le régime de gestion des patrimoines des époux. Toutefois, le tribunal devra veiller à la protection des intérêts du conjoint qui ne se trouverait pas dans la possibilité d'exprimer son consentement à cette modification.

b. Le droit de donner mandat à l'époux de le représenter

L'article 498 du Code de la famille autorise l'époux à donner mandat à l'autre afin de le représenter dans l'exercice des pouvoirs que le régime matrimonial lui attribue. De plus, si un époux est hors de manifester sa volonté, l'autre peut obtenir un mandat judiciaire de le représenter en tout ou en partie, dans l'exercice des pouvoirs résultant du régime matrimonial.

Le contrat de mandat est un acte par lequel une personne donne à une autre le pouvoir de faire quelque chose pour le mandant et en son nom[61]. Ce mandat spécial oblige le conjoint mandataire à se soumettre à toutes les obligations qui découlent du droit commun des obligations. A la fin du mandat, il peut engager sa responsabilité civile qui sera mise en mouvement au moment de la dissolution ou de la modification du régime de gestion ou du régime matrimonial secondaire choisi ou imposé.

c. Le droit de propriété de la femme mariée

Chacun des époux a des biens propres. Ils sont composés des biens que chacun des époux possède au moment de la célébration ou de l'enregistrement du mariage ou qu'il acquiert postérieurement au mariage par donations,

---

[61] Article 526 du Décret du 30 juillet 1888 portant Des contrats ou des obligations conventionnelles, Bulletin Officiel, 1888, p. 109.

successions ou testaments, les biens acquis à titre onéreux pendant le mariage en échange d'un bien propre. Mais dans le régime de la séparation des biens qui consacrent déjà deux patrimoines propres formés par tous les biens acquis à titre onéreux ou à titre gratuit par chacun des époux ainsi que de leurs dettes (article 505 à 514), les patrimoines sont distincts. Excepté qu'un bien sur lequel aucun des époux ne prouve la propriété privée tombe dans l'indivision.

Le droit de propriété privée est constitutionnellement garanti par l'article 34. L'État qui le garantit conformément à la loi ou à la coutume doit veiller que nul ne puisse être privé de sa propriété, excepté pour cause d'utilité publique et moyennant une juste et préalable indemnité octroyée dans les conditions fixées par la loi. De même, nul ne peut être saisi en ses biens qu'en vertu d'une décision prise par une autorité judiciaire compétente. La CEDEF revient aussi sur ce droit en exigeant que les États parties prennent toutes les mesures appropriées pour éliminer la discrimination à l'égard des femmes dans toutes les questions découlant du mariage et dans les rapports familiaux et, en particulier, assurent, sur la base de l'égalité de l'homme et de la femme les mêmes droits en matière de propriété, d'acquisition, de gestion, d'administration, de jouissance et de disposition des biens, tant à titre gratuit qu'à titre onéreux. Il en est de même de l'article 6, j) du Protocole de Maputo car pendant la durée du mariage, la femme a le droit d'acquérir des biens propres, de les administrer et de les gérer librement.

Cependant, en tant que femme mariée, l'effectivité des attributs de ce droit (user, jouir et disposer) n'est possible que dans le respect des règles spécifiques de la gestion concertée et des limitations prévues par l'article 499 et 500 du Code de la famille.

d. Le droit d'exercer le commerce ou un travail de son choix[62]

La femme mariée n'est plus soumise au régime de l'autorisation maritale depuis le 15 juillet 2016, date de la révision du Code de la famille. De ce fait, l'égalité des congolais devant la loi s'applique aussi à la femme mariée s'agissant de l'exercice, d'une part du commerce et, d'autre part, d'un travail de son choix. L'article 16 g) de la CEDEF revient sur la nécessité de reconnaître les mêmes droits personnels au mari et à la femme en ce qui concerne le choix d'une profession et d'une occupation.

S'agissant de l'exercice du commerce, l'Acte uniforme relatif au droit commercial général stipule qu'est commerçante, une personne, physique ou

---

[62] A. NSHANGALUME NSIMIRE, « L'opposition maritale et le contrat de la femme mariée en RDC », in S. MUGANGU MATABARO (Dir), *Les droits de l'homme dans la région des Grand Lacs. Réalité et illusions*, UCB, Academia-Bruylant, FIUC, Louvain-la-Neuve, 2003, pp. 371-389, p. 378 ; voir aussi R. KABABALA VUTSOPIRE, *La condition juridique de la femme, et en particulier de la femme mariée, en droit congolais. Application à la femme Nande du Nord-Kivu (R.D. CONGO),* Thèse, Université de Gand, Octobre 2015, p.190, inédit ; LAPIE P., *La femme dans la famille*, Paris, Doin, 1908, p.13.

morale, qui accomplit des actes de commerce, et en fait sa profession habituelle. Pour cela, la personne doit avoir la capacité d'accomplir ces actes de commerce à titre de profession habituelle. Or, la capacité pour poser des actes juridiques valables est définie par le Code de la famille. Les articles 211 et 212 ainsi que les articles 215 et 444 de ce même Code ayant fait l'objet de modification par la révision susmentionnée, nous en déduisons que la femme mariée à la pleine capacité et le mariage n'affecte plus sa capacité comme nous l'avons montré dans les pages précédentes. De même, sauf les exceptions établies par la loi, toute personne jouit des droits civils depuis sa conception, à condition qu'elle naisse vivante et viable et peut les exercer conformément à la loi ou à la coutume. En outre, dans l'Acte uniforme, le conjoint d'un commerçant peut aussi exercer le commerce et avoir la qualité de commerçante à la seule condition d'accomplir les actes visés aux articles 3 et 4 de l'Acte uniforme relatif au droit commercial général, à titre de profession habituelle, et séparément de ceux de son époux. Par son adhésion aux actes uniformes de l'Organisation pour l'harmonisation en Afrique du droit des affaires (OHADA) et leur entrée en vigueur à l'égard de la RDC depuis le 12 septembre 2012, l'Acte uniforme relatif au droit commercial général abroge toutes les dispositions du Code de commerce congolais qui lui seraient contraires conformément à l'article 215 de la Constitution consacrant la primauté du droit international. Ainsi, l'exigence de l'autorisation maritale à la femme pour faire du commerce est nulle et de nul effet.

Quant à l'exercice du droit d'exercer un travail rémunéré de son choix, est reconnu à la femme mariée également. Puisque selon, l'article 6 de la loi modifiant et complétant la loi n° 015-2002 portant Code du travail dispose que la capacité d'une personne d'engager ses services est régie par la loi du pays auquel elle appartient, ou à défaut de nationalité connue, par la loi congolaise. Ainsi, comme déjà dit, le mariage n'affecte pas outre mesure la capacité juridique de la femme mariée et le Code de la famille est la loi de la capacité. Ne consacrant plus l'incapacité juridique de la femme mariée, point n'est besoin aujourd'hui de la considérer comme telle en matière du travail. Ainsi, tout en respectant l'intérêt supérieur du mariage et du ménage, la femme mariée a également le droit de s'engager dans un travail rémunéré de son choix.

Cette obligation ressort également de l'article 11 de la CEDEF car les Etats parties, dont la RDC, s'engagent à prendre toutes les mesures appropriées pour éliminer la discrimination à l'égard des femmes dans le domaine de l'emploi, afin d'assurer, sur la base de l'égalité de l'homme et de la femme, les mêmes droits notamment le droit au travail en tant que droit inaliénable de tous les êtres humains et le droit au libre choix de la profession et de l'emploi, le droit à la promotion, à la stabilité de l'emploi et à toutes les prestations et conditions de travail, le droit à la formation professionnelle et au recyclage, y compris l'apprentissage, le perfectionnement professionnel et la formation permanente, entre autres. Il en est de même de l'article 13 du Protocole de Maputo à travers lequel les États parties adoptent et mettent en œuvre des mesures législatives et autres mesures visant à garantir aux femmes l'égalité des chances en matière d'emploi et de promouvoir l'égalité en matière d'accès à l'emploi.

La maternité n'est pas incompatible avec l'exercice du droit de travailler de la femme mariée. En effet, le Code du travail a adopté certaines mesures tendant à assurer la protection des droits reconnus à toute femme, mariée ou non, que l'enfant vive ou non, qui travaille. Ainsi :

- L'interdiction de la discrimination en matière d'emploi liée à la maternité : interdiction d'exiger d'une femme qui postule un emploi qu'elle se soumette à un test de grossesse ou qu'elle présente un certificat attestant ou non l'état de grossesse, sauf pour les travaux qui sont interdits totalement ou partiellement aux femmes enceintes ou qui allaitent ou comportent un risque reconnu ou significatif pour la santé de la femme et de l'enfant.
- Le droit pour toute femme enceinte dont l'état entraîne des risques pour sa santé, dûment constaté par le médecin sur la base du certificat médical, de suspendre son contrat de travail conformément à l'article 57 du Code de travail[63], sans que cette interruption de service puisse être considérée comme une cause de résiliation du contrat.
- Le droit, dans les mêmes conditions, de résilier son contrat de travail sans préavis et sans avoir, de ce fait, à payer une indemnité de rupture du contrat.
- Le droit de suspendre son travail pendant quatorze semaines consécutives, dont huit semaines maximum postérieures à la délivrance et six avant l'accouchement à l'occasion de son accouchement, et sans que cette interruption de service puisse être considérée comme une cause de résiliation de contrat. Pendant cette période, que l'enfant vive ou non, la femme salariée a droit aux deux tiers de sa rémunération ainsi qu'au maintien des avantages contractuels en nature. Durant la même période, l'employeur ne peut rompre le contrat de travail.

---

[63] Article 57 : Sont suspensifs du contrat de travail : 1) l'incapacité de travail résultant d'une maladie ou d'un accident, de la grossesse ou de l'accouchement et de ses suites ; 2) l'appel ou le rappel sous le drapeau et l'engagement volontaire en temps de guerre dans les forces armées congolaises ou d'un État allié ; 3) les services prestés en exécution des mesures de réquisitions militaires ou d'intérêt public prises par le Gouvernement ; 4) l'exercice des mandats publics ou d'obligations civiques ; 5) jusqu'à concurrence de deux fois quinze jours par an, la mesure disciplinaire de mise à pied lorsque cette mesure est prévue soit par le contrat de travail soit par la convention collective ou par le règlement d'entreprise ; 6) la grève ou le lock-out, si ceux-ci sont déclenchés dans le respect de la procédure de règlement des conflits collectifs du travail telle que définie aux articles 303 à 315 du présent Code ou de la procédure définie par la convention collective applicable.

- Pendant la période d'allaitement, la femme a droit dans tous les cas à deux repos rémunérés comme temps de travail d'une demi-heure par jour pour lui permettre l'allaitement.
- Le droit de demander à l'Inspecteur du travail de pouvoir requérir l'examen par un médecin en vue de vérifier si le travail dont la femme est chargée n'excède pas sa force. Ainsi, elle ne peut être maintenue dans un emploi ainsi reconnu au-dessus de ses forces et doit être affectée à un emploi convenable. Si cela est impossible, le contrat doit être résilié à l'initiative de l'employeur avec paiement de l'indemnité de préavis.

Depuis la modification du Code du travail, comme l'homme, la femme peut effectuer un travail de nuit suivant l'article 125 en ce sens qu'elle n'apparaît plus parmi la catégorie des personnes ne pouvant pas travailler la nuit dans les établissements industriels publics ou privés.

Pendant la période de grossesse, la femme enceinte assurée ou la conjointe du travailleur assuré a droit aux allocations prénatales à compter du jour de la déclaration de la grossesse à la Caisse Nationale de Sécurité Sociale (article 40 de la loi n° 16/009 du 15 juillet 2016 fixant les règles relatives au régime général de la sécurité sociale). L'article 43 de cette même loi ouvre l'allocation de maternité égale à deux fois le montant de l'allocation familiale à toute femme assurée ou à la conjointe d'un travailleur assuré qui donne naissance à un enfant. La loi est d'ailleurs favorable à la femme en considérant en cas de naissance multiple, chaque naissance est considérée comme une maternité distincte. Ainsi, une femme qui aurait des triplets, aurait ainsi trois naissances distinctes. La femme qui accouche et assurée a droit à une indemnité journalière pendant toutes les quatorze semaines de congé de maternité si elle cesse toute activité salariée (article 46 de la loi précitée). Cette indemnité est égale à l'intégralité de la rémunération journalière moyenne soumise à cotisation pour les trois derniers mois (article 48).

En outre, la femme, mariée ou non, qui travaille a droit également à tous les avantages résultant de la loi de 2016 sur le régime général de la sécurité sociale en RDC. Il s'agit notamment de la pension de retraite, de l'allocation de vieillesse, de la pension d'invalidité, de la pension et de l'allocation de survivant dans la mesure où elle réalise toutes les conditions prévues par la loi y relative. Ceci ressort aussi de l'article 11 point e) à travers lequel les Etats parties se sont engagé à prendre toutes le mesures appropriées pour éliminer la discrimination à l'égard des femmes dans le domaine de l'emploi, afin d'assurer, sur la base de l'égalité de l'homme et de la femme, les mêmes droits, et en particulier le droit à la sécurité sociale, notamment aux prestations de retraite, de chômage, de maladie, d'invalidité et de vieillesse ou pour toute autre perte de capacité de travail, ainsi que le droit à des congés payés. Aucune distinction particulière n'est à noter dans le Code du travail entre la femme et l'homme dans le domaine de l'emploi. Il est certes important de compléter cette monographie par des études des cas afin de se rendre compte de leur effectivité[64].

C. Les droits de la femme mariée dans la filiation

En se référant à l'article 16, (1) (d), (f) de la CEDEF, dans la lutte contre toutes formes de discrimination à l'égard des femmes, les Etats parties reconnaissent au père et à la mère, tout en privilégiant l'intérêt des enfants, les mêmes droits et responsabilités en tant que parents, quel que soit leur état matrimonial, pour les questions se rapportant à leurs enfants notamment en matière de tutelle, de curatelle, de garde et d'adoption.

---

[64] Article 11de la CEDEF : « 1. Les Etats parties s'engagent à prendre toutes les mesures appropriées pour éliminer la discrimination à l'égard des femmes dans le domaine de l'emploi, afin d'assurer, sur la base de l'égalité de l'homme et de la femme, les mêmes droits, et en particulier :
a) Le droit au travail en tant que droit inaliénable de tous les êtres humains;
b) Le droit aux mêmes possibilités d'emploi, y compris l'application des mêmes critères de sélection en matière d'emploi;
c) Le droit au libre choix de la profession et de l'emploi, le droit à la promotion, à la stabilité de l'emploi et à toutes les prestations et conditions de travail, le droit à la formation professionnelle et au recyclage, y compris l'apprentissage, le perfectionnement professionnel et la formation permanente;
d) Le droit à l'égalité de rémunération, y compris de prestation, à l'égalité de traitement pour un travail d'égale valeur aussi bien qu'à l'égalité de traitement en ce qui concerne l'évaluation de la qualité du travail;
e) Le droit à la sécurité sociale, notamment aux prestations de retraite, de chômage, de maladie, d'invalidité et de vieillesse ou pour toute autre perte de capacité de travail, ainsi que le droit à des congés payés;
f) Le droit à la protection de la santé et à la sécurité des conditions de travail, y compris la sauvegarde de la fonction de reproduction.
2. Afin de prévenir la discrimination à l'égard des femmes en raison de leur mariage ou de leur maternité et de garantir leur droit effectif au travail, les États parties s'engagent à prendre des mesures appropriées ayant pour objet :
a) D'interdire, sous peine de sanctions, le licenciement pour cause de grossesse ou de congé de maternité et la discrimination, dans les licenciements, fondée sur le statut matrimonial;
b) D'instituer l'octroi de congés de maternité payés ou ouvrant droit à des prestations sociales comparables, avec la garantie du maintien de l'emploi antérieur, des droits d'ancienneté et des avantages sociaux;
c) D'encourager la fourniture des services sociaux d'appui nécessaires pour permettre aux parents de combiner les obligations familiales avec les responsabilités professionnelles et la participation à la vie publique, en particulier en favorisant l'établissement et le développement d'un réseau de garderies d'enfants;
d) D'assurer une protection spéciale aux femmes enceintes dont il est prouvé que le travail est nocif.
3. Les lois visant à protéger les femmes dans les domaines visés par le présent article seront revues périodiquement en fonction des connaissances scientifiques et techniques et seront révisées, abrogées ou étendues, selon les besoins.

1. Le droit d'attribuer le nom à son enfant

L'enfant porte dans l'acte de naissance le nom choisi par ses parents. Par parent, il faut entendre toutes les personnes qui composent la parenté en ligne directe[65] et en ligne collatérale[66] telles qu'énumérées par l'article 696. Etant parent en ligne directe, elle a le droit d'attribuer le nom à son enfant n'en déplaise certaines coutumes qui voudraient que seul l'homme soit celui qui a le droit d'attribuer le nom à l'enfant. De plus, l'attribution du nom à l'enfant est bilatérale (choix des parents). Il est choisi unilatéralement par la mère de l'enfant si le père n'est pas connu ou s'il a été désavoué[67]. Dans l'attribution du nom, la mère doit respecter les exigences du Code de la famille : la conformité du nom aux bonnes mœurs et ne pas revêtir un caractère injurieux, humiliant ou provocateur. Toujours dans l'exercice de ce droit, la mère de l'enfant, tout comme le père, a le droit de transmettre son nom à l'enfant. Pour éviter que cette homonymie ne soit source de confusion dans la désignation de deux personnes, la mère de l'enfant, autant que son père, devra adjoindre au moins un élément complémentaire différent du sien.

a. Le droit de déclarer son enfant à l'état civil

Dans un délai de quatre-vingt-dix jours qui suivent la naissance, tout enfant né sur l'étendue de la RDC doit faire l'objet d'une déclaration devant l'Officier de l'état civil du lieu de la résidence de son père ou de sa mère. Ainsi que le note l'article 117 du Code de la famille, la déclaration est faite par le père ou la mère, à défaut, par les ascendants et les proches parents de l'enfant ou par les personnes présentes à l'accouchement ou encore par un mandataire porteur d'une procuration écrite du père ou de la mère de l'enfant.

L'état matrimonial des père et mère importe peu s'agissant de la déclaration de l'enfant aux fins de son inscription à l'état civil dans le délai légal. L'essentiel ici consiste, pour le législateur, à protéger l'intérêt supérieur de l'enfant tel que défini par l'article 6 de la loi n° 09/001 du 10 janvier 2009 portant protection de l'enfant. Ce qui signifie qu'en considération des besoins moraux, affectifs et physiques, de l'âge, de l'état de santé, du milieu familial et des différents aspects relatifs à la situation de l'enfant, son intérêt supérieur, c'est-à-dire le souci de sauvegarder et de privilégier à tout prix ses droits, doit être une préoccupation primordiale dans toutes les décisions et mesures prises à son égard.

---

[65] Sont parents en ligne directe les personnes qui descendent les unes des autres. La descendance s'établit en suivant le cours des générations, l'ascendance, en le remontant.

[66] Sont parents en ligne collatérale les personnes qui descendent d'un auteur commun, sans descendre les unes des autres ; les collatéraux par le père sont dits consanguins, par la mère, utérins. Sont germains les collatéraux qui ont une double parenté par le père et par la mère.

[67] Article 59 alinéa 2 de la Loi n°87-010 du 1er août 1987 portant Code de la famille telle que modifiée et complétée par la Loi n° 16/008 du 15 juillet 2016, Journal Officiel de la République Démocratique du Congo, Cabinet du Président de la République, 57ème année, Numéro spécial, 12 août 2016.

b. Le droit d'adopter

L'adoption est un mécanisme permettant à l'adopté de trouver un lieu d'épanouissement en mettant un accent particulier sur son intérêt supérieur qui résulte de son adoption. Après cinq ans de mariage, sauf s'il s'agit de l'enfant de l'autre conjoint, l'article 654 du Code de la famille reconnaît le droit d'adopter à une personne mariée, homme ou femme. Toutefois, cette adoption ne peut se réaliser qu'en accord avec l'autre conjoint. La femme mariée qui désire adopter est dans l'obligation d'obtenir le consentement de son conjoint, à moins que ce dernier ne soit dans l'impossibilité de manifester sa volonté ou s'il n'a aucune demeure connue (article 657 du Code de la famille).

c. Le droit de reconnaitre son enfant ou de contester la maternité d'un enfant

En RDC, l'enfant est considéré comme une bénédiction. Le principe applicable est celui du *mater semper certa est*. La filiation maternelle résulte du seul fait de la naissance. A cet effet, l'indication du nom de la mère sur l'acte de naissance de l'enfant suffit à établir la filiation maternelle. Cette filiation maternelle est établie par l'acte de naissance à l'issu d'une déclaration volontaire de maternité ou d'une action en recherche de maternité. Signalons que l'acte de naissance de l'enfant doit énoncer aussi le nom, l'âge, la profession, le domicile et la nationalité de la mère, notamment.

Bien que l'accouchement sous X n'existe pas en Droit congolais, la mère peut être inconnue. Il en est ainsi de l'enfant dont on ne connaît ni le père ni la mère ; de l'enfant trouvé en RDC. En se référant à l'article 597, lorsque le nom de la mère n'est pas indiqué dans l'acte de naissance de l'enfant, la mère seule, même si elle est incapable, a le droit de faire une déclaration de maternité devant l'Officier de l'état civil. Cette déclaration est inscrite dans l'acte de naissance ou dans un acte séparé. Même après le décès de l'enfant, la mère peut faire une déclaration de maternité.

L'indication du nom de la mère dans l'acte de naissance de l'enfant est une preuve de la filiation maternelle (article 596 du Code de la famille). Tels les prescrits de l'article 127 du Code de la famille qui considèrent que l'énonciation du nom de la mère dans l'acte de naissance de l'enfant né hors mariage vaut acte de maternité. De la même manière que la femme a le droit de reconnaitre son enfant, celle dont le nom est indiqué dans l'acte de naissance peut contester être la mère de l'enfant lorsqu'elle n'a pas été l'auteur de la déclaration de naissance[68].

---

[68] Article 596 de la Loi n°87-010 du 1er août 1987 portant Code de la famille telle que modifiée et complétée par la Loi n° 16/008 du 15 juillet 2016, Journal Officiel de la République Démocratique du Congo, Cabinet du Président de la République, 57ème année, Numéro spécial, 12 août 2016.

d. Le droit d'exercer l'autorité parentale

L'autorité parentale est un ensemble de droits et de devoirs ayant pour finalité la protection de l'intérêt supérieur de l'enfant. Ce droit comprend l'administration de la personne de l'enfant, de son patrimoine, à la protection de sa sécurité, de sa santé et de sa moralité. Depuis la révision du Code de la famille, l'exercice de l'autorité parentale est reconnu conjointement aux père et mère de l'enfant. Ils sont tous deux titulaires de l'autorité parentale et ils en ont tous deux l'exercice conjoint suivant l'article 317. Cet exercice conjoint se réalise indépendamment de l'état matrimonial de deux parents biologiques de l'enfant.

Comme le père, la mère exerce aussi tous les droits et devoirs liés à cette fonction : entretenir l'enfant ; pourvoir à ses besoins et à son éducation dans la mesure de ses moyens ; assurer la direction de l'enfant mineur ; droit et devoir de fixer la résidence de l'enfant, de surveiller ses actes et ses relations ; régler sa sépulture et faire respecter sa mémoire ; infliger à l'enfant réprimandes et corrections dans la mesure compatible avec son âge et l'amendement de sa conduite ; assurer l'administration et la jouissance des biens de leur enfant jusqu'à sa majorité ou jusqu'à son émancipation ; demander au tribunal de lui désigner un tuteur si cela est nécessaire. Contrairement à ce qui s'observe dans nos communautés, l'exercice de l'autorité parentale n'est pas un droit exclusif de la mère mais un droit conjoint de deux, le père et la mère de l'enfant. Les deux l'exercent dans l'intérêt supérieur de l'enfant. Ils se complètent dans la mise en œuvre de cette fonction de veiller au bien-être de l'enfant pendant toute sa minorité. Ils sont responsables des faits dommageables causés par l'enfant suivant l'article 260 alinéa 2 du Décret du 30 juillet 1888 précité et 317 du Code de la famille. Point n'est plus nécessaire de continuer à considérer la mère comme étant la seule responsable de ce droit-fonction car il existe une solidarité entre les père et mère de l'enfant découlant de la volonté de la loi.

D. Le droit à la santé et au contrôle de ses fonctions de reproduction

Le droit de la femme à la santé et au contrôle de ses fonctions de reproduction résulte de l'article 14 du Protocole de Maputo ci-dessous : *« 1. Les États assurent le respect et la promotion des droits de la femme à la santé, y compris la santé sexuelle et reproductive. Ces droits comprennent : a) le droit d'exercer un contrôle sur leur fécondité; b) le droit de décider de leur maternité, du nombre d'enfants et de l'espacement des naissances ; c) le libre choix des méthodes de contraception ; d) le droit de se protéger et d'être protégées contre les infections sexuellement transmissibles, y compris le VIH/SIDA ; e) le droit d'être informées de leur état de santé et de l'état de santé de leur partenaire, en particulier en cas d'infections sexuellement transmissibles, y compris le VIH/SIDA, conformément aux normes et aux pratiques internationalement reconnues ; f) le droit à l'éducation sur la planification familiale. 2. Les États prennent toutes les mesures appropriées pour : a) assurer l'accès des femmes aux services de santé adéquats, à des coûts abordables et à des distances raisonnables, y compris les programmes d'information, d'éducation et de communication pour les femmes, en particulier celles vivant en milieu rural ; b) fournir aux femmes des services pré et postnatals et nutritionnels pendant la grossesse et la période d'allaitement et améliorer les services existants ; c) protéger les droits reproductifs des femmes, particulièrement en autorisant l'avortement médicalisé, en cas d'agression sexuelle, de viol, d'inceste et lorsque la grossesse met en danger la santé mentale et physique de la mère ou la vie de la mère ou du fœtus* ».

Cette disposition ne peut être considérée de manière isolée des autres textes du Code de la famille sur le mariage parce que le principe, c'est la concertation entre l'homme et la femme. C'est vrai que le droit à la santé et au contrôle de ses fonctions de reproduction est un droit exclusif de la femme, son application requiert par contre la concertation avec le conjoint. Ceci est corroboré par l'article 13 de la loi n° 15/013 du 1er août 2015 portant modalités d'application des droits de la femme et de la parité : « *L'homme et la femme sont partenaires égaux dans la santé de la reproduction. Ils choisissent de commun accord une méthode de planification familiale qui tienne compte de leurs santés respectives* ». Notons que si aucun accord n'est trouvé, l'époux offensé a le droit de saisir le juge de paix.

Le droit à la santé sexuelle est un tabou dans la majorité des coutumes congolaises. Pourtant, il est difficilement concevable que la femme ne puisse jouir d'un meilleur état de santé possible, dont l'exercice de son droit à la santé sexuelle et reproductive. L'Observation générale sur l'article 14 (1) (d) et (e) du Protocole revient sur les obligations de l'État dans ce domaine à savoir : respecter, protéger, promouvoir et réaliser. Les États doivent s'abstenir de toute interférence directe ou indirecte dans l'exercice des droits de se protéger, d'être protégée et du droit d'être informée de son état de santé et de l'état de santé de son partenaire. Ils doivent empêcher les tiers d'interférer dans la jouissance de ces droits par les femmes. D'où la nécessité de promouvoir en créant des conditions juridiques, économiques et sociales permettant aux femmes d'exercer ce droit. Cela nécessite l'organisation d'activités de sensibilisation, la mobilisation des communautés, la formation des agents de santé, des leaders politiques, traditionnels et religieux sur l'importance du droit à la protection et du droit d'être informée de son propre statut et de celui de son partenaire. Ce droit exige des actes positifs des Etats dont l'adoption de politiques et programmes nécessaires, telles que l'allocation de ressources suffisantes à la réalisation pleine des droits de se protéger, d'être protégée, et d'être informée de son état de santé et de celui de son partenaire. Il est donc capital d'assurer la disponibilité, l'accessibilité, l'acceptabilité et la qualité des services de soins de santé sexuelle et reproductive pour les femmes. Par conséquent, les Etats ont l'obligation d'assurer des services complets, intégrés, basés sur les droits, centrés sur les femmes et conviviaux, pour les jeunes sans discrimination, ni violence[69].

III. Les droits de la femme dans la dissolution du mariage

Pour la CEDEF et le Protocole de Maputo, les époux ont des droits égaux dans la dissolution du mariage comme pendant toute sa durée. Le mariage n'a pas vocation d'éternité puisque le Code de la famille contient un chapitre sur la dissolution du mariage (articles 176 à 205 et 538 à 589). Il est dissout pour des raisons précises : la mort de l'un des époux ; le divorce ; le nouveau mariage du conjoint de l'absent, contracté après le jugement déclarant le décès de l'absent.

A. En cas de décès du conjoint[70]

Lorsqu'un conjoint décède, la femme a la qualité de conjoint survivant. Elle est héritière de la deuxième catégorie constituant à elle seule un groupe distinct du groupe constitué du père et de la mère et de celui des frères et sœurs, germains ou consanguins ou utérins. De plus, la loi la protège suffisamment en lui reconnaissant la qualité d'héritière réservataire en l'absence des héritiers de la première catégorie suivant l'article 785. L'article 21 du Protocole de Maputo considère la veuve comme héritière ayant le droit à une part équitable dans l'héritage des biens de son conjoint.

L'étendue des droits successoraux du conjoint survivant dans la succession de l'époux décédé varie en fonction de la consistance du patrimoine acquis par le couple, du régime matrimonial et de la présence ou non d'autres successibles. Ainsi, ses droits sont la liquidation et le partage du régime matrimonial ; le droit en pleine propriété ; le droit à usufruit ; le droit à la pension alimentaire à charge de la succession du prémourant. Suivant l'article 21 du Protocole de Maputo, quel que soit le régime matrimonial, la veuve a le droit de continuer d'habiter dans le domicile conjugal. En cas de remariage, elle conserve ce droit si le domicile lui appartient en propre ou lui a été dévolu en héritage. De plus, elle a droit à une protection sociale due par l'organisme auquel le défunt conjoint était affilié, dont la Caisse Nationale de Sécurité Sociale suivant la loi n°16/009 du 15 juillet 2016 précité.

La femme mariée dont l'époux décède, comme cela ressort de l'article 19 de la loi n° 15/013 du 1er août 2015[71], ne doit pas être soumise à des traitements inhumains, humiliants et dégradants ou à l'accomplissement des rites

---

[69] Voir Commission africaine des droits de l'homme et des peuples, Observations Générales sur l'article 14 (1) (d) et (e) du Protocole à la Charte africaine des droits de l'homme et des peuples relatif aux droits des femmes en Afrique, §§. 20-29.

[70] Lire à ce propos, N. VUMILIA NAKABANDA, *la protection de la veuve en république démocratique du Congo. Quelle effectivité ?*, Etudes africaines, L'Harmattan, 1 novembre 2017, pp.202-269.

[71] Loi n° 15/013 du 1er août 2015 portant modalités d'application des droits de la femme et de la parité

incompatibles avec la dignité humaine en violation du respect dû à sa liberté individuelle ou à sa vie privée. Parce que, selon les prescrits de l'article 25 de cette même loi, toute femme a droit au respect de sa vie, de son intégrité physique et à la sécurité de sa personne ; toutes les formes d'exploitation, de punition et de traitement inhumain ou dégradant étant interdites. En vue de sauvegarder la dignité de la personne humaine dont la veuve, l'article 544 du Code de la famille sanctionne d'une servitude pénale principale ne dépassant pas un mois et une amende de 125.000 à 650.000 Francs congolais ou de l'une de ces peines seulement l'auteur de ces comportements.

B. En cas de divorce

Le mariage se dissout également par décision judiciaire comme le consacre les articles 546 à 589 du Code de la famille. Chacun des époux peut adresser sa demande en divorce lorsqu'il estime qu'il y a destruction irrémédiable du lien conjugal[72] et obtenir du tribunal de paix de la résidence de l'autre époux ou de la dernière résidence conjugale la dissolution du mariage. Une fois le jugement de divorce prononcé, le mariage est dissout et met fin aux obligations réciproques des époux ainsi qu'à leur régime matrimonial. La décision produit les effets à des moments différents. Ainsi, l'article 577 détermine la période à laquelle le jugement de divorce prend effet : du jour où il n'est plus susceptible de voie de recours en ce qui concerne les effets personnels du mariage entre les époux ; du jour de la requête en divorce en ce qui concerne les rapports matrimoniaux entre les époux ; du jour de sa mention en marge de l'acte de naissance en ce qui concerne les tiers.

La dissolution judiciaire du mariage permet à la femme divorcée d'avoir des droits spécifiques : droit à la dissolution du régime matrimonial choisi durant le mariage et sa liquidation-partage ; droit de se remarier avec la personne de son choix de sexe opposé à l'expiration du délai de viduité (d'attente) ; tant que la non-paternité du mari divorcé n'est établie judiciairement, la femme divorcée conserve le droit de recevoir secours de l'homme pendant la période de grossesse et pendant l'année qui suit la naissance de son enfant si la grossesse a commencée avant le divorce. Comme l'homme divorcé, la femme est déliée de toutes les obligations découlant du mariage ; elle a droit de faire usage de la maison conjugale et d'user des meubles meublants pendant six mois après la transcription de la décision sur décision du tribunal de paix saisi par l'époux qui occupe au moment de la transcription du jugement, une maison appartenant en tout ou en partie à l'autre époux. Elle conserve le droit d'exercer l'autorité parentale conjointe avec le père à la suite d'un accord homologué ou sur décision prononcée par le tribunal de divorce. Jusqu'au moment du jugement prononçant le divorce, la femme a le droit de passer un accord sur la garde de leurs enfants mineurs. Et si elle n'a pas la garde des enfants mineurs, elle aura le droit de surveillance, le droit aux relations personnelles, le droit de visite et d'entretien de l'enfant. Elle

---

[72] Lire pour approfondir, A. DUELZ, *Le droit du divorce*, De Boeck, Bruxelles, 1989 ;

conserve, avec le père de l'enfant, l'exercice des droits découlant de l'autorité parentale dont le droit de consentir à l'émancipation et à l'adoption de ses enfants ; le droit de désigner le tuteur pour l'enfant mineur, si le père de l'enfant est déjà prédécédé. Il se dégage donc des droits patrimoniaux et des droits extra-patrimoniaux découlant de la dissolution du mariage par décision judiciaire de divorce prononcé par le tribunal de paix compétent.

C. En cas d'absence du conjoint

L'absence est définie par l'article 173 du Code de la famille comme étant la situation d'une personne disparue de son domicile ou de sa résidence, sans donner de ses nouvelles et sans avoir constitué un mandataire général. La présomption de vie de l'absent est acquise, d'une part, pendant un an à partir des dernières nouvelles positives que l'on a eues de son existence et, d'autre part, pendant trois ans si elle a constitué un mandataire général.

Suivant l'article 176 du même Code, cette personne absente qui a quitté son domicile ou sa résidence depuis douze mois sans donner de ses nouvelles et sans avoir constitué de mandataire général de ses biens, les personnes intéressées ou le Ministère public peuvent demander au Tribunal de paix de son dernier domicile ou de sa dernière résidence, de nommer un administrateur de ses biens. Etant donné qu'*autant que possible, l'administrateur est choisi parmi les héritiers présomptifs de l'intéressé,* la conjointe de l'absent étant également héritière présomptive, il nous semble qu'elle peut être désignée par le Tribunal de paix compétent comme administrateur des biens de son conjoint absent. Nous pensons qu'elle est celle qui serait indiquée pour continuer la gestion du patrimoine propre de l'autre conjoint absent qui n'a pas désigné un gérant de ses biens au préalable. Cependant, le législateur ne l'a pas voulu ainsi. Nous pensons que l'influence de certaines coutumes qui infériorisent la femme et qui l'excluent de la succession de son conjoint et la prévalence du patriarcat ont amené le législateur congolais à ne pas la désigner administrateur d'office en cas d'absence de son conjoint. D'ailleurs, la sécurité du patrimoine de l'absent serait acquise puisque le patrimoine de l'époux gérant est grevé d'une hypothèque légale au profit de l'époux géré.

Bien que la gestion du patrimoine des époux soit confiée à l'homme en concertation avec la femme, si l'un des époux est frappé d'incapacité ou s'il est absent, l'autre assure seul, dans l'intérêt du ménage, la direction morale et la gestion financière et matérielle de celui-ci. De plus, la femme mariée à l'absent, en tant qu'héritière présomptive de l'absent, peut obtenir l'envoi en possession provisoire des biens (dépôt) si elle donne caution ou cautionnement éventuel pour la sûreté de son administration. Cette exigence vise à assurer la protection du patrimoine de l'absent présumé parce qu'en cas de réapparition, les biens doivent lui être restitués. En outre, l'entrée en possession provisoire ne confère qu'un droit précaire puisque la présomption de vie est toujours valable. Les biens demeurent encore la propriété de l'absent présumé.

En sa qualité de conjoint survivant, elle a le pouvoir d'opter pour le maintien du régime matrimonial et empêcher l'envoi provisoire et l'exercice de tous les droits subordonnés à la condition du décès de l'absent. Mais, suivant les termes de l'article 190 du Code de la famille, la femme conserve le droit d'y renoncer. Ainsi, elle peut demander la dissolution provisoire du régime matrimonial. Dans ce cas, elle exerce ses reprises et tous ses droits légaux attachés à la liquidation-partage. Dans l'un ou l'autre cas, elle doit donner caution et cautionnement. L'article 22 de l'Acte Uniforme portant organisation des *Sûretés* du 15 décembre 2010 dispose : « *La caution peut garantir son engagement en consentant une sûreté réelle sur un ou plusieurs de ses biens. Elle peut également limiter son engagement à la valeur de réalisation du ou des biens sur lesquels elle a consenti une telle sûreté* ». C'est un cautionnement hypothécaire dont il est question dans cet article. Gageons qu'entre conjoints, il existe déjà une hypothèque légale qui garantit le patrimoine du conjoint géré. Point n'est donc besoin d'exiger encore cette sûreté de cautionnement au conjoint de l'absent.

Lorsque l'absent est déclaré décédé par décision du Tribunal de paix compétent, sa femme peut se remarier avec la personne de son choix de sexe opposé. De même, elle va continuer d'exercer l'autorité parentale sur les enfants mineurs d'un commun mariage. Ce droit s'étend sur les enfants mineurs nés hors mariage qu'il a reconnus, sous réserve du droit de regard d'un membre de la famille de l'absent désigné par le Tribunal pour enfants, sur proposition du conseil de famille (articles 198 à 200).

Conclusion

Le mariage, une institution et un contrat, est le fondement de la famille en Droit congolais. Une institution importante entre un homme et une femme qui remplissent les conditions prévues par la loi. C'est lui qui est le fondement des droits de la femme mariée. Dans cette réflexion, nous avons essayé de montrer que les droits de la femme vont de la formation à la dissolution du lien de mariage du fait que l'homme et la femme ont, dans leurs rapports familiaux et conjugaux, les mêmes droits et obligations[73]. Il est sans nul doute que dans la pratique, la femme ignore spécifiquement qu'elle peut activer tous ses droits pour lutter contre les différentes violations et discriminations dont elle est victime dans notre société. Les droits de la femme mariée sont indispensables pour assurer la stabilité du ménage qui résulte du mariage. En effet, l'effectivité des droits patrimoniaux et extrapatrimoniaux de la femme mariée est un début de l'instauration d'un Etat de droit.

Bien que le Droit congolais soit dualiste, le droit coutumier ne s'appliquera au mariage que s'il est conforme à la loi, à l'ordre public et aux bonnes mœurs. Ce

[73] Article 17 de la Loi n° 15/013 du 1er août 2015 portant modalités d'application des droits de la femme et de la parité

qui a comme conséquence que toutes les pratiques coutumières qui tendent à réduire la dignité de la femme mariée doivent être non applicables parce que l'article 11 de la Constitution dispose : « *Tous les êtres humains naissent libres et égaux en dignité et en droits* ».

Ainsi, comme l'a si bien fait le Bâtonnier Thomas Lwango Kashanvu qui s'est donné sans ménagement à l'éducation de la jeunesse estudiantine de notre pays et du Sud-Kivu en particulier, il appert important de procéder par l'éducation de la population congolaise sur le respect des droits fondamentaux de la personne, y compris de la femme mariée. Son ardeur et sa passion de faire connaître le Droit à ses chers étudiants, devraient animer chaque personne à lutter contre les antivaleurs pour protéger la femme et surtout la femme mariée. L'éducation demeure une arme suffisante pour faire connaître les droits de la femme mariée puisque nul n'est censé ignorer la loi, cette activité nécessite l'implication de plusieurs acteurs. Que le mariage soit honoré par tous et que les droits qu'il fait naître soient respectés, protégés et promus par tous. Parce que la justice, c'est d'abord rendre à chacun ce qui lui est dû, protéger ses droits, sa personne, ses biens.

C'est l'œuvre des lois justes qui lui donnent sa substance dans le fond et dans la forme, en se fondant sur des valeurs communes de solidarité et de réciprocité. C'est aussi l'institution chargée d'en assurer le respect par tous ceux qui participent à la fonction de justice[74].

La femme, cette pièce rare du puzzle qui compose la famille, lieu où s'articulent naturellement la différence des sexes et des générations, où se transmettent culturellement les règles de vie et savoirs, où se perpétuent l'espèce, où se résume amour, soins et partage, doit être protégée dans son mariage. C'est pourquoi, suivant l'article 24[75], l'Etat doit prendre des mesures appropriées pour modifier des schémas et modèles de comportement socioculturel violant les droits et devoirs de la femme et de l'homme. En vue de parvenir à l'élimination de toutes les pratiques culturelles néfastes et les pratiques fondées sur l'idée d'infériorité ou de supériorité de l'un ou de l'autre sexe ou sur les rôles stéréotypés de la femme et de l'homme, l'éducation des divers acteurs sur les droits de la femme mariée par l'usage des stratégies utilisant les nouvelles technologies de l'information et de la communication est primordiale[76].

---

[74] Voir M-T. MEULDERS-KLEIN, *La Personne, La Famille, Le Droit, Trois décennies de mutations en occident,* Bruylant, Bruxelles, 1999, pp. 431-432.

[75] Loi n° 15/013 du 1[er]août 2015 portant modalités d'application des droits de la femme et de la parité.

[76] A. HESSE et A. GLEYZE, *Notions de sociologie appliquée à la morale et à l'éducation*, Paris, Librairie Félix Alcan (Préface de Paul Fauconnet), 1939.

Quatrième partie

Vin nouveau dans les vielles outres : à propos de la justiciabilité des droits économiques et sociaux et du droit OHADA devant le juge judicaire congolais

Bien que les juridictions de l'ordre judiciaire et ceux de l'ordre administratif soient investies, concurremment avec la Cour constitutionnelle, de la compétence d'assurer le contrôle juridictionnel des droits de l'homme garantis par la Constitution et les instruments internationaux pertinents, la justiciabilité de ces droits demeure un casse-tête pour le juge congolais. Plus controversée dans doctrine comme dans la pratique internationale, la question de la justiciabilité des droits économiques, sociaux et culturels s'est invitée au débat prétorien à l'occasion de l'affaire dite *Jean de Dieu Mulikuza c. la Société Nationale d'Électricité et la République démocratique du Congo.* On le sait, c'est la contestation de la justiciabilité desdits droits au niveau continental qui amena la Commission et la Cour africaines des droits de l'homme et des peuples à réaffirmer avec force dans leur jurisprudence constante[1], qu'il n'y a pas de droits garantis par la Charte africaine des droits de l'homme et des peuples qui ne soient pas justiciables, y compris les droits économiques sociaux et culturelles.

L'analyse de M. Ezéchiel Cirimwami sur *l'Affaire Jean de Dieu Mulikuza c. la Société Nationale d'Électricité et la République démocratique du Congo* fait clairement apparaitre que le juge congolais n'est pas, par principe, opposé à la justiciabilité des droits économiques, sociaux et culturels. En l'espèce, le juge congolais a affirmé sa compétence pour connaître de toute action dommageable résultant de toute défaillance de l'Etat dans la mise en œuvre de l'obligation qui lui incombe de garantir les droits économiques, sociaux et culturels. Cependant, bien qu'il ait affirmé non sans audace sa compétence en la matière, pour régler le différend qui lui est soumis, il recourt aux méthodes classiques, transposant sur le terrain de la responsabilité en matière des violations des droits de l'homme, un raisonnement de la responsabilité purement contractuelle. La faiblesse de cette approche est telle que le cadre légal tracé par le doit contractuel n'est pas adapté notamment au régime probatoire en matière de discrimination et aux critères d'établissement de la responsabilité étatique en matière des violations des droits de l'homme. *In fine*, et c'est l'effet pervers de l'utilisation des anciennes méthodes dans l'application des droits nouveaux, on en arrive à « l'injusticiabilité » de ceux-ci.

[1] Voy. *Affaire du Peuple Ogoni c. Nigeria, Affaire du peuple Ogiek c. Kenya*

De même, la domestication du droit OHADA par le juge congolais suscite de fois dans le chef de ce dernier des réelles difficultés juridiques et factuelles difficiles à surmonter comme le démontre à suffisance l'étude de M. Emmanuel SHAMAVU *sur* la prise à partie des magistrats devant la Cour de cassation à l'aune du droit OHADA. Cet auteur montre comment l'exercice de la prise à partie des magistrats devant la Cour de cassation congolaise amène cette haute juridiction nationale à empiéter par voie incidente sur les compétences de la Cour commune de justice et d'arbitrage lorsque le magistrat pris à partie a rendu une décision dans une affaire soulevant des questions relatives à l'application et à l'interprétation des Actes uniformes dont la cassation relève exclusivement de la compétence de la Cour commune de justice et d'arbitrage. L'auteur fait admirablement bien le tour du problème, analyse la jurisprudence pertinente et formule des propositions *de lege ferenda* pour améliorer, sur la question, le droit processuel.

La justiciabilité des droits économiques, sociaux et culturels dans la jurisprudence congolaise. Regard cursif sur *l'Affaire Jean de Dieu Mulikuza c. la Société Nationale d'Électricité et la République Démocratique du Congo.*

Par Ezéchiel AMANI CIRIMWAMI[*]

Introduction

La République démocratique du Congo (RDC) s'est engagée à garantir les droits économiques, sociaux et culturels (DESC) en ratifiant plusieurs traités internationaux les consacrant. Elle a ratifié notamment le Pacte international sur les droits économiques, sociaux et culturels (PIDESC) le 1er novembre 1976,[2] et la Charte africaine des droits de l'homme et des peuples (CADHP) le 20 juillet 1987. Elle a procédé aussi à la consécration de ces droits dans la Constitution.[3] Ainsi, chaque congolais a notamment droit à la propriété privée, à la liberté d'association, au travail, à l'éducation, à la culture, à la santé et sécurité alimentaire, à un logement décent, à l'eau potable et à l'énergie électrique. La jouissance de ces droits est assurée à tous sans discrimination.[4] Mais la protection de ces droits est-elle susceptible de relever du pouvoir juridictionnel ? En d'autres termes, sont-ils justiciables,[5] c'est-à-dire peuvent-ils être invoqués dans le cadre d'une action en justice afin que les juges veillent à leur effectivité ?

La RDC est présentée comme un État de tradition moniste avec primauté du droit international.[6] Elle n'exige aucune loi de transposition pour qu'un

---

[*] Doctorant à la Vrije Universiteit Brussel et à Université Catholique de Louvain (cotutelle). Ancien Substitut du Procureur de la République, il est actuellement Juge permanent au Tribunal de commerce de Bukavu.

[2] Voy. Journal Officiel de la République démocratique du Congo (ci-après JORDC), n° spécial, avril 1999, pp. 12-20.

[3] Articles 34 à 49 de la Constitution de la RDC telle que modifiée par la Loi n° 11/002 du 20 janvier 2011 portant révision de certains articles de la Constitution de la République Démocratique du Congo du 18 février 2006.

[4] *Ibid.*, art. 12 et 13.

[5] Dans le dictionnaire de droit international public, la justiciabilité est définie comme le « [c]aractère de ce qui est susceptible de relever des juges ou de leur juridiction », voy. Jean Salmon (dir.), *Dictionnaire de droit international public*, Bruxelles, Bruylant, 2001, p. 635.

[6] Voy. Cependant, J. KAZADI MPIANA, *La position du droit international dans l'ordre juridique congolais et l'application de ses normes*, Paris, Publibook, 2014. L'approche soutenue par de l'auteur accrédite plutôt la thèse dualiste.

instrument juridique international acquière la qualité de norme juridique au niveau national.[7] Si l'article 215 de la Constitution dispose que les traités et accords internationaux régulièrement conclus, ont dès leur publication, une autorité supérieure à celle des lois,[8] son article 153(4) cite ces traités parmi les sources du droit que le juge applique.[9]

La pratique des tribunaux congolais révèle cependant que le Juge est généralement réticent à imposer à l'État des obligations financières sur la base des DESC.[10] Mais cette réticence ne tient pas à la fausse prétention de l'infirmité juridique de ces droits. L'affaire[11] *Jean de Dieu Mulikuza contre la Société Nationale d'Électricité et la République Démocratique du Congo* est révélatrice à cet égard. En effet, confronté pour la première fois à une question relative à sa compétence en matière des DESC, le juge du Tribunal de Grande de Bukavu a fait une affirmation qui allait marquer le futur de leur justiciabilité. Il affirme en l'espèce que la mission ordinaire de l'Etat est de garantir à toutes les personnes relevant de sa juridiction, la pleine jouissance des droits substantiels garantis. Plus intéressant encore, il dit clairement que les actions en dommages et intérêts résultant du tout fait préjudiciable de l'Etat en cette matière sont de sa compétence. Il semble donc que le juge congolais n'est pas nécessairement, par principe, opposé à la justiciabilité des DESC. Toutefois, lorsqu'il s'agit d'interpréter les garanties substantielles et procédurales y relatives, « le diable

[7] Traditionnellement en matière de droit des traités, la doctrine opère une distinction entre les Etats à tendance moniste et ceux qui ont opté pour un système dualiste. Dans un régime dualiste, l'ordre national et l'ordre international constituent deux sphères juridiques distinctes. Une transposition du contenu du traité par le biais d'une loi est nécessaire à son incorporation dans l'ordre interne. En revanche, dans un système moniste, l'ordre juridique est perçu comme un ensemble sans qu'il n'existe de distinction entre droit national et droit international. Les traités ratifiés sont directement incorporés dans l'ordre interne sans qu'aucune loi de transposition ne soit requise. Voy. En ce sens, J. DHOMMEAUX, « Monismes et dualismes en droit international des droits de l'homme », *Annuaire français de droit international*, volume 41, 1995, pp. 447-468. Dans le même sens, C. BEHRENDT, « Les Notions de Monisme et Dualisme », in P. MARTENS et M. BOSSUYT (éd.), *Liber Amicorum Michel Melchior*, Limal (Wavre), Anthemis, 2010, p. 867-879.

[8] Les constitutions et autres textes fondamentaux successivement adoptés depuis 1994 ont aussi prévu que les traités et accords internationaux régulièrement conclus ont, dès leur publication, une autorité supérieure à celle des lois. Voy. Article 112 de l'Acte constitutionnel de la transition (1994), article 193 de la Constitution de la transition de la République Démocratique du Congo du 4 avril 2003.

[9] Article 153 (4) : « Les Cours et Tribunaux, civils et militaires, appliquent les traités internationaux dûment ratifiés, [...] »

[10] Voy. pour plus de détails, E. AMANI CIRIMWAMI, La *protection juridictionnelle des droits économiques et sociaux. Regard sur la jurisprudence du ressort de la Cour d'appel de Bukavu*, Mémoire de Master, CERDHO UCB, 2012.

11 Tribunal de Grande de Bukavu, Jugement n° RC 7206, 17 décembre 2007 et Cour d'Appel de Bukavu, Arrêt n° RCA 4081, 24 novembre 2009.

est dans les détails ».[12] Le juge a décidément choisi de transposer sur le terrain de la responsabilité en matière des violations de droits de l'homme, et en particulier du droit à la non-discrimination, un raisonnement de la responsabilité purement contractuelle. La faiblesse de cette approche est telle que le cadre légal tracé par le droit contractuel n'est pas adapté notamment au régime probatoire en matière de discrimination et aux critères d'établissement de la responsabilité étatique en matière des violations des droits de l'homme.

Cette contribution vise à retracer l'évolution de cette affaire (I). De cette évolution, il sera démontré que tant sur le plan procédural que substantiel, le juge a choisi une approche inadaptée. En particulier, l'administration de la preuve et l'admissibilité des preuves en matière de discrimination sont discutées (II). Enfin, les critères précis permettant d'établir le fondement de la responsabilité de l'Etat dans cette affaire sont analysés (III).

I. Présentation et Évolution de l'Affaire Jean de Dieu Mulikuza c. la Société Nationale d'Électricité (SNEL) et la République Démocratique du Congo

Tribunal de Grande de Bukavu, Jugement n° RC 7206, 17 décembre 2007 et Cour d'Appel de Bukavu, Arrêt n° RCA 4081, 24 novembre 2009.

A l'origine de cette affaire[13] se trouve une requête de Monsieur Jean de Dieu Mulikuza (requérant) contre la Société Nationale d'Electricité (SNEL) et la République Démocratique du Congo (RDC) déposée au Tribunal de Grande Instance de Bukavu (T.G.I.). Le requérant se plaint d'être discriminé et surfacturé par la SNEL. Pour la même consommation de l'énergie électrique, sa facturation est plus élevée que celle d'autres abonnés se trouvant notamment à l'Ouest du pays. D'après le requérant, un Arrêté du Ministre de l'Énergie portant fixation des tarifs de vente d'énergie électrique aux abonnés basse tension[14] était à la base de cette différence de traitement. Si sa portée territoriale concerne tout

[12] Expression tirée de la réflexion de J. MORRI, « Section 2-1. La protection juridictionnelle des droits sociaux comparée à celle des droits civils : existe-t-il une réelle différence de mise en œuvre des droits ? », *La Revue des droits de l'homme*, 1 | 2012, 353-370, p. 360.

[13] Tribunal de Grande Instance de Bukavu. Jugement R.C.7206, 17 décembre 2007, *Jean de Dieu Mulikuza contre la Société Nationale d'Électricité (SNEL) et la République Démocratique du Congo* [Jugement du T.G.I. Bukavu] ; Cour d'Appel de Bukavu, arrêt n° 4081, 24 novembre 2009, *Jean de Dieu Mulikuza c. la Société Nationale d'Électricité* (SNEL) et République Démocratique du Congo [Arrêt de la C.A de Bukavu].

[14] Arrêté ministériel N°010/CAB/MENIP/98 du 28 avril 1998 portant fixation des tarifs de vente d'énergie électrique par la SNEL.

le territoire national, son application a seulement été géographique.[15] Il n'était appliqué qu'aux seuls abonnés de l'Est du pays, au nombre desquels, le requérant. Celui-ci a, sans succès, contresigné deux pétitions adressées respectivement au Directeur de la SNEL et au Gouverneur de Province pour dénoncer ce qu'il a qualifié de discrimination.[16]

Il leur était demandé de prendre de mesures pour mettre fin à la pratique discriminatoire dénoncée. Aucune suite n'y fut réservée. Mécontent, le requérant saisira le Tribunal de Grande Instance de Bukavu sous RC 7206. Une véritable saga judiciaire s'ensuivit. Pendant le procès, l'application de l'Arrêté ministériel N°010/CAB/MENIP/98 du 28 Avril 1998 fut étendue sur l'ensemble du pays.[17]

Des protestations se firent sentir à travers tout le pays.[18] Étrange fortune d'un malentendu ![19], le Ministre de tutelle est alors contraint de faire retirer la décision.[20] Malgré tout, le requérant et tous les abonnés de l'Est du pays ont continué à être facturés sur cette base inégalitaire.

---

[15] L'application géographique de cet Arrêté a été confirmée par le Directeur général de la SNEL dans sa réponse aux préoccupations soulevées par les Députés nationaux. Dans le document intitulé, « Réponses du Directeur général de la Société nationale d'électricité aux préoccupations soulevées par les Honorables Députés nationaux suite à la question orale avec débat posée par l'Honorable Clément Kanku Bukasa », il déclare que l'application de l'Arrêté Ministériel n°010/CAB/MENIP/98 du 28 avril 1998, portant fixation des tarifs de vente d'énergie électrique aux abonnés basse tension était au départ géographique, mais a été améliorée par la SNEL plus tard. Voy. en ce sens, http://www.snel.cd/dl/Reponses_DG_Parlement.pdf (consulté, le 14/8/2019).

[16] http://jeandedieumulikuza.unblog.fr/category/liens/ (consulté, le 14/8/2019).

[17] Voy. « Réponses du Directeur général de la Société nationale d'électricité aux préoccupations soulevées par les honorables députés nationaux suite à la question orale avec débat posée par l'honorable Clément Kanku Bukasa », *op.cit*.

[18] Voy. en ce sens, « Kinshasa : facturation de l'électricité, les abonnés dénoncent une hausse vertigineuse », 17 novembre 2009, https://www.radiookapi.net/sans-categorie/2009/11/17/kinshasa-facturation-de-lelectricite-les-abonnes-denoncent-une-hausse-vertigineuse (consulté, le 14 /8 /2019) ; « SNEL : la nouvelle facturation provoque un mécontentement général au Katanga et à Matadi », https://www.radiookapi.net/sans-categorie/2009/11/15/snel-la-nouvelle-facturation-provoque-un-mecontentement-general-au-katanga-et-a-matadi (consulté, le 14 /8/2019).

[19] Expression utilisée par P-M. DUPUY, « Introduction générale. La notion de « régime spécial » en droit international », in RAPHAËL van STEENBERGHE (éd.), *Droit international humanitaire : un régime spécial de droit international ?*, 1ère édition, 2013, p. 1.

[20] Voy. *Compte-rendu du Conseil des ministres du 20 novembre 2009 (RD Congo)*, I.1.3, para. 2 : « [l]e Conseil s'est ainsi penché sur la question des nouvelles tarifications des fournitures d'électricité par la SNEL. Il a été décidé à cet effet de surseoir à l'application de cette nouvelle tarification. Les Ministres ayant en charge l'Économie nationale et l'Énergie ont été instruits pour prendre toutes les dispositions pratiques découlant de cette décision », http://www.pp-drcgov.net/comrend20112009.php (consulté le 14/8/2019).

Devant le juge, le requérant s'attèle à démontrer la discrimination entretenue entre les abonnés de l'Est et ceux de l'Ouest du pays, et la surfacturation dont il est victime. Pour l'attester, il a agi en deux temps. *Primo*, pour comparer sa situation avec celle d'un abonné qui se trouve à l'Ouest du pays, il a mobilisé et produit devant le juge plusieurs photocopies de différentes factures d'électricité émises par la SNEL à travers le pays. Ces factures attestent, par exemple, que pour le mois de septembre 2007, le requérant a consommé 708 Kwh au code tarifaire n° 34 au prix de 34 018,59 Francs congolais (FC) soit 68,1 dollars américains. Pourtant, au courant de la même période, la SNEL facture un client, établi dans la ville de Kinshasa au code tarifaire n° 34, la somme de 11 680 FC, soit 23 dollars américains pour 1200 Kwh consommés.[21] Il en découle que, pour moins de Kwh consommés, le requérant paye plus que les autres clients de la SNEL établis à l'Ouest du pays qui se trouvent au même code tarifaire n° 34 que lui. *Secundo*, sur le plan essentiellement substantiel, le requérant démontre que ce traitement constitue une discrimination prohibée par plusieurs textes juridiques parmi lesquels : le Pacte international relatif aux droits économiques, sociaux, culturels en son article 2 (2)[22] et la Charte africaine des droits de l'homme et des peuples en ses articles 2 et 3.[23]

Bien plus, le requérant s'appuie sur les articles 12 et 13 de la Constitution de la RDC qui prohibent toute discrimination y compris celle fondée sur la résidence.[24]

---

21 Voy. les autres données collectées par le requérant ici : http://jeandedieumulikuza.unblog.fr/2008/05/31/17/ (consultée, le 14/8/2019).

22 Article 2, para. 2 : « Les Etats parties au présent Pacte s'engagent à garantir que les droits qui y sont énoncés seront exercés sans discrimination aucune fondée sur la race, la couleur, le sexe, la langue, la religion, l'opinion politique ou toute autre opinion, l'origine nationale ou sociale, la fortune, la naissance ou toute autre situation ».

23 Article 2 : « Toute personne a droit à la jouissance des droits et libertés reconnus et garantis dans la présente Charte sans distinction aucune, notamment de race, d'ethnie, de couleur, de sexe, de langue, de religion, d'opinion politique ou de toute autre opinion, d'origine nationale ou sociale, de fortune, de naissance ou de toute autre situation » ; Article 3 : « 1. Toutes les personnes bénéficient d'une totale égalité devant la loi. 2. Toutes les personnes ont droit à une égale protection de la loi ». Pour un commentaire plus récent de ces dispositions, voy. respectivement, O. De SCHUTTER et E. DECAUX (dir.), *Le pacte international relatif aux droits civils et politiques: commentaire article par article*, Paris, Economica, 2019, pp.111-159 ; Rachel Murray, *The African Charter on Human and Peoples' Rights: A Commentary*, Oxford, Oxford University Press, 2019, pp. 44-90.

24 Article 12 : « Tous les Congolais sont égaux devant la loi et ont droit à une égale protection des lois » ; Article 13 : « Aucun Congolais ne peut, en matière d'éducation et d'accès aux fonctions publiques ni en aucune autre matière, faire l'objet d'une mesure discriminatoire, qu'elle résulte de la loi ou d'un acte de l'exécutif, en raison de sa religion, de son origine familiale, de sa condition sociale, *de sa résidence*, de ses opinions ou de ses convictions politiques, de son appartenance à une race, à une ethnie, à une tribu, à une minorité culturelle ou linguistique ». (Les italiques relèvent de nous).

En définitive, deux chefs de demande ressortent de sa requête. D'une part, il sollicite du Tribunal d'enjoindre la SNEL à lui faire application du tarif national en vigueur dans les Provinces de Kinshasa, Bandundu, Bas-Congo et Katanga ; à la restitution de toutes les sommes perçues indûment depuis la date de l'abonnement et constituant des enrichissements sans cause et calculées jusqu'au 31 mars 2008, à la somme de l'équivalent en FC de 674,64 $ US ; au payement des dommages-intérêts de l'équivalent en FC de 70.000 $ US, à titre de réparation des préjudices matériels et moraux subis par le fait de la surfacturation, perception de l'indu et discrimination. D'autre part, le requérant demande la condamnation de l'Etat congolais (la RDC) aux dommages-intérêts de l'équivalent en FC de 30.000 $ US pour avoir failli à son obligation de protection en matière de garantie des droits économiques, sociaux et culturels, en l'occurrence, le droit d'accès à l'énergie électrique sans discrimination.

Mise en cause de l'intervention du juge : Dès les premières heures de l'instruction de cette affaire, la compétence du Tribunal de Grande de Bukavu pour connaître d'une action fondée sur les instruments juridiques sus référenciés a été mise en cause. La SNEL a notamment prétendu que le Tribunal de Grande Instance n'est pas compétent pour contrôler, examiner ou vérifier si les faits de personnes publiques étaient conformes au PIDESC, à la Charte africaine et à la Constitution de la RDC. Pour elle, il s'agit d'une action en appréciation de la constitutionnalité dont la compétence est dévolue à la Cour suprême de justice [qui faisait office du juge constitutionnel]. Pour l'Etat congolais, par contre, l'action est mal dirigée. N'étant pas partie au contrat d'abonnement passé entre la SNEL et le requérant, l'action doit être déclarée irrecevable. Si les deux arguments ne sont pas moins ambigus, la réponse du juge est plutôt intuitive.

Il affirme ce qui suit : le Tribunal est donc d'avis que la référence faite aux instruments juridiques internationaux ci-dessus et à la Constitution de la République démocratique du Congo dans l'exploit introductif d'instance, ne fait pas de la présente action un recours en appréciation de la constitutionalité. Ainsi, [...] le Tribunal fait observer que de par la mission ordinaire de l'Etat de garantir à tout citoyen les droits fondamentaux résultant tant des instruments juridiques internationaux régulièrement ratifiés que de la Constitution, en particulier le droit d'accès aux services publics, en l'espèce le service de distribution de l'énergie électrique, le demandeur est fondé à l'assigner comme partie principale en réclamation des dommages et intérêts pour préjudice qu'il déclare avoir subi par son fait (...).[25]

Affirmation du pouvoir du juge. De ce qui précède, il appert que le juge n'était pas, par principe, opposé à la justiciabilité des droits économiques, sociaux et

---

25 T.G.I. Bukavu, Jugement R.C.7206, 17 décembre 2007, 21e feuillet, *in fine* et 22e feuillet au 1er paragraphe).

culturels comme cela est, parfois, constaté ailleurs.[26] Il dit clairement que l'action en réparation des préjudices résultant du défaut de l'Etat de garantir les droits substantiels énoncés notamment dans le PIDESC et la CADH – en l'occurrence, le droit d'accès à l'électricité, sans discrimination – relève de sa juridiction.[27]

Fausse prophétie. Cette position du juge sur sa compétence semblait annoncer un avenir glorieux de la protection juridictionnelle des DESC. La suite de l'affaire démentit cependant cette prophétie. L'approche suivie par le juge dans l'examen de la question de savoir si, oui ou non, il y a eu discrimination, interroge et fascine.

En effet, dans sa décision au fond, le juge a d'abord rejeté les pièces relatives aux différentes factures que le requérant a produites pour faire constater un traitement discriminatoire. Le fondement de ce rejet est un vieux arrêt[28] de la Cour suprême de justice (C.S.J). Par cet arrêt, la C.S.J a décidé que les pièces produites sous forme de photocopies libres n'ont aucune force probante.[29] Le juge a rejeté les pièces du requérant pour le même motif.[30] Par ailleurs, le raisonnement du juge concernant la discrimination est aussi surprenant que sa position sur l'admissibilité des preuves. Il considère, aussi simplement, qu'il n'y a pas de discrimination parce que le requérant est pourvu en électricité de manière ininterrompue depuis le début de son abonnement. Le juge estime alors que son droit d'accès à l'énergie n'est pas entamé. Au demeurant, ce raisonnement du juge n'est pas sans incidence sur sa décision finale. Il en conclut que faute d'élément de base de comparaison, le demandeur n'est pas fondé à soutenir qu'il a été l'objet de surfacturation de la part de la SNEL, ni d'une discrimination, au regard des droits de l'homme qu'il a lui-même invoqués. Ce faisant, l'Etat congolais ne saurait non plus se voir imputer la discrimination alléguée.[31]

---

26 Par exemple, la Cour suprême des Pays-Bas a jugé infondée la requête des étudiants qui invoquait le droit à l'éducation énoncé à l'article 13 du PIDESC pour faire cesser la hausse des frais de scolarité dans l'enseignement supérieur. La Cour a affirmé que la clause conventionnelle visant à rendre l'enseignement supérieur progressivement gratuit impliquait des obligations positives pour l'Etat dont le contrôle ne pouvait être invoquée par des particuliers dans le cadre d'une procédure devant un tribunal. Voy. Cour Suprême, 14 avril 1989, AB 1987, 207 (*Harmonisatiewet*). Plus d'informations sur les systèmes nationaux, voy. FONS COOMANS (éd.), *Justiciability of Economic and Social Rights: Experiences from Domestic Systems*, Antwerpen, Intersentia, 2006; CHIRWA, DANWOOD MZIKENGE, et L. CHENWI (éd.), *The Protection of Economic, Social and Cultural Rights in Africa: International, Regional and National Perspectives*, New York, Cambridge University Press, 2016.

27 Voy. Expédition pour appel du jugement RC 7602, 22e feuillet, para. 1.

28 C.S.J, Arrêt R.P. 2174, 03 Janvier 2001.

29 Voy. *Bulletin des arrêts de la CSJ, Années 2000 à 2003*, Kinshasa, éd. du Service de Documentation et d'Etudes du Ministère de la Justice, 2004, p. 64.

30 Voy. Expédition pour appel du jugement RC 7602, 33e feuillet, para. 1.

31 *Id.*

Le requérant est débouté de son action.[32] Il décide d'interjeter appel contre cette décision pour mal jugé. Il reproche au jugement entrepris de n'avoir pas rencontré ses prétentions relatives à la violation, par la SNEL et la RDC, de ses droits fondamentaux substantiels garantis par le PIDESC, la CADHP et la Constitution, en l'espèce le droit à l'égalité et à la non-discrimination de tous. L'Arrêt[33] de la Cour d'appel de Bukavu n'y fait pas droit non plus. Il confirme plutôt l'œuvre du premier juge en toutes ses dispositions. La Cour d'appel a d'ailleurs fait preuve d'inhabituels éloges à l'égard du premier juge. Elle souligne que « le premier juge a répondu de manière suffisante, voire surabondante à tous les moyens soulevés par toutes les parties, sans ne se contredire ni entretenir d'hérésie ».[34] Pour surplus d'arguments, la Cour dit que la rupture de l'égalité n'a pas eu lieu « étant entendu que [l'appelant] bénéficie du courant électrique dans les mêmes conditions que tous les autres congolais ».[35] Bien plus, la Cour dit qu'il n'y a pas lieu de conclure à la surfacturation au préjudice de ce dernier. Le raisonnement du juge d'appel est que la convention d'abonnement qui lie l'appelant à la première intimée SNEL est un contrat d'adhésion, c'est-à-dire le contrat conclu entre deux parties dont l'une ne peut en fait discuter les différentes clauses, et n'a que la liberté d'accepter ou de refuser le contenu global de la proposition de la Convention.[36]

La Cour en déduit que « le consentement de l'abonné sur le prix du KWH consommé est réduit à sa plus simple expression, car fixé unilatéralement par la SNEL, partie puissante, sur base bien entendu des textes légaux (…) ».[37] En définitive, la Cour dit que la RDC n'étant pas partie à ce contrat, elle n'a commis aucune faute, comme il en est, aussi de la SNEL. En conséquence, elle a dit recevable mais non fondé le recours de l'appelant.[38]

II. Observations

Le raisonnement juridique développé par les juges du Tribunal de grande instance et de la Cour d'appel de Bukavu suscite trois observations particulières mais intimement liées. D'abord, l'administration de la preuve et l'admissibilité des preuves en matière de discrimination (A). Ensuite, les critères d'appréciation du traitement discriminatoire (B), et enfin, le fondement de la responsabilité de l'Etat (C).

---

32 *Ibid.*, 37e feuillet, 4e tiret : « pour toutes ces raisons, le tribunal dit non fondée l'action mue sous RC 7206 par le demandeur Jean de Dieu Mulikuza et l'en a débouté en conséquence ».
33 RCA 4081, 24 novembre 2009.
34 *Ibid.*, 8e feuillet, avant dernier paragraphe.
35 *Ibid.*, 9e feuillet.
36 I*bid.*, para. 3.
37 *Id.*
38 *Ibid.*, 10e feuillet.

A) Administration de la preuve et admissibilité des preuves en matière de discrimination

Le premier juge a rejeté les seules preuves de la discrimination constituées de plusieurs factures émises par la SNEL à l'endroit de ses abonnés de l'Est et de l'Ouest du pays. Le juge d'appel a fait sienne cette décision en confirmant l'œuvre du premier juge en toutes ses dispositions. La raison du rejet de ces preuves, nous l'avons dit, est qu'elles n'ont aucune force probante car produites sous forme de photocopies libres.[39] Manifestement, le juge instaure – sans forcément le dire – un régime probatoire de preuve au-delà de tout doute raisonnable. Son attitude suscite quelques observations. D'abord, le juge laisse les parties défenderesses se complaire dans un attentisme passif, ne priant que sur l'échec probatoire du requérant. Ensuite, le juge ne joue aucun rôle actif dans la recherche de la vérité. Il ne prend aucune initiative en matière de preuves. Il se contente d'attendre passivement. Enfin, le juge rejette les seuls éléments ou indices en sa possession susceptibles de faire présumer une discrimination. Au demeurant, sa démarche est l'occasion de se reposer deux questions fondamentales : qui, du demandeur ou du défendeur est le débiteur de l'obligation de preuve en matière de discrimination (1) et quel est le standard de la preuve admissible (2) ? La question de la charge de la preuve se ramène d'ailleurs à cette première interrogation.

1. La charge de la preuve

La réflexion sur la charge de la preuve va de pair avec les conceptions relatives aux pouvoirs du juge et au rôle des parties dans le débat relatif aux preuves.[40] Certes, *actori incumbit probatio.* La charge de la preuve incombe au demandeur. Ce principe est bien ancré en droit positif congolais. L'article 197 du Code civil congolais des obligations prévoit que « celui qui réclame l'exécution d'une obligation doit la prouver ».[41] « Réciproquement, celui qui se prétend libéré doit justifier le payement ou le fait qui a produit l'extinction de son obligation ».[42] Ce principe repose sur une conception de la charge de la preuve qui fait du demandeur le débiteur exclusif du fardeau de la preuve. Cette conception est tempérée aujourd'hui. La pratique n'est pas toujours conforme à cet aspect théorique. Lorsqu'une partie est à même d'établir un fait qui lui est favorable, elle ne manquera pas d'en démontrer l'existence même si la charge de la preuve ne lui incombe pas. Il est d'ailleurs admis que le juge peut prendre des initiatives dans le cadre de la réception des preuves. Il peut même ordonner toutes

---

39, *Op.Cit.*

40 Voy. D. MOUGENOT, « La preuve : évolution et révolution », in P. WÉRY et Ch. De LEVAL, (éd.), Le *droit des obligations contractuelles et le bicentenaire du code civil*, Bruges, La Charte, 2004, pp. 121-188.

41 Décret du 30 juillet 1888 – Des contrats ou des obligations conventionnelles (B.O., 1888, p. 109).

42 *Ibid.*, art. 197, al. 2.

les mesures d'instruction qui lui paraissent indispensables. A cet égard, le paragraphe 2 de l'article 29 du code de procédure civile stipule que « le juge peut aussi ordonner d'office la preuve des faits qui lui paraissent concluant si la loi ne le défend pas ».[43]

Clairement, si le principe est qu'il est obligé au demandeur d'établir la véracité de ses allégations, le législateur congolais donne la possibilité au juge de ne pas se laisser endormir par un principe qui se soucie peu de la recherche de la réalité des faits. Le juge n'est nullement obligé de demeurer dans une neutralité tout aussi inactive en matière civile. Le défendeur n'a pas un droit absolu de rester passif. Le juge a le pouvoir de faire participer les parties à la manifestation de la vérité. Il tient ce pouvoir de l'article 55 du code de procédure civile qui lui permet de confronter les parties pour connaître la réalité des faits.[44] Celles-ci peuvent aussi faire poser des questions qu'elles estiment utiles pendant l'instruction.[45] Si l'article 197 du code civil congolais des obligations a trait à la charge de la preuve, les articles 29, 53 et 54 du code congolais de procédure civile ont trait à l'administration de la preuve. Les deux ne sont pas à confondre. La logique lors de l'instruction est que toutes les parties doivent produire les éléments de preuve dont elles disposent. Il n'est pas exagéré de dire que le principe de l'obligation des parties de collaborer à la preuve[46] a acquis un droit de cité dans la procédure civile congolaise.

Par ailleurs, si en Droit congolais classique des obligations la thèse selon laquelle la preuve est la charge exclusive du demandeur a pu être mécaniquement défendue, elle ne peut prévaloir en matière des obligations relatives aux droits fondamentaux substantiels, telle l'obligation incombant à l'Etat et à toute entité ou acteur non étatique de ne pas discriminer. En général, les affaires dans lesquelles des personnes allèguent la violation des droits de l'homme sont extrêmement délicates en ce qui concerne la preuve. Le requérant n'a bien souvent que très peu d'éléments de preuve à l'appui de ses allégations et seul l'Etat serait en mesure de mettre en lumière ce qui s'est réellement passé.[47] A ce

---

[43] Décret du 7 mars 1960 portant Code de procédure civile.

[44] Article 52 : « Les parties peuvent être interrogées en l'absence l'une de l'autre; dans tous les cas, elles peuvent être confrontées. Elles répondent en personne aux questions qui leur sont posées sans pouvoir s'aider d'aucun texte préparé ».

[45] Art. 53. - Les conseils des parties peuvent assister à la comparution et, après l'interrogatoire, demander au juge de poser les questions qu'ils estiment utiles.

[46] A propos de l'obligation des parties de collaborer à la preuve en matière civile, voy. N. HOFFSCHIR, *La charge de la preuve en droit civil*, Paris : Dalloz, 2016.

[47] Voy. sur ce point, L. DUTHEIL-WAROLIN, « La Cour européenne des droits de l'homme aux prises avec la preuve de violations du droit à la vie ou de l'interdiction de la torture : entre théorie classique aménagée et innovation européenne », *Rev. trim. dr. h.* (62/2005), p.333 ; E. van NUFFEL, « L'appréciation des faits et leur preuve par la Cour européenne des droits de l'homme dans les affaires mettant en cause les forces de sécurité accusées d'homicides et d'actes de torture : le doute raisonnable et l'inhumain », *Rev. trim. dr. h.*, 2001, pp. 856-857.

sujet, le Comité de droits de l'homme rappelle constamment que « la règle relative à la charge de la preuve ne doit pas incomber uniquement à l'auteur d'une communication, d'autant plus que celui-ci et l'Etat partie n'ont pas toujours un accès égal aux éléments de preuve et que souvent l'Etat partie dispose des renseignements nécessaires ».[48] L'Observation générale n° 20 du Comité des droits économiques, sociaux et culturels relative à la non-discrimination dans l'exercice des DESC est, à cet égard, instructive. Elle souligne clairement que «lorsque les faits et les événements en cause relèvent, complètement ou en partie, de la connaissance exclusive des autorités ou d'un autre défendeur, il devrait être considéré que la charge de la preuve incombe aux autorités ou à l'autre défendeur, respectivement ».[49]

En particulier, la complexité de la preuve en matière des violations des droits de l'homme est plus perceptible sur le terrain de la discrimination. Certains commentateurs[50] n'ont pas hésité de qualifier la preuve en matière de discrimination de «point noir»,[51] d' « obstacle majeur »,[52] de « question la plus sensible »,[53] de « question qui suscite d'énormes difficultés»,[54] ou encore de «mission impossible».[55] Pour qu'une discrimination soit constatée, il faut

---

[48] Voy. notamment Comité des droits de l'homme, *Arab Millis et Mohamed Millis c. Algérie*, Constations du 6 avril 2018, Doc. ONU, CCPR/C/122/D/2398/2014, p. 10, para. 7.3 et note 12 (pour les autres affaires).

[49] Comité des droits économiques, sociaux et culturels, *Observation générale no 20 : La non-discrimination dans l'exercice des droits économiques, sociaux et culturels (art. 2, par. 2 du Pacte international relatif aux droits économiques, sociaux et culturels)*, Doc ONU E/C.12/GC/20 (2009), p. 14, para. 40.

50 Voy. à ce sujet, A. DANIS-FATOME, « Le dispositif propre à la charge de la preuve, frein ou outil de lutte contre les discriminations ? », *Revue des droits de l'homme,* vol. 9, 2016.

51 F. TULKENS, « Les évolutions récentes de la jurisprudence de la Cour européenne des droits de l'homme. Ses moments forts, ses ressorts, ses dynamiques » in *Les discriminations devant le juge : quel bilan ? Actes du Colloque sur les 10 ans de droit de la non*-discrimination, Cour de cassation, 5 octobre 2015, p. 43.

52 Prouver la discrimination, La mise en oeuvre dynamique de la législation de l'UE sur l'antidiscrimination : le rôle des organismes spécialisés, Rapport de la première réunion d'experts, 14-15 janvier 2003, Centre belge pour l'égalité des chances et la lutte contre le racisme, p. 39 ; A. DANIS-FATOME, « Le dispositif propre à la charge de la preuve, frein ou outil de lutte contre les discriminations ? », Revue des droits de l'homme, vol. 9, 2016.

53J-Y. FROUIN, « La lutte contre les discriminations et l'emploi », in *Les discriminations devant le juge : quel bilan* ?, Actes du Colloque sur les 10 ans de droit de la non-discrimination, Cour de cassation, 5 octobre 2015, p. 43.

54 Ch. PETTITI, « L'avocat face au droit européen à la non-discrimination : sa place et quelques outils pour l'expérience professionnel », in F. SUDRE et H. SURREL (dir.), *Le droit à la non-discrimination au sens de la Convention européenne des droits de l'homme*, Bruxelles, Bruylant, 2008, p. 435.

55 P. HUMBLET, « La preuve de la discrimination sexuelle : mission impossible ? » in *Prouver la discrimination, La mise en oeuvre dynamique de la législation de l'UE sur l'anti-discrimination : le rôle des organismes spécialisés, Rapport de la première réunion*

prouver qu'une personne a été traitée de manière différente par rapport aux autres placées dans des situations comparables et ce, sans justification objective et raisonnable.[56] Cette différence de traitement doit, au surplus, s'appuyer sur l'un des motifs interdits de discrimination.[57] Or, la discrimination n'est généralement pas aisée à démontrer car elle est le plus souvent voilée[58] ou nourrie de stéréotypes qui ne sont pas nécessairement conscients.[59] Les cas de discrimination assumée ou manifeste restent peu fréquents.[60] Les auteurs n'avouent pas toujours qu'ils traitent une personne de façon moins favorable que d'autres, pas plus qu'ils n'indiquent les raisons motivant cette différence de traitement.[61] La question de la preuve est donc plus sensible en matière de discrimination puisque celle-ci peut se dissimuler derrière des comportements apparemment neutres rendant difficile, pour celui qui s'en prétend victime, d'en établir la preuve.

Pour contribuer à remédier à cette difficulté, la charge de la preuve est partagée entre les parties. Cette répartition de la preuve est en réalité un mécanisme d'aménagement du fardeau de la preuve. La Directive du Conseil de l'Union européenne relative à la mise en œuvre du principe de l'égalité de traitement entre les personnes sans distinction de race ou d'origine ethnique[62] peut illustrer le potentiel de ce mécanisme. Aux termes du 21e considérant du préambule de cette Directive, [l]'aménagement des règles concernant la charge de la preuve s'impose dès qu'il existe une présomption de discrimination et, dans les cas où cette situation se vérifie, la mise en œuvre effective du principe de

---

d'experts, 14-15 janvier 2003, Centre belge pour l'égalité des chances et la lutte contre le racisme, pp. 4-10, spéc. p. 6.

56 L. HENNEBEL et H. TIGROUDJA, *Traité de Droit international des droits de l'homme*, 2e éd., Paris, Pedone, 2018, p.799.

57 *Ibid.*, p. 800.

58 Voy. *CERD, E.I.F. c. Pays-Bas*, opinion du 21 mars 2001, communication n° 15/1999, § 6.2 : insuffisance des preuves du motif racial motivant le renvoi d'un élève de l'académie de police ; CERD, *Laurent Gabre Gabaroum c. France*, constations du 10 mai 2016, communication n°52/2012 : demander à la victime d'apporter la preuve de l'intention discriminatoire était excessif au regard de la Convention sur l'élimination de la discrimination raciale.

59 L. HENNEBEL et H. TIGROUDJA, *op. cit.*, p. 800

60 L'affaire *Feryn* fait néanmoins exception à cette règle : dans cette affaire, le propriétaire d'une société établie en Belgique avait déclaré, oralement et dans la presse écrite, qu'il ne voulait pas recruter des personnes « autochtones ». La CJCE a constaté qu'il s'agissait là d'un cas manifeste de discrimination directe fondée sur la race ou l'origine ethnique. Voy. en ce sens, Arrêt de la CJCE du 10 juillet 2008 dans l'affaire C-54/07, *Centrum voor gelijkheid van kansen en voor racismebestrijding c. Firma Feryn NV*, Recueil 2008, p. i-5187. Aussi, Ludovic Hennebel et Hélène Tigroudja, *ibid.*, note 291.

61 Voy. en ce sens, le *Manuel de droit européen en matière de discrimination*, Luxembourg, Office des Publications de l'Union Européennes, 2018, p. 148.

62 Directive 2000/43/CE du Conseil de l'Union européenne du 29 juin 2000, *Journal officiel n° L 180*, 19/7/2000, p. 0022-0026.

l'égalité de traitement requiert que la charge de la preuve revienne à la partie défenderesse.

Une disposition opératoire de la susdite Directive régit la question de la charge de la preuve. L'article 8 (1) dispose que les États membres prennent les mesures nécessaires, conformément à leur système judiciaire, afin que, dès lors qu'une personne s'estime lésée par le non-respect à son égard du principe de l'égalité de traitement et établit, devant une juridiction ou une autre instance compétente, des faits qui permettent de présumer l'existence d'une discrimination directe ou indirecte, il incombe à la partie défenderesse de prouver qu'il n'y a pas eu violation du principe de l'égalité de traitement.[63]

En d'autres termes, la répartition de la preuve fait supporter à la victime que l'établissement des faits permettant de présumer l'existence d'une discrimination. La charge revient ensuite à l'auteur supposé de ladite discrimination de prouver que la mesure en cause est justifiée par des éléments objectifs étrangers à toute discrimination. Sans parler d'un véritable renversement de la charge de la preuve,[64] la recherche de la vérité conduira le juge à faire « peser le fardeau probatoire sur celui qui paraît le plus apte à apporter les preuves ».[65] C'est l'approche de la «meilleure aptitude à la preuve»[66] généralement suivie en matière de preuve d'un fait négatif.

Cette approche se reflète dans la jurisprudence de la Commission africaine des droits de l'homme et des peuples. Aux fins de l'administration de la preuve, elle applique généralement le partage de la charge de la preuve dans le cadre des griefs de violation des droits de l'homme,[67] y compris en ce qui concerne le droit

---

63 Le paragraphe 2 de cet article stipule d'ailleurs que les Etats membres peuvent adopter de règles de la preuve plus favorables aux plaignants : « Le paragraphe 1 ne fait pas obstacle à l'adoption par les États membres de règles de la preuve plus favorables aux plaignants ».

64 Par contre, le récent *Manuel de droit européen en matière de discrimination* (Luxembourg, Office des Publications de l'Union Européennes, 2018), parle carrément d'un « Renversement de la charge de la preuve ». C'est discutable. Voir en ce sens, A. DANIS-FATOME, « Le dispositif propre à la charge de la preuve, frein ou outil de lutte contre les discriminations ? », *Op. Cit.*, p. 5.

65 J-F. CESARO, « Avant-propos - La preuve », Rapport de la Cour de cassation 2012, La documentation française 2013, p. 85 et s., spéc. p. 95.

66 Voy. en ce sens, D. MOUGENOT, « La détermination de la charge de la preuve en matière de responsabilité contractuelle : mission impossible ? », *D.A.O.R.*, 2006, n°10 et s.

67 Voy. notamment la *Communication 334/06 Egyptian Initiative for Personal Rights et Interights c./ République Arabe d'Egypte,* 16 decembre 2011, para. 216 : « [d]onc, quand un individu allègue qu'un aveu a été obtenu sous la torture ou de mauvais traitements, la charge de la preuve, dans ce cas, incombe à l'Etat qui doit démontrer que l'aveu en question a été fait librement ».

à la non-discrimination.[68] Les cours européenne,[69] et interaméricaine[70] des droits de l'homme ont particulièrement développé cette approche. Les systèmes juridiques internes de plusieurs Etats de droit civil l'ont adoptée et la jurisprudence nationale l'a consolidée.[71]

Dans le cadre de l'affaire Jean de Dieu Mulikuza, il est manifeste que si le juge voulait aller le plus loin possible dans la recherche de la vérité, il le ferait. Le fondement juridique de cette démarche a été démontré. Les copies de factures récoltées par le requérant à travers le pays font justement présumer l'existence d'une pratique tarifaire inégalitaire frisant la discrimination. Elles sont l'œuvre d'une des parties au procès, la SNEL. Celle-ci est la plus apte à apporter au juge tous les éléments de facturation de ses abonnés. Le juge avait donc la possibilité de découvrir la vérité sur les véritables factures qui ont été émises pendant la période concernée et si, oui ou non, le traitement différencié entre les abonnés de

---

[68] A propos de la preuve en matière de discrimination devant la Commission africaine des droits de l'homme et des peuples, voy. R. MURRAY, *The African Charter on Human and Peoples' Rights: A Commentary*, Oxford, Oxford University Press, 2019, p. 82-83, p. 83: "Once the complainant has submitted evidence that the violations on the victims who, in one case were exclusively women, and these violations were because of their gender, the African Commission has said that the burden of proof will shift to the State 'to prove that the Victims were in effect protected by the law and that there was no differential treatment given to both male and female proresters on the scene'". Voir aussi les notes 290, 291, 292, 293 citées par l'auteur.

[69] Voy. notamment, CEDH (GC), *D.H et autres c. République Tchèque*, arrêt du 13 novembre 2007, para. 177 : « En ce qui concerne la charge de la preuve en la matière, la Cour a déjà statué que, quand un requérant a établi l'existence d'une différence de traitement, il incombe au Gouvernement de démontrer que cette différence de traitement était justifiée (voir, par exemple, Chassagnou et autres c. France [GC], nos 25088/94, 28331/95 et 28443/95, §§ 91-92, CEDH 1999-III ; Timichev, précité, § 57) ». Plus d'informations, voy. J. RINGELHEIM, « La non-discrimination dans la jurisprudence de la Cour européenne des droirs de l'homme. Bilan d'étape », *CRIDHO Working Paper 2017/2*, Institute for Interdisciplinary Research in Legal sciences (JUR-I) - Centre for Philosophy of Law (CPDR), 2017.

[70] Voy. plus généralement, *Affaire Velasquez Rodriguez c. Honduras*, arrêt du 29 juillet 1988. Pour la question de la charge de la preuve, voy. Cerna Christina, « Questions générales de droit international examinées par la Cour interaméricaine des droits de l'homme », *Annuaire français de droit international*, volume 42, 1996. pp. 715-732, spéc. pp. 725-6

[71] « Lorsqu'une personne s'estime lésée par le non-respect à son égard du principe de l'égalité de traitement et établit des faits qui permettent de présumer l'existence d'une discrimination directe ou indirecte, il incombe à la partie défenderesse de prouver qu'il n'y a pas eu violation du principe de l'égalité de traitement », Tribunal du Travail de Luxembourg, Jugement du 6 janvier 2010, *répertoire fiscal n° 23/2010*. A consulter en ligne via http://discrimination.csl.lu/jurisprudence-des-exemples-tires-des-decisions-de-justice/discrimination-et-charge-de-la-preuve (consultée, le 14/8/2010) ; Pour la Cour de cassation française, le demandeur n'a pas à établir la discrimination mais doit apporter des éléments qui dans leur ensemble la laissent supposer (Cass. soc., 29 juin 2011, n° 10-14067, *Bull*.V., n° 166).

l'Est – parmi lesquels le requérant – et de l'Ouest constitue une discrimination fondée sur la résidence.

2. Standard de la preuve

La question du standard de la preuve admissible en matière de discrimination a déjà reçu un traitement dans les lignes précédentes. Il a été souligné que seuls les éléments ou indices faisant présumer une discrimination sont, en principe, exigés au demandeur. Le standard de la preuve en cette matière n'est pas celui de la preuve au-delà de tout doute raisonnable. C'est une présomption simple, susceptible d'être renversée par l'auteur supposé de la discrimination. Plus que de certitudes, il est ici question de vraisemblance. Certains commentaires ont d'ailleurs affirmé que le demandeur n'a que « la charge des allégations »,[72] parce que dès lors que le requérant peut présenter des indices permettant d'établir cette présomption, la charge de la preuve incombe au défendeur, qui est alors tenu de démontrer le contraire. Les factures présentées par le requérant Jean de Dieu Mulikuza ne sont pas moins des indices permettant de faire naître une présomption de discrimination.

B) La qualification de la discrimination « per se » : une vue méthodologique

En dehors de la question essentiellement procédurale relative à la preuve en matière de discrimination, cette affaire soulève une autre interrogation purement substantielle. C'est celle de la qualification de la discrimination « per se ». Quelques commentaires y ont été consacrés.[73] Le premier juge n'a pas examiné la question de savoir si le requérant est victime d'une discrimination. Motif pris qu'en rejetant les seules pièces qui en constituaient la preuve, sa conclusion est telle qu'il y a absence de preuve. La Cour d'appel, tout en confirmant l'œuvre du premier juge en toutes ses dispositions, s'essaye alors à trouver une réponse à la cruciale question de l'existence ou pas d'un traitement discriminatoire. Pour la Cour, il n'y a pas rupture de l'égalité. Le requérant bénéfice du courant électrique dans les mêmes conditions que tous les autres congolais. D'ailleurs, le contrat qui le lie à la SNEL était un contrat d'adhésion dont il ne peut discuter les clauses. Aucune démarche n'est envisagée pour évaluer la nature discriminatoire ou non de la surfacturation dont se plaint le requérant.

---

[72] P. HUMBLET, « La preuve de la discrimination sexuelle : mission impossible ? » in *Prouver la discrimination, La mise en oeuvre dynamique de la législation de l'UE sur l'anti-discrimination : le rôle des organismes spécialisés, Rapport de la première réunion d'experts*, 14-15 janvier 2003, Centre belge pour l'égalité des chances et la lutte contre le racisme, pp. 4-10, spéc. p. 6.

[73] Voy. E. AMANI CIRIMWAMI, *La protection juridictionnelle des droits économiques et sociaux. Regard sur la jurisprudence du ressort de la Cour d'appel de Bukavu*, *op.cit.*, pp. 40-50 ; T. MAHESHE, « Quand le juge refuse de protéger contre la discrimination, note sous C. A., arrêt n° 4081, 24 novembre 2009, Jean de Dieu Mulikuza contre la Société Nationale d'Électricité (SNEL) et la RDC », *Cahiers du CERDHO*, août 2018, pp. 8-11.

Généralement, pour être qualifiée de discriminatoire, et donc interdite par la loi, les organes de protection des droits de l'homme ont établi plusieurs critères à réunir : une différence de traitement (1) qui touche des personnes placées dans une situation analogue (2) et qui ne peut pas être objectivement et raisonnablement justifiée (3).

1. La différence de traitement

C'est le premier critère indispensable de la qualification juridique de la discrimination.[74] Deux traitements discriminatoires sont à distinguer : la discrimination directe et la discrimination indirecte.[75] Si la première opère une différence de traitement sans justification objective et raisonnable, la seconde résulte d'un traitement indifférencié à des situations qui, parce qu'elles sont dissemblables, appelleraient un traitement différencié.[76]

Clairement, l'affaire Jean de Dieu Mulikuza se retrouve dans la première hypothèse. Le requérant ne dénonce pas le fait que l'Arrêté ministériel N° 010/CAB/MENIP/98 du 28 avril 1998 portant fixation des tarifs de vente d'énergie électrique par la SNEL lui est appliqué sans tenir compte des spécificités qui lui sont propres et qui pourraient nécessiter un traitement différent. Il dénonce plutôt l'application dudit Arrêté aux seuls abonnés résidant à l'Est du pays.[77] Il s'agit d'une discrimination directe. La Cour européenne des droits de l'homme considère qu'il y a discrimination directe lorsque une différence de traitement de personnes placées dans des situations analogues ou comparables, fondée sur une caractéristique identifiable.[78] A ce sujet, lorsque le juge veut analyser le traitement litigieux, il doit procéder à un test de comparabilité ou analogique entre deux situations en présence.[79] Trois étapes du raisonnement sont à suivre : un traitement moins favorable – un rapport analogique avec un autre traitement déterminé – un motif fondé sur une caractéristique protégée.[80]

Certains commentateurs considèrent que la discrimination directe implique une intention de discriminer alors que la discrimination indirecte survient lorsque

---

[74] L. HENNEBEL et H. TIGROUDJA [2018], *Op. Cit.*, p. 761.

[75] *Id.*.

[76] O. DESCHUTTER, « Article 2 », in E. DECAUX et O. DESCHUTTER, *Le Pacte international relatif aux droits économiques, sociaux et culturels. Commentaire article par article*, Paris, Economica, 2019, pp. 153-154.

[77] Dans les conclusions présentées à l'audience par la SNEL (spécialement la page 3), elle affirme que le tarif institué par cet Arrêté est qualifié de « tarif CIBLE ». Que ce tarif est maintenu et observé dans les provinces réunifiées de l'EST (Kivu, Province Orientale et Kalemie) et qu'elle doit rattraper le retard pour l'appliquer aux abonnés de Kinshasa, au Bas-Congo et au Katanga.

[78] Cour eur. dr. h. (GC), *Burden c. Royaume-Uni*, arrêt du 29 avril 2008, §60. Voir aussi, *Carson et autres c. Royaume-Uni* [GC], arrêt du 16 mars 2010, §61.

[79] Voy. L. HENNEBEL et H. TIGROUDJA [2018], *Op.Cit.*, p. 762 et note 89.

[80] *Id.*.

des mesures formellement neutres ont pour effet de discriminer certains groupes :"While direct discrimination involves *intention* to discriminate, indirect discrimination arises where measures are formally neutral but have the *effect* of discriminating against certain groups."[81]

Olivier Deschutter appelle cependant à une certaine prudence. Pour l'auteur, bien que les discriminations indirectes puissent être inconscientes et avoir leur source dans l'inadaptation des cadres règlementaires ou politiques ou des pratiques, elles peuvent également être intentionnelles.[82] Quoi qu'il en soit, les deux discriminations sont interdites[83] et, au vu de la pratique, l'élément intentionnel est impertinent.[84] La responsabilité peut être engagée pour manquement à son obligation de non-discrimination sans qu'une intention de discriminer ne soit établie[85] : "In the definition of the term 'discrimination' in the international instruments, we find that discriminatory intent is not a necessary element. This is clear from the phrase 'which has the purpose *or the effect*' of nullifying or impairing the equality of treatment".[86]

Il en découle que sur le terrain de la preuve du comportement discriminatoire, l'élément intentionnel ne joue pas.

2. L'analogie et la comparabilité

Il a été noté que la différence de traitement s'analyse dans un rapport de situations. Concrètement, il s'agit de comparer le traitement litigieux avec un autre type de traitement. Un traitement déterminé sera pertinent pour établir un cas de discrimination s'il est prouvé qu'il est moins favorable que celui réservé à une autre personne placée dans une situation similaire. La démonstration

---

[81] SAUL BE, D. H. KINLEY et J. MOWBRAY, *The International Covenant on Economic, Social and Cultural Rights: Commentary, Cases, and Materials,* 1st ed, Oxford, Oxford Univ. Press, 2014, 183.

[82] O. DESCHUTTER, « Article 2 », *op.cit.,* p. 154.

[83] SEPÚLVEDA M. MAGDALENA, *The Nature of the Obligations under the International Covenant on Economic, Social and Cultural Rights*, Antwerpen, Intersentia, 2003, p. 388: "The committee has clearly state that article 2(2) implies a prohibition of both kinds of discrimination". Voir aussi, les notes 40 et 41 citées par l'auteur.

[84] Sur la no-pertinence de l'élément intentionnel, L. HENNEBEL et H. TIGROUDJA [2018], *Op. Cit.,* p. 766,

[85] Cour eur. dr. h., *Hugh Jordan c. Royaume-Uni*, arrêt du 4 mai 2001, § 154 : la Cour affirme dans cet arrêt, qui concerne le recours à la force létale par les forces de l'ordre contre un membre de la communauté catholique, que dès lors qu'une politique ou une mesure a des effets préjudiciables sur un groupe particulier, il peut être y avoir discrimination, même à défaut d'intention discriminatoire. Dans le même sens, Cour interam. dr. h, *Aratavia Murillo et autres c. Costa Rica*, arrêt du 28 novembre 2012, Série C n° 257, §286.

[86] SEPÚLVEDA M. MAGDALENA, *The Nature of the Obligations under the International Covenant on Economic, Social and Cultural Rights*, Antwerpen, Intersentia, 2003, p. 388.

s'appuie généralement sur un argument *a pari*.[87] Une telle démarche conduira le juge à établir qu'une différence suspecte existe bien que les situations d'application soit analogues.[88] L'analyse analogique est donc décisive. Elle laisse un pouvoir discrétionnaire relativement important au juge dès lors que l'appréciation qu'il fait ne se fonde toujours pas sur des critères objectifs. Dans la plupart des cas, la démarche requiert de prendre en compte des éléments plus subjectifs et d'adopter des jugements de valeur sur le traitement de certaines catégories de personnes.[89] Le test de comparabilité est à cet égard factuel. Il vise à évaluer la plausibilité de l'analogie entre deux situations de fait.[90]

Dans le cadre de l'*affaire Jean de Dieu Mulikuza*, l'élément pouvant servir de test de comparabilité est la résidence. L'article 13 de la Constitution cite celle-ci parmi les motifs discriminatoires.[91] Par ce test de comparabilité, le tribunal procéderait à l'examen de la question de savoir si les abonnés de l'Est et ceux de l'Ouest du pays sont placés dans des situations analogues s'agissant de la facturation de l'énergie électrique. Si le défaut d'analogie des situations conduirait les juges à conclure à l'absence de discrimination, l'analogie des situations ouvrirait la voie à l'examen de la justification de la différence de traitement.[92]

3. La justification objective et raisonnable

Lorsque la différence de traitement est établie par la victime – sur base des éléments ou indices faisant naitre une présomption de discrimination – il appartient à l'auteur supposé de la justifier. La justification donnée doit être objective et raisonnable. Ceci signifie qu'il faut démontrer que la différence de traitement poursuivait un but légitime. Il faut en plus démontrer l'existence d'un rapport de proportionnalité entre les moyens employés et le but visé.[93] Selon une

---

[87] A ce sujet, lire J-P. SEGIHOBE BIGIRA, *Argumentation juridique*, Louvain-la-Neuve, Academia, 2018, p. 115.
[88] *Id.*
[89] Voy. L. HENNEBEL et H. TIGROUDJA [2018], *Op.Cit.*, p. 764.
[90] *Ibid.* Voy dans le même sens, à cet effet, Frédéric Sudre, *Droit européen et international des droits de l'homme*, 13e édition, Paris, Presses Universitaires de France, 2016, p. 442.
[91] « Aucun Congolais ne peut, en matière d'éducation et d'accès aux fonctions publiques ni en aucune autre matière, faire l'objet d'une mesure discriminatoire, qu'elle résulte de la loi ou d'un acte de l'exécutif, en raison de sa *religion*, de son *origine familiale*, de sa *condition sociale*, de sa *résidence*, de ses *opinions* ou de ses *convictions politiques*, de son *appartenance à une race*, à une *ethnie*, à une *tribu*, à une *minorité culturelle* ou *linguistique* ». (la mise en forme relève de nous).
[92] Voy. en ce sens F. SUDRE, *Op.Cit.*, p. 442.
[93] Cour eur. dr. h. (GC), *Burden c. Royaume-Uni*, arrêt du 29 avril 2008, §60 : « *une différence dans le traitement de personnes placées dans des situations comparables [...] est discriminatoire si elle manque de justification objective et raisonnable, c'est-à-dire si elle ne poursuit pas un but légitime ou s'il n'y a pas un rapport raisonnable de proportionnalité entre les moyens employés et le but visé* » ; Human Rights Committee, *General Comment 18, Non-discrimination* (Thirty-seventh session, 1989), Compilation of

formule de la Cour interaméricaine des droits de l'homme, " *no discrimination exists if the difference in treatment has a legitimate purpose and if it does not lead to situations which are contrary to justice, to reason or to the nature of things*".[94]

En tout état de cause, il est pratiquement difficile de justifier une discrimination directe en soi. Elle constitue en effet une violation directe du principe de l'égalité de traitement. En pareil cas, dès que les faits sont établis sur l'inégalité de traitement, l'auteur ne peut pas justifier cette inégalité. La discussion ne peut porter que sur les faits. L'argument de nature à empêcher une juridiction de constater un cas de discrimination n'est pas, à proprement parler, une exception de non-discrimination, mais plutôt une justification de la différence de traitement.

La Cour d'appel de Bukavu, en déniant le droit au requérant de faire constater l'existence d'un traitement discriminatoire dans le chef de la SNEL au motif qu'il est lié à celle-ci par un contrat d'adhésion dont il ne peut discuter les clauses, a traité la question de justification comme exception de non-discrimination.

C) Le fondement de la responsabilité de l'Etat : identifier les critères clairs et stables de la conformité ou non au PIDESC

Le paragraphe 2 de l'article 2 du PIDESC prévoit que les Etats parties « s'engagent à garantir que les droits qui y sont énoncés seront exercés sans discrimination aucune fondée sur la race, la couleur, le sexe, la langue, la religion, l'opinion politique ou toute autre opinion politique ou tout autre opinion, l'origine nationale ou sociale, la fortune, la naissance ou toute situation ». L'énumération de motifs de discrimination est juste énonciative, pas limitative. La Constitution de la RDC en rajoute d'ailleurs d'autres motifs, notamment la résidence.[95]

Aux termes de l'Observation générale n° 20 sur la non-discrimination dans l'exercice des DESC, les États parties ont « l'obligation de contrôler efficacement la mise en œuvre des mesures prises pour appliquer le paragraphe 2 de l'article 2 du Pacte ». Ce contrôle devrait « évaluer aussi bien les mesures prises pour éliminer la discrimination que les résultats obtenus dans ce domaine ».[96]

General Comments and General Recommendations Adopted by Human Rights Treaty Bodies, U.N. Doc. HRI/GEN/1/Rev.1 at 26 (1994), para 13.

[94] *Proposed Amendments to the Naturalization Provisions of the Constitution of Costa Rica*, Advisory Opinion Oc-4/84, January 19, 1984, Inter-Am. Ct. H.R. (Ser. A) No. 4 (1984) para 57. Dans le même sens, Comm. afr. dr. h., Communication 323/06, *Egypian Initiatives for Personal Rights and INTERIGHTS c. Egypte*, 12 octobre 2013, para. 146.

[95] Voy. Article 13.

[96] Comité des DESC, Observation générale n° 20 sur la non-discrimination dans l'exercice des droits économiques, sociaux et culturels, *op. cit.*, p. 14, para. 40.

Les Cours et Tribunaux font habituellement partie des institutions qui traitent les allégations de discrimination. D'après cette Observation générale n° 20, ces institutions « devraient statuer sur les plaintes ou mener des enquêtes diligentes, impartiales et indépendantes en cas de plainte ».[97] A cet égard, elles examinent les allégations de violation du paragraphe 2 de l'article 2 du Pacte, notamment les actes ou omissions qui sont le fait d'acteurs publics ou privés.

Les droits économiques, sociaux et culturels, à l'instar de tous les droits fondamentaux, implique une trilogie d'obligations : respecter, protéger, réaliser. Cette trilogie d'obligations est schématisée comme suit. L'obligation de respecter impose à l'État de s'abstenir de porter atteinte lui-même aux droits fondamentaux des citoyens.[98] Elle est dite négative.[99] L'obligation de protéger demande à l'État de prévenir et de sanctionner les activités privées qui entravent la jouissance des droits fondamentaux.[100] Elle est dite positive. Enfin, l'obligation de réaliser impose à l'État de prendre des mesures juridiques et matérielles pour assurer que chacun puisse jouir effectivement de ses droits fondamentaux. Elle est aussi dite positive. Tous les droits fondamentaux présentent donc deux versants, l'un négatif, l'autre positif.[101] Les obligations négatives corrélatives aux droits économiques, sociaux et culturels sont

---

[97] *Id.*

[98] SEPÚLVEDA M. MAGDALENA, *The Nature of the Obligations under the International Covenant on Economic, Social and Cultural Rights*, *op.cit.*, p. 397: "This is a duty from the first type of State obligations: the duty to respect each of the substantive rights contained in the Covenant." L'obligation de respecter est précisée par l'Observation générale n°14 du Comités des droits économiques, sociaux et culturels relative au droit à la santé en ces termes : « [l]es États sont en particulier liés par l'obligation de *respecter* le droit à la santé, notamment en s'abstenant de refuser ou d'amoindrir l'égalité d'accès de toutes les personnes, dont les détenus, les membres de minorités, les demandeurs d'asile et les immigrants en situation irrégulière, aux soins de santé prophylactiques, thérapeutiques et palliatifs, en s'abstenant d'ériger en politique d'État l'application de mesures discriminatoires et en évitant d'imposer des pratiques discriminatoires concernant la situation et les besoins des femmes en matière de santé » (Observation générale n°14 (2000), Le droit au meilleur état de santé susceptible d'être atteint (art. 12), Doc ONU E/C.12/2000/4).

[99] C'est l'obligation de ne pas faire. L'Etat doit s'abstenir de toute action ou omission de nature à porter atteinte aux droits considérés. En ce sens, L. HENNEBEL et H. TIGROUDJA [2018], *Op.Cit.*, pp. 660-661.

[100] Cette obligation requiert des actes positifs de la part de l'Etat afin d'assurer réellement et effectivement la garantie du libre exercice des droits de l'homme. Ces actes peuvent être de nature matérielle – par ex. les autorités doivent prévenir une atteinte à la vie. Ils peuvent être aussi de nature procédurale – par ex. une enquête doit être menée en cas de disparition forcée d'un individu. En ce sens, L. HENNEBEL et H. TIGROUDJA [2018], *ibid.*, p. 663 et note 24.

[101] Voy. à ce sujet, Adelaïde Remiche, *La justiciabilité des droits économiques, sociaux et culturels en Belgique: Étude analytique et prospective à la lumière de la jurisprudence internationale* (Unpublished doctoral dissertation), Université libre de Bruxelles, Faculté de Droit et de Criminologie, Bruxelles, 2017, p. 5.

effectivement justiciables.[102] Si, dans la typologie tripartite, il n'y a qu'une seule obligation négative, celle de respecter les droits fondamentaux, Adelaïde Remiche note que la doctrine et la jurisprudence belges ont affiné cette obligation en y adossant deux autres.

D'une part, l'obligation de ne pas discriminer lorsque les autorités déterminent les conditions d'exercice des droits économiques, sociaux et culturels. D'autre part, l'obligation de *standstill* qui impose de ne pas diminuer le niveau de protection accordée aux droits économiques, sociaux et culturels, à moins qu'il existe des motifs d'intérêt général le justifiant.[103] L'auteur explique que la portée juridique de ces trois obligations négatives est bien établie et que les juridictions ont ainsi à leur disposition des critères clairs et stables à l'aide desquels elles peuvent déterminer si les actions publiques y sont ou non conformes.[104]

Dans l'*affaire Jean de Dieu Mulikuza*, c'est sur ces critères que devrait reposer le raisonnement du juge quant à l'établissement de la responsabilité de l'Etat aux fins de la réparation. C'est donc un égarement que de rechercher la faute de l'Etat dans le nature du contrat liant le requérant à la première défenderesse, la SNEL. Au-delà du fait que cette dernière était l'institution par laquelle l'Etat congolais agit en matière de fourniture d'électricité, ce dernier a été dûment informé du comportement discriminatoire de son 'agent'. L'Etat avait alors l'obligation procédurale d'enquêter sur ces faits de discrimination et de prendre des mesures effectives de cessation du fait discriminatoire allégué.[105] Selon l'Observation générale n° 20, en plus de s'abstenir de tout acte discriminatoire, l'Etat congolais devait prendre des mesures concrètes, délibérées et ciblées pour faire en sorte qu'il soit mis fin à la discrimination alléguée par le requérant dans l'exercice des droits énoncés dans le Pacte.[106] Ne pas le faire c'est pérenniser la violation des droits substantiels garantis. Ce qui emporte la responsabilité de l'Etat pour violation de ses obligations en vertu du PIDESC.

L'affaire Jean de Dieu Mulikuza est importante à beaucoup d'égards. Elle permet de comprendre que le juge congolais n'est pas, par principe, opposé à la justiciabilité des droits économiques, sociaux et culturels. Le juge affirme

---

[102] *Id.*.
[103] *Ibid.* p. 6
[104] *Id.*
[105] BEN SAUL, D. KINLEY, J. MOWBRAY, *The international covenant on economic, social and cultural rights: commentary, cases, and materials*, Oxford, United Kingdom, Oxford University Press, First edition, 2014, p. 205.
[106] Observation générale n°20, *op. cit.*, para 36 : « Outre s'abstenir de toute mesure discriminatoire, il incombe aux États parties de prendre des mesures concrètes, délibérées et ciblées pour mettre fin à la discrimination dans l'exercice des droits consacrés par le Pacte ».

clairement sa compétence pour connaître de tout action dommageable résultant de toute défaillance dans la mise en œuvre par l'Etat de l'obligation qui lui incombe de garantir ces droits. Quoique n'étant pas opposé à la sanction juridictionnelle des violations qui en résultent, le juge semble rechercher une approche lui permettant d'agir de façon prudente. L'approche suivie par le juge a donc consisté à transposer sur le terrain de la responsabilité en matière des violations des droits de l'homme, un raisonnement de la responsabilité purement contractuelle. La faiblesse de cette approche est telle que le cadre légal tracé par le doit contractuel n'est pas adapté notamment au régime probatoire en matière de discrimination et aux critères d'établissement de la responsabilité étatique en matière des violations des droits de l'homme. C'est donc ici que loge l'injusticiabilité des droits invoqués[107].

[107] L'injusticiabilité correspond à une situation : l'impossibilité pour un requérant d'obtenir justice, c'est-à-dire d'obtenir une décision juridictionnelle réglant un litige, de telle manière que le litige n'est pas jugé. Elle est le contraire de la justiciabilité, qui est un terme plus souvent utilisé (voir à cet égard, Pierre Serrand et Piotr Szwedo, « Introduction », in SERRAND et Piotr Szwedo (dir.), *L'injusticiabilité : émergence d'une notion ? Études publiées en hommage au Professeur Jacques Leroy*, CRACOVIE BIBLIOTEKA JAGIELLONSKA, 2018, p. 9). L'injusticiabilité peut résulter de la volonté du juge. Cela apparaît le plus nettement lorsque le juge aurait pu prendre, de manière tout aussi convaincante, une décision inverse (affirmant la justiciabilité) de celle qu'il a prise (consacrant l'injusticiabilité).

La prise à partie des magistrats devant la Cour de cassation à l'aune du droit OHADA

Par Emmanuel SHAMAVU MURHIMBO*

Introduction

La vétusté des textes juridiques en vigueur dont la plupart datent de l'époque de la colonisation et ne correspondent plus à la situation économique et aux rapports internationaux a attiré l'attention de certains États africains. Dans ces pays, très peu de réformes ont été entreprises dans le domaine du droit des affaires, chaque État légiférant sans tenir compte de la législation des autres États. A cela s'ajoute l'énorme difficulté pour les justiciables comme pour les professionnels de connaître les textes juridiques applicables[1].

Au regard de ces constats, les États ont convenu d'harmoniser et moderniser leurs droits des affaires afin de garantir la sécurité juridique et judiciaire pour les investisseurs et les entreprises, en signant en date du 17 octobre 1993 à Port-Louis, le Traité relatif à l'Harmonisation du Droit des Affaires en Afrique.

Pour donner effet à leur engagement, les Etats ont consacré à l'article 10 du traité la supériorité du droit OHADA sur les droits internes des Etats parties et le caractère abrogatoire des dispositions du droit interne antérieures et postérieures mais contraires au droit OHADA.

Dans cette perspective, ils ont institué une Cour commune de justice et d'arbitrage (CCJA) dont le rôle est d'assurer l'interprétation et l'application du traité, des règlements pris pour son application et des actes uniformes; de donner des avis consultatifs sollicités par tout État partie, par le Conseil des Ministres ou encore par toute juridiction nationale sur tout contentieux relatif à l'application des Actes uniformes et de statuer sur les recours en cassation introduits contre les décisions rendues par les juridictions d'appel des États Parties, dans toutes les

* Chef de Travaux à la Faculté de droit de l'Université Officielle de Bukavu, chargé des Cours à la faculté de Droit de l'Université Catholique de Bukavu, Premier Président de la Cour d'Appel.

[1] Exposé des motifs de la loi n° 10/002 du 11 février 2010 autorisant l'adhésion de la République Démocratique du Congo au traité du 17 octobre 1993 relatif à l'Harmonisation du droit des affaires en Afrique (OHADA), Journal officiel de la RDC, Numéro spécial du 03 mars 2010. Voir aussi le Préambule du Traité OHADA, Journal officiel e l'OHADA, N° 4 du 1er novembre 1997.

affaires soulevant des questions relatives à l'application des actes uniformes et des règlements, à l'exception des décisions appliquant les sanctions pénales[2].

De son côté, le droit congolais, à travers la loi n°13/2010 du 19 février 2013 portant procédure devant la Cour de cassation, organise en ses articles 55 à 64, la procédure de prise à partie en cas de dol, de concussion ou de déni de justice.

A cet égard, un juge qui a commis un dol, une concussion ou un déni de justice en matière de droit des affaires peut être pris à partie devant la Cour de cassation et si l'action est fondée, sa décision est annulée. Pourtant, la compétence pour annuler les décisions rendues en dernier ressort par les juridictions nationales des Etats membres de l'OHADA, dans les affaires soulevant des questions relatives à l'application et à l'interprétation des Actes uniformes et des règlements OHADA, est exclusivement réservée à la Cour commune de justice et d'arbitrage. Les effets de la prise à partie et de la cassation en matière des droits des affaires apparaissent ici comme quasi identiques.

Cette étude se propose d'examiner si la Cour de cassation, en exerçant sa compétence en pareil cas, n'empiète pas sur les compétences d'annulation de la CCJA. Dans l'affirmative, elle propose des pistes appropriées pour éviter cet empiètement.

Pour mener cette réflexion, nous avons fait usage de la méthode juridique dans son approche d'analyse critique soutenue par la technique documentaire. A cet effet, nous avons, à la lumière de la loi congolaise et du traité OHADA, rapproché les compétences de la cour de cassation à celles de la CCJA afin de dégager les risques d'empiètement, spécifiquement en matière de prise à partie.

I. La prise à partie des magistrats en droit congolais

La prise à partie est une procédure spéciale qui se déroule devant la cour de cassation. Comme toute institution juridique, elle a un historique et dispose d'un contenu propre.

A. Bref aperçu sur la prise à partie

La prise à partie est régie en République démocratique du Congo par loi organique n° 13/010 du 19 février 2013 relative à la procédure devant la Cour de cassation, spécialement dans ses articles 55 à 64.

Cette loi ne définit pas la prise à partie mais se limite uniquement à donner les causes de son ouverture et la procédure. Ainsi, la définition de la prise à partie est l'œuvre de la doctrine et de la jurisprudence.

[2] Article 14 du traité du 17 octobre 1993 relatif à l'harmonisation du droit des affaires en Afrique tel que révisé à Québec le 17 octobre 2008.

Pour Antoine RUBBENS, la prise à partie est entendue comme une action en dommages et intérêts au titre du préjudice causé au justiciable par des magistrats, du chef de certaines fautes définies par la loi[3].

Pour sa part, LUBAKI MAKANGA définit la prise à partie comme étant une action en responsabilité dirigée par un plaideur contre un magistrat qui, à l'occasion de l'instruction d'une cause ou lors de la décision rendue, a commis un dol ou une concussion ou s'est rendu coupable de déni de justice[4].

La Cour suprême de justice (actuelle Cour de cassation) quant à elle considère la prise à partie comme une action qui tend essentiellement à sanctionner la responsabilité civile du magistrat et à réparer le préjudice causé à un plaideur par une faute professionnelle[5].

Trois éléments fondamentaux résultent de toutes ces définitions pour caractériser la prise à partie : une faute professionnelle du magistrat reposant sur un fait défini par la loi, une responsabilité civile justifiant une réparation en faveur du justiciable victime et une annulation de la décision ou de l'acte du magistrat fautif.

La prise à partie est une notion ancienne. Historiquement, il est rapporté qu'elle tire ses origines au XIème siècle à l'époque où la justice était aux mains des seigneurs féodaux. Lorsqu'un plaideur constatait que le jugement rendu était « faux et mauvais », il pouvait faire appel contre ce jugement ; l'appel consistait en un duel judiciaire qui avait lieu dans la Cour du seigneur immédiatement supérieur. La victoire y décidait de la sentence. Cependant, l'appel des faux jugements n'était pas dirigé contre la décision elle-même, mais plutôt contre le juge en personne[6].

En droit romain, il existait dans la législation une action dite prétorienne qui consistait en la condamnation d'un juge qui n'aurait pas correctement exécuté ses fonctions de dire le droit. Dans l'ancien régime français, le juge ayant prononcé une décision inique pouvait être conduit en duel par la partie lésée. A la suite d'une réforme procédurale, le juge infâme était appelé devant le Parlement. Après avoir adopté la prise à partie, la législation française l'a cependant abrogée depuis la loi du 18 janvier 1979.

Nos traditions africaines renseignent que le juge infâme était disqualifié soit par la décision du roi dans les empires et royaumes, soit par le Conseil du chef de chefferie ou du clan dans les entités de petite dimension. La sanction allait jusqu'à la perte de la qualité de juge du clan, de chefferie ou celle du magistrat

---

[3] A. RUBBENS, *le droit judiciaire congolais,* T II, Kinshasa, PUC, 2005, p 329

[4] LUBAKI MAKANGA, « l'interprétation de la notion du dol en matière de prise à partie », in *Justice et Paix*, Kinshasa, septembre 2004, doctrine N° 001, p. 26.

[5] CSJ, RPP 30, 5/7/1994, RAJC, 1997, p. 15

[6] LUBAKI MAKANGA, *Op.Cit.*, p. 23.

de la Cour du roi. L'infamie frappait alors le clan et la lignée du juge dans la mesure où la réparation du préjudice subi par le plaideur était assurée par ces collectivités[7].

En droit judiciaire congolais, la prise à partie date de l'époque de l'Etat Indépendant du Congo. En effet, le Roi Léopold II l'avait prévue et le juge compétent pour y statuer était le Conseil supérieur siégeant à Bruxelles pour l'Etat Indépendant du Congo. En 1908, la Belgique qui s'était substitué au Roi Léopold II en instituant l'Etat en colonie Belge, a revu cette procédure en attribuant la compétence aux cours d'appel. Avec l'amélioration des communications et la gravité de la procédure elle-même, la réforme judiciaire a attribué la connaissance de la prise à partie à la Cour suprême de justice dans la législation belge.

Contrairement à la loi belge, la législation congolaise coloniale en la matière n'avait pas prévu une condamnation du demandeur débouté au paiement des dommages et intérêts éventuels en faveur du Magistrat et à une amende obligatoire qui avait été supprimée par la suite en 1930.

Le Décret du 7 mars 1960 portant Code de procédure civile a introduit la notion des dommages et intérêts éventuels à allouer aux parties si la requête était rejetée ou si le demandeur était débouté. Le Décret a prévu les dommages et intérêts sans condamnation du demandeur débouté à l'amende obligatoire.

L'ordonnance loi n° 82-017 du 31 mars 1982 relative à la procédure devant la Cour suprême de justice a abrogé les articles 96 à 104 du Décret du 7 mars 1960 portant Code de procédure civile qui régissaient la prise à partie et y a pourvu ses propres articles 58 à 67 étant donné que la prise à partie était devenue de la compétence de la Cour suprême de justice. D'après cette loi, le demandeur qui aura poursuivi la prise à partie avec mauvaise foi ou légèreté pouvait être condamné d'office à une amende et le magistrat pris à partie de façon téméraire et vexatoire peut reconventionnellement postuler des dommages et intérêts[8].

La loi organique n° 13/010 du 19 février 2013 relative à la prise à partie devant la Cour de cassation a reconduit les dispositions de celle 82-017 du 31 mars 1982 avec quelques innovations, notamment la suppression de la phase d'autorisation préalable et de la condamnation d'office à une amende du demandeur qui aura poursuivi la prise à partie avec mauvaise foi ou légèreté.

Il s'observe que la nécessité de veiller à ce que les juges exécutent correctement leurs fonctions de dire en évitant des décisions iniques est un impératif datant de tous les temps.

---

[7] MATADI NENGA, *le droit judiciaire privé congolais*, Louvain La Neuve, Bruylant, p. 534.
[8] *Ibid.*, p. 535.

Ceci a toujours était le but de l'institution de la prise à partie dont la définition mérite d'être donnée.

B. Les causes d'ouverture de la prise à partie des magistrats

La prise à partie peut être initiée contre tout Magistrat de l'ordre judiciaire s'il y a dol ou concussion commis soit dans le cours de l'instruction, soit lors de la décision rendue et s'il y a déni de justice, dont il faut préciser le contenu avant de parler de leurs conséquences sur la bonne administration de la justice.

1. Contenu des fautes justifiant la prise à partie

Les fautes pouvant justifier une procédure de prise à partie sont le dol, la concussion et le déni de justice.

a. Le dol

Le dol est une violation volontaire du droit par le Magistrat pour aboutir à une conclusion erronée dans le but d'accorder un avantage indu à une partie. Il se caractérise par la mauvaise foi, par des artifices et des manœuvres qui donnent à la décision une valeur juridique apparente[9].

Le dol requis pour la prise à partie d'un Magistrat c'est celui prévu en droit civil, constitué par une manœuvre frauduleuse, une machination destinée à tromper un plaideur dans le cours de l'instruction ou lors de la décision rendue, mais non celui prévu en droit pénal, consistant notamment dans l'intention frauduleuse ou intention de nuire et constituant l'élément moral de l'infraction[10].

Partant de ses caractéristiques, la Cour suprême de justice a jugé que le dol est caractérisé par les artifices et les manœuvres auxquelles les magistrats pris à partie ont recouru pour donner à leur décision les apparences d'un arrêt juridiquement valable, alors que les griefs relevés dénotent clairement qu'en réalité, ils étaient résolus à favoriser une partie par l'adoption facile de sa thèse pourtant battue en brèche, tel qu'il résulte du jugement de premier degré[11]. Ces manœuvres et artifices peuvent avoir pour but soit de tromper la justice, soit pour favoriser une partie ou pour le nuire, soit servir un intérêt personnel[12].

---

[9] Article 56 alinéa 1er de la loi organique N°13/010 du 19 février 2013 relative à la procédure devant la cour de cassation

[10] CSJ, 29 aout 1997, RPP 061, in RAJC, 1997, p. 22 cité par KAVUNDJA MANENO, *Droit judicaire congolais*, Tome II, procédure pénale, 4 ème édition, 2016, p. 531, et DIPUMBA NTITA, *la jurisprudence de la cour suprême de justice en matière de prise à partie de 1979 à 2003*, in RAJC, éd. CPDC, Kinshasa, 2004, p. 44.

[11] CSJ, RPP 30, 5/7/1997, RAJC, 1997, p. 19.

[12] MUKENDI BAFANA et alii, *Jurisprudence de la cour suprême de justice en contentieux de prise à partie*, Kinshasa, éd. Juricongo, 2011, p 39 ; cité par KAVUNDJA MANENO, *Op.Cit.*, p. 44.

Le dol peut consister également en une mauvaise foi, notamment dans le fait pour un Magistrat d'avoir omis de signaler certaines stipulations de la convention passée entre parties et de faire un résumé tronqué des autres en les escamotant ou le fait de donner une version erronée des faits, sciemment conçue comme artifice pour rendre vraisemblable l'interprétation de la loi et la décision prise[13].

Commet aussi un dol par mauvaise foi, le magistrat incriminé qui esquive de répondre à l'exception d'irrecevabilité dont il était saisi, en l'espèce, l'exception de prescription de l'action en matière du travail. Il en sera de même d'un magistrat qui reçoit en reprise d'instance une autre action que l'action originaire et qui l'assimile à cette dernière pour condamner la victime à des sommes postulées par les demandeurs en reprise d'instance; d'un magistrat qui fixe *ex æquo et bono* et en monnaie étrangère le décompte final, la gratification et l'indemnité de congé au profit d'un travailleur dont le salaire, fixé en monnaie nationale, lui était connu et aurait dû lui servir de référence objective, du Magistrat qui tronque la motivation de sa décision et saute volontairement les éléments du dossier pour statuer *ex æquo et bono* sur les sommes postulées dans le but de favoriser une des parties[14].

L'erreur grossière du droit est aussi considérée par la loi comme équipollente au dol[15]. C'est dans ce sens qu'il a été jugé qu'est établi le dol reproché aux juges d'appel qui, en dépit de leur grande expérience dans leur profession, ont reçu et dit fondé l'appel formé contre une décision rendue sur tierce opposition par une juridiction d'appel au mépris du brocard «appel sur appel ne vaut»[16]. Une omission délibérée constitue une faute professionnelle lourde qui dénote la résolution de favoriser une partie au procès et est équipollente au dol.

b. La concussion

La concussion est le fait, pour un Magistrat, d'ordonner de percevoir, d'exiger ou de recevoir ce qu'il savait n'être pas du ou excéder ce qui était dû, pour droits, taxes, impôts, revenus ou intérêts, salaires ou traitements[17]. Ce même comportement est érigé en infraction par l'article 146 du Code pénal congolais livre deux.

---

[13] MATADI NENGA, *Op.Cit.*, p. 536.

[14] CSJ, 12 septembre 2003, RPP 243, en cause compagnie pastorale du Haut Lomami contre Isaac Mwamba Watereka et la RDC, Bulletin des Arrêts de la Cour Suprême de Justice, 2004, p. 302.

[15] Article 56 alinéa 2 de la loi organique N°13/010 du 19 février 2013 relative à la procédure devant la cour de cassation.

[16] CSJ, 28 février 2003, RPP 134, en cause Stanbic Bank Congo contre Ngwanda Shagitunga Gisupa et la RDC, BA, 2004, pp 177-188 cité par MATADI NENGA, *op.cit*, p. 537.

[17] Article 57 de la loi organique N°13/010 du 19 février 2013 relative à la procédure devant la cour de cassation

Ainsi, commet la concussion, un Magistrat qui exige des amendes transactionnelles dans un dossier civil ou encore exige plus que ce qui est exigé par la loi dans un dossier pénal. C'est aussi le cas d'un Magistrat du Parquet qui reçoit ce qu'il sait ne pas être dû dans le cadre de l'instruction préparatoire qu'il mène en matière pénale[18].

En parcourant la jurisprudence congolaise en matière de prise à partie, il s'observe qu'il n'existe presque pas d'actions en prise à partie basées sur la concussion des magistrats à cause des difficultés auxquelles sont confrontés les justiciables pour prouver ce comportement dans le chef des magistrats

c. Le déni de justice

Il y a déni de justice lorsque le Magistrat refuse de procéder aux devoirs de sa charge ou néglige de juger les affaires en état d'être jugées[19]. Pour être prouvé, ce refus doit être constaté par deux sommations faites par l'huissier et adressées au Magistrat à huit jours d'intervalle au moins[20].

C'est le refus de remplir un devoir de sa charge et notamment de juger une affaire en état mais aussi de rendre une ordonnance ou d'accomplir les actes nécessaires du Ministère public[21]. Il faudrait pour cela un refus caractérisé, persistant après les deux mises en demeure prescrites par la loi[22].

La Cour suprême de justice considère que sont coupables de déni de justice, les juges qui, en dépit de deux sommations faites par l'Huissier, d'une part n'ont accompli aucune démarche soit pour faire refixer la cause qui était pendant devant leur siège en passant par le greffe, soit pour faire savoir aux parties qu'il leur incombait de contacter le Greffe de leur juridiction pour faire revenir l'affaire ainsi que l'exige l'article 69 du Code de procédure civile, et d'autre part, après avoir décidé d'office la surséance en vertu du principe le criminel tient le civil en état, n'ont rien fait pour s'enquérir auprès des autorités du Ministère public afin de connaître l'issue de l'action répressive qui avait justifié la surséance[23].

Il en serait de même pour un Magistrat qui, saisi d'une action en divorce préfère, en application de l'article 572 du Code de la famille[24], se borner dans

---

[18] KAVUNDJA MANENO, *Op.Cit*, p. 536.

[19] Article 58 alinéa 1er de la loi organique N°13/010 du 19 février 2013 relative à la procédure devant la cour de cassation

[20] Article 58 alinéa 2 de la même.

[21] A. RUBBENS, *droit judiciaire congolais*, Tome 2, Kinshasa, éd. PUC, 2012, p. 229, cité par KAVUNDJA, *Op.Cit.*, p. 537.

[22] N. MWILANYA, *la responsabilité professionnelle des magistrats en droit congolais : cas de la prise à partie*, 2 ème édition, éd cabinet Mwilanya et associés, Kinshasa, 2010, p. 38.

[23] CSJ, 4 juillet 1998, RPP 2, cité par MATADI N., droit judiciaire privé congolais, p. 539.

[24] Cet article dispose : «Le tribunal peut se borner, dans une première décision, à prononcer le divorce et réserver pour une décision complémentaire le règlement des questions que

une première décision à prononcer le divorce et réserve le règlement des autres questions que soulève le divorce (notamment la garde des enfants et la liquidation du régime matrimonial) pour une décision complémentaire et qui, dans les six mois après le jugement qui a prononcé le divorce, s'abstient de rendre la décision complémentaire.

Pour être coupable de déni de justice, le Magistrat doit avoir dépassé le délai prévu pour l'accomplissement des devoirs de sa charge ou de juger une affaire en état. Ainsi, commet un déni de justice, un Magistrat du Parquet qui n'a pas donné son avis endéans trente jours en matière civile, commerciale et du travail et un juge qui n'a pas prononcé sa décision dans les dix jours en matière pénale et dans les trente jours en matière civile et commerciale[25].

En ce qui concerne le délai d'instruction, disons qu'en matière de violences sexuelles, l'enquête préliminaire se fait dans un délai d'un mois maximum à partir de la saisine de l'autorité judiciaire tandis que l'instruction et le prononcé de jugement se font dans un délai de trois mois maximum[26]. Le droit congolais reste muet quant au délai d'instruction pour les autres infractions.

En revanche, en matière civile, aucune cause ne peut faire l'objet de plus de trois remises pour être instruite et plaidée sauf autorisation expresse du Président de la Cour ou du Tribunal[27], ou faire plus de trente jours pour recevoir l'avis du Ministère public[28]. Les fautes qui fondent la prise à partie telles qu'examinées ci-dessus entrainent plusieurs conséquences.

1. Conséquences des fautes donnant lieu à la prise à partie

La violation du droit à un tribunal indépendant et impartial et du droit d'accès à un tribunal sont principalement les conséquences qu'entrainent les fautes donnant lieu à la prise à partie, particulièrement le dol et le déni de justice.

a. Violation du droit à un tribunal indépendant et impartial

Le droit à un tribunal indépendant et impartial fait partie des garanties judiciaires pour un procès équitable. Il est prévu par l'article 10 de la Déclaration universelle des droits de l'homme du 10 décembre 1948 et par les articles 7 et 26 de la Charte africaine des droits de l'homme et des peuples. Aussi, l'article 14

---

soulève le divorce. La décision complémentaire doit intervenir dans les six mois après celle sui a prononcé le divorce».

[25] Article 47 de la loi organique N° 06/020 du 10 octobre 2006 portant statut des magistrats telle que modifiée et complétée par celle N° 15/014 du 1er aout 2015.

[26] Article 7 bis de la loi N° 06/019 du 20 juillet 2006 modifiant et complétant le décret du 06 aout 1959 portant code de procédure pénale.

[27] Article 27 de l'arrêté d'organisation judiciaire N° 299/79 du 20 aout 1979 portant règlement intérieur des cours, tribunaux et parquets,

[28] Article 79 alinéa 3 de la loi organique N°13/011-B du 11 avril 2013 portant organisation, fonctionnement et compétence des juridictions de l'ordre judiciaire.

paragraphe 1er du Pacte international relatif aux droits civils et politiques. C'est la garantie la plus importante d'une bonne justice.

L'indépendance et l'impartialité du juge constituent le fondement de toute justice sur laquelle repose les fondations de l'Etat de droit.

L'indépendance s'apprécie généralement par rapport aux pressions que peut subir le Juge de la part d'autres pouvoirs comme l'exécutif, le législatif mais aussi d'autres pouvoirs de fait comme les partis politiques, les groupes de pression, les médias, l'opinion publique... Elle s'analyse en une liberté d'exercice de la fonction juridictionnelle. Elle s'exprime notamment dans l'impossibilité juridique d'adresser aux membres de l'organe judiciaire des injonctions ou même des recommandations relatives à leur activité juridictionnelle[29]. C'est donc le bouclier dont dispose la justice pour protéger les citoyens contre l'arbitraire.

L'impartialité quant à elle s'entend comme un état d'esprit de celui qui est guidé par le souci de la justice en se référant au droit; elle implique que le Magistrat soit sans opinion préconçue, sans parti pris, sans préjugement[30].

L'opinion préconçue du juge veut dire que celui-ci s'est exprimé avant la décision en dévoilant sa conviction personnelle sur une affaire qu'il doit examiner ou en montrant son opinion négative ou positive sur l'une des parties au procès. Le parti pris exprime que le Juge est favorable à l'égard de l'une des parties. Le préjugé consiste en toute opinion préconçue par le juge sur la base de certaines orientations qui imprègnent tout son être et dépendent le plus souvent de ses valeurs, de l'influence de son milieu social ou intellectuel, de son groupe, de son éducation, de sa culture, de ses convictions religieuses ou philosophiques, de ses conceptions politiques, de son expérience, de ses sentiments ou encore de ses émotions, indépendamment des éléments concrets et objectifs de l'affaire qu'il est appelé à juger. Le préjugé tout comme le parti pris est donc attaché à la personne du juge et ne dépend pas d'une intervention précédente alors que le préjugement quant à lui est relatif à la formation d'une opinion anticipée sur l'issue d'une procédure. Il signifie concrètement que le juge a soit tranché provisoirement une affaire où il est intervenu dans la connaissance d'une affaire, et cette intervention montre que ledit juge a une conviction profonde qu'il pourra certainement prendre lorsqu'il jugera une affaire donnée en tant que juge[31].

Lorsque le Magistrat viole volontairement le droit en recourant à des machinations, artifices... pour aboutir à une conclusion erronée dans le but de favoriser une partie au procès ou de la nuire ou encore de favoriser un intérêt personnel, il perd son indépendance et son impartialité. Ce comportement peut

---

[29] MATADI NENGA, l*e droit à un procès équitable*, éd. Droit et idées nouvelles, Louvain la neuve, Bryulant, 2002, p. 44.
[30]T. KAVUNDJA, *Op.Cit*, p. 57.
[31] T. KAVUNDJA, *Op.Cit*, p. 57.

être justifié soit par une affinité (tribale, ethnique, clanique, idéologique…) avec une partie, soit par la corruption, soit par la mauvaise foi, soit par une haine, une inimitié…

Le Magistrat qui perd son indépendance devient impartial car l'indépendance constitue le fondement et la racine même de l'impartialité. Il viole ainsi une règle impérative du procès équitable. A ce sujet, le Comité des Droits de l'Homme de l'ONU, en se référant à l'article 14 paragraphe 1er du Pacte international relatif aux droits civils et politiques, a déclaré que *«le droit d'être jugé par un tribunal indépendant et impartial est un droit absolu qui ne souffre d'aucune exception»*[32].

b. Violation du droit d'accès à un tribunal

Le droit d'accès au juge est un aspect du droit plus général à un tribunal[33]. Selon la Cour européenne des droits de l'homme, un tribunal se caractérise au sens matériel par son rôle juridictionnel : trancher, sur base des normes de droit et à l'issue d'une procédure organisée, toute question relevant de sa compétence[34]. Appelé également droit à un recours ou la garantie d'accès à un tribunal ou encore le droit d'accès au juge, ce droit peut être défini comme étant le droit pour toute personne physique ou morale d'accéder à la justice pour y faire valoir ses droits[35]. Strictement parlant, le recours désigne l'ensemble de voies de recours dont dispose un plaideur contre une décision ; mais au sens large, il est considéré comme le droit qu'a toute personne de recourir à la justice, c'est-à-dire de saisir un tribunal.

Le droit d'accès à un tribunal fait partie des garanties accordées aux justiciables dans le cadre du procès équitable.

En Droit congolais, il est consacré par l'article 19 alinéas 1 et 2 de la Constitution de 2006 en ces termes : *« Nul ne peut être soustrait ni distrait contre son gré du juge que la loi lui assigne. Toute personne a droit à ce que sa cause soit entendue dans un délai raisonnable par le juge compétent»*[36]. Les dispositions des articles 2 du Code de procédure civile et 2 alinéa 1er, 11 alinéa

---

[32] Décision du 28 octobre 1992, Affaire Miguel Gonzalez del Rico contre Perou, N° 263/1987, Rapport du Comité, A/48/40, partie 1, p. 200 et partie 2, p20 ; cité par KAVUNDJA, *Op Cit,* p 53.

[33] RUSEN ERGEC, *Protection européenne et internationale des droits de l'homme*, Bruxelles, Bryulant, 2006, p. 207.

[34] CEDH, Arrêt Demicoli du 27 aout 1991, §47, https://hudoc.echr.coe.int/fr consulté le 10/03/2020

[35] MATADI NENGA, *Op Cit*, p. 23.

[36] Journal officiel de la RDCongo, numéro spécial, 2 juin 2006, p. 13.

1er du Code de procédure pénale peuvent en constituer aussi de base respectivement en matière civile et en matière pénale[37].

En droit international, le droit à un tribunal est prévu par l'article 10 de la Déclaration universelle des droits de l'homme[38], 14 point 1[39] et 2 point 1[40] du Pacte international relatif aux droits civils et politiques, 7 de la Charte africaine des droits de l'homme et des peuples[41].

Il est à noter que dans toutes ces conventions dont fait partie la République Démocratique du Congo, le droit d'accès à un tribunal est consacré par la reconnaissance à toute personne du droit que «*sa cause soit entendue par un*

---

[37] Article 1 du code de procédure civile : « toute personne qui veut assigner une autre fournit au greffier de la juridiction où la demande sera portée, tous les éléments nécessaires à la rédaction de l'assignation. Si le requérant sait écrire, il remet au greffier une déclaration singée ». Article 2 alinéa 1er du code de procédure pénale : « les officiers de police judiciaire constatent les infractions qu'ils ont mission de rechercher, ils reçoivent les dénonciations, plaintes et rapports relatifs à ces infractions « . Article 11 alinéa 1er du code de procédure pénale : «Les officiers du ministère public peuvent exercer eux-mêmes toutes les attributions des officiers de police judiciaire ».

[38] Cet article dispose : « toute personne a droit, en pleine égalité, à ce que sa cause soit entendue équitablement et publiquement par un tribunal indépendant et impartial, qui décidera, soit de ses droits et obligations, soit du bien-fondé de toute accusation en matière pénale dirigée contre elle».

[39] Cet article dispose : Tous sont égaux devant les tribunaux et les cours de justice. Toute personne a droit à ce que sa cause soit entendue équitablement et publiquement par un tribunal compétent, indépendant et impartial, établi par la loi, qui décidera soit du bien-fondé de toute accusation en matière pénale dirigée contre elle, soit des contestations sur ses droits et obligations de caractère civil. Le huis clos peut être prononcé pendant la totalité ou une partie du procès soit dans l'intérêt de bonnes mœurs, de l'ordre public ou de la sécurité nationale dans une société démocratique, soit lorsque l'intérêt de la vie privée des parties en cause l'exige, soit encore dans la mesure où le tribunal l'estimera absolument nécessaire lorsqu'en raison des circonstances particulières de l'affaire la publicité nuirait aux intérêts de la justice ; cependant, tout jugement rendu en matière pénale ou civile sera public, sauf si l'intérêt du mineur exige qu'il en soit autrement ou si le procès porte sur des différents matrimoniaux ou sur la tutelle des enfants »..

[40] Cet article s'inscrit aussi dans la même optique lorsqu'il stipule que « les Etats parties s'engagent à garantir que toute personne dont les droits et libertés reconnus dans le pacte auront été violés disposera d'un recours utile, alors même que la violation aurait été commise par des personnes agissant dans l'exercice de leurs fonctions officielles ».

[41] Cet article dispose : « Toute personne a droit à ce que sa cause soit entendue. Ce droit comprend :

a) le droit de saisir les juridictions nationales compétentes de tout acte violant les droits fondamentaux qui lui sont reconnus et garantis par les conventions, les lois, les règlements et les coutumes en vigueur ;

b) le droit à la présomption d'innocence, jusqu'à ce que sa culpabilité soit établie par une juridiction compétente,

c) le droit à la défense, y compris celui de se faire assister par un défenseur de son choix,

d) le droit d'être jugé dans un délai raisonnable par une juridiction impartiale ».

tribunal… ». Cette expression vise, selon le célèbre arrêt Golder[42], le droit dont dispose chaque citoyen de recourir à la justice de son pays et d'obtenir d'elle une décision motivée tranchant définitivement le litige.

Ces dispositions conventionnelles revêtent une autorité en droit congolais en vertu de la primauté conférée aux dispositions de droit international ayant effet direct sur le droit interne[43].

La Constitution congolaise reconnait aussi cette primauté. En effet, aux termes de son article 215, elle dispose : *« les traités et accords internationaux régulièrement conclus ont, dès leur publication, une autorité supérieure à celle des lois, sous réserve pour chaque traité ou accord, de son application par l'autre partie »*. Et elle ajoute à l'article 153 alinéa 4 que *« les cours et tribunaux civils et militaires appliquent les traités internationaux dument ratifiés, les lois, les actes réglementaires pour autant qu'ils soient conformes aux lois ainsi que la coutume pour autant que celle-ci ne soit pas contraire à l'ordre public ou aux bonnes mœurs »*.

Il sied cependant de préciser que la condition de réciprocité contenue dans l'article 215 ci-dessus est inopérante dans le cadre de la mise en œuvre du droit d'accès à un tribunal car il s'agit d'un droit de l'homme, les traités des droits de l'homme n'étant pas soumis à la condition de réciprocité pour leur application.

En ce qui concerne la portée du droit d'accès à un tribunal, disons que ce droit implique le droit d'avoir accès concret et effectif au tribunal[44] et celui d'obtenir une décision de justice tranchant définitivement le litige dans lequel l'on est intéressé[45].

i) L'accès concret et effectif au juge

Il suppose que le justiciable jouisse d'une possibilité claire et concrète de contester un acte constituant une ingérence dans ses droits, en saisissant un tribunal. Le justiciable doit bénéficier des moyens concrets d'accéder au juge, comme par exemple, bénéficier de l'assistance d'un Avocat dans la procédure judicaire. Des obstacles éventuels risquant de l'empêcher de soumettre son litige au juge afin d'être tranché ne doivent pas exister sous peine de rendre cet accès ineffectif. Ainsi, lorsqu'au regard de la nature du litige, la procédure pour saisir le tribunal est complexe, l'individu doit bénéficier de l'assistance d'un Avocat pour garantir l'accès effectif au juge[46]. D'autre part, l'assouplissement des

---

[42] CEDH, 21 février 1975, Golder C/ Royaume Unie, https://hudoc.echr.coe.int/fr consulté le 10/03/2020.

[43] DE SCHUTTER O. et VAN DROOGHENBROECK S., *Droit international des droits de l'homme devant le juge national*, Larcier, Bruxelles, 1999, p. 90.

[44] CEDH, 21 février 1975, affaire GOLDER C/ Royaume Unie, série A, n°18, §36, https://hudoc.echr.coe.int/fr consulté le 10/03/2020.

[45] F. SUDRE, *Droit européen et international des droits de l'homme*, PUF, Paris, 2006, p. 353.

[46] *Ibid.*, p 356

formalités de saisine du tribunal constitue également une modalité de rendre effectif l'accès au juge en vue d'obtenir une décision de justice.

ii) L'obtention d'une décision de justice

Le droit d'accès à un tribunal implique également le droit d'obtenir une *décision motivée, tranchant définitivement le litige.*

En effet, reconnaître un droit d'accès à la justice paraît n'avoir de sens que si son exercice permet d'obtenir que « justice soit rendue», c'est-à-dire qu'une décision statue sur les prétentions en affirmant ou en infirmant la réalité d'un droit[47]. Certains auteurs parlent d'un «droit médiat» à plusieurs titres : tout d'abord il est un droit médiat vers les garanties du procès équitable; ensuite si toute personne doit pouvoir accéder à la justice, c'est pour obtenir quelque chose[48]. Dans ce cas, le droit d'accès à un tribunal devient donc un instrument d'un autre droit : le droit d'obtenir un jugement et de faire valoir ses droits.

L'effectivité de la décision de justice suppose pour les parties au procès le droit, non seulement de présenter leurs arguments mais aussi le droit d'être vraiment entendues[49]. Le tribunal a dès lors l'obligation de se livrer à un examen effectif des moyens présentés par les parties, et pour ce faire, une motivation appropriée du jugement est requise. Il ne suffit donc pas de saisir le juge pour que le droit d'accès au tribunal soit respecté, il faut aussi qu'une décision motivée tranchant définitivement le litige soit rendue. Le droit d'accès au juge englobe alors non seulement la faculté de saisir le tribunal, de s'adresser à lui, de poursuivre l'affirmation d'une prétention devant lui, mais aussi la faculté d'obtenir d'un juge une décision sur le fond de la prétention lui soumise[50]. De ce fait, le droit d'accès au juge devient sans nul doute «le bouclier des autres droits fondamentaux»[51] ou encore un «droit garantie»[52], c'est-à-dire un droit de sauvegarde des autres droits.

---

[47] L. MILANO, *le droit à un tribunal au sens de la convention européenne des droits de l'homme*, Dalloz, Paris, 2006, p 51.

[48] J.M COULON, M.A FRISON-ROCHE, « le droit d'accès à la justice », in R CABRILLAC, M.A FRISON-ROCHE, T REVET, *libertés et droits fondamentaux*, Dalloz, 6e éd, 2000, pp. 393-395.

[49] *Ibid.*, p. 358.

[50] Pour plus de détails, lire L. MILANO, *Op.Cit*, pp 51-70.

[51] TS RENOUX, *le droit au recours juridictionnel*, JCP, G, 1993, I, 3675, p. 215.

[52] L. FAVOREU, P. GAIA, R. GHEVONTIAN, *Droit des libertés fondamentales*, Dalloz, 2002, 2ème éd, p. 405.

Désormais, les garanties judiciaires sont importantes en matière de protection des droits du « noyau indérogeable»[53].

Dès lors que par le déni de justice, le Magistrat s'abstient de procéder aux devoirs de sa charge ou néglige de juger les affaires en état d'être jugées, il entrave l'exercice du droit d'accès à un tribunal. Par ce comportement du Magistrat, le justiciable est empêché d'obtenir une décision motivée, tranchant définitivement le litige qu'il a soumis à la justice.

A. La procédure de prise à partie des magistrats

La prise à partie est une procédure lourde de conséquences car elle est susceptible de porter une grave atteinte au crédit de la justice. C'est pour cette raison que l'Ordonnance loi n° 82-017 du 31 mars 1982 relative à la procédure devant la Cour suprême de justice soumettait son exercice à une autorisation préalable. Ainsi, avant que le Magistrat ne soit appelé à répondre des faits portés à sa charge, le dossier était attribué à un Président à la Cour suprême de justice qui, après examen de la requête, devait soit autoriser soit refuser la prise à partie du Magistrat.

Mais, la loi n° 13/010 du 19 février 2013 portant procédure devant la Cour de cassation n'a pas reconduit cette phase préalable dont pourtant le but était de procéder à un filtrage et un contrôle du sérieux des accusations portées contre le juge en vue d'éviter des prises à partie fantaisistes auxquelles on assiste malheureusement aujourd'hui.

La prise à partie est introduite par une requête dans le délai de douze mois à compter du prononcé de la décision ou de la signification de celle-ci selon qu'elle est contradictoire ou par défaut ou dans le même délai à dater du jour où le requérant aura pris connaissance de l'acte ou du comportement incriminé[54]. Si la prise à partie est justifiée par un déni de justice, la requête est introduite dans les douze mois à partir de la seconde sommation. En plus du nom, du prénom, de la qualité, du demeure, de l'objet de la demande et de l'inventaire des pièces[55], la

---

[53] GUELDICH H, « Les droits indérogeables », in Journée d'étude du10 décembre 2015 sous la direction du Pr Rafaa Ben Achour, L'ONU et l'établissement d'un ordre international des droits de l'homme », FSJPST, 1 er numéro de la revue tunisienne des sciences juridiques, CPU, 2017, p 11.
Voir également MAYER P, « Droit à un procès équitable et conflits de juridiction », in *Les nouveaux développements de procès équitable au sens de la Commission européenne des droits de l'Homme*, 11996, pp 125 et ss.
QUILLERE-MAJZOUB F, *La défense du droit d'un procès équitable*, Bruylant, Bruxelles, 1999.

[54] Article 59 alinéa 1 er de la loi organique N°13/010 du 19 février 2013 relative à la procédure devant la cour de cassation

[55] Article 2 de la loi organique N°13/010 du 19 février 2013 relative à la procédure devant la cour de cassation

requête contient les prétentions du requérant aux dommages et intérêts et, éventuellement, l'annulation des arrêts ou jugements, ordonnances, procès-verbaux ou autres actes[56].

La requête est signifiée au Magistrat pris à partie qui fournit ses moyens de défense dans les quinze jours de la notification, à défaut, la cause est réputée en état[57].

B. La *ratio legis* de la prise à partie des magistrats

La prise à partie a pour finalité d'éveiller et de conserver vif chez les magistrats le sens de leur responsabilité personnelle dans l'exercice de leur fonction. Celle-ci exige dans le chef des magistrats, outre la compétence technique, de nombreuses qualités morales, notamment l'indépendance, l'impartialité, l'honneur et la probité[58].

Elle fait partie des garanties pour une saine administration de la justice. Elle est aussi un des mécanismes que le législateur a mis à la disposition des justiciables pour le rassurer qu'il doit toujours avoir la confiance en la justice[59].

La prise à partie est destinée donc à garantir l'indépendance et l'impartialité du magistrat dans l'exercice de sa fonction juridictionnelle. C'est un garde-fou contre les dérapages éventuels des magistrats dans l'exercice de leurs fonctions.

C. Les effets des décisions rendues en prise à partie

Si la prise à partie est déclarée fondée, la Cour annule les arrêts, jugements, ordonnances, procès-verbaux ou tous autres actes attaqués sans préjudicie des dommages et intérêts dus au requérant[60]. Il ressort de cette disposition que la prise à partie constitue une voie de réparation et une voie de recours incident.

2. La prise à partie comme voie de réparation

Comme voie de réparation, la prise à partie tend à sanctionner la responsabilité civile du Magistrat et à réparer le préjudice causé à un justiciable

---

[56] Article 59 alinéa 3 de la loi organique N°13/010 du 19 février 2013 relative à la procédure devant la cour de cassation

[57] Article 60 de la loi organique N°13/010 du 19 février 2013 relative à la procédure devant la cour de cassation.

[58] CSJ, RPP 30, 5/07/1994, RAJC, 1997, pp 15-16 cité par MWILANYA N., *La responsabilité professionnelle des magistrats en droit congolais : cas de la prise à partie*, éd cabinet Mwilanya, 2010, p 36.

[59] DIPUMBA NTITA, « La jurisprudence de la cour suprême de justice en matière de prise à partie de 1979 à 2003 », in *RAJC*, éd. CPDC, Kinshasa, 2004, p 44.

[60] Article 61 de la loi organique N°13/010 du 19 février 2013 relative à la procédure devant la cour de cassation

par une faute professionnelle[61]. Aux termes de l'article 63 de la Loi organique n°13/010 du 19 février 2013 relative à la procédure devant la Cour de cassation, cette responsabilité est solidairement assumée avec l'Etat dont il est le préposé[62]. En effet, le Droit congolais a levé l'option de la responsabilité civile de l'Etat pour préjudices causés aux tiers par le Magistrat du fait de son activité juridictionnelle ou prejudicitionnelle.

Dans la pratique, il a été observé que la Cour a toujours condamné les magistrats aux dommages et intérêts solidairement avec la République[63].

Comme on peut bien le constater, les conséquences néfastes de la procédure de prise à partie ne s'arrêtent pas uniquement au Magistrat poursuivi et éventuellement à ses héritiers, mais également à l'Etat qui, pris pour civilement responsable, est appelé à répondre des condamnations aux dommages et intérêts prononcées contre le Magistrat.

3. La prise à partie comme voie de recours extraordinaire incident

Comme voie de recours extraordinaire incident, elle permet à une partie de demander l'annulation du jugement, arrêt ou tout autre acte de procédure judiciaire rendu ou pris par les Magistrats lorsque ceux-ci sont responsables de dol, concussion ou déni de justice[64].

La prise à partie tend donc à la condamnation d'un Magistrat et à l'annulation du jugement ou arrêt ou tout autre acte judiciaire du Magistrat vicié par les fautes professionnelles graves définies par la loi.

Contrairement à la l'ordonnance-loi n° 82-017 du 31 mars 1982 relative à la procédure devant la Cour suprême de justice qui, en son article 61 alinéa 2[65], faisant de l'annulation de l'acte du Magistrat reconnu coupable une possibilité à travers l'utilisation de l'adverbe «éventuellement», la loi organique n° 13/010 du 19 février 2013 relative à la procédure devant la Cour de cassation fait de cette

---

[61] CSJ, 5 juillet 1994, SPRL Art et Décor contre Lwamba Bindu, Mbie Morwa et Shimatu Kamena RPP 30, cité par MUKENDI BAFWANA et alii, *Jurisiprudence de la Cour Suprême de Justice en contentieux de prise à partie Kinshasa* éd. Juricongo, 2011, pp 13-16, cité par KAVUNDJA M, *Op.Cit.*, p. 528.

[62] Cet article dispose: « L'Etat est solidairement responsable des condamnations aux dommages et intérêts prononcés à charge du magistrat ».

[63] CSJ, 27 décembre 2002, RPP 138, inédit ; CSJ, 5 juillet 1994, RPP 30, affaire Sprl Art et décor contre Magistrats Lwamba Bindu, Mbie Morwa et Chimatu Kamena, *Revue analytique de jurisprudence du Congo*, volume II, 1997, pp 15-21 ; CSJ, 16 aout 2002, RPP 134, Affaire Stanbic Bank Congo contre Magistrats Ngwanda Shagituka Gisupoa et République démocratique du Congo, Bulletin des arrêts CSJ, années 2000 à 2003, 2004, p. 177.

[64] T. KAVUNDJA, *Op.Cit.*, p. 529.

[65] Cet article disposait : « Outre les mentions prévues aux articles 1 et 2, la requête contient les prétentions du requérant aux dommages et intérêts et, éventuellement à l'annulation des arrêts ou jugements, ordonnances, procès verbaux ou autres actes attaqués ».

annulation une obligation en son article 61[66]. Par cette dernière disposition, le législateur congolais n'entend pas laisser survivre une décision rendue par un Magistrat reconnu coupable de dol, de concussion ou de déni de justice, même lorsque le requérant n'a pas sollicité l'annulation.

Par ailleurs, le Magistrat pris à partie est tenu de s'abstenir de la connaissance de toute cause concernant le requérant, son conjoint ou ses parents en ligne directe et ce, jusqu'au prononcé de la décision[67]. Dans le cas où ce dernier estime que l'action du demandeur était téméraire et vexatoire, il peut postuler reconventionnellement la condamnation aux dommages et intérêts[68].

C. Faiblesses de la procédure de prise à partie par rapport aux règles d'un procès équitable

La prise à partie fait l'objet d'une procédure juridictionnelle qui doit aussi obéir aux règles d'un procès équitable. Cependant, telle qu'elle est organisée en République démocratique du Congo, cette procédure accuse des faiblesses qui emportent violation de certaines de ces règles.

1. L'absence des voies de recours

La prise à partie est une procédure spéciale exercée devant la Cour de cassation qui siège en premier et dernier ressort. Les décisions rendues en cette matière ne sont donc susceptibles d'aucun recours. Ceci pose un problème sérieux en cas d'erreur judiciaire. Or, le double degré de juridiction est une garantie fondamentale pour les droits de la défense et pour un procès équitable en ce qu'il offre à la partie lésée par la décision, la possibilité de soumettre leur procès à un second examen. Ainsi, il apparait impérieux de créer au sein de la Cour de cassation une chambre d'appel qui devra examiner le recours en cas de mal jugé ou d'erreur judiciaire dans les arrêts rendus en prise à partie.

2. L'atteinte aux droits de l'autre partie au procès initial

Dans la procédure de prise à partie, seuls la partie requérante et le magistrat mis en cause participent au procès. Le bénéficiaire de la décision rendue par le juge poursuivi est exclu à la procédure. Ce dernier est surpris par une décision qui porte atteinte à ses droits sans qu'il n'ait été appelé à se défendre. Pareille procédure viole les droits de la défense ainsi que d'autres consacrés par la décision annulée à l'issue de la prise à partie.

---

[66] Cet article dispose : « Si la prise à partie est déclarée fondée, la Cour annule les Arrêts, jugements, ordonnances, procès verbaux ou tous autres actes attaqués sans préjudice des dommages et intérêts dus au requérant ».

[67] Article 62 de la loi organique N°13/010 du 19 février 2013 relative à la procédure devant la cour de cassation

[68] Article 64 de la loi organique N°13/010 du 19 février 2013 relative à la procédure devant la cour de cassation

L'exclusion de cette partie à la procédure justifie le recours intempestif à la procédure de prise à partie. Certains plaideurs malicieux profitent de cette procédure pour contourner les moyens pertinents de leurs adversaires au niveau de la cassation et obtenir ainsi facilement l'annulation des décisions judiciaires à l'insu de leurs adversaires, alors qu'il est inéquitable de porter atteinte aux droits d'une personne dans une procédure à laquelle elle n'a pas été appelée.

Maitre Mwilanya Wilondja Néhémie regrette que la prise à partie, alors qu'elle a été prévue pour sanctionner des «comportements frauduleux» du juge et attachée, en conséquence, à la personne de ce dernier, semble avoir glissé dans la pratique judiciaire congolaise « vers une voie de recours ordinaire » exercée en contradiction flagrante avec sa vocation première, au mépris des droits fondamentaux tirés du principe du contradictoire reconnu aux parties au procès « initial », et en violation des compétences matérielles reconnues à la Cour suprême de justice en tant que juridiction de cassation[69].

3. Inégalité entre les parties au procès

Le requérant en prise à partie dispose de douze mois, à compter du prononcé de la décision ou de la signification de celle-ci selon qu'elle est contradictoire ou par défaut, pour introduire sa requête en prise à partie. Par contre, le Magistrat pris à partie dispose de quinze jours à dater de la notification, pour fournir ses moyens de défense[70].

Cette disposition crée une différence de traitement entre le demandeur en prise à partie et le Magistrat mis en cause et place ce dernier dans une position de désavantage par rapport au demandeur en prise à partie, surtout lorsque le Magistrat poursuivi travaille dans les localités reculées où les occasions de voyage pour Kinshasa, siège la Cour de cassation, sont rares ou très irrégulières.

4. De la répartition des compétences entre la CCJA et la Cour de cassation en matière de prise à partie

En examinant les textes régissant les deux juridictions, il ressort que leurs compétences y sont clairement précisées, mais la difficulté surgit à l'occasion de leur exercice. En effet, il s'observe que la question de l'incompétence de la Cour de cassation a été plusieurs fois soulevée au cours de plusieurs procédures en prise à partie lorsque les juges des tribunaux de commerce étaient mis en cause ; ces juridictions étant celles qui sont compétentes pour statuer sur les affaires soulevant l'application et l'interprétation des actes uniformes. De même, la Cour commune de justice et d'arbitrage a eu aussi à être saisie d'un recours contre une décision rendue par la Cour de cassation en matière de prise à partie au motif que

---

[69] NSUMBU KABU, « Cour Suprême de Justice : héritage de demi siècle de jurisprudence », in *Les analyses juridiques*, Kinshasa, 2015, p. 684.

[70] Article 60 de la loi organique n°13/010 du 19 février 2013 relative à la procédure devant la cour de cassation.

la matière faisant objet du jugement rendu par les juges mis en cause échappait à sa compétence. Ces deux juridictions se sont prononcées et leurs positions respectives méritent d'être épinglées pour pouvoir identifier l'existence ou non d'un conflit.

A. Position de la Cour de Cassation sur sa compétence en matière de prise à partie des magistrats ayant rendu une décision sur une question soulevant l'application et l'interprétation des actes uniformes

Répondant à l'exception d'incompétence soulevée dans l'affaire RPP 947 fondée sur le fait que le Magistrat mis en cause était un juge du tribunal de commerce, juridiction qui connaît des affaires dont le pourvoi relève de la compétence de la Cour commune de justice et d'arbitrage, la Cour suprême de justice, se basant sur les articles 55 de la loi organique n° 13/010 du 19 février 2013 relative à la procédure devant la Cour de cassation et 2 de la loi organique n°13/011 du 11 avril 2013 portant organisation, fonctionnement et compétence des juridictions de l'ordre judiciaire[71], a décidé que le juge de commerce est Magistrat de l'ordre judiciaire et qu'à ce titre il rentre dans le champ d'application de l'article 55 de loi organique N° 13/010 du 19 février 2013 qui dispose que «tout Magistrat de l'ordre judiciaire peut être pris à partie»[72].

Aussi, dans l'affaire RPP 149/RPP1201, la Cour de Cassation a condamné le Magistrat IIJ (président du tribunal de commerce) pour dol, au motif que ce dernier a pris une ordonnance portant injonction de payer contre la société Bralima et dit l'opposition de cette société sous RCE 030 recevable mais non fondée sans documents justificatifs de la créance que détiendrait le demandeur

[71] Cet article dispose : Sont magistrats :
Le Premier président, les Présidents et les Conseillers de la Cour de cassation ; le Premier président, les Présidents et les Conseillers de la Haute Cour militaire ; le Premier président, les Présidents et les Conseillers de la Cour d'appel ; le Premier président, les Présidents et les Conseillers de la Cour militaire et de la Cour militaire opérationnelle ; le Président et les juges des Tribunaux de grande instance ; le Président et les juges des Tribunaux de commerce ; le Président et les juges des Tribunaux de travail ; le Président et les juges des Tribunaux militaires de garnison ; le Président et les juges des Tribunaux de paix ; le Président et les juges des Tribunaux militaires de police.
Le Procureur général, les Premiers Avocats généraux et les Avocats généraux près la Cour de cassation ; l'Auditeur général des forces armées, les Premiers Avocats généraux des forces armées et les Avocats généraux des forces armées prés la Haute Cour militaire ; le Procureur général, les Avocats généraux et les Substituts du procureur général près les Cours d'Appel ; l'Auditeur militaire supérieur, les Avocats généraux militaires et les Substituts de l'Auditeur militaire supérieur près les Cours militaires ; le Procureur de la République, les Premiers substituts et substituts du Procureur de la République près les Tribunaux de grande instance ; l'Auditeur militaire de garnison, les Premiers substituts et substituts de l'Auditeur de garnison près les Tribunaux militaires de garnison.

[72] CSJ, 3 juin 2015, RPP 947 cité par TUKA IKA, *La cassation en droit congolais*, PUC, Kinshasa, 2017, p. 302.

sur cette dernière. Dans cette affaire, le Magistrat mis en cause avait soulevé l'incompétence de la cour de cassation sur pied des articles 14 et 18 du traité OHADA mais la Cour ne l'avait pas suivi[73].

Egalement dans l'affaire RPP 1017, la cour suprême de justice avait condamné pour dol le magistrat AM du tribunal de commerce de Lubumbashi après avoir déclaré recevable mais non fondée l'exception d'irrecevabilité de la requête en prise à partie soulevée par ce dernier, fondée sur le fait que le litige dont il était saisi portait sur matière relevant du droit OHADA dont l'annulation échappe à la Cour Suprême de Justice[74].

Il s'observe que dans ces décisions, la cour suprême de justice (actuelle de cassation) a limité l'appréciation de sa compétence uniquement sur le statut des magistrats mis en cause (magistrats de l'ordre judiciaire) sans un moindre égard à l'objet du litige sur lequel est assis le dol ayant justifié la condamnation.

En annulant les décisions rendues par ces magistrats par la procédure de prise à partie, la cour de cassation a vidé de leur substance les pourvois en cassation que les parties lésées par ces décisions pourraient éventuellement exercer devant la Cour Commune de Justice et d'Arbitrage.

B. Position de la Cour commune de justice et d'arbitrage sur sa compétence en matière recours contre une décision de la Cour de cassation siégeant en prise à partie d'un magistrat ayant rendu une décision dans une affaire appelant l'application et l'interprétation des actes uniformes

La Cour commune de justice et d'arbitrage (CCJA) a été saisie d'un pourvoi contre un arrêt rendu par la Cour Suprême de Justice de la République démocratique du Congo siégeant en matière de prise à partie dans l'affaire n° 158/2016. Par son arrêt rendu en date du 27 octobre 2016, la CCJA a décliné sa compétence en matière de prise à partie au motif que cette matière ne relève pas des Actes uniformes mais du droit interne d'un État partie et que partant, les conditions de sa compétence telle que précisées à l'article 14, alinéas 3 et 4 du Traité n'étaient pas réunies[75].

Dans cette affaire, les sociétés CREC Ressources Universal et MKM avaient saisi la Cour suprême de justice de la RD Congo pour dol contre le magistrat AM afin de faire établir sa responsabilité civile et demander réparation des préjudices qu'ils avaient subis de par sa faute suite au jugement RAC 1147 du 20 janvier 2014 rendu par lui, en dépit des rappels par eux faits sur les irrégularités dont

---

[73] CSJ, 19 aout 2019, RPP149/RPP 1201, *inédit*.

[74] CSJ, 05 juin 2015, RPP 1017, *inédit*.

[75] https://juriafrique.com/blog/2016/10/27/ccja-arret-n1582016-du-27-octobre-2016/consulté le 22/03/2020
T. IKA, *Op.Cit.,* p. 303.

était entachée la procédure. Ainsi saisie, la Cour suprême de justice rendit en date du 5 juin 2015 l'arrêt RPP 1017 condamnant ce Magistrat. C'est contre cet arrêt que le magistrat condamné en prise à partie fit recours devant la CCJA.

La CCJA a estimé que la prise à partie ne relève pas des actes uniformes mais du droit interne et qu'en conséquence elle est incompétente. Mais, en regardant en profondeur, il s'avère que la prise à partie initiée contre le magistrat était basée sur une décision qu'il a rendue, laquelle portait sur une affaire soulevant des questions procédurales relatives à l'application des actes uniformes, dont le pourvoi est de la compétence de la CCJA. En outre, la Cour suprême de justice ne pouvait procéder à l'annulation du jugement rendu par le juge mis en cause pour dol sans examiner préalablement de quelle manière le droit a été appliqué pour déceler le dol. Ainsi, considérer que comme le recours est dirigé contre une décision rendue matière de prise à partie sans égard à l'objet du litige sur lequel le Magistrat mis en cause avait statué, c'est s'arrêter à mi-chemin, surtout que dans son arrêt la Cour suprême de justice a annulé ladite décision.

La position de la CCJA serait justifiable à notre avis si, à la suite de la prise à partie, la Cour suprême de justice s'était limité à statuer sur la responsabilité du Magistrat sans anéantir la décision rendue. Mais en annulant cette décision, qui pourtant porte sur un litige soulevant les questions relatives à l'application des actes uniformes, la Cour suprême de justice a empiété dangereusement sur la compétence de la CCJA.

En sus, lorsque le dol reproché au Magistrat repose par exemple sur une interprétation tronquée d'un acte uniforme dans le but de favoriser une partie au procès, il est évident que la décision condamnant en prise à partie ce Magistrat porte sur une question relative à l'interprétation des actes uniformes et il serait dangereux qu'elle échappe au contrôle de la CCJA, surtout lorsqu'elle émane de la Cour suprême de justice.

On remarque que d'un côté la Cour de cassation de la RD Congo confirme sa compétence pour statuer sur les prises à partie des Magistrats, même lorsque ces derniers ont rendu leurs décisions dans les affaires soulevant des questions relatives à l'application et à l'interprétation des actes uniformes OHADA ; de l'autre coté la CCJA décline sa compétence pour connaître des recours en cassation contre les décisions en matière de prise à partie.

Ces positions jurisprudentielles favorisent le risque d'empiètement de la Cour de cassation sur les compétences de la CCJA, dès lors que c'est à celle-ci qu'il revient de manière exclusive la compétence d'annuler les décisions rendues en dernier ressort par les juridictions nationales dans les matières soulevant les questions relatives à l'application et à l'interprétation des actes uniformes, compétence que s'arroge la Cour de cassation à travers la procédure de prise à partie.

II. Pour la prévention d'un éventuel empiètement des compétences de la CCJA par la Cour de Cassation

Plusieurs hypothèses sont envisageables pour prévenir le risque d'empiétement des compétences de la CCJA par la Cour de Cassation en République Démocratique du Congo. Celles-ci partent de l'attribution d'une compétence exclusive à chacune de deux juridictions, en passant par l'institution d'une compétence partagée, la suppression pure et simple de la prise à partie jusqu'à une réforme de l'article 18 du traité OHADA.

A. Attribution d'une compétence exclusive à la Cour de cassation nationale

C'est cette hypothèse qui est d'application actuellement. En effet, pour le moment il n'existe pas de texte qui confère directement à la CCJA une compétence quelconque en matière de prise à partie des magistrats. Celle-ci est exclusivement exercée par les juridictions nationales, en l'occurrence la Cour de cassation dans le cas de la République démocratique du Congo. Cette situation présente un inconvénient, à savoir le risque d'empiètement par la Cour de cassation aux compétences de la CCJA car la prise à partie est devenue incidemment une voie d'annulation au même titre que le pourvoi en cassation.

D'autre part, si pendant qu'une partie au jugement rendu par un Magistrat prend ce dernier à partie devant la Cour de cassation, une autre saisit la CCJA en cassation contre le même jugement, il y a risque d'arriver à des décisions contradictoires, lorsque, pendant que la Cour de cassation a condamné le Magistrat pour dol et annulé sa décision, la CCJA la confirme en rejetant le pourvoi ou en le déclarant non fondé. Et dans ce cas, les deux juridictions ayant été saisies sous deux statuts différents (prise à partie et cassation), l'article 16 du Traité OHADA[76] ne sera pas d'application. La coexistence de deux décisions contradictoires sera une source d'insécurité juridique pouvant amener les parties à des affrontements déplorables.

Attribution d'une compétence exclusive à la CCJA

La compétence exclusive de la CCJA est envisagée à l'article 14 du traité OHADA lorsqu'il s'agit de connaître du recours en cassation contre les décisions rendues par les juridictions d'appel nationales dans toutes les affaires soulevant des questions relatives à l'application des Actes uniformes. Il se dégage de cette disposition que la CCJA est toujours compétente lorsque les juridictions

---

[76] Cet article dispose : « la saisine de la CCJA suspend toute procédure de cassation engagée devant une juridiction nationale contre la décision attaquée. Toutefois, cette règle n'affecte pas les procédures d'exécution. Une telle procédure ne peut reprendre qu'après arrêt de la CCJA se déclarant incompétent pour connaître de l'affaire.

inférieures ont appliqué les textes OHADA, peu importe si après cassation et évocation, il s'avérait qu'aucun texte de l'OHADA n'était applicable. En d'autres termes, dès lors que les premiers juges font application, même à tort, de textes OHADA, c'est la CCJA qui doit être saisie d'un pourvoi en cassation et il lui appartient à elle seule de dire après examen au fond que les textes OHADA étaient inapplicables en l'espèce[77].

Cependant, cette disposition ne concerne que la saisine de la CCJA en cassation et n'envisage pas l'hypothèse de saisine en prise à partie, même si l'affaire qui a été jugée par les Magistrats pris à partie concernait un litige soulevant des questions relatives à l'application et à l'interprétation des Actes uniformes.

Ainsi, l'hypothèse d'attribuer à la CCJA la compétence de statuer sur la prise à partie de manière exclusive n'est prévue par aucun texte. Mais si l'on devrait y arriver, elle ne serait pas sans inconvénient. En effet, la prise à partie est une procédure par laquelle sont mis en cause les Magistrats. Or, ces deniers sont les animateurs d'un service public qu'est la justice, un des attributs de la souveraineté d'un Etat. Ainsi, laisser exclusivement à la CCJA la compétence de connaître de la prise à partie, procédure mettant en cause la responsabilité civile du magistrat et de l'Etat comme sont civilement responsables, serait porter atteinte à la souveraineté de l'Etat.

C. Institution d'une compétence partagée entre la Cour de Cassation et la CCJA

La possibilité envisagée ici serait celle de limiter la prise à partie devant la Cour de cassation sur la faute professionnelle du Magistrat et laisser à la CCJA le soin de statuer sur le sort du jugement rendu par le Magistrat mis en cause. En d'autres termes, saisie d'une requête en prise à partie, la Cour de cassation se limiterait à constater la faute professionnelle du Magistrat et statuer sur sa responsabilité civile sans se prononcer sur le sort du jugement qu'il a rendu, cette compétence étant réservée à la CCJA.

Disons que l'hypothèse de saisine simultanée ou successive de la CCJA et de la Cour de cassation nationale est envisagée par l'article 16 du traité OHADA[78]. En disposant que dès la saisine de la CCJA toute procédure de cassation engagée devant une juridiction nationale contre la décision attaquée en cassation devant

---

[77] Code pratique OHADA, Traité, Actes Uniformes et Règlements, éd Francis LEFEBVRE, 2014, p. 24.

[78] La saisine de la cour commune de Justice et d'Arbitrage suspend toute procédure de cassation engagée devant une juridiction nationale contre la décision attaquée. Toutefois cette règle n'affecte pas les procédures d'exécution.
Une telle procédure ne peut reprendre qu'après arrêt de la Cour Commune de Justice et d'Arbitrage se déclarant incompétente pour connaître de l'affaire.

la CCJA doit être suspendue, cette disposition prévient tout risque de conflit entre la CCJA et les juridictions suprêmes nationales (Cour de cassation ou Cour suprême de justice). Cette suspension s'impose, que la CCJA ait été saisie avant ou après la juridiction nationale de cassation.

L'article 15 du même traité OHADA renforce cette prévention lorsqu'il prévoit qu'une juridiction nationale statuant en cassation saisie d'une affaire soulevant les questions relatives à l'application des actes uniformes, doit renvoyer l'affaire à la CCJA.

Par contre, lorsque le litige porte à la fois sur des questions du droit uniforme et de droit interne, il faut rendre à la CCJA ce qui lui est dû et à la Cour de cassation nationale ce qui lui revient[79].

La Cour Suprême du Niger a pris position par rapport à un tel conflit dans un arrêt du 16 aout 2001. Elle a d'abord considéré que l'article 18 du traité OHADA signifie que la compétence de la CCJA n'est pas exclusive de celle des juridictions nationales. Elle a ensuite estimé que la CCJA n'étant compétente que pour l'interprétation et l'application des Actes uniformes, la Cour Suprême nationale n'a pas à renvoyer le pourvoi devant la CCJA si cette voie de recours est fondée de «façon prépondérante», non sur la violation d'un Acte Uniforme, mais, comme en l'espèce, sur celles des règles du Code civil et du Code CIMA[80].

Ce partage de compétence n'est envisageable que lorsque les deux juridictions sont saisies en cassation. Il apparaît que l'hypothèse de saisine de l'une en prise à partie et l'autre en cassation n'est pas concernée ici. Même si elle serait prévue, il faut retenir qu'il n'est pas toujours facile de fractionner le procès en deux parties distinctes, notamment lorsque de la solution d'une question dépend celle de l'autre.

En matière de prise à partie, l'annulation du jugement rendu par le Magistrat condamné est une conséquence de la faute professionnelle commise (dol, concussion, déni de justice) entrainant sa responsabilité civile solidairement avec l'Etat. Ainsi, ces deux aspects sont tellement connexes qu'il serait impossible de statuer sur la responsabilité civile du Magistrat sans préjuger du sort de la décision qu'il a rendue.

C'est pour cette raison que le règlement de tout conflit de compétence entre juridictions aboutit toujours à l'attribution de la compétence à une juridiction au détriment d'une autre et ce, pour prévenir tout risque de contrariété des décisions susceptibles de créer une insécurité juridique.

---

[79] DECKON F, « Les conflits de compétences », in *Revue de droit uniforme africain*, N° 3, p. 65.

[80] T. IKA, *Op.Cit*, p 303.
Code pratique OHADA, *Op.Cit*, p. 38.

D'autre part, ce fractionnement de procédure entrainerait une lourdeur mais aussi une dispersion des moyens des justiciables.

D. Suppression de la prise à partie contre les magistrats ayant statué sur une affaire soulevant des questions relatives à l'application et à l'interprétation des Actes uniformes

La suppression de la procédure de prise de partie est une alternative qui a déjà été préconisée par le Professeur MASSAMBA. Pour enrayer le risque d'obstruction que peut entraîner en certaines circonstances la prise à partie sur une procédure pendante devant la haute juridiction communautaire, il suggère d'assortir cette procédure des limites légales en l'empêchant en matière commerciale. Il conviendrait, estime-t-il, d'édicter le principe de son inapplicabilité à l'égard de toute décision susceptible d'un recours devant la haute juridiction communautaire. A cet égard, une révision du Règlement de procédure de la CCJA s'imposerait, à défaut, il importerait de préconiser un tel principe aux Etats parties qui n'en disposeraient pas par voie d'une loi type[81].

Par ailleurs, il peut arriver que les parties qui ont été déboutées de leur pourvoi devant la CCJA viennent reprendre le procès au niveau national en recourant à la procédure de prise à partie, surtout lorsque la décision ne leur a jamais été notifiée. De même, celles dont les affaires sont pendantes en cassation devant la CCJA peuvent introduire des prises à partie devant la Cour de cassation en vue d'obtenir un arrêt annulant la décision déférée en cassation à la CCJA pour court-circuiter cette haute juridiction qui n'aura qu'à constater que la décision lui déférée n'existe plus.

Toutes ces craintes militeraient pour la suppression de la prise à partie dans les affaires susceptibles de pourvoi en cassation devant la CCJA.

Cependant, au regard du but poursuivi par la procédure de prise à partie, il serait imprudent de la supprimer. En effet, le droit pour toute personne d'être jugée par un tribunal indépendant et impartial est absolu. Or, une décision rendue sur fond d'un dol, c'est-à-dire à la suite des artifices et manœuvres destinées à favoriser une partie énerve cette règle impérative du procès équitable. En supprimant la procédure de prise à partie, pareille décision risque de continuer à produire des effets, ce qui créerait une insécurité juridique, surtout lorsqu'il n'existe plus d'autre voie pour l'anéantir.

---

[81] R. MASSAMBA, « Réflexions pour une meilleure application substantielle du droit OHADA. Voir Droit et attractivité économique : Le cas de l'OHADA », *Travaux de l'Association pour l'Efficacité du Droit et de la justice dans l'espace OHADA*, Collection Bibliothèque de l'IRJS-André Tunc, T 48, pp 198-199 cité par T. IKA, *Op.Cit.*, p 303. http://www.daldewolf.com/documents/document/20151221115032, consulté le 20 mars 2020.

Ainsi, la procédure de prise à partie mérite d'être maintenue, mais elle nécessite un encadrement, notamment par rapport au risque d'empiètement aux compétences de la CCJA.

E. Proposition de lege ferenda

L'extension des dispositions de l'article 18 du traité OHADA sur la procédure de prise à partie paraît être la solution raisonnable pour prévenir efficacement tout risque d'empiètement de la Cour de cassation siégeant en prise à partie aux compétences de la CCJA[82].

Il suffira d'ajouter dans cet article « *...statuant en cassation ou en prise à partie...* » pour permettre à la CCJA d'exercer un contrôle sur les décisions rendues par la Cour de cassation en procédure de prise à partie et de sanctionner tout empiètement à ses compétences qui pourrait être commis. Ainsi la disposition pourra être libellée comme suit : *« Toute partie qui, après avoir soulevé l'incompétence d'une juridiction nationale statuant en cassation ou en prise à partie estime que cette juridiction a, dans un litige la concernant, méconnu la compétence de la CCJA peut saisir cette dernière dans un délai de deux mois à compter de la notification de la décision concernée.*

La Cour se prononce sur sa compétence par arrêt qu'elle notifie aux parties ainsi qu'à la juridiction en cause.

Si la Cour décide que cette juridiction s'est déclaré à tort compétente, la décision rendue par cette juridiction est réputée nulle et non avenue ».

Ceci permettrait que, dans le cas de la République démocratique du Congo où la Cour de cassation est tenue d'annuler la décision en cas de condamnation du Magistrat, que le Magistrat qui avait soulevé l'exception d'incompétence de la cour de cassation, saisisse la CCJA de son recours exceptionnel.

Certes, le contrôle de la CCJA demeure ici assujetti à deux conditions à savoir, d'une part que l'incompétence ait été soulevée avant la décision de la Cour de cassation, d'autre part, que la CCJA ait été saisie dans le délai de deux mois à compter de la notification de la décision.

Par ailleurs, il importe de s'interroger sur la situation dans le cas où aucune exception d'incompétence n'aurait été soulevée par le Magistrat devant la Cour de cassation, auquel cas aucun recours ne sera possible devant la CCJA sur pied

---

[82] Cet article dispose : « Toute partie qui, après avoir soulevé l'incompétence d'une juridiction nationale statuant en cassation estime que cette juridiction a, dans un litige la concernant, méconnu la compétence de la CCJA peut saisir cette dernière dans un délai de deux mois à compter de la notification de la décision concernée.
La cour se prononce sur sa compétence par arrêt qu'elle notifie aux parties ainsi qu'à la juridiction en cause.
Si la Cour décide que cette juridiction s'est déclaré à tort compétente, la décision rendue par cette juridiction est réputée nulle et non avenue ».

de l'article 18 du traité OHADA. C'est ici l'importance de notre souhait de réformer la procédure de prise à partie en Droit congolais dans laquelle devra désormais être appelée la partie qui a gagné le jugement rendu par le Magistrat mis en cause, contrairement à la situation actuelle où la procédure se déroule à son insu alors que ses intérêts sont en danger si jamais le jugement qui a fait naître des droits en sa faveur est annulé. En effet, il sera impossible que cette dernière ne soulève pas l'exception d'incompétence de la Cour de cassation au cours de l'audience en prise à partie.

Son intégration dans la procédure de prise à partie lui confèrera la possibilité d'introduire le pourvoi en cassation prévu par l'article 52 alinéa 4 du Règlement de procédure de la CCJA qui dispose : *« Si la Cour décide que la juridiction nationale s'est déclarée compétente à tort, la décision rendue par cette juridiction est réputée nulle et non avenue. Toute partie devant ladite juridiction peut dans les deux mois de la signification du jugement de la Cour saisir cette dernière d'un recours en cassation contre la décision du juge du fond dans les conditions prévues à l'article 14 du traité et aux articles 23 à 50 du présent Règlement* », et dont la raison d'être résulte du fait que l'article 18 du traité ne permet pas à la CCJA d'évoquer.

Une autre question peut se poser lorsque la CCJA décide que la juridiction nationale s'est déclarée compétente à tort (auquel cas sa décision est réputée nulle et non avenue), celle de savoir de quelle manière la faute professionnelle commise par le Magistrat pris à partie pourra être sanctionnée. Nous pensons qu'il suffira de le déférer devant la Chambre de discipline sur base de l'article 46 de la loi organique n° 06/020 du 10 octobre 2006 portant Statut des magistrats qui dispose: «Tout manquement par un Magistrat aux devoirs de son état, à l'honneur ou à la dignité de ses fonctions, constitue une faute disciplinaire»; la prise à partie étant principalement utilisée actuellement par les justiciables comme un raccourci pour obtenir la correction de l'injustice dont ils ont été victimes à travers l'annulation d'un jugement et contourner ainsi la procédure de cassation considérée comme longue et rigoureuse, que « voie de correction du Magistrat ».

Pour empêcher que notre proposition ne consacre une prorogation injuste des compétences de la CCJA sur les décisions du premier degré et une atteinte au droit au double degré de juridiction, il importera de modifier aussi l'article 52 alinéa 4 du Règlement de procédure de la CCJA en ajoutant à la fin *« ... à condition que cette décision ait été rendue en dernier ressort*» et son libellé deviendrait : « *Si la Cour décide que la juridiction nationale s'est déclarée compétente à tort, la décision rendue par cette juridiction est réputée nulle et non avenue. Toute partie devant ladite juridiction peut, dans les deux mois de la signification du jugement de la Cour, saisir cette dernière d'un recours en cassation contre la décision du juge du fond dans les conditions prévues à l'article 14 du Traité et aux articles 23 à 50 du présent Règlement, à condition que cette décision ait été rendue en dernier ressort ».*

Ainsi, lorsque la décision rendue par le juge condamné en prise à partie l'avait été au premier degré, après la décision de la CCJA statuant sur pied de l'article 18 révisé et en vertu de laquelle le jugement en prise à partie sera réputé nul et non avenu, la partie diligente pourra exercer les voies de recours ordinaires restant ouvertes contre la décision qui avait été rendue par le juge pris à partie, étant donné qu'en droit congolais même le juge ayant statué au premier degré peut être pris à partie.

Conclusion

L'exercice de la prise à partie des Magistrats devant la Cour de cassation en République démocratique du Congo amène cette haute juridiction nationale à empiéter par voie incidente sur les compétences de la Cour Commune de Justice et d'Arbitrage lorsque le Magistrat pris à partie a rendu une décision dans une affaire soulevant des questions relatives à l'application et à l'interprétation des Actes uniformes dont la cassation relève exclusivement de la compétence de la CCJA. La prise à partie devient, dans pareil cas, un raccourci pour contourner la procédure de cassation et une voie d'annulation au même titre que le pourvoi en cassation.

D'autre part, si la prise à partie est déclarée fondée, ceci conduit à la condamnation de son auteur aux dommages et intérêts d'une part et à l'annulation de la décision qu'il a rendue d'autre part. Or, la Cour de cassation ne peut procéder à cette annulation sans avoir préalablement examiné de quelle manière le droit (ici les Actes uniformes OHADA) a été appliqué par le juge pour pouvoir déceler le dol.

Face à cette situation, il s'observe que dans l'état actuel de la jurisprudence, la cour de cassation a toujours réaffirmé sa compétence en considérant que la procédure de prise à partie est ouverte contre tout Magistrat de l'ordre judiciaire, écartant ainsi tout regard sur la nature du litige tranché par le Magistrat mis en cause.

Cette position laisse entier le risque d'empiètement car, alors que la compétence d'annulation des décisions des juridictions nationales rendues dans les affaires soulevant les questions relatives à l'application et à l'interprétation des Actes uniformes revient exclusivement à la CCJA au degré de cassation, la Cour de cassation congolaise l'exerce à travers la procédure de prise à partie, ce qui viderait de leur substance les pourvois en cassation que les parties pourraient éventuellement exercer contre ces décisions devant la CCJA.

Devant un vide juridique quant au règlement de pareille difficulté, l'extension des dispositions de l'article 18 du traité OHADA sur les décisions rendues en prise à partie par la Cour de cassation est apparue comme la piste recommandable pour prévenir le risque d'empiètement. Le libellé de cette disposition deviendrait : « *« Toute partie qui, après avoir soulevé l'incompétence d'une juridiction nationale statuant en cassation ou en prise à partie estime que cette juridiction a, dans un litige la concernant, méconnu la compétence de la CCJA peut saisir cette dernière dans un délai de deux mois à compter de la notification de la décision concernée.*

La Cour se prononce sur sa compétence par arrêt qu'elle notifie aux parties ainsi qu'à la juridiction en cause.

Si la Cour décide que cette juridiction s'est déclaré à tort compétente, la décision rendue par cette juridiction est réputée nulle et non avenue ».

Il suffira donc que l'exception d'incompétence de la Cour de cassation ait été soulevée au cours de la procédure en prise à partie devant la Cour de cassation pour qu'il soit possible de saisir la CCJA d'un recours exceptionnel sur pied de cet article 18 reformé; ce qui permettra à cette haute juridiction communautaire de garder un contrôle sur les décisions rendues par la Cour de cassation, même siégeant en matière de prise à partie, lorsque l'affaire jugée soulève des questions relatives à l'application et à l'interprétation des actes uniformes dont l'annulation relève de sa compétence exclusive.

En outre, l'article 52 alinéa 4 du Règlement de procédure de la CCJA devra aussi être complétée en ajoutant à la fin *« ...à condition que cette décision ait été rendue en dernier ressort »* pour empêcher une prorogation injuste des compétences de la CCJA sur les décisions du premier degré et une atteinte au droit au double degré de juridiction.

Table des Matières

Structures éditoriales du groupe L'Harmattan

L'Harmattan Italie
Via degli Artisti, 15
10124 Torino
harmattan.italia@gmail.com

L'Harmattan Hongrie
Kossuth l. u. 14-16.
1053 Budapest
harmattan@harmattan.hu

L'Harmattan Sénégal
10 VDN en face Mermoz
BP 45034 Dakar-Fann
senharmattan@gmail.com

L'Harmattan Cameroun
TSINGA/FECAFOOT
BP 11486 Yaoundé
inkoukam@gmail.com

L'Harmattan Burkina Faso
Achille Somé – tengnule@hotmail.fr

L'Harmattan Guinée
Almamya, rue KA 028 OKB Agency
BP 3470 Conakry
harmattanguinee@yahoo.fr

L'Harmattan RDC
185, avenue Nyangwe
Commune de Lingwala – Kinshasa
matangilamusadila@yahoo.fr

L'Harmattan Congo
219, avenue Nelson Mandela
BP 2874 Brazzaville
harmattan.congo@yahoo.fr

L'Harmattan Mali
ACI 2000 - Immeuble Mgr Jean Marie Cisse
Bureau 10
BP 145 Bamako-Mali
mali@harmattan.fr

L'Harmattan Togo
Djidjole – Lomé
Maison Amela
face EPP BATOME
ddamela@aol.com

L'Harmattan Côte d'Ivoire
Résidence Karl – Cité des Arts
Abidjan-Cocody
03 BP 1588 Abidjan
espace_harmattan.ci@hotmail.fr

Nos librairies en France

Librairie internationale
16, rue des Écoles
75005 Paris
librairie.internationale@harmattan.fr
01 40 46 79 11
www.librairieharmattan.com

Librairie des savoirs
21, rue des Écoles
75005 Paris
librairie.sh@harmattan.fr
01 46 34 13 71
www.librairieharmattansh.com

Librairie Le Lucernaire
53, rue Notre-Dame-des-Champs
75006 Paris
librairie@lucernaire.fr
01 42 22 67 13

www.ingramcontent.com/pod-product-compliance
Lightning Source LLC
LaVergne TN
LVHW011148061026
849535LV00003B/653
* 9 7 8 2 1 4 0 2 9 8 7 1 4 *